北京大學國學研究院中國傳統文化研究中心

國 學 研 究

第四十三卷

主 編 袁行霈

二〇二〇年·北京

圖書在版編目(CIP)數據

國學研究. 第四十三卷/袁行霈主編. —北京:北京大學出版社,2020. 8
ISBN 978 -7 -301 -31425 -8

Ⅰ. ①國… Ⅱ. ①袁… Ⅲ. ①國學—中國—文集 Ⅳ. ①Z126. 27-53

中國版本圖書館 CIP 數據核字(2020)第 113914 號

封面刊名:集蔡元培先生手迹

書　　名　國學研究　第四十三卷
　　　　　GUOXUE YANJIU　DI-SISHISAN JUAN
著作責任者　袁行霈　主編
責任編輯　徐丹麗
標準書號　ISBN 978 -7 -301 -31425 -8
出版發行　北京大學出版社
地　　址　北京市海淀區成府路 205 號　100871
網　　址　http://www. pup. cn　新浪微博: @ 北京大學出版社
電子信箱　pkuwsz@ 126. com
電　　話　郵購部 010 -62752015　發行部 010 -62750672　編輯部 010 -62752022
印 刷 者　三河市北燕印裝有限公司
經 銷 者　新華書店
　　　　　787 毫米 × 1092 毫米　16 開本　20.5 印張　351 千字
　　　　　2020 年 8 月第 1 版　2020 年 8 月第 1 次印刷
定　　價　60.00 圓

本刊之出版，先後承蒙南懷瑾、查良鏞、駱英、林振芳等先生暨全國高等院校古籍整理研究工作委員會慷慨資助，特此致謝。

目　録

《文選》學的形成與演變

穆克宏

【提要】 本文論述《文選》學的形成與演變，與駱鴻凱《文選學》不同。我强調的是歷代《文選》學的特點，並用史的綫索將這些特點貫串起來，形成中國《文選》學史的縮影，給讀者簡要而深刻的印象。至於學習《文選》的方法，我主張從《書目答問》入手，精讀胡刻本《文選》，打好基礎。一孔之見，僅供參考。

《文選》學，又稱《選》學。《漢語大詞典》對"文選學"的解釋是"研究《文選》之學"，對"選學"的解釋是"研究《昭明文選》的學問"。[①]二者的解釋相同。應該説，這種解釋是正確的，但是回顧《文選》學史，又使人産生了疑問。唐、宋、元、明四代的《文選》學，顯然是研究《文選》的，正是"研究《文選》之學"。而清代的研究情況，又起了變化。如汪師韓的《文選理學權輿》、梁章鉅的《文選旁證》，既研究《文選》，又研究李善注；又如孫志祖的《文選李注補正》《文選考異》、胡克家的《文選考異》、朱珔的《文選集釋》、胡紹煐的《文選箋證》等，都是研究李善注的。因爲清代研究《文選》李善注的著作衆多，研究《文選》的屈守元先生竟然説："《文選》學應該是《文選》李善注之學。"此説未免過於偏激。[②]應該説，《文選》學是研究《文選》及其注釋的學問。

穆克宏　福建師範大學文學院

一

《文選》學是怎樣形成的，在《舊唐書》《新唐書》中都有零星的記載。清代汪師韓的《文選理學權輿》把這些零星的記載彙集在一起，題爲《〈文選〉學》（見《文選理學權輿》卷六《前賢評論》）。因爲這些記載事關《文選》學的形成，兹抄録如下：

《舊唐書·儒學傳》云：李善者，揚州江都人。方雅清勁，有士君子之風。顯慶中，累補太子内率府録事參軍、崇賢館直學士，兼沛王侍讀。嘗注解《文選》，分爲六十卷。表上之，賜絹一百二十匹，詔藏於秘閣。除潞王府記室參軍，轉秘書郎。乾封中，出爲涇城令。坐爲賀蘭敏之周密，配流姚州，後遇赦得還，以教授爲業。諸生多自遠方而至。又撰《漢書辨惑》三十卷。載初元年卒。子邕，亦知名。

又《曹憲傳》云：所撰《文選音義》，甚爲當時所重。初，江淮間，爲《文選》學者，本之於憲。又有許淹、李善、公孫羅，復相繼以《文選》教授，由是其學大興於代。

又《李邕傳》云：父善，嘗授《文選》於同郡人曹憲。後爲左侍，極賀蘭敏之所薦引。爲崇賢館學士，轉蘭臺郎。敏之敗，善坐配流嶺外。會赦還，因寓居汴、鄭之間，以講《文選》爲業，年老疾卒。所注《文選》六十卷，大行於時。③

按：《李邕傳》見《舊唐書·文苑傳》，非《儒學傳》，汪誤。又，《新唐書·儒學傳》云："（曹）憲始以梁昭明太子《文選》授諸生，而同郡魏模公孫羅、江夏李善相繼傳授，於是其學大興。"④又云："模，武后時爲左拾遺。子景倩亦世其學，以拾遺召，後歷度支員外郎。"⑤魏模父子無著作傳世，亦未見其他資料。

以上三段引文都是説《文選》學的。第一段是介紹李善。李善注《文選》六十卷，受到高宗獎勵。後因賀蘭敏之的關係，發配姚州（今雲南姚安）遇赦得還，以教授爲業，學生多從遠方來。又著有《漢書辨惑》三十卷。第二段介紹曹憲。曹憲著有《文選音義》，爲當時所重視。過去，他在江淮間傳授《文選》學。他的學生許淹、李善、公孫羅繼續以傳授《文選》爲業，於是《文選》學大興於時。第三段寫李善曾向曹憲學習《文選》學。因賀蘭敏之事，發配嶺外，會赦回來，在汴、鄭之間以講授《文選》爲業，注《文選》六十卷，大行於時。在三段引文中，兩段是介紹李善的，一段是介紹曹憲的。除了介紹李善之外，重點是介紹曹憲、李善的《文選》學。我認爲汪氏對引文的安排不恰當。汪氏認爲李善對《文選》學貢獻最大，所以把他放在前面。他没有想到曹憲是他的老師，是《文選》學的創始人。按照時代順序，理應將曹憲放在前面。再説介紹李善的兩段引文，中間用介紹曹憲的引文隔開，也不合適。《新唐書・儒學傳》又出現了《文選》學者魏模及其子魏景倩，其事不詳。

關於《文選》學，唐劉肅《大唐新語》卷九《著述》云：

> 江淮間爲《文選》學者，起自江都曹憲。貞觀初，揚州長史李襲譽薦之，徵爲弘文館學士。憲以年老不起，遣使就拜朝散大夫，賜帛三百疋。憲以仕隋爲秘書，學徒數百人，公卿亦多從之學，撰《文選音義》十卷，年百餘歲乃卒。其後句容許淹、江夏李善、公孫羅相繼以《文選》教授。[⑥]

以唐人記唐人之事，應該可信。劉肅是唐憲宗元和（806—820）時人，其《大唐新語》乃仿《世説新語》而作，記載唐代歷史人物的言行，其事大都取於唐代國史舊聞。爲什麽汪師韓引用《舊唐書》的記載，而不採用較早的《大唐新語》的記載？因爲他相信"正史"，不相信小説。其實，"正史"固然可信，像《大唐新語》這樣的小説，未必不可信。這一段引文，我們可以看出曹憲在《文選》學史上的重要地位。

史書説《文選》學"大興於代""大行於時"，這與唐代的科舉制度有關。唐代的進士考試要試詩賦，而《文選》是學習詩賦的範本，讀書人重視《文選》，自然就造成《文選》學的興盛。《新唐書・選舉志》載李德裕對唐武宗説："臣祖天寶末以仕進無他岐，勉彊隨計，一舉登第。自後家不置《文選》，蓋惡其不根藝實。"[⑦]李德裕的話不免失之偏頗，但也説明參加科舉考試的士子需要學習《文選》。

清趙翼《廿二史劄記》卷二〇《新舊唐書》論及《唐初三禮漢書文選之學》時云："《漢書》之學，亦唐初人所競尚。自隋時蕭該精《漢書》，嘗撰《漢書音義》，爲當時所貴。《該傳》包愷亦精《漢書》,世之爲《漢書》學者,以蕭、包二家爲宗……顏師古爲太子承乾注《漢書》,解釋詳明……時人謂杜征南、顏祕書爲左邱明、班孟堅忠臣。其叔游秦先撰《漢書決疑》,師古多取其義。此顏注《漢書》,至今奉爲準的者也……當時《漢書》之學大行。……李善撰《漢書辨惑》三十卷。"[⑧]按,蕭該、李善都是研究《文選》的學者,他們都有研究《漢書》的專著。《文選》選自《漢書》的詩賦二十餘篇,因此,熟悉《漢書》的人,必然瞭解《文選》。當時《漢書》學盛行,對《文選》學的形成起了推動的作用。關於《文選》學,趙翼云:"梁昭明太子《文選》之學,亦自蕭該撰《音義》始。入唐則曹憲撰《文選音義》,最爲世所重,江淮間爲《選》學者悉本之。又有許淹、李善、公孫羅,相繼以《文選》教授,由是其學大行,淹、羅各撰《文選音義》行世,善撰《文選注解》六十卷,表上之,賜絹一百二十匹。至今言《文選》者,以善本爲定。杜甫詩亦有'熟精《文選》理'之句,蓋此固詞學之祖也。"[⑨]這是對《文選》學簡明扼要的介紹。趙氏認爲《文選》學始於蕭該。這與《舊唐書》記載不同。

二

隨着歷史的前進,《文選》學也在發展變化。唐、宋、元、明、清五代的《文選》學都有不同的特點。

(一)唐代《文選》學的特點

1. 抄本流傳。

唐代是《文選》學的盛世。《文選》抄本在士子中流傳。可是,由於時間久遠,《文選》李善注所據之抄本已散失,《文選》五臣注所據之抄本亦蕩然無存。因此,這兩種注本原文的差異,我們難以找到合理的解釋。有人認爲《文選》李善注的底本來自民間,而《文選》五臣注的底本來自官府,故有一些不同。這祇是猜測而已,並無史實作爲根據,不足憑信。

唐代《文選》的抄本,我們能見到的衹是零星的斷片,並無完整的抄本。饒宗頤將這些零星的斷片殘篇搜集起來,編爲《敦煌吐魯番本文選》,2000 年由中華書局出版,學者使用起來,極爲方便。又日本永青文庫藏敦煌本《文選注》和天津市藝術博物館的敦煌本《文選注》,是《文選》李善注和五臣注以外的注本,見羅國威《敦煌本〈文選注〉箋證》(巴蜀書社 2000 年版),亦可供參考。此外,《文選集注》亦被認爲是唐抄本。此書以李善注本爲底本,收入李善注、《文選抄》《文選音決》、五臣注、陸善經注。原書一百二十卷,現存二十四卷。對研究《文選》學具有重要價值。

六朝和唐代的《文選》及其注釋的抄本,是極其珍貴的文物,可供研究校讎之用,對於《文選》學的研究是極爲重要的資料。

2. 完整的注本問世。

唐代《文選》注本有好幾種,但是,完整地流傳到今天的衹有《文選》李善注和《文選》五臣注兩種。李善注是專家注本,學術含量高;五臣注是普及注本,解釋詞句,淺顯易讀。歷代學者對李善注的評價較高。

唐李匡乂云:"(李善注)所廣徵引,非李氏立意。蓋李氏不欲竊人之功,有舊注者,必逐每篇存之,仍題元注人之姓字。或有迂闊乖謬,猶不削去之。苟舊注未備,或興新意,必於舊注中稱'臣善',以分别之,既存元注,例皆引據,李續之,雅宜殷勤也。代傳數本李氏《文選》,有初注成者,覆注者,有三注、四注者,當時旋被傳寫之。其絶筆之本,皆釋音、訓義,注解甚多。余家幸而有焉……乃知李氏絶筆之本,懸諸日月焉。"[10]李匡乂對李善注評價較高,認爲它可"懸諸日月"而不朽。

《宋會要輯稿·崇儒》四之三云:"至天聖中,監三館書籍劉崇超上言:李善注《文選》援引該贍,典故分明,欲集國子監官校定净本,送三館雕印,從之。天聖七年十一月板成,又命直講黄鑑、公孫覺校對焉。"[11]這裹説的是國子監《文選》的校刻過程,但也對《文選》李善注做出了肯定的評價。

宋蘇軾説:"李善注《文選》,本末詳備,極可喜。"[12]蘇軾對《文選》頗多批評,這裏對李善注加以肯定。

清代對李善注的評論很多,這裏僅取兩家作爲代表。胡紹煐《文選箋證序》云:"李氏《注》則援引賅博,經史傳注靡不兼綜,又旁通《倉》《雅》訓故及梵《釋》諸書,史家稱其淹貫古今。陸放翁謂'注《頭陀寺碑》穿穴三藏,注《天臺山賦》消釋三幡,至今法門老宿未窺其奥',洵非溢美。不特此也,注所引某書某注,並注明篇目姓名，而後之採鄭氏《易注》《書注》，輯三家《詩》，述《左氏》服《注》者本焉；纂《倉頡》遺文，作《字林考逸》者又本焉。李時古書尚多，自經殘缺，而吉光片羽藉存什一，不特文人資爲淵藪，抑亦後儒考證得失之林也。”[13]胡氏精通文字、音韵、訓詁之學，他對李善注做出了很高的評價，言之有理。

又，程先甲《選雅序》云：“《昭明文選》者，總集之鼻祖而文章之巨匯也。上自周、秦，下訖齊、梁，其閒作者，類皆湛深訓故……而崇賢又承其師曹氏訓故之學，作爲注釋，凡夫先師解説，傳記古訓，衆家舊注，咸箸于篇。群言肴亂，折其衷；通用假借，貫其恉；匪惟《爾雅》，采至四家，小學之屬，蒐至三十有六而已。至於未審古音，沿稱協韵，迺千慮之失，未爲一眚之累……是故崇賢之注，一訓故之奇書也。”[14]程氏爲訓詁學家，他對李善注的評論，肯定優點，指出不足，至爲切實。

當代學者王力評論《文選》李善注云：“李善的注則非常淵博，他引用了諸經傳訓一百餘種，小學三十七種，緯候圖讖七十八種，正史雜史之類將近四百種，諸子之類一百二十種，兵書二十種，道釋經論三十二種，詔表箋啓詩賦頌贊……文集將近八百種（《文選》所收的文章不計在内）。這些書籍多已亡佚，所以《文選》的注成爲很重要的一種文獻。即以訓詁而論，李善注與五臣注相比，也顯示了優越性。李善的老師曹憲本來就是精通小學的，李善由於師承的關係，所以引用小學的書多至三十七種，而自己所注釋又多平穩無疵。我們應該吸收李善注的優點來改進我們的注釋古書的工作。”[15]王力是當代著名的語言學家，他對《文選》李善注評價極高。

唐代以來，對《文選》李善注的評論很多，以上援引數家的評論，雖爲一斑，亦可窺其全豹。

對《文選》五臣注的評價，歷來偏低。唐李匡乂《資暇集》有《非五臣》，認爲將五臣注與李善注相比，“猶虎狗鳳雞耳”[16]。唐末五代之丘光庭《兼明書》有評論《五臣注文選》專章，認爲五臣注“頗爲乖疎”[17]，並駁正其錯誤多條。唐以後的議論基本相同。唯《四庫全書總目·六臣注文選》提要云：“然其疏通文意，亦間有可採。”[18]這是肯定五臣注在詞句解釋方面的作用。我認爲《文選》李善注是專家注本，《文選》五臣注是通俗注本，歷代學者都以專家注本來要求五臣注本，便覺得五臣注本渾身都是毛病。其實,這兩部書的性質不同,讀者對象自然也不同。將二書混爲一談,是造成這一現象的根本原因。

(二)宋代《文選》學的特點

1. 刻本衆多。

關於刻本,葉德輝《書林清話》言之甚詳,其《叙》云:"書籍自唐時鏤版以來,至天水一朝,號爲極盛。"[19]我國古代的刻本始於唐代,經過五代的發展,到宋代極爲昌盛,其《書有刻板之始》云:

> 書有刻本,世皆以爲始於五代馮道。其實唐僖宗中和年間已有之。據唐柳玭《家訓序》云:中和三年,癸卯夏,鑾輿在蜀之三年也,余爲中書舍人。旬休,閲書於重城之東南。其書多陰陽雜記、占夢、相宅、九宫五緯之流,又有字書小學,率雕板印紙,浸染不可曉。是爲書有刻本之始。[20]

葉氏認爲,唐僖宗中和(881—885)年間,始有刻本,唯所印大都是民間雜書。按,佛教經典《金剛經》印於唐懿宗咸通九年(868),刻印時間更早。

又元稹《白氏長慶集序》云:

> 《白氏長慶集》者,太原人白居易之所作……二十年間,禁省、觀寺、郵候牆壁之上無不書,王公妾婦、牛童馬走之口無不道。至於繕寫模勒,衒賣於市井,或持之以交酒茗者,處處皆是(原注:揚、越間多作書模勒樂天及予雜詩,賣於市肆之中也)……長慶四年冬十二月十日,微之序。[21]

按:"模勒",趙翼《陔餘叢考》卷三三《刻書書册》釋爲刊刻。這樣,長慶四年十二月(已入825年)前就有刻本問世。

關於刻本何時産生,學術界仍有不同看法。但是,始於唐代,應是大家都能認可的。

五代時,刻印圖書有新的發展。《舊五代史》卷四三《唐書・明宗紀》云:"中書奏:'請依石經文字刻九經印板。'從之。"[22]看來其刻印規模已經很大了。

宋王明清云:

> 毌丘儉貧賤時,嘗借《文選》於交遊間,其人有難色,發憤異日若貴,當

板以鏤之遺學者。後仕至蜀爲宰,遂踐其言刊之。印行書籍,創見於此。載陶岳《五代史補》。[23]

按:毌丘儉,當爲毋昭裔。《宋史·毋守素傳》云:"昭裔性好藏書,在成都令門人勾中正、孫逢吉書《文選》《初學記》《白氏六帖》鏤板,守素齎至中朝,行於世。"[24]其時所刻《文選》爲何種本子?是白文本,是李善注本,還是五臣注本?學者大都認爲是五臣注《文選》,此書受到唐玄宗李隆基的表揚之後,在唐代頗爲流行。

宋代的刻本有了巨大的發展。南宋章如愚編《群書考索後集》云:"景德二年五月戊申,(上)幸國子監閱書庫,問祭酒邢昺書版幾何,昺曰:國初不及四千,今十餘萬,經史正義皆具。"[25]可見宋代刻本發展之迅速。

宋代《文選》刻本有多種:

(1)李善注《文選》。

①國子監本。《宋會要輯稿·崇儒》四之三至四云:"(景德)四年八月,詔三館、秘閣直館、校理分校《文苑英華》、李善《文選》,摹印頒行。《文苑英華》以前所編次未精,遂令文臣擇古賢文章,重加編録,芟繁補闕,换易之,卷數如舊。又令工部侍郎張秉、給事中薛映、龍圖閣待制戚綸、陳彭年覆校之。李善《文選》校勘畢,先令刻板,又命官覆勘。未幾,宮城火,二書皆燼。至天聖中,監三館書籍劉崇超上言:'李善《文選》援引該贍,典故分明,欲集國子監官校定净本,送三館雕印。'從之。天聖七年十一月板成,又命直講黄鑑、公孫覺校對焉。"[26]北宋國子監本《文選》刻本,始於宋真宗景德四年(1007),成於宋仁宗天聖七年(1029),歷時二十二年。今存殘本三十二卷,臺北故宫博物院藏卷一至六、卷八至一一、卷一六,共十一卷。中國國家圖書館藏卷一七至一九、卷三〇至三一、卷三六至三八、卷四六至四七、卷四九至五八、卷六〇,共二十一卷,這是李善注《文選》最早的刻本。此書問世後,流傳不廣,靖康以後幾乎絶迹。

②尤刻本。尤袤是南宋著名詩人、目録學家、《文選》學家。官至禮部尚書。尤刻本《文選》,宋孝宗淳熙八年(1181)刻於池陽郡齋。池陽是池州的别名和雅稱,即今安徽池州。尤刻本《文選》是現存最早的完整的李善注《文選》刻本,對後世《文選》學的研究有深遠的影響。日本學者斯波六郎在《對〈文選〉各種版本

的研究》一文中曾列表説明尤刻本對後世版本的影響,兹抄録如下(見表一),供讀者參考。

表一　尤刻本《文選》流傳表

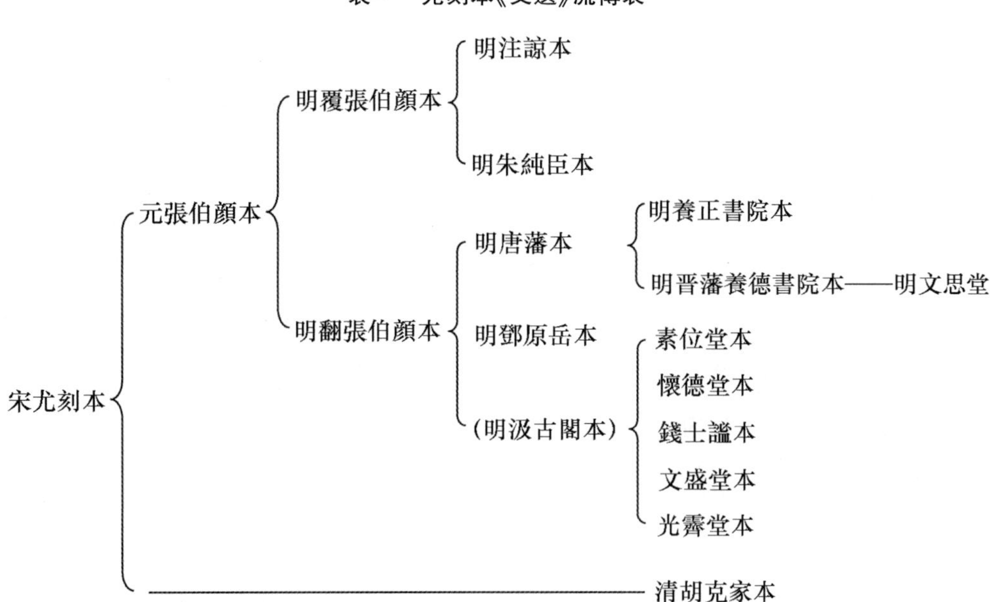

此種影響一直繼續到現在。1974 年,中華書局影印出版了尤刻本《文選》(三函二十册)。1977 年,中華書局影印出版了胡刻本《文選》(附《文選考異》,全三册)。1986 年,上海古籍出版社出版了鉛字排印標點本胡刻本《文選》(全六册)。這種現象説明尤刻本《文選》和源自尤刻本《文選》的胡刻本《文選》具有較高的學術價值,故能流傳久遠。

(2)五臣注本。尤袤在其刻本序中説:"今是書(《文選》)流傳於世,皆是五臣注本。"宋代流行的《文選》注本是五臣注本,是何種刻本五臣注,我們不知道。今天我們見到的五臣注本國内祇有兩種:

①陳八郎本。此爲南宋高宗紹興三十一年(1161)建陽陳八郎宅刊本。全書三十卷,原書殘缺部分,已經抄補,現爲完帙。今藏於臺灣圖書館。該館曾影印五十部,饋贈專家學者,故社會上有此書流傳。宋代《文選》刻本,流傳至今,人間稀有,彌足珍貴。

五臣注《文選》流傳兩宋,是因爲其注釋通俗易懂,一般讀者閲讀起來比較方便。隨着《六家注文選》《六臣注文選》問世,五臣注《文選》已失去了它存在的意義,於是逐漸消聲匿迹了。

②杭州鍾家刻五臣注文選,全書三十卷,今僅存卷二九、卷三〇兩卷,書後有“錢唐鮑洵書字”“杭州貓兒橋河東岸開箋紙馬鋪鍾家印行”兩行印記。此書卷二九現存北京大學圖書館,卷三〇今存國家圖書館。因其刻工皆爲南宋初年人,此書當是南宋初年刻本。

(3)五臣、李善注本。此類注本,五臣注在前,李善注在後,學者稱之爲“六家本”。

①秀州本。張元濟説:“秀州州學本,刊於元祐九年,今衹見高麗活字覆本,爲吾友陳乃乾所藏。”[27]張先生見到的高麗活字覆本秀州本《文選》,即今韓國奎章閣所藏六家注《文選》。宋哲宗元祐九年(1094)秀州州學刻本,國内已不存。秀州本《文選》是五臣注和李善注合併的本子,其書後跋云:

> 秀州州學今將監本《文選》逐段詮次,編入李善并五臣注,其引用經史及五家之書,並檢元本出處,對勘寫入。凡改正舛錯脱剩,約二萬餘處。二家注無詳略,文意稍不同者,皆備録無遺。其間文意重疊相同者,輒省去留一家,總計六十卷。元祐九年二月　日。[28]

按:此刻本是將平昌孟氏刻的五臣注與國子監本的李善注合編在一起,五臣注在前,李善注在後,是最早的六家注本。此書對後來的六家注、六臣本《文選》都有直接的影響。

②明州本。明州本的特點就是五臣注在前,李善注在後。國内藏本皆已殘缺,唯有日本足利學校藏本完整無缺。1975 年,足利學校遺迹圖書館後援會將其影印出版。人民文學出版社又於 2008 年影印出版,印刷精良,取閲十分方便。

今存明州本《文選》是宋紹興二十八年遞修本。其原刊何時不詳。學者或謂北宋,或謂南宋初年,尚未達成統一的認識。日本學者斯波六郎説:

> 明州本的五臣注頗詳,但對李善注删略過多,是其不足。此本的優點,是比袁本、贛州本、《四部叢刊》本多存李善注、五臣注之舊貌。胡刻本、袁本、贛州本、《四部叢刊》本李善注中的文字,俱有經後人竄改處,唯獨此本,往往存其舊貌。[29]

這是對明州本《文選》客觀的評價,可見此本的長處與短處。

③廣都裴氏本。此本五臣注在前,李善注在後,屬明州本系列。刻印於何時?清代朱彝尊《宋本六家文選跋》云:

> 《六家注文選》六十卷。宋崇寧五年鏤版,至政和元年畢工,墨光如漆,紙堅緻,全書完好。序尾識云:"見在廣都縣北門裴宅印賣。"蓋宋時蜀牋若是也。每本有吴門徐賁私印,又有太倉王氏賜書堂印記。是書袁氏袠(褧)曾仿宋本雕刻以行,故傳世特多,然無鏤板畢工年月,以此可辨僞真也。[30]

朱氏的跋説明兩點:一《六家注文選》六十卷,宋徽宗崇寧五年(1106)始刻,政和元年(1111)完成,是廣都縣北門裴宅刻印銷售的。二、是書明代袁褧曾仿宋本雕刻銷售,故清代社會上流傳頗多。

廣都裴氏刻之《六家注文選》,今存二十六卷,藏於臺北故宫博物院,其殘缺部分皆以明代袁褧嘉趣堂仿宋本補齊。北宋刻本,經過靖康之難,存世者很少,雖是殘本,能保存至今,亦十分珍貴。

(4)李善、五臣注本。此本李善注在前,五臣注在後,屬"六臣本"系列。

①贛州本。此種刻本因刊勒於贛州,故稱贛州本。尤刻本《文選》跋云"四明、贛上各嘗刊勒"。四明,指明州本;贛上,指贛州本。贛州本刻於何時?有學者認爲,此本刻於宋高宗紹興三十二年(1162)[31],可供參考。

日本學者斯波六郎《文選諸本研究》云:"贛州本,爲現存李善五臣注本中最古者,但此本决非本於單行李善注本和單行五臣注本而成,衹是據五臣李善注本,將李善和五臣的順序互易而已。"[32]這是説贛州本的注,衹是將明州本的五臣注和李善注的次序顛倒一下,並不是根據單行的李善注和單行的五臣注編成的。斯波氏認爲贛州本的長處是:A. 明州本、袁本中省略善注之處,此本中皆詳出者。B. 明州本、袁本、五臣注所無者,此本有見存之處。C. 明州本、袁本的正文、注中已誤,而是本則有未誤者。我認爲斯波氏的分析是實事求是的,可信的。

②建州本。宋代建陽刻本,李善注在前,五臣注在後,源自贛州本,屬"六臣本"系列,商務印書館印行張元濟《涵芬樓燼餘書録》"集部"認爲此刻本必在慶元(1195—1200)以後,是南宋後期刻本。傅增湘《藏圖群書經眼録》云:"字體遒

麗，鋒棱峭峻，墨色如漆，字畫中猶見木板紋，是建本初印之最精者。”[33]對此刻本評價很高。此刻本影印收入《四部叢刊》，中華書局又多次影印單行發售，因此社會上流傳很廣。

斯波六郎《文選諸本研究》在論述了《文選》的各種刻本之後云：“現存李善單注本，以胡氏刻本爲最佳。五臣李善注本，以明州本和袁本爲善。李善五臣注本，則以贛州本、《四部叢刊》本爲好，此外諸本，愈降則愈經妄改，皆係等之鄶下者。”[34]這個評價是正確的，但是，他未見過秀州本、尤刻本《文選》，這是他評論的局限。

2. 合編本産生。

有五臣注、李善注的合編本，又有李善注、五臣注的合編本。李善注是專家注本，五臣注是通俗注本，二者結合，雅俗共賞，擴大了《文選》讀者群，對《文選》學的發展起了推動作用。

（三）元明《文選》學

元明《文選》學衰微，可評述者極少。元代方回《文選顔謝鮑詩評》四卷，明代劉履《選詩補注》八卷，皆爲評點之作。明代評點盛行，至於《文選》刻本，以袁褧刻《六家文選》六十卷（簡稱嘉趣堂本），最爲精良。此書覆刻宋廣都裴氏本，始於明嘉靖甲午（1534），成於嘉靖己酉（1549），歷十六年，爲藏書家珍藏之寶。毛晋刻《文選》六十卷，又被學者稱爲善本，刻於明思宗崇禎（1628—1644）年間。毛本爲李善注本，其中又殘留少量五臣注，《四庫全書總目·文選注六十卷》提要云：“殆因六臣之本，削去五臣，獨留善注，故刊除不盡，未必真見單行本也。”[35]可見此本源自六臣注本。此書問世後，流傳甚廣。在胡刻本《文選》産生之前，社會上流行的即爲此本。值得一提的還有張鳳翼的《文選纂注》十二卷。此書刻於明萬曆八年（1580），亦爲刻本中的精品。其内容廣採諸家注釋，而以五臣注爲主，當時頗爲流行。《四庫全書總目》列入存目，其提要批評此書“所引多不著所出”[36]。這是此書之病，亦明人著作之病也。

（四）清代《文選》學

清代《文選》學呈現的是一片繁榮的景象。據不完全統計，這時的《文選》學

著作有七八十種之多,經過張之洞和繆荃孫的鑒别和挑選[37],《書目答問》向讀者推薦了十二種:

《文選》李善注六十卷,附《考異》十卷　胡克家仿宋本。

《文選理學權輿》八卷　汪師韓。讀畫齋本。

《文選理學權輿補》一卷　孫志祖。同上。

《文選李注補正》四卷　同上。同上。

《文選考異》四卷　同上。同上。陳景雲《文選舉正》六卷,未刊。

《文選音義》八卷　余蕭客。静勝堂刻本。此書乃少作,未盡善。余後又撰《文選雜題》三十卷,未見傳本。

《文選集釋》二十四卷　朱珔。自刻本。

《文選旁證》四十六卷　梁章鉅。榕風樓刻本。

《文選古字通疏證》六卷　薛傳均。刻本。原書十二卷。

《選學膠言》二十卷　張雲璈。三影閣刻本。

《文選補遺》四十卷　宋陳仁子。長沙刻本。

《文選六臣注》六十卷　唐吕延濟、劉良、張銑、吕向、李周翰、李善。明新都崔氏大字本。不如李善單注,已有定論,存以備考。[38]

以上《文選》學著作共十二種,除《文選六臣注》是"存以備考"的,不算數,《文選補遺》是宋代著作外,清代著作共十種。張氏説:"近世選本,舉大雅者。"[39]這就是説,張氏推薦的清代各種《文選》著作,大都是品質較高的著作。《書目答問》初刻於清光緒二年(1876),到現在已經一百四十二年。一百多年的考驗,證明張之洞所開列各種《文選》著作大都是能經受時間考驗的著作,也是當今《文選》學者常用的書。另外,范希曾《書目答問補正》開列的績溪胡紹煐《文選箋證》三十卷,亦爲《文選》要籍。據我所知,《文選》李善注附《考異》,有中華書局1977年影印本、上海古籍出版社1986年標點本;《文選理學權輿》《文選理學權輿補》《文選李注補正》《文選考異》,有《叢書集成》排印本;《文選音義》《文選集釋》《選學膠言》,都收入到廣陵書社2013年影印出版的《清代文選學名著集成》中;《文選旁證》,有穆克宏點校的排印本,福建人民出版社2000年出版;《文選箋證》,有蔣立甫校點的排印本,黄山書社 2007 年出版。這種現象説明,《書目答問》開列的清代《文選》學著作,都是比較重要的著作,它們有較强的生命力。兹將這些著作簡介如下:

①《文選》李善注附《考異》。李善注是《文選》最權威的注本。前文述之已詳,這裏不再重複。《四庫全書總目・世説新語》提要云:"(《世説新語》)所引諸書,今已佚其十之九,惟賴是注以傳,故與裴松之《三國志注》、酈道元《水經注》、李善《文選注》同爲考證家所引據焉。"[40]這裏肯定《文選》的李善注是名注,因其所引之書大都散佚,故其注有很高的文獻價值。至於《考異》,出自校勘名家顧廣圻之手,具有較高的學術價值。由於時代的原因,當時顧氏見到的《文選》版本很少,這就造成了校勘成果的局限。

②《文選理學權輿》,是《文選》的入門書。對學習《文選》的學子可起指導作用。

③《文選理學權輿補》,是補《文選理學權輿》未寫完的"評論"和"質疑"部分。

④《文選李注補正》,對李善注的不妥之處做了補正工作。

⑤《文選考異》,作者借用潘稼堂、何義門、錢圓沙三家校本,糾正毛晋汲古閣《文選》的錯誤。

⑥《文選音義》,係余蕭客少時之作,疏漏較多,受到四庫館臣的批評。因其書多用直音,又載何義門校語,對讀者亦有幫助。

⑦《文選集釋》,書中多引"曩哲""時賢"之論,故名"集釋"。朱珔精通小學,書中考證地理、名物,十分精詳,足供參考。

⑧《文選旁證》,是《文選》研究的集大成之作。内容豐富,是《文選》研究不可或缺的參考書。

⑨《文選古字通疏證》,疏證《文選》的一些古字,可供參考。惜内容過少,遠不如近人丁福保編的《文選類詁》便於使用。

⑩《選學膠言》,是一部研究《文選》的專著。内容廣泛,校勘、考據、版本、文字、音韻、訓詁,均有論述。張氏治學有乾、嘉之風,可供參考。

此外,《文選箋證》作者精通訓詁之學,旁搜互考,正訛糾謬,有功《選》學。

清代學者反對明代空疏的學風,在古籍整理方面做出了很好的成績。對《文選》的整理和研究同樣如此。

以上述及的《選》學著作,内容廣泛,在文字、音韵、訓詁、版本、目録、校勘、考據、評論諸方面都取得了新的成績。這些研究著作,從個體看,對《文選》的研究是多方面的;從總體看,是對《選》學的綜合研究。我認爲,綜合研究是清代《選》學的最大特色。

《選》學的形成與演變,經過唐、宋、元、明、清五朝,歷時約一千三百年。二十世紀三十年代,駱鴻凱的《文選學》,對我國的《文選》學進行了一次總結。駱氏在《文選學・叙》中説:"今之所述,首叙《文選》之義例,以及往昔治斯學者之塗轍,明選學之源流也。末篇所述,則以文史、文體、文術諸方,析觀斯集,爲研習《文選》者導之津梁也。"[41]這是駱氏總結的内容,《文選學》前面論述的是"選學之源流",即類似《選》學史;後面論述的是《選》學的方法,無非是從句讀、訓詁、音韵等入手。本文探討《選》學的形成與演變,與駱氏不同。我强調的是歷代《選》學的特點,並用史的綫索將這些特點貫串起來,形成中國《選》學史的縮影,給讀者以簡要而深刻的印象。至於學習《文選》的方法,我主張從張之洞的《書目答問》入手。精讀《文選》李善注(胡刻本),即可一通百通。方法不同,但目的衹有一個,學習《選》學。學習《選》學的目的也有不同,或爲研究,或爲寫作,因人而異。自清代以後,《文選》學受到很長一段時間的冷落,近年又有興盛之勢。我希望《文選》學者能步武前賢,繼續前進,刻苦鑽研,逐步深入,使《文選》學的研究早日出現功力深、水準高的力作,讓《文選》學的園地百花争豔、萬紫千紅,呈現一片春天的景象。

2018 年 6 月 25 日寫畢

時年八十九

注　釋

① 《漢語大詞典》,漢語大詞典出版社 1994 年版,第 6 册第 1542 頁,第 10 册第 1245 頁。

② 屈守元《文選導讀》,巴蜀書社 1993 年版,第 58 頁。

③ 汪師韓《文選理學權輿》卷六,《讀畫齋叢書》本。

④ 《新唐書》,中華書局 1975 年版,第 5640 頁。

⑤ 同上書,第 5641 頁。

⑥ 劉肅《大唐新語》卷九,中華書局 1984 年版,第 133—134 頁。

⑦ 同注④,第 1169 頁。

⑧ 趙翼《廿二史劄記》卷二〇,中華書局 2013 年版,第 441 頁。

⑨ 同上書,第 441—442 頁。

⑩ 李匡乂《資暇集》卷上,中華書局 2012 年版,第 167—169 頁。

⑪ 徐松輯《宋會要輯稿》,劉琳、刁忠民、舒大剛、尹波等校點,上海古籍出版社 2014 年版,第 2816 頁。

⑫ 蘇軾撰,茅維編《蘇軾文集》卷六七《書謝瞻詩》,孔凡禮點校,中華書局 1986 年版,第 2093 頁。

⑬ 徐世昌等《清儒學案》卷九四《文選箋證序》,沈芝盈、梁運華點校,中華書局 2008 年版,第 3827 頁。

⑭ 許逸民主編《清代文選學名著集成》,第 20 册,廣陵書社 2013 年版,第 4—5 頁。

⑮ 王力《中國語言學史》,山西人民出版社 1981 年版,第 100 頁。

⑯ 同注⑩,第 169 頁。

⑰ 丘光庭《兼明書》卷四,文淵閣《四庫全書》(電子版),上海人民出版社、迪志文化出版有限公司。

⑱ 永瑢等《四庫全書總目》卷一八六,中華書局 1965 年版,第 1686 頁。

⑲ 葉德輝《書林清話》,中華書局 1957 年版,《叙》第 1 頁。

⑳ 同上書,第 19 頁。

㉑ 元稹《元稹集》,中華書局 2010 年版,第 641—642 頁。

㉒ 《舊五代史》,中華書局 1976 年版,第 588 頁。

㉓ 同注⑲,第 1 頁。

㉔ 《宋史》卷四七九,中華書局 1985 年版,第 13894 頁。

㉕ 章如愚《山堂考索》後集卷二六,文淵閣《四庫全書》。

㉖ 同注⑪,第 2816 頁。

㉗ 《涵芬樓燼餘書録》集部,載張人鳳編《張元濟古籍書目序跋彙編》中册,商務印書館 2003 年版,第 735 頁。

㉘ 蕭統選編,吕延濟、劉良、張銑、吕向、李周翰、李善注《新校訂六家注文選》附録,俞紹初、劉群

棟、王翠紅點校,鄭州大學出版社 2015 年版,第 3972 年。

㉙ 斯波六郎編《文選索引》(一),李慶譯,上海古籍出版社 1997 年版,第 10—11 頁。

㉚ 朱彝尊《曝書亭集》卷五二,《四部叢刊》本。

㉛ 宿白《唐宋時期的雕版印刷》,文物出版社 1999 年版,第 100 頁。

㉜ 同注㉙,第 11 頁。

㉝ 傅增湘《藏園群書經眼録》卷一七,中華書局 2009 年版,第 1232 頁。

㉞ 同注㉙,第 14 頁。

㉟ 同注⑱,第 1685 頁。

㊱ 同上書卷一九一,集部總集類存目一,第 1733 頁。

㊲ 我認爲,《書目答問》是張之洞主編,繆荃孫協助編寫的。繆荃孫云:"同治甲戌,南皮師相督四川學,諸生好古者,來問應讀何書,書以何者爲善。謀所以嘉惠蜀士,並以普及天下學人,於是有《書目答問》之編。荃孫時館吴勤惠公督署,隨同助理。"邵懿辰撰,邵章續録《增訂四庫簡明目録標注·繆荃孫序》,上海古籍出版社 1959 年版,第 1 頁。

㊳ 張之洞編撰,范希曾補正,孫文泱增訂《增訂書目答問補正》,中華書局 2011 年版,第 506—508 頁。

㊴ 同上書,第 506 頁。按:此處"選本",當爲"《選》本"。

㊵ 同注⑱,第 1182 頁。

㊶ 駱鴻凱《文選學·叙》,中華書局 1941 年版,第 1—2 頁。

“七賢”竹林之遊分期考

張亞新

【提要】 竹林之遊實可分爲三個時期，即竹林之遊前期、竹林之遊盛期和竹林之遊後期。竹林之遊盛期，是所謂“竹林七賢”即嵇康、阮籍、山濤、向秀、劉伶、阮咸、王戎七人常常同時在場甚至就衹有七人在場聚遊最具標誌性的時期，時間從正始七年（246）或正始八年起至嘉平四年（252）止，聚遊的地點主要在山陽和洛陽兩地。在這之前和之後的時期，則爲竹林之遊前期、竹林之遊後期。

一

關於竹林之遊的記載，較早的有以下數條：

《三國志》卷二一《魏書·王粲傳》附《嵇康傳》裴松之注引孫盛《魏氏春秋》：“康寓居河内之山陽縣，與之游者，未嘗見其喜愠之色。與陳留阮籍、河内山濤、河南向秀、籍兄子咸、琅邪王戎、沛人劉伶相與友善，遊于竹林，號爲七賢。”①

陶淵明《集聖賢群輔録》下：“魏步兵校尉陳留阮籍字嗣宗，中散大夫譙嵇康字叔夜，晋司徒河内山濤字巨源，建威參軍沛劉伶字伯倫，始平太守陳留阮咸字仲容（籍兄子），散騎常侍河内向秀字子期，司徒琅玡王戎字濬冲。右魏嘉平中，並居河内山陽，共爲竹林之游，世號竹林七賢。見《晋書》、《魏書》。袁宏、戴逵爲《傳》，孫統又爲《讚》。”②

張亞新　北京教育學院

《世説新語・任誕》第一條:“陳留阮籍、譙國嵇康、河内山濤三人年皆相比,康年少亞之。預此契者,沛國劉伶、陳留阮咸、河内向秀、琅邪王戎。七人常集于竹林之下,肆意酣暢,故世謂‘竹林七賢’。”[③]

《世説新語・傷逝》第二條:“王濬冲爲尚書令,著公服,乘軺車,經黄公酒壚下過。顧謂後車客:‘吾昔與嵇叔夜、阮嗣宗共酣飲於此壚。竹林之遊,亦預其末。自嵇生夭、阮公亡以來,便爲時所羈紲。今日視此雖近,邈若山河。’”[④]

《文選》卷一六向秀《思舊賦》“余與嵇康、吕安,居止接近”句李善注引臧榮緒《晋書》:“嵇康爲竹林之遊,預其流者,向秀、劉靈之徒。”[⑤]

《文選》卷二一顔延年《五君詠・向常侍》“流連河裏遊,惻愴山陽賦”句李善注引《魏氏春秋》:“康寓居河内之山陽,與河内向秀相友善,遊於竹林。”[⑥]

《水經注》卷九《清水》:“清水出河内修武縣之北黑山……又徑七賢祠東,左右篘篁列植,冬夏不變貞萋,魏步兵校尉陳留阮籍、中散大夫譙國嵇康、晋司徒河内山濤、司徒琅邪王戎、黄門郎河内向秀、建威參軍沛國劉伶、始平太守阮咸等同居山陽,結自得之遊,時人號之爲竹林七賢也,向子期所謂山陽舊居也,後人立廟於其處。廟南又有一泉,東南流,注于長泉水,郭緣生《述征記》所云:白鹿山東南二十五里,有嵇公故居,以居時有遺竹焉,蓋謂此也。”[⑦]

《晋書》卷四三《山濤傳》:“山濤字巨源,河内懷人也。父曜,宛句令。濤早孤,居貧,少有器量,介然不群。性好《莊》《老》,每隱身自晦。與嵇康、吕安善,後遇阮籍,便爲竹林之交,著忘言之契。”[⑧]

又《王戎傳》:“戎少籍二十歲,而籍與之交……戎每與籍爲竹林之游。”[⑨]

《晋書》卷四九《阮咸傳》:“咸任達不拘,與叔父籍爲竹林之游。”[⑩]

又《嵇康傳》:“蓋其胸懷所寄,以高契難期,每思郢質。所與神交者惟陳留阮籍、河内山濤,豫其流者河内向秀、沛國劉伶、籍兄子咸、琅邪王戎,遂爲竹林之游,世所謂‘竹林七賢’也。”[⑪]

又《劉伶傳》:“劉伶字伯倫,沛國人也。身長六尺,容貌甚陋。放情肆志,常以細宇宙齊萬物爲心。澹默少言,不妄交游,與阮籍、嵇康相遇,欣然神解,攜手入林。”[⑫]

《太平御覽》卷五七引《晋書》:“嵇康以高契難期,每思郢質,所與神交者,唯阮籍、山濤，遂爲竹林之遊。預其流者，向秀、劉伶、阮咸、王戎。”又引臧榮緒《晋書》：“王戎少阮籍二十餘年，相得如時輩，遂爲竹林之遊。”[13]

關於竹林之遊的時間，以上資料除陶淵明《集聖賢群輔録》下語焉不詳地説了一句“魏嘉平中”外[14]，其餘均未涉及此一問題。《三國志》特别是其卷二一《魏書·王粲傳》附《嵇康傳》及裴松之注、《世説新語》及劉孝標注、《文選》李善注、《晋書》等所載其他有關“竹林七賢”的史料，也都没有涉及此一問題。《集聖賢群輔録》下謂“袁宏、戴逵爲《傳》，孫統又爲《讚》”，今所見袁宏《七賢序》（當即其所作《竹林名士傳序》，但《竹林名士傳》已佚）、戴逵《竹林七賢論》（尚存二十六則，散見於《世説新語》《藝文類聚》《北堂書鈔》《太平御覽》《水經注》諸書，嚴可均輯入《全晋文》卷一三八；但不見戴逵有《竹林七賢傳》）同樣如此。至於孫統，今已不見其有《讚》；而且頗疑孫統乃“孫綽”之誤，因孫綽作有《道賢論》，以天竺七僧方“竹林七賢”，其文見《高僧傳》卷一、卷四，但其中也未涉及竹林之遊的時間問題。可見，要探討竹林之遊的時間問題，甚至要探討竹林之遊的分期問題，難度是可想而知的。但是，對這一問題加以探討又實在很有必要，我們不能採取回避態度；而且，根據相關資料，對竹林之遊的時間乃至其分期加以探討，得出一個大致可信的結論還是可能的。

二

要探討竹林之遊的時間及其分期問題，有以下兩點是需要首先弄清楚的：一是參與竹林之遊的人主要都有哪些。從以上資料不難看出，參與竹林之遊的主要人物是號稱“竹林七賢”的阮籍、嵇康、山濤、劉伶、阮咸、向秀和王戎七人。换句話説，標準的竹林之遊，應是“七賢”都在場（或客觀上都能參與）的竹林之遊。而七人中，又以阮籍、嵇康、山濤爲最重要、最具有代表性，或者説他們就是竹林之遊的核心，其餘四人則爲“預此契者”，處於從屬的地位。當然，實際參與了竹林之遊的並不止這七人，至少還應有吕安和吕巽。向秀《思舊賦序》：“余與嵇康、吕安居止接近，其人並有不羈之才。”[15]嵇康《與吕長悌絶交書》：“昔與足下年時相比，以故數面相親，足下篤意，遂成大好，由是許足下以至交，雖出處殊塗，而歡愛不衰也。及中間少知阿都,志力開悟,每喜足下家復有此弟。”[16]可見,嵇康由於與吕安“居止接近”,並具才情,情性相投,很早就熟識並成爲了好朋友。而吕巽爲吕安之兄,嵇康與之自也“居止接近”,加上與之年齡相仿,情性必也有相投之處,因此“雖出處殊塗,而歡愛不衰也”,甚至因此而結成了“至交”;嵇康還是先認識吕巽,兩人熟識後,纔又結識了吕安的。三人“居止接近”,附近即爲竹林,既爲“至交”,同爲竹林之遊,自是情理中事。此外,嵇康的好友阮种[17]、阮侃[18]等人也極有可能參與過竹林之遊。

二是竹林之遊的地點。從上述資料不難看出,竹林之遊的地點毫無疑問是“竹林”,而“竹林”在嵇康所“寓居”的“河内之山陽縣”,一段時間除嵇康外,阮籍等六人也“並居河内山陽”,遂“共爲竹林之遊,世號竹林七賢”。所説“河内山陽”,即今地處太行山南麓的河南修武縣;嵇康山陽寓所之具體所在,爲山陽城東北(一説爲西北)的天門山百家巖,如《藝文類聚》卷六四《居處部四・宅舍》引《述征記》所云:“山陽縣城東北二十里,魏中散大夫嵇康園宅,今悉爲田墟,而父老猶謂嵇公竹林地,以時有遺竹也。”[19]又如《元和郡縣圖志》卷一六《懷州修武縣》所云:“修武縣,本殷之甯邑……漢以爲縣,屬河内郡……天門山,今謂之百家巖,在縣西北三十七里。以巖下可容百家,因名。上有精舍,又有鍛竈處所,即嵇康所居也。”[20]由於“竹林”就在嵇康山陽寓所的附近,因此嵇康的山陽寓所必然也會成爲“七賢”聚會、出入的場所,嵇康在聚會中必然就具有了東道主、召集人乃至組織者的身份,甚至可以説没有嵇康,也就可能没有竹林之遊,没有“竹林七賢”。嵇康人格清峻,風度標舉,學問淵深,當時頗得人們仰慕、嘆服,他也無愧於召集人乃至組織者的身份。嵇康又死得比阮籍早,而死時又是那樣氣度從容,其場面壯烈,震撼人心,對後人也有深刻的影響。綜合以上因素,“竹林七賢”雖以嵇康、阮籍、山濤爲主,但在前人的心目中,三人的地位並非没有差别,三人中實以嵇康和阮籍的地位更爲重要。至於嵇、阮,雖總的來説地位不相上下,但在不同時期仍有所差别。在魏末兩晋時期,前人有時將阮籍排在前,有時將嵇康排在前。而到《世説新語》,則幾全以“嵇、阮”的順序排列,如《言語》第四十條:“王公曰:‘卿欲希嵇、阮邪?’答曰:‘何敢近舍明公,遠希嵇、阮!’”[21]《賢媛》第十一條:“山公與嵇、阮一面,契若金蘭。”[22]《排調》第四條:“嵇、阮、山、劉在竹林酣飲。”[23]這對後世産生了很大的影響，其後就常能見到以“嵇、阮”爲序排列的例子，如劉勰《文心雕龍·明詩》：“嵇志清峻，阮旨遥深。”[24]《文心雕龍·時序》：“嵇、阮、應、繆，並馳文路矣。”[25]《文心雕龍·才略》：“嵇康師心以遣論，阮籍使氣以命詩。”[26]許學夷《詩源辨體》卷四：“正始體，嵇、阮爲冠。”[27]陸時雍《詩鏡總論》：“嵇、阮多材，然嵇詩一舉殆盡。”[28]等等。因此，嵇康實際上被視作“七賢”之首，我們探討“竹林之遊”的時間及分期，嵇康的活動軌迹便成爲一個重要的考量因素。

關於“竹林”的所在，還有别的一些説法。周際華、戴銘《輝縣志》卷四《地理志·古迹》：“竹林在縣西南六十里，晋七賢遊隱處。舊屬河内，元以山陽縣併入輝州，今屬輝縣。”又卷九《祠祀志·正祠》：“七賢祠一名七賢觀，一名尚賢寺，在縣西南山陽鎮。晋嵇康、阮籍、劉伶、阮咸、山濤、向秀、王戎同爲竹林之遊，號竹林七賢，後人立祠祀之。康熙十八年，知縣陳謨重建。今名竹林寺。”[29]不同説法的産生，除行政區劃變動等因素外，還有一個重要的原因，即當年嵇康等人除在天門山百家巖外，還曾到附近的一些地方如今河南輝縣市吴村鎮的山陽村、魯莊村一帶遊歷、棲息，其遊歷、棲息的行爲因而被認爲是竹林之遊的一部分，甚至就被認爲是竹林之遊。竹林之遊的地點變了，但竹林之遊的實質没變，仍將其視作竹林之遊，自是有其合理性的。我們可據此推而廣之，“七賢”在别的地方所進行的具有與“竹林之遊”的特點及内容相似的活動，也可以認爲是竹林之遊的一個組成部分。這裹所説的“别的地方”，主要指的是當時魏國的都城洛陽。嵇康在山陽寓所居住一段時間後，即與魏宗室婚，遷郎中，拜中散大夫。嵇康遷郎中、中散大夫後，理應居洛陽。此後，他在山陽、洛陽皆有居所，不時往來兩地之間。更重要的是，嵇康是到洛陽後，纔與阮籍相識並成爲契友的，之後，又通過阮籍認識了阮籍的侄子阮咸和劉伶，具有標誌意義的“竹林七賢”團體纔得以正式形成。“七賢”固然有“並居河内山陽”“共爲竹林之遊”的時候，但他們“並居洛陽”的時候可能更多，“共爲洛陽之遊”自是必不可少，因此，這理應看作是竹林之遊的一個有機組成部分。據《水經注》等典籍記載，河洛地區的竹當年是普遍存在的，山陽有竹林，洛陽也必有竹林，七人在洛陽也可以“共爲竹林之遊”，這不是難以想象的事情。嵇康作有《酒會詩七首》，中有“樂哉苑中遊，周覽無窮已。百卉吐芳華,崇基邈高跱。林木紛交錯,玄池戲魴鯉。輕丸斃翔禽,纖綸出鱣鮪。坐中發美讚,異氣同音軌。臨川獻清酤,微歌發皓齒。素琴揮雅操,清聲隨風起。斯會豈不樂,恨無東野子"等句[30];又作有《雜詩》,中有"興命公子,攜手同車。龍驥翼翼,揚鑣踟躕。肅肅宵征,造我友廬。光燈吐輝,華幔長舒。鸞觴酌醴,神鼎烹魚。絃超子野,歎過緜駒。流詠太素,俯讚玄虛"等句[31],兩詩當作於與諸賢聚遊之時,清孫灝、顧棟高等所編纂的《河南通志》卷五一《古迹上・衛輝府・七賢鄉》在交代七賢鄉的由來、羅列"七賢"姓名後即引"樂哉苑中遊"一首,説明編纂者也持這種看法。而從所描寫的情景看,所聚遊之地當爲洛陽,正是洛陽竹林之遊情景的生動寫照。

以上,我們就參與竹林之遊的人物、竹林之遊的地點及由此折射出的竹林之遊的範圍等做了探討,據此,我們可以將竹林之遊的特點(或其基本性質)和探討竹林之遊時間及分期的基本原則確定下來:其一,竹林之遊爲兩人以上的聚遊,而最具標誌性的,是嵇康、阮籍、山濤、向秀、劉伶、阮咸、王戎七人同時在場甚至衹有七人在場的聚遊。其二,聚遊的地點主要是山陽,但也不局限於山陽,還包括洛陽等地;聚遊的場所主要在竹林中,但也可能在嵇康的寓所内或别的一些地方。其三,嵇康在聚會中具有東道主、召集人乃至組織者的身份,我們探討"竹林之遊"的時間及分期,嵇康的活動軌迹應成爲一個重要的考量因素。其四,聚遊活動的内容主要爲飲酒清談、彈琴賞樂,而清談多以《老》《莊》爲主旨,但也應有例外,如吕巽對《老》《莊》不一定感興趣,嵇康與之"出處殊塗",却能一度許之以"至交",兩人"歡愛不衰",就是一個突出的例子。明確了竹林之遊的特點(或其基本性質)和探討竹林之遊時間及分期的基本原則之後,接下來我們就可以就竹林之遊的時間及分期進行探討了。

三

由於嵇康在聚會中具有東道主、召集人乃至組織者的身份,因此我們的探討必然要以嵇康作爲切入點、重點和主軸。由於嵇康的生年史無記載,而卒年存在歧説,因此我們有必要先就嵇康的生卒年這個大坐標做一些探討。

嵇康是遭時任司隸校尉的鍾會讒毁而被司馬昭殺害的。關於嵇康被殺的時間,其説不一。《三國志》卷二一《魏書·王粲傳》附《嵇康傳》云爲"景元中",據《王粲傳》附《嵇康傳》裴松之注,干寶、孫盛、習鑿齒等則"皆云正元二年",《資治通鑑》卷七八《魏記十·元皇帝下》、《衆家編年體晋史》載曹嘉之《晋紀》及孫盛《晋陽秋》則將嵇康被殺事繫於景元三年(262)。"正元二年"説難以成立,裴松之注對此辨之甚詳。其説云:"臣松之按《本傳》云康以景元中坐事誅,而干寶、孫盛、習鑿齒諸書,皆云正元二年,司馬文王反自樂嘉,殺嵇康、吕安。蓋緣《世語》云康欲舉兵應毌丘儉,故謂破儉便應殺康也。其實不然。山濤爲選官,欲舉康自代,康書告絶,事之明審者也。案《濤行狀》,濤始以景元二年除吏部郎耳。景元與正元相較七八年,以《濤行狀》檢之,如《本傳》爲審。又《鍾會傳》亦云會作司隸校尉時誅康;會作司隸,景元中也。干寶云吕安兄巽善於鍾會,巽爲相國掾,俱有寵於司馬文王,故遂抵安罪。尋文王以景元四年鍾、鄧平蜀後,始授相國位;若巽爲相國掾時陷安,焉得以破毌丘儉年殺嵇、吕?此又干寶之疏謬,自相違伐也。"[32]此説的主體部分,言之有理,可從。"景元三年"説較"景元中"説具體,但其説亦未盡妥。據裴松之注引《濤行狀》,山濤始於景元二年除吏部郎,欲舉康自代,康作《與山巨源絶交書》,明言"女年十三,男年八歲",《晋書》卷八九《忠義·嵇紹傳》又明言康子紹"十歲而孤"[33],則嵇康之死理應在作《與山巨源絶交書》之後的兩年即景元四年。

又《三國志》卷二八《魏書·鍾會傳》:"(會)遷司隸校尉。雖在外司,時政損益,當世與奪,無不綜典。嵇康等見誅,皆會謀也……景元三年冬,以會爲鎮西將軍,假節都督關中諸軍事。文王勑青、徐、兖、豫、荆、揚諸州,並使作船,又令唐咨作浮海大船,外爲將伐吴者。四年秋,乃下詔使鄧艾、諸葛緒各統諸軍三萬餘人,艾趣甘松、沓中連綴維,緒趣武街、橋頭絶維歸路。會統十餘萬衆,分從斜谷、駱谷入。"[34]或據此認爲鍾會任司隸校尉在景元三年冬以前,而前引裴松之注又有"會作司隸校尉時誅康"的説法,則嵇康被殺衹能在景元三年。其實這樣理解不是没有問題,因鍾會完全有可能在司隸校尉任上兼任"鎮西將軍,假節都督關中諸軍事"。據《三國志》卷一《魏書·武帝紀》及裴松之注引《獻帝紀》、《後漢書》卷九《孝獻帝紀》,建安元年(196)曹操即曾自領司隸校尉、録尚書事,同時先後任鎮東將軍、大將軍。據《三國志》卷一三《魏書・鍾繇傳》,鍾會的父親鍾繇也曾被曹操表"以侍中守司隸校尉,持節督關中諸軍"[35],衹不過没有將軍的名號而已。鍾會當時已位極人臣,以司隸校尉領鎮西將軍、假節都督關中諸軍事是完全可能的。從景元三年冬到次年秋,鍾會大部分時間應仍在洛陽,他完全有謀害嵇康的時間和機會,因此嵇康最終被殺的時間在景元四年,應是合於情理的。

據《晋書》卷四九《嵇康傳》,嵇康被殺時"年四十",從景元四年上推四十年,可知嵇康當生於魏文帝黄初五年(224)。

四

在"竹林七賢"中,嵇康最早認識的人當爲王戎。《世説新語・德行》第十六條:"王戎云:'與嵇康居二十年,未嘗見其喜愠之色。'"又劉孝標注引康别傳曰:"康性含垢藏瑕,愛惡不争於懷,喜怒不寄於顔。所知王濬冲在襄城,面數百,未嘗見其疾聲朱顔。"[36]所謂"與嵇康居二十年",不等於就真與嵇康比鄰而居了二十年,衹能理解爲兩人相識、結交了二十年,來往很多,有時居處比較接近。景元四年嵇康四十歲時被殺,往前推二十年,兩人應相識於正始五年(244),這年嵇康二十一歲。兩人相識的地點爲襄城。襄城爲秦置縣名,其地在今河南平頂山市東北、許昌市西南,晋泰始二年(266)於縣置郡。其時王戎或即寓居襄城,嵇康也因故來到襄城,兩人得以在此相識。兩人能够"面數百",説明嵇康在此停留的時間不會太短,有可能長達數月。《晋書》卷四三《王戎傳》:"永興二年,薨于郟縣,時年七十二。"[37]從永興二年(305)上推七十二年,王戎當生於青龍二年(234),與嵇康相識時年方九歲。二十一歲的嵇康能與九歲的王戎交往,原因在於王戎早慧。《晋書・王戎傳》:"戎幼而穎悟,神彩秀徹。視日不眩,裴楷見而目之曰:'戎眼爛爛,如巖下電。'年六七歲,於宣武場觀戲,猛獸在檻中虓吼震地,衆皆奔走,戎獨立不動,神色自若。魏明帝於閣上見而奇之。又嘗與群兒嬉於道側,見李樹多實,等輩競趣之,戎獨不往。或問其故,戎曰:'樹在道邊而多子,必苦李也。'取之信然。"[38]《世説新語・賞譽》第六條:"王濬冲、裴叔則二人總角詣鍾士季,須臾去,後客問鍾曰:'向二童何如?'鍾曰:'裴楷清通,王戎簡要。後二十年,此二賢當爲吏部尚書,冀爾時天下無滯才。'"又劉孝標注引《晋陽秋》:"戎爲兒童,鍾會異之。"[39]如此有識見、有膽量,因此王戎這年雖纔九歲,却能得到嵇康的青睞並與之交往,這與後來嵇康在洛陽太學抄寫石刻經文時遇到年方十四歲的趙至而與之成爲至交的情形頗爲類似[40]。而王戎必然也十分欣賞、仰慕嵇康的學識風度,因而主動與之結識並早晚追隨,從而使兩人在一個不算太長的時間内得以"面數百"成爲可能。

嵇康在襄城與王戎相識的事情僅見於《世説新語·德行》第十六條劉孝標注引康别傳,不見於他書記載,從這裏可以推測嵇康在襄城停留的時間並不長,之後他就來到山陽寓居,時間當爲正始六年,其時嵇康二十二歲。到山陽後,嵇康先後與山濤、向秀及吕巽、吕安兄弟等相識。《晋書》卷四三《山濤傳》:"山濤字巨源,河内懷人也。父曜,宛句令。濤早孤,居貧,少有器量,介然不群。性好《莊》《老》,每隱身自晦。與嵇康、吕安善。"又:"濤年四十,始爲郡主簿、功曹、上計掾。"又:"(濤)以太康四年薨,時年七十九。"[41]從太康四年(283)上推七十九年,知山濤當生於漢建安十年,正始五年他正好四十歲,其時始任郡主簿,或於正始六年改任功曹。功曹掌人事,負責本郡人才的選拔,故得以結交當地名士。據《晋書·地理志》,懷與山陽均屬河内郡,也許就在山濤調查本郡人才狀況的過程中,結識了寓居本郡的嵇康、吕安。又《晋書》卷四九《向秀傳》:"向秀字子期,河内懷人也。清悟有遠識,少爲山濤所知,雅好《老》《莊》之學。"[42]又向秀《思舊賦序》:"余與嵇康、吕安居止接近,其人並有不羈之才。"[43]向秀因與山濤同爲懷人,少時即"爲山濤所知",其與嵇康、吕安結識,可能由於山濤介紹。嵇康與山濤、向秀、吕安成爲契友後,必然會常在一起聚遊(吕巽等有時也會參加),而由於與向秀、吕安"居止接近",所遊之地必爲嵇康寓所及其附近竹林,因此正始六年可視爲竹林之遊的發軔之年。

不久,嵇康與魏宗室婚,所娶爲曹操之子沛穆王曹林孫女(一説爲曹林之女)長樂亭主。嵇康《與山巨源絶交書》:"女年十三,男年八歲。"此書作於景元二年,其時其女十三歲,上推十三年,其女生於嘉平元年(249)。據此,嵇康結婚的時間當爲正始七年或正始八年,其時嵇康二十三歲或二十四歲。嵇康與魏宗室婚後,即遷郎中,拜中散大夫。《通典》卷二五《職官七》:"兩漢自光禄、太中、中散、諫議等大夫,及謁者僕射、羽林郎、郎中、侍郎,五官、武賁、左右等中郎將,奉車、駙馬二都尉,車、户、騎三將,並屬光禄勳。"[44]《漢書》卷一九上《百官公卿表》:"郎掌守門户,出充車騎,有議郎、中郎、侍郎、郎中,皆無員,多至千人。"[45]《後漢書・百官志》:"凡大夫、議郎皆掌顧問應對,無常事,唯詔令所使。"[46]據此,嵇康遷郎中、拜中散大夫後理應居洛陽。此後,嵇康在山陽、洛陽兩地皆有居所,從《元和郡縣圖志》卷一六《懷州修武縣》"又有鍛竈處所,即嵇康所居"[47]和《太平御覽》卷四〇九引《向秀别傳》"常與康偶鍛於洛邑"[48]的記載來看,也不難看出這一點。此後,嵇康應不時來往於兩地之間。

嵇康來到洛陽後,始與阮籍等人相識,並成爲契友。《水經注》卷一六《穀水》:"穀水又東南,轉屈而東注,謂之阮曲云,阮嗣宗之故居也。"[49]《世説新語・任誕》第十條:"阮仲容步兵居道南,諸阮居道北;北阮皆富,南阮貧。"[50]據此,可知其時阮籍居洛陽城郊穀水轉彎處,嵇康結識阮籍,顯然應是他到洛陽之後。又《太平御覽》卷四〇九引袁宏《山濤别傳》:"陳留阮籍、譙國嵇康,並高才遠識,少有陪其契者。濤初不識,一與相遇,便爲神交。"[51]《晋書》卷四三《山濤傳》:"(濤)與嵇康、吕安善,後遇阮籍,便爲竹林之交,著忘言之契。"[52]從"濤初不識"特别是"後遇阮籍"句可知,嵇康結識阮籍確是在結識山濤、向秀、吕安諸人之後。"便爲竹林之交"云云,説明前人認爲此時竹林之遊已經開始。但正如前文所説,竹林之遊在前一兩年已經開始,衹不過由於阮籍的加入,竹林之遊的實力和影響得以大大加强。

阮咸(字仲容)爲阮籍侄子,嵇康與之相識,也當在此時。阮咸追隨阮籍,也成爲竹林之遊的熱心參與者。《太平御覽》卷三七六引《晋書》:"阮咸與籍爲竹林之遊,太原郭奕高爽,爲衆所推,見咸而心醉,不覺歎焉。"[53]

嵇康或在結識阮籍之後不久,又結識了劉伶,劉伶隨之也成爲竹林中人。《晋書》卷四九《劉伶傳》:"(劉伶)澹默少言,不妄交游,與阮籍、嵇康相遇,欣然神解,攜手入林。"[54]

前面已提到,王戎當生於青龍二年。當他十五歲即正始九年時,阮籍與其相識,王戎參與竹林之遊。《世説新語・簡傲》第二條劉孝標注引《晋陽秋》:"戎年十五,隨父渾在郎舍,阮籍見而説焉。每適渾俄頃,輒在戎室久之,乃謂渾:'濬冲清尚,非卿倫也。’”又引《竹林七賢論》:“初,籍與戎父渾俱爲尚書郎,每造渾,坐未安,輒曰:‘與卿語,不如與阿戎語。’就戎,必日夕而返。籍長戎二十歲,相得如時輩。”[55]《晋書》卷四九《阮籍傳》:“景元四年冬卒,時年五十四。”[56]從景元四年上推五十四年,知阮籍當生於漢建安十五年,與王戎認識時三十九歲,實大王戎二十四歲,《太平御覽》卷五七引臧榮緒《晋書》説“王戎少阮籍二十餘年,相得如時輩,遂爲竹林之遊”[57],其“王戎少阮籍二十餘年”的説法更符合實際。王戎參與竹林之遊,從而使“竹林七賢”得以悉數登場,最具標誌意義的竹林之遊盛期正式開始。從時間上看,王戎是“七賢”中最後加入竹林之遊的,《世説新語·傷逝》第二條載王戎自稱“竹林之遊,亦預其末”[58],恐非全爲自謙之詞,諸書在排列“七賢”時,確也大抵將他排於末位。

這一時期,“七賢”皆有較多時間參與竹林之遊。嵇康即使做了郎中和中散大夫,但因“無常事”(即使有事他也不去做),他也是有時間參與竹林之遊的。阮籍雖曾任尚書郎等職,但其人也常任職而不任事,因此他也有時間參與竹林之遊。據《三國志》卷二一《魏書·王粲傳》附《阮籍傳》裴松之注引《魏氏春秋》:“太尉蔣濟聞而辟之,後爲尚書郎、曹爽參軍,以疾歸田里。歲餘,爽誅,太傅及大將軍乃以爲從事中郎。”[59]曹爽被誅於正始十年春正月,阮籍既“以疾歸田里,歲餘”後才“爽誅”,可知他做尚書郎和參軍的時間都極短,在連掛名的職務都没有的一年間,他更有時間參與竹林之遊。做司馬懿父子從事中郎期間,阮籍參與竹林之遊的時間和次數會有所减少,但因他仍是任職而不任事或任事不多,因此還會在一定程度上參與竹林之遊。山濤始任郡主簿、功曹、上計掾,公務在身,竹林之遊不可能次次參加,但因他在本郡任職,與本郡人才經常保持聯繫,大約這也是其職責所在,因此他仍會不時參與竹林之遊。據《晋書》山濤本傳,山濤被“州辟部河南從事”後不久,“與石鑒共宿,濤夜起蹴鑒曰:‘今爲何等時而眠邪!知太傅卧何意?’鑒曰:‘宰相三不朝,與尺一令歸第,卿何慮也!’濤曰:‘咄!石生無事馬蹄間邪!’投傳而去。未二年,果有曹爽之事,遂隱身不交世務”[60]。“太傅卧”指正始八年司馬懿因曹爽專權而“稱疾避爽”[61]事,山濤强烈地感覺到了政治形勢的險惡,因而果斷地“投傳而去”,“未二年,果有曹爽之事”。山濤“隱身不交世務”後,積極地參與竹林之遊更有條件了。至於向秀、劉伶、阮咸、王戎,這一時期本來就没有任何官職,因此他們參與竹林之遊更是毫無問題。七人出入竹林,飲酒清談,一時產生很大影響,如《世説新語·任誕》第一條劉孝標注引《晋陽秋》所説:"于時風譽扇于海内,至于今詠之。"[62]

《晋書》卷二《景帝紀》:"魏嘉平四年春正月,遷大將軍,加侍中,持節、都督中外諸軍、録尚書事。"[63]卷四三《山濤傳》:"與宣穆后有中表親,是以見景帝。帝曰:'吕望欲仕邪?'命司隸舉秀才,除郎中。轉驃騎將軍王昶從事中郎。"[64]山濤正始八年因政局險惡而"隱身不交世務";至嘉平四年司馬師獨掌大權,專擅朝政,知大局已定,加之與司馬懿之妻有中表親關係,於是主動去找司馬師,重新步入官場,此後步步高升,成爲司馬氏集團的重要成員。可以説從嘉平四年起,山濤不再可能參與竹林之遊。由於山濤是"竹林七賢"集團的重要成員,他的缺席不能視作一件小事,因此我們將這一年定爲具有標誌意義的"七賢"都能同時參與的竹林之遊盛期的終結之年。

此後,竹林之遊仍會延續,參加者主要爲除山濤之外的六人,經常參加者應爲嵇康、向秀、劉伶。《文選》卷一六向子期《思舊賦》李善注引臧榮緒《晋書》:"嵇康爲竹林之遊,預其流者,向秀、劉靈之徒。"[65]反映的應是這一時期的情況。這一局面,一直維持到景元四年嵇康被殺、緊接着向秀出仕之後方徹底終止。

綜上所述,竹林之遊實可分爲三個時期,即竹林之遊前期、竹林之遊盛期和竹林之遊後期。竹林之遊前期,參加者爲嵇康、山濤、向秀、吕安等人,時間從正始六年起至正始七年或正始八年止,聚遊的地點主要在山陽嵇康寓所及其附近的竹林之中,以及山陽附近地區。竹林之遊盛期,爲最具標誌性的所謂"竹林七賢"即嵇康、阮籍、山濤、向秀、劉伶、阮咸、王戎七人常常同時在場甚至就衹有七人在場聚遊的時期(當然,在這一時期内,也會有七人没有全部在場及除七人外尚有其他人在場的時候),時間從正始七年或正始八年起至嘉平四年止,聚遊的地點主要在山陽和洛陽兩地。竹林之遊後期,參加者主要爲嵇康、向秀、阮籍等人,時間從嘉平四年起至景元四年嵇康被殺、向秀出仕止,聚遊的地點也主要在山陽和洛陽兩地。

注 釋

① 《三國志》,中華書局 1982 年版,第 606 頁。

② 袁行霈《陶淵明集箋注》,中華書局 2008 年版,第 593—594 頁。

③ 劉義慶著,徐震堮校箋《世説新語校箋》,中華書局 1984 年版,第 390 頁。

④ 同上書,第 348 頁。劉孝標注引《竹林七賢論》:“俗傳若此。潁川庾爰之嘗以問其伯文康,文康云:‘中朝所不聞,江左忽有此論,蓋好事者爲之耳!’”既“俗傳若此”,豈非毫無根據?且《晉書·王戎傳》等典籍亦載之。余嘉錫《世説新語箋疏》:“黄壚所以喻人死後歸土,猶之九京黄泉之類也。此疑王戎追念嵇、阮云亡,生死永隔,故有黄壚之歎。傳者不解其義,遂附會爲黄公酒壚耳。”(劉義慶著,劉孝標注,余嘉錫箋疏《世説新語箋疏》,周祖謨、余淑宜、周士琦整理,中華書局 2007 年版,第 749—750 頁)不難看出,余氏雖認爲“黄公酒壚”乃“黄壚”之附會,但明確指出“王戎追念嵇、阮云亡,生死永隔,故有黄壚之歎”的事情是可能存在的。

⑤ 蕭統《文選》,中華書局 1977 年版,第 229 頁。

⑥ 同上書,第 304 頁。

⑦ 王國維校《水經注校》,袁英光、劉寅生整理,上海人民出版社 1984 年版,第 297—301 頁。

⑧ 《晉書》,中華書局 1974 年版,第 1223 頁。

⑨ 同上書,第 1231—1232 頁。

⑩ 同上書,第 1362 頁。

⑪ 同上書,第 1370 頁。

⑫ 同上書,第 1375—1376 頁。

⑬ 李昉等《太平御覽》,中華書局 1960 年版,第 276 頁。

⑭ 《集聖賢群輔録》一名《四八目》。據北齊陽休之《陶集序録》,此文梁以前的兩種陶集(一爲八卷本,蕭統所編;一爲六卷本,編者不詳)均未收録,而陽休之所編陶集則收之,所據當爲其他陶集舊本。其後諸陶集也多予收録。至《四庫全書總目》,却斷此文爲“僞託”。袁行霈《陶淵明集箋注·外集》經考證,認爲“未可輕易斷定其爲僞作”(同注③,第 598 頁)。

⑮ 同注⑤。

⑯ 嵇康著,戴明揚校注《嵇康集校注》卷二,中華書局 2014 年版,第 230 頁。

⑰ 《晉書》卷五二《阮种傳》:“阮种字德猷,陳留尉氏人,漢侍中胥卿八世孫也。弱冠有殊操,爲嵇康所重。康著《養生論》,所稱阮生,即种也。”同注⑧,第 1444 頁。

⑱ 《世説新語·賢媛》第六條:“許允婦是阮衛尉女,德如妹。”劉孝標注引《陳留志名》:“阮共字伯彦,尉氏人。清真守道,動以禮讓。仕魏至衛尉卿。少子侃,字德如,有俊才,而飭以名理,風儀雅潤。與嵇康爲友。”同注③,第 365 頁。

⑲　歐陽詢《藝文類聚》,上海古籍出版社 1982 年版,第 1144 頁。

⑳　李吉甫《元和郡縣圖志》,賀次君點校,中華書局 1983 年版,第 446 頁。

㉑　同注③,第 56 頁。

㉒　同上書,第 369 頁。

㉓　同上書,第 418 頁。

㉔　范文瀾《文心雕龍注》,人民文學出版社 1958 年版,第 67 頁。

㉕　同上書,第 674 頁。

㉖　同上書,第 700 頁。

㉗　許學夷《詩源辨體》,人民文學出版社 1987 年版,第 85 頁。

㉘　丁福保輯《歷代詩話續編》,中華書局 2006 年版,第 1405 頁。

㉙　周際華、戴銘《輝縣志》,清光緒二十一年(1895)刻本。

㉚　同注⑯,第 124 頁。

㉛　同上書,第 132—133 頁。

㉜　同注①,第 607 頁。

㉝　同注⑧,第 2298 頁。

㉞　同注①,第 787 頁。

㉟　同上書,第 392 頁。

㊱　同注③,第 10 頁。

㊲　同注⑧,第 1235 頁。

㊳　同上書,第 1231 頁。

㊴　同注③,第 230 頁。

㊵　《晉書》卷九二《趙至傳》:"年十四,詣洛陽,游太學,遇嵇康於學寫石經,徘徊視之不能去,而請問姓名。康曰:'年少何以問邪?'曰:'觀君風器非常,所以問耳。'康異而告之。後乃亡到山陽,求康不得而還……年十六,游鄴,復與康相遇,隨康還山陽。"同注⑧,第 2377 頁。

㊶　同上書,第 1223、1227 頁。

㊷　同上書,第 1374 頁。

㊸　同注⑤。

㊹　杜佑《通典》,中華書局 1988 年版,第 698 頁。

㊺　《漢書》,中華書局 1962 年版,第 727 頁。

㊻　《後漢書》,中華書局 1965 年版,第 3577 頁。

㊼　同注⑳。

㊽ 同注⑬,第 1888 頁。

㊾ 同注⑦,第 551—552 頁。

㊿ 同注③,第 393 頁。

51 同注⑬,第 1887 頁。

52 同注⑧,第 1223 頁。

53 同注⑬,第 1735 頁。

54 同注⑧,第 1376 頁。

55 同注③,第 411 頁。

56 同注⑧,第 1361 頁。

57 同注⑬。

58 同注③,第 348 頁。

59 同注①,第 604—605 頁。

60 同注⑧,第 1223 頁。

61 同注①,第 284 頁。

62 同注③,第 390 頁。

63 同注⑧,第 26 頁。

64 同上書,第 1223—1224 頁。

65 同注⑤。

南朝文原論

——以《文章緣起》爲中心

楊　賽

【提要】　任昉《文章緣起》是南朝重要的文體溯源著作，其觀點爲：南朝通行的大部分文體主要起源於漢代，衹有極少部分起源於周、秦、魏、晉。《文章緣起》這種觀點與南朝大量出現的、依文體編次的别集、總集有關。《文章緣起》的著録體例與《詩品》《隋書·經籍志》基本相同，保留了大量珍貴的南朝别集著録史料。《文章緣起》既是一部文原論的著作，也可看作一部按文體編排的大型總集的提綱。《文章緣起》集中反映了文原論在南朝發展的新趨勢，在經部、子部之外，推重集部。

自東漢以來，寫作文章的風氣越來越盛行，别集、總集和選集大量産生，文學逐漸從學術中獨立出來。討論文章、品評文人的風氣也隨之發展起來，彌漫整個南朝。[①]《文心雕龍·序志》"原始以表末，釋名以章義，選文以定篇，敷理以舉統"[②]，這句話概述了南朝文體學的範圍：文體溯源、文體釋名、文體選集和文體評論。任昉的《文章緣起》是南朝文學和文論高度發展的産物。[③]鄧國光認爲，任昉爲六朝文原論的大宗。[④]《文章緣起》的文體溯源論到清代還産生着影響。

一　《文章緣起》的文體溯源

《山堂先生群書考索》延祐七年(1320)圓沙書院刊一卷本《文章緣起》有

楊賽　上海音樂學院

一段序言：

> 梁太常卿任昉彦升集：六經素有歌、詩、誄、箴、銘之類《尚書》帝庸作歌，《毛詩》三百篇，《左傳》叔向《貽子産書》，魯哀公《孔子誄》，孔悝《鼎銘》、虞人箴，此等自秦漢以來聖君賢士沿著爲文章名之始。故因暇録之，凡八十四題，聊以新好事者之目云爾。⑤

這段文字以書作者的口氣寫成，觀點有些含糊，似乎想要表達這樣的意思：六經中已經收録了諸多文體，六經是許多文體的起源。張尚瑗説："梁任昉集秦漢以來聖君賢士沿著爲文章之始，名之曰《文章緣始》。書則起叔向《詒子産書》，箴則虞人之箴，誄則魯哀公誄孔子。三者皆出《左傳》。"⑥既然如此，那把五經列出來，在每一經下寫上若干文體不就行了，又何煩任昉來寫一部《文章緣起》呢？這樣的理解與書中的觀點不符。

在《山堂先生群書考索》本《文章緣起》中，"《尚書》帝庸作歌，《毛詩》三百篇，《左傳》叔向《貽子産書》，魯哀公《孔子誄》，孔悝《鼎銘》、虞人箴"一句爲注家所言，字體比正文小。許多後出的版本都將注文移作正文。

陳振孫説："《文章緣起》一卷，梁太常卿樂安任昉彦升撰，但取秦漢以來，不及六經。"⑦方熊説："敬子只在秦漢著眼，不及三代。"⑧他們説任昉《文章緣起》主要集中在秦漢，然而，於漢尚可，於秦則未必。

《文章緣起》著録了八十四種文體。始於漢的有六十五種：四言詩、五言詩、六言詩、七言詩、策文、表、讓表、書、對賢良策、奏記、牋(亦作箋)、謝恩、令、奏、駁、論、議、反騷、教、封事、白事、移書、箴、封禪書、贊、頌、序、志録、記、碑、誥、誓、露布、檄、明文、傳、上章、解嘲、訓、辭、喻難、弔文、傳贊、祝文、行狀、哀策、哀頌、誄、悲文、哀、辭、七發、離合詩、連珠、篇、歌詩、圖、勢、約、薦、旨、誡、謁文、祈文、祭文，約佔百分之七十七點四。始於周的有六種：賦、歌、離騷、樂府、對問、引，約佔百分之七點一。始於秦的有三種：詔、上書、銘，約佔百分之三點六。始於魏的有四種：九言詩、勸進、告、挽詞，約佔百分之四點八。始於晋的有六種：三言詩、啓、彈文、碣、墓誌、遺命，約佔百分之七點一。

根據以上統計，任昉的文體溯源可以表述爲：南朝通行的大部分文體起源於漢代,衹有極少數起源於周、秦、魏、晋。

二　文體溯源的三種觀點

《文章緣起》爲什麼持這種文原論呢? 陳懋仁的理解是,任昉認爲"聖人之經不當與後世同録"[⑨]。這一説法很牽强,説不通。張仁青説,任昉爲純文章觀念,"其所以與衆異者,乃是就文章是否具體成形爲標準"[⑩],這也很難説通。我們把整首詩所有詩句都是三個字算作三言詩具體成形的標準,但啓、彈文、碣、墓誌、遺命等文體的成形標準具體有哪些,就很難説清楚了。有人認爲,文體包括體裁、語體、風格三個要素[⑪],文體的基本結構應由體制、語體、體式、體性四個層次構成[⑫]。任昉對八十四種文體進行了溯源,却没有説明每種文體的要素和文體間的層次。

討論文體的起源,是一門淵深的學問。《尚書》《周禮》《禮記》中就明確標有典、謨、誓辭、誥言、詔令、訓辭、命、會、禱、誄等文體。[⑬]歷來有文源於經、文源於子、文源於集三種觀點。

自晋以來,摯虞、劉勰、顔之推等人討論文體,都會溯源於五經。

摯虞《文章流别論》在討論三言、五言、七言、九言詩時説:

> 古詩之三言者,"振振鷺,鷺于飛"之屬是也,漢郊廟歌多用之。五言者,"誰謂雀無角,何以穿我屋"之屬是也,于俳諧、倡樂多用之。六言者,"我姑酌彼金罍"之屬是也,樂府亦用之。七言者,"交交黄鳥止于桑"之屬是也,于俳諧、倡樂世用之。古詩之九言者,"洞酌彼行潦挹彼注兹"之屬是也,不入歌謡之章,故世希爲之。[⑭]

摯虞以詩句的字數爲依據,從詩的體制出發,對詩體進行了溯源,認爲三言詩、五言詩、六言詩、七言詩、九言詩的源頭都是《詩經》。但《詩經》中並没有完整的三言詩、六言詩、七言詩和九言詩。摯虞還認爲,賦體源於古詩,誄體源於《左傳》所載魯哀公《孔子誄》,碑銘體源於古宗廟之碑。摯虞意識到文源於經的觀點很可能明而未融,所以他又補充交代漢代的代表性作品。頌體源於古聖帝明王,而後班固有《安豐戴侯頌》等傳於世。箴源於虞箴,而後揚雄有《十二州十二官箴》傳於世。銘原於上古宗廟之銘,而後蔡邕有《爲楊公作碑》。還有一些文體,摯虞乾脆直接源於漢:七體源於枚乘,哀辭源於崔媛等人。[15]

《文心雕龍》文體論部分列出了詩、樂府、賦、頌、讚(他書多作"贊")、祝、盟、銘、箴、誄、碑、哀、弔、雜文、諧、讔、史、傳、諸子、論、説、詔、策、檄、移、封禪、章、表、奏、啓、議、對、書、記等三十四種一級目録體,再加上對問、七、連珠、誓、誥、令、戒、教、命、讖言、封事、便宜、書信、記箋、譜、籍、簿、録、方、術、占、式、律、令、法、制、符、契、券、疏、關、刺、解、牒、狀、列、辭、諺等三十八種二級目録體,共涉及文體七十多種。[16]劉勰在《文心雕龍・宗經》中説:

> 故論、説、辭、序,則《易》統其首;詔、策、章、奏,則《書》發其源;賦、頌、歌、讚,則《詩》立其本;銘、誄、箴、祝,則《禮》總其端;紀、傳、盟、檄,則《春秋》爲根。[17]

劉勰認爲二十種文體分别源於《周易》《尚書》《詩經》《禮》和《春秋》等五經。在文體論中,劉勰還對五十六種文體做了溯源:詩、樂府源於葛天氏、黄帝、堯、舜時,賦源於鄭莊《大隧》,頌、讚源於帝嚳時咸墨《九韶》,祝源於黄帝時,盟源於三王時,銘源於黄帝時,箴源於三代時,誄源於周時,碑源於上古,哀源於《詩經・秦風・黄鳥》,弔源於《詩經・小雅・天保》,諧源於淳于髡,讔源於蘧楊,史、傳源於蒼頡,論源於《論語》,説源於伊尹,書源於《詩經》,制源於《易》,詔源於《禮》,敕源於《尚書》,戒源於禹時,教源於契時,命源於《詩經》,檄源於祭公謀父,封禪源於黄帝時,章、表源於堯時,啓源於商高宗時,對、策源於古時,書源於春秋時,籍源於春秋時,録源於《世本》,令源於管仲,契源於上古時,券源於周時,刺源於《詩經》,辭源於子產,諺源於鄒穆公,符源於三代時,關源於韓非,奏源於秦時,對問源於宋玉《對楚王問》,七源於枚乘《七發》,連珠源於揚雄《連珠》,移源於司馬相如《難蜀父老》,章源於漢時,奏源於漢時,表源於漢時,議源於漢時,讖言源於漢成帝時班伯,議源於《詩經》,簿源於漢武帝時,術源於劉徽《九章算術》,譜源於鄭玄《毛詩譜》。

劉勰的文體溯源存在幾個問題。其一,有些文體有釋名而没有溯源。如方、占、式、律、法、制、符、疏、解、牒、箴、狀、列等十三種文體。其二,有些文體出現了好幾個源頭,甚至相互矛盾。如頌、讚,在《文心雕龍·頌讚》篇中説源於咸墨《九韶》,而在《宗經》篇中則説源於《詩經》。再如章、表,在《章表》篇中説源於漢時,而在《宗經》篇中則説源於《尚書》。其三,對很多文體的溯源過於模糊,對於時代、作者、篇章名三個要素交代得很不確切。有的衹交代時代,如詩、樂府、祝、盟、銘、箴、誄、碑、諧、戒、教、封禪、章、表、啓、對策、書、籍、契、券、符、奏、議、簿等二十四種文體。有的衹交代作者名而無篇章名,如諧、讔、史、傳、檄、令、辭、諺、關等九種文體。劉勰的文原論試圖將文體與其早期的行爲方式結合起來[18],缺乏統一的文原認定標準,更不可能將現代意義上的文體構成諸要素作爲依據[19],不免有些混亂。

顔之推認爲十二種筆體分别發源於《尚書》《周易》《春秋》等三經。他在《顔氏家訓·文章》中説:“夫文章者,原出五經:詔、命、策、檄,生於《書》者也;序、述、論、議,生於《易》者也;書、奏、箴、銘,生於《春秋》者也。”[20]

鍾嶸也深受文源於經論的影響,他在《詩品》中將一百二十三位詩人總歸於《詩經》《楚辭》兩大系統,分隸於《國風》《小雅》《楚辭》三條源流,試圖找出詩人與詩人之間、詩風與詩風之間、詩派與詩派之間的歷史聯繫。葉夢得、謝榛、王世貞、紀昀等人認爲鍾嶸的做法並不正確。[21]

摯虞、劉勰、顔之推、鍾嶸的文原論都説不清一部經書到底是哪幾種文體的確切起源。元代郝經在《郝氏續後漢書》“文章總叙”中將五十八種文體分别歸入《周易》《尚書》《詩經》《春秋》等四部經書中。明代黄佐在《六藝流别》中將一百多種文體分别溯源於《詩》《書》《禮》《樂》《易》《春秋》等六經。文體的起源本來就存在一源多體、一體多源、源流難分的複雜情况。文源於經的觀點,有時不免牽强。[22]

文源於子的觀點,支持者不多。文體總是在不斷的演變中。自五經之後,文學不斷發展,文體不斷分化,文體之間的相互影響日益增多,尤其是戰國,文學和文體都發生了巨大變化。[23]章學誠認爲,到戰國時期,大部分文體都已經形成。章學誠説:

> 周衰文弊,六藝道息,而諸子争鳴。蓋至戰國而文章之變盡,至戰國而

著述之事專,至戰國而後世之文體備;故論文於戰國,而升降盛衰之故可知也。[24]

後世之文其體皆備於戰國,何謂也?曰:子史衰而文集之體盛;著作衰而辭章之學興。文集者,辭章不專家,而萃聚文墨,以爲蛇龍之菹也。[25]

從寫作技巧上説,戰國諸子之書確實有了很大的進步[26],爲中國文學的進一步發展奠定了良好的基礎,在文體發展史上也有很重要的意義。如荀子的賦就在賦文體發展中有重要地位。[27]再如《莊子》以多個寓言説明一個道理,《新序》《説苑》《列女傳》都沿用了這一敘事説理的文體。[28]但這些子書都是根據作者和學派編訂而成,没有按照文體來分類。以子書作爲文體的起源有很多不確定性。

文源於集的觀點,在南朝十分盛行。南朝的文論家往往越出"文源於經"的藩籬[29],把一些文體的起源追溯到漢代。劉勰將對問、七、連珠、移等四種文體溯源於漢時作品。與任昉有神交的王儉[30]在討論文體時説:"石誌,不出禮典,起宋元嘉顔延之《爲王琳石誌》。"[31]王儉認爲誌文體源於顔延之。《文章緣起》:"墓誌。晉東陽太守殷仲文作《從弟墓誌》。"任昉認爲墓誌源於殷仲文。鍾嶸在討論五言詩體的起源時,就已經拋棄了摯虞的觀點,他説:"逮漢李陵,始著五言之目矣。古詩眇邈,人世難詳。推其文體,固是炎漢之制,非衰周之倡也。"[32]任昉的《文章緣起》對各體詩進行了溯源:

三言詩,晉散騎常侍夏侯湛所作。四言詩,前漢楚王傅韋孟《諫楚夷王戊詩》。五言詩,漢騎都尉李陵《與蘇武詩》。六言詩,漢大司農谷永作。七言詩,漢武帝《柏梁殿聯句》。九言詩,魏高貴鄉公所作。

嚴羽在《詩源辨體・辨體》中説道:

五言起於李陵《與蘇武》,七言起於漢武《柏梁》,四言起於漢楚王傅韋孟,六言起於漢司農谷永,三言起於夏侯湛,九言起於高貴鄉公。[33]

嚴羽全襲任昉的文原論。除此以外,嚴羽還討論了以時而論的詩體,以人而論的詩體、雜體等。

三　南朝文體溯源的成因

南朝文論家爲什麽要將文體溯源的重點由經部向集部轉移呢？

其一，南朝文學家多以漢以來的作品作爲摹擬寫作的對象。他們寫詩寫文，很少向先秦的經書和子書學習，大多數人把仿效的對象轉向漢以來的作品，甚至同時代人的作品。

詩歌創作方面的情況可以江淹爲例。江淹寫有三十首五言《雜體詩》：擬漢時詩人無名氏[34]、班婕妤、李陵三位的作品，佔百分之十；擬魏時詩人曹丕、王粲、曹植、劉楨、阮籍、嵇康六位的作品，佔百分之二十；擬晋時詩人張華、潘岳、左思、陸機、張協、劉琨、郭璞、盧諶、孫綽、許詢、殷仲文、謝混、陶潜十三位的作品，約佔百分之四十三點三；擬劉宋詩人顔延之、謝靈運、謝惠連、袁淑、鮑照、王微、謝莊、湯惠休八位的作品，約佔百分之二十六點六。其《雜體詩》模仿晋、宋以來詩人的作品佔了絶大部分。

梁簡文帝蕭繹在《與湘東王書》中陳述的對南朝文學家學習對象的觀點頗具代表性。他説：

> 比見京師文體，懦鈍殊常，競學浮疏，急爲闡緩。玄冬脩夜，思所不得，既殊比興，正背《風》《騷》。若夫六典三禮，所施則有地，吉凶嘉賓，用之則有所。未聞吟詠情性，反擬《内則》之篇；操筆寫志，更摹《酒誥》之作；遲遲春日，翻學《歸藏》；湛湛江水，遂同《大傳》。
>
> 吾既拙於爲文，不敢輕有掎摭。但以當世之作，歷方古之才人，遠則揚、馬、曹、王，近則潘、陸、顔、謝，而觀其遺辭用心，了不相似。若以今文爲是，則古文爲非；若昔賢可稱，則今體宜棄。俱爲盍各，則未之敢許。又時有效謝康樂、裴鴻臚文者，亦頗有惑焉。何者？謝客吐言天拔，出於自然，時有不拘，是其糟粕；裴氏乃是良史之才，了無篇什之美。是爲學謝則不屆其精華，但得其冗長；師裴則蔑絶其所長，惟得其所短。謝故巧不可階，裴亦質不宜慕……詩既若此，筆又如之。徒以煙墨不言，受其驅染；紙札無情，任其摇襞。甚矣哉，文之横流，一至於此！

至如近世謝朓、沈約之詩，任昉、陸倕之筆，斯實文章之冠冕，述作之楷模。張士簡之賦，周升逸之辯，亦成佳手，難可復遇。[35]

在蕭繹看來，"吟詠情性""操筆寫志"，抒發感情没有必要去模仿《禮記・内則》和《尚書・酒誥》;《詩經》中的"遲遲春日"句、《楚辭》中的"湛湛江水"句，意在描寫風景，並非模仿《歸藏》和《尚書大傳》。蕭繹主張到漢魏以來的司馬相如、揚雄、王粲、曹植、潘岳、陸機、顔延之、謝靈運等人那裏學習寫作，學習的對象甚至包括沈約、任昉、謝朓、裴子野、周捨、陸倕、張率等與他同時代的人。

其二，南朝别集大量産生。爲了便於向更多的漢以來的詩人學習，有必要把漢以來的詩都編輯到一起。曹旭説，隨着五言詩的興盛與發展，必然導致各種詩集和詩歌總集的編纂，一批詩歌總集紛紛出現，甚至還出現了五言詩的選集，鍾嶸《詩品》的寫作正是建立在這些總集的基礎上。[36]鍾嶸《詩品》共品評一百二十三名詩人[37]，漢時有八人，即佚名、李陵、班婕妤、秦嘉、徐淑、班固、酈炎、趙壹，約佔百分之六點五;魏時有十三人，即曹操、曹丕、曹植、劉楨、阮瑀、徐幹、王粲、應瑒、應璩、繆襲、何晏、曹彪、曹叡，約佔百分之十點六;晋時有三十七人，即阮籍、傅玄、孫楚、嵇康、杜預、張華、何劭、傅咸、郭泰機、夏侯湛、潘岳、石崇、左思、陸機、張協、潘尼、嵇紹、張翰、陸雲、嵇含、曹攄、歐陽建、劉琨、郭璞、盧諶、孫綽、許詢、袁宏、戴逵、殷仲文、顧愷之、王贊、阮侃、棗據、張載、王濟、毛伯成，約佔百分之三十;宋時有二十八人，即傅亮、謝瞻、顔延之、謝靈運、陶潛、謝混、謝世基、范曄、謝惠連、袁淑、張永、戴法興、鮑照、王微、謝莊、王僧達、劉駿、劉鑠、劉宏、何長瑜、顧邁、蘇寶生、羊曜璠、戴凱、吴邁遠、陵修之、任曇緒、區惠恭，約佔百分之二十二點八;齊時有二十七人，即道猷上人、丘靈鞠、蕭道成、韓蘭英、張融、孔稚珪、王儉、江祏、謝超宗、張欣泰、劉繪、劉祥、謝朓、王融、檀超、袁嘏、陸厥、卞彬、王中、湯惠休、釋寶月、鍾憲、顔測、顧則心、許瑶之、鮑令暉、卞鑠，約佔百分之二十二;梁時有十人，即沈約、江淹、范縝、范雲、任昉、丘遲、虞羲、江洪、鮑行卿、孫察，約佔百分之八點一。鍾嶸看到了一百二十三名詩人的别集，甚至可能看過一些大型的詩歌總集。

其三，南朝總集相當繁富，總集按文體歸類，同一類文體作品依作家時代排列。據《隋書・經籍志》著録，賦、頌、詩、歌辭(樂府)、銘、箴、誡、讚、七、碑、祭文、行狀、設論(難)、論、連珠、詔、表(奏)、露布、彈文、檄文、啓、書、策文、誹諧等二十四種文體均有總集[38],可惜這些總集大多數今天已佚。蕭統在《文選序》中説:

> 詩者,蓋志之所之也,情動於中而形於言。《關雎》《麟趾》,正始之道著;桑間、濮上,亡國之音表。故《風》《雅》之道,粲然可觀。自炎漢中葉,厥塗漸異。退傅有"在鄒"之作,降將著"河梁"之篇;四言五言,區以别矣。又少則三字,多則九言,各體互興,分鑣並驅。頌者,所以游揚德業,褒讚成功。吉甫有"穆若"之談,季子有"至矣"之歎。舒布爲詩,既言如彼;總成爲頌,又亦若此。次則箴興於補闕,戒出於弼匡。論則析理精微,銘則序事清潤。美終則誄發,圖像則讚興。又詔誥教令之流,表奏牋記之列,書誓符檄之品,弔祭悲哀之作,答客指事之制,三言八字之文,篇辭引序,碑碣誌狀,衆制鋒起,源流間出。[39]

蕭統明確提出漢代中葉以後出現了一個新的文學傳統,"自炎漢中葉,厥塗漸異",與此前的經學傳統不一樣,其中就包括三言詩、四言詩、五言詩、八言詩、九言詩、頌、箴、戒、論、銘、誄、贊、詔、誥、教、令、表、奏、牋、記、書、誓、弔祭、答客難、篇、辭、引、序、碑、碣、誌、狀等文體。蕭統的這種文體溯源思想體現在《文選》的選篇當中。

我們不妨看看《文選》各體第一篇作品的作者生活年代。《文選》共收集三十二種文體,各種文體依作家生活年代先後編排。始於周的文體有四種:序,卜商《毛詩序》;騷,屈原《離騷》;賦,宋玉《風賦》;對問,宋玉《對楚王問》。始於秦的文體有一種:上書,李斯《上秦始皇書》。始於漢的文體有十三種:論,賈誼《過秦論》;弔文,賈誼《弔屈原文》;辭,劉徹《秋風辭》;七,枚乘《七發》;檄,司馬相如《喻巴蜀檄》;設論,東方朔《答客難》;書,李陵《答蘇武書》;符命,司馬相如《封禪文》;頌,王褒《聖主得賢臣頌》;史論,班固《公孫弘傳贊》;史述贊,班固《述高祖紀贊》;銘,班固《封燕然山銘》;碑文,蔡邕《郭有道碑文》。始於魏的文體有五種:表,孔融《薦禰衡表》;牋,楊脩《答臨淄侯牋》;五言詩,曹植《公讌詩》;四言詩,曹植《責躬詩》《應詔詩》;誄,曹植《王仲宣誄》。始於晋的文體有五種:奏記,阮籍《詣蔣公》;贊,夏侯湛《東方朔畫贊》;哀,潘岳《哀永逝文》;連珠,陸機《演連珠》;箴,張華《女史箴》。始於梁的文體有四種:祭文,謝惠連《祭古冢文》;彈事,任昉《奏彈曹景宗》;墓誌,任昉《劉先生夫人墓誌》;行狀,任昉《齊竟陵文宣王行狀》。漢代以來的作者約佔百分之八十五。儘管《文選》所録是各種文體的標準件,並非要追溯各種文體的起源,但很明顯,在當時的文章家看來,這三十二種文體的標準件不再是經書和子書了。甚至,《文選》中還大量輯入梁代作家的文章,其中任昉的文章就有十七篇之多。[40]

在南朝文章總集中,同一種文體的作品,衹能按照作家的年代排序。文原論的成熟,必須建立在文章別集與總集大量出現的基礎上,必須以目録學爲依據。[41]章學誠説:

> 云某人之詩,其源出於某家之類,最爲有本之學,其法出於劉向父子。[42]
>
> 論文拘形貌之弊,至後世文集而極矣。蓋編次者之無識,亦緣不知古人之流別,作者之意指,不得不拘貌而論文也。集文雖始於建安,而實盛於齊、梁之際;古學之不可復,蓋至齊梁而後蕩然矣。[43]

南朝文學家仿效的對象轉向漢魏作家,分體編排的文章總集大量增加,構成南朝文原論的重要基礎。王瑶説:

> 辨析文體風氣的盛行,固然是文論興起後必然的現象,但同時也是與總集的發展有不可分離的關係的。[44]

羅宗强説:

> 中國文體論還有另一個更重要的更直接的來源,那便是目録學。目録分類直接影響了文體分類。而有了文體分類,對不同文體之間的差別的逐漸明晰的認識纔成爲可能。[45]

我們認爲,建立在分文體編排的大型文章總集目録基礎上的文原論,纔能堅持比較統一的標準,得出比較確切的結論。

四　從《文章緣起》的著例體例看南朝文章集的流傳

《文章緣起》著録的完整體例爲：文體、某朝、某官、某人、作、某篇。爲什麽是這種體例呢？

漢朝文人集，本來没有文集名，也不是按文體歸類的。章學誠説：

> 兩漢文章漸富，爲著作之始衰。然賈生奏議，編入《新書》；相如詞賦，但記篇目：皆成一家之言，與諸子未甚相遠，初未嘗有彙次諸體，裒焉而爲文集者也。[46]

南朝人重編漢人别集，都要爲别集命名，其基本格式爲"某朝某官某人集"，包含以下三個要素：朝代、官銜、姓名。别集根據文體分類編排。任昉要對八十四種文體進行溯源，就必然要將當時存在的所有别集都集中起來，按文體編成總集，每種文體依作者生活年代排序，將寫作年代最靠前的作者及其文章名著録到《文章緣起》中。因此，《文章緣起》的著録必然要涉及文體、别集名、文章名這三個基本要素。

南朝編訂的别集早已經不存，但别集的名稱和部分訊息還保存在鍾嶸《詩品》和《隋書・經籍志》中。

這裏先將《文章緣起》著録的與《詩品》四例相關的條目依次列出，進行對照和説明。(1)牋，漢護軍班固《説東平王牋》；漢令史班固。(2)告，魏阮瑀爲文帝作《舒告》；魏倉曹屬阮瑀。(3)墓誌，晋東陽太守殷仲文作《從弟墓誌》；晋東陽太守殷仲文。(4)挽詞，魏光禄勳繆襲；魏光禄勳廖襲。[47]據《詩品》，《文章緣起》應著録爲："告，魏倉曹屬阮瑀爲文帝作《舒告》。"據《隋書・經籍志》，《詩品》應著録爲"漢大將軍護軍班固"。鍾嶸説："又其人既往，其文克定。今所寓言，不録存者。"[48]有人把前一句話理解爲：某人没有過世，他的文章還没有定性。這是不準確的。鍾嶸這句話應該理解爲：某人没有過世，他的别集還没有完全編訂出來。鍾嶸的手頭没有某人的全集，當然不能妄加評論。鍾嶸寫《詩品》與任昉寫《文章緣起》，都要做同樣一件工作，就是把當時保存的文章别集儘量全部搜集起來。

下文再將《文章緣起》與《隋書・經籍志》中二十例相關著録依次列出，一前一後進行對照。[49]（1）五言詩，漢騎都尉李陵《與蘇武詩》；《漢騎都尉李陵集》。（2）七言詩，漢武帝《柏梁殿聯句》；《漢武帝集》。（3）表，淮南王安《諫伐閩表》；《漢淮南王集》。（4）讓表，漢東平王蒼《上表讓驃騎將軍》；《後漢東平王蒼集》。（5）書，漢太史令司馬遷《報任少卿書》；《漢中書令司馬遷集》。（6）奏記，漢江都董仲舒《詣公孫弘奏記》；《漢膠西相董仲舒集》。（7）牋，漢護軍班固《説東平王牋》；《後漢大將軍護軍司馬班固集》。（8）謝恩，漢丞相魏相《詣公車謝恩》；梁有《漢丞相魏相集》。（9）彈文，晋冀州刺史王深《集褉彈文》；《冀州刺史王深集》。（10）移書，漢劉歆《移書讓太常博士論左氏春秋》；《漢太中大夫劉歆集》。（11）銘，秦始皇《登會稽山刻石銘》；《秦皇東巡會稽刻石文》。（12）檄，漢丞相祭酒陳琳作《檄曹操文》；《後漢丞相軍謀掾陳琳集》。（13）訓，漢丞相主簿繁欽《祠其先主訓》；《後漢丞相主簿繁欽集》。（14）勸進，魏尚書令荀攸《勸魏王進文》；《魏官儀》，荀攸撰。（15）弔文，賈誼《弔屈原文》；梁又有《賈誼集》。（16）哀策，漢樂安相李尤作《和帝哀策》；梁有《樂安相李尤集》。（17）墓誌，晋東陽太守殷仲文作《從弟墓誌》；《晋東陽太守殷仲文集》。（18）祭文，後漢車騎郎杜篤作《祭延鍾文》；《後漢車騎從事杜篤集》。（19）圖，漢河間相張衡作《玄圖》；《後漢河間相張衡集》。（20）勢，漢濟北相崔瑗作《草書勢》；《後漢濟北相崔瑗集》。

此外，還有四例在《文章緣起》與《隋書・經籍志》著録内容略有差異，這裏也依次列出，進行對照和説明。（1）啓，晋吏部郎山濤作《選啓》；《晋少傅山濤集》。山濤，《晋書・山濤傳》："咸寧初，轉太子少傅，加散騎常侍；除尚書僕射，加侍中，領吏部。""濤再居選職十有餘年，每一官缺，輒啓擬數人，詔旨有所向，然後顯奏，隨帝意所欲爲先。故帝之所用，或非舉首，衆情不察，以濤輕重任意。或譖之於帝，故帝手詔戒濤曰：'夫用人惟才，不遺疏遠單賤，天下便化矣。'而濤行之自若，一年之後衆情乃寢。濤所奏甄拔人物，各爲題目，時稱《山公啓事》。"[50]晋以來，文士别集有的以官職命名，每一官職一本文集。我們推測，山濤編有《晋吏部郎山濤集》，任昉在《文章緣起》中著録了《晋吏部郎山濤集》中的《選啓》。梁以後，山濤所有别集被抄寫爲一種，命名爲《晋少傅山濤集》，被《隋書・經籍志》著録。（2）駁，漢侍中吾丘壽王《駁公孫弘禁民不得挾弓弩議》；梁有《漢光禄大夫吾丘壽王集》。吾丘壽王，漢武帝時人，生卒年不詳，從中大夫董仲舒受《春秋》，歷任侍中中郎、東郡都尉、漢光禄大夫侍中。《文章緣起》著録爲漢侍中吾丘壽王，《隋書·經籍志》著録有《漢光禄大夫吾丘壽王集》。我們推測，其别集全稱應該爲《漢光禄大夫侍中吾丘壽王集》。(3)謁文，後漢别駕司馬張超《謁孔子文》；梁有《别部司馬張超集》。張超，生卒年不詳，爲張良後人，《後漢書·張超傳》載："靈帝時，從車騎將軍朱儁征黄巾，爲别部司馬。著賦、頌、碑文、薦、檄、牋、書、謁文、嘲，凡十九篇。"[51]另，漢代官制有别駕從事。《文章緣起》著録有誤，《謁孔子文》理應出自《後漢别駕司馬張超集》。(4)誡，後漢杜篤作《女誡》；《後漢車騎從事杜篤集》。杜篤，生卒年不詳，《後漢書·杜篤傳》載："大司馬吴漢薨，光武帝詔諸儒誄之，篤於獄中爲誄，辭最高，帝美之，賜帛免刑。"[52]據《晋書》相關記載，杜篤爲車騎從事中郎，故其别集全稱應爲《後漢車騎從事中郎杜篤集》。另，據《隋書·經籍志》，《文章緣起》應著録爲："牋，後漢大將軍護軍班固《説東平王牋》。"

以上二十四例説明，作爲南朝著名藏書家和目録學家的任昉[53]，在撰寫《文章緣起》時，已經搜羅到足够多的别集，參考過大量漢到梁時人的别集，並把這些别集的名稱保留在《文章緣起》中。任昉的文原論是以梁初别集爲基礎的。

綜上，任昉《文章緣起》的文原論是：南朝通行的大部分文體主要起源於漢代，衹有極少部分起源於周、秦、魏、晋。《文章緣起》的文原論建立在目録學基礎上，與南朝别集、總集的大量出現有關。《文章緣起》的著録體例與《詩品》《隋書·經籍志》基本相同，保留了大量珍貴的南朝别集著録資訊。《文章緣起》既是一部文原論著作，也是一部按文體編排的大型總集的提綱。《文章緣起》集中反映了文原論在南朝發展的新趨勢，在經部、子部之外，推重集部。

注　釋

① 參見楊賽《先唐文集與文體》，袁行霈主編《國學研究》第29卷，北京大學出版社2012年版。

② 劉勰著，詹鍈義證《文心雕龍義證》，上海古籍出版社1989年版，第1924頁。

③ 任昉《文章緣起》真僞問題，可參見拙博士論文《任昉研究》中的相關章節，該博士論文於2006

年6月在上海師範大學人文與傳播學院通過答辯。又見拙文《〈文章緣起〉的真僞問題》,《北京科技大學學報》2009年第3期;吴承學、李曉紅《任昉〈文章緣起〉考論》,《文學遺産》2007年第4期。

④ 參見鄧國光《魏晋南北朝的文原論》,香港中文大學中國語言文學系主編《魏晋南北朝文學論集》,臺北,文史哲出版社1994年版,第485—494頁。

⑤ 任昉《文章緣起》,《山堂先生群書考索》延祐七年(1320)圓沙書院刊本一卷本。下引《文章緣起》皆出此本。

⑥ 張尚瑗《左傳折諸》卷二〇。據文淵閣《四庫全書》(電子版),上海人民出版社、迪志文化出版有限公司。

⑦ 陳振孫《直齋書録解題》,上海古籍出版社1987年版,第641頁。

⑧ 任昉撰,陳懋仁、方熊補注《文章緣起》,《邵武徐氏叢書》初刻一卷本。

⑨ 同上。

⑩ 張仁青《任昉文章緣起》,《魏晋南北朝文學思想史》,臺北,文史哲出版社1978年版,第671頁。

⑪ 童慶炳《文體與文體的創造》,云南人民出版社1994年版,第8—38、102—220頁。

⑫ 郭英德《中國古代文體形態學論略》,《求索》2001年第5期。

⑬ 參見吴承學《中國古代文體形態研究》,中山大學出版社2000年版,第323頁。

⑭ 嚴可均校輯《全上古三代秦漢三國六朝文》,中華書局1958年版,第3810頁。

⑮ 同上書,第1905—1906頁。

⑯ 張少康説,劉勰《文心雕龍》在有些大類文體裹還包含着很多小的文體類型,例如:"《雜文》中包含了對問、七、連珠3類。《詔策》一篇中包括先秦的誓、誥、令,漢代的策書、制書、詔書、戒敕等,並附帶論及由官方的詔策影響到民間的文章體裁而出現的戒、教、命等文體形式。《奏啓》一篇末後還論到與其相接近的讜言、封事、便宜等3種文體。《書記》一篇則論及書信、記箋,而記箋中又分記與箋兩種,篇末又附帶論及書記之各種支流,如譜、簿、録、方、術、占、試、律、令、法、制、符、契、券、疏、關、刺、解、牒、狀、列、辭、諺等24種名目。"參見張少康《〈文心雕龍〉的文體分類論——和〈昭明文選〉文體分類的比較》,《江蘇大學學報》(社會科學版)2007年第1期。按:張文列書記支流二十四名目,實有二十三,漏"籍"。張少康所説的小文體,實際上是二級目録文體,與一級目録大文體相對而言。"試",有的版本作"式",當作"式"。

⑰ 同注②,第78—79頁。

⑱ 參見郭英德《中國古代文體學論稿》,北京大學出版社2005年版,第29—33頁。

⑲ 參見于雪棠《先秦兩漢文體研究》,北京師範大學出版社2012年版,第38頁。

⑳ 王利器《顔氏家訓集解》(增補本),中華書局 1993 年版,第 237 頁。

㉑ 曹旭《詩品研究》,上海古籍出版社 1998 年版,第 153—155 頁。

㉒ 參見吴承學、陳贇《對於"文本於經"説的文體學考察》,《學術研究》2006 年第 1 期。

㉓ 童慶炳認爲,文體演變不可避免,有些由時代造成,有些由作家情性造成,有些由文體自定發展規律而定。參見注⑪,第 39—50 頁。

㉔ 章學誠著,葉瑛校注《文史通義校注》,中華書局 1985 年版,第 60 頁。

㉕ 同上書,第 61 頁。

㉖ 褚斌杰《中國古代文體概論》(增訂本),北京大學出版社 1990 年版,第 7 頁。

㉗ 張少康認爲,荀子的《賦篇》和宋玉的《風賦》《釣賦》都是在賦的發展中具有轉折意義的著作。參見張少康《〈文心雕龍〉的文體分類論——和〈昭明文選〉文體分類的比較》,《江蘇大學學報》(社會科學版)2007 年第 1 期。

㉘ 同注⑲,第 176—177 頁。

㉙ 參見李士彪《魏晋南北朝文體學》,上海古籍出版社 2004 年版,第 76 頁。

㉚ 參見楊賽《任昉與王儉的神交》,《文史知識》2009 年第 11 期。

㉛ 蕭統編,李善注《文選》,上海古籍出版社 1986 年版,第 2568 頁。

㉜ 鍾嶸著,曹旭集注《詩品集注》,上海古籍出版社 1994 年版,第 8 頁。

㉝ 嚴羽著,郭紹虞校釋《滄浪詩話校釋》,人民文學出版社 1961 年版,第 46—107 頁。

㉞ 王運熙、楊明在《中國文學批評通史 魏晋南北朝卷》中指出,第一首《古離别》係擬無名氏的古詩,大約是漢代人所作,上海古籍出版社 1996 年版,第 259 頁。

㉟ 《梁書》,中華書局 1973 年版,第 690—691 頁。

㊱ 同注㉜,第 5—6 頁。

㊲ 略依詩人生卒年排列,詩人歸屬朝代與詩人生卒年依曹旭《詩品集注》、王發國《詩品考索》。曹旭《詩品集注》統計《詩品》品評詩人共一百二十三位。

㊳ 同注①。

㊴ 同注㉛,第 2 頁。

㊵ 參見楊賽《論任筆》,《鄭州師範教育》2012 年第 1 期;胡旭《〈文選〉選文"任昉現象"之成因探析》,《文史哲》2009 年第 4 期。

㊶ 鄧國光認爲,文原論發展的因素有三:一爲中華民俗重視"慎終追遠"的民族生命的尋根和認同意識;二爲目録學的急劇發展;三爲鄭學的誘導。同注④。

㊷ 同注㉔,第 559 頁。

㊸ 同上書,第 80 頁。

㊹　王瑶《中古文學史論》,商務印書館 2011 年版,第 112 頁。

㊺　羅宗强《魏晋南北朝文學思想史》,中華書局 1996 年版,第 101 頁。

㊻　同注㉔,第 296 頁。

㊼　曹旭"魏侍中繆襲"條校異:許印芳《萃編》亦改作"魏光禄勳繆襲"。同注㉜,第 379 頁。

㊽　同上書,第 173 頁。

㊾　《舊唐書・經籍志》《新唐書・藝文志》《宋史・藝文志》著録南朝别集,經唐以後人重新抄録,並重新命名,基本格式爲"某人集"。較之《隋書・經籍志》,這種命名格式衹保留了姓名,去掉了朝代名和官銜兩個要素,文獻價值大大減損。徐有富在《先唐别集考述》中指出:將這些不同文章編輯成集,勢必要有一個名稱。《隋書・經籍志》别集類最基本的著録方法是時代名加官職名加作者名加"集"字加卷數,如《晋黄門郎潘岳集十卷》。(見《文學遺産》2003 年第 4 期。又收入《詩學問津録》,中華書局 2013 年版,第 54—62 頁。)賽按,十卷爲著録卷數,不當爲集名。《舊唐書・經籍志》著録:《潘岳集》十卷。胡旭《先唐别集叙録》(中國社會科學出版社 2011 年版)僅録作者名加"集",是唐以後人對先集别集的命名方式。

㊿　《晋書》,中華書局 1974 年版,第 1225—1226 頁。

51　參見《後漢書》,中華書局 1965 年版,第 2652 頁。

52　參見上書,第 2595 頁。

53　參見楊賽《任昉與南朝目録學》,程章燦主編《古典文獻研究》第 14 輯,鳳凰出版社 2011 年版,第 73—87 頁。

古代文學中新興文體的理論建構

李金松

【提要】 古代文學中的新興文體由於成熟較晚,批評家們對其理論建構,往往利用此前已較爲成熟的鄰近文體的理論進行思考。隨着創作的發展,鄰近文體較爲成熟的理論已不切合新興文體的特徵、特質,因而必須汰除鄰近文體的觀念糾纏。而汰除鄰近文體的觀念糾纏,雖然維護了新興文體的文體特性與審美内涵,但在理論建構上却存在嚴重的缺陷。因此,新興文體的理論建構不得不融入其他文體的理論元素或其他學科的相關理論成果,纔能臻於成熟、完善。

源遠流長的中國古典文學在其發展過程中,隨着表達訴求的深入、細緻,不斷地產生新的文體。陸機《文賦》列舉文體十種,劉勰《文心雕龍》綜論三十四種文體,明代徐師曾在《文體明辨》中叙列的文體種類正篇有一百零一種,附録有二十六種,兩者合計共一百二十七種。可見,中國古典文學發展到明代,其文體是何等繁多。在這衆多的文體中,爲一般文士經常書寫的文體不過詩、賦、詞、序、記、碑傳、墓誌、書啓等十多種。而宋元以後,以小説、戲曲爲主的叙事文學日漸發達,也成爲文士們熱衷寫作的文體。在這爲一般文士熱衷書寫的十幾種文體中,以現代的文學眼光來看,最具有文學意義的,也就是詩、賦、詞以及小説、戲曲等數種而已。古典文學的每種文體都有自己的理論建構,衹是有豐富與不足之别。戲曲是一種綜合藝術,其理論建構較爲複雜,應另撰專文進行討論。以下,筆者即以最具文學意義且文體成熟時間晚於詩歌的賦、詞以及小説這三種文

李金松 河南大學文學院、國學研究所

體的理論建構作爲考察對象,探討古代文論中關於新興文體的理論是如何進行建構的,希望借此拓深學界對古代文學文體批評的認識。

一　藉資於鄰近文體,求其同

中國古典文學各種文體的興起、發展以及成熟,並不是一蹴而就的,而是經歷了一個相當長的歷史時期。相比較而言,在文士書寫的諸種文體中,由於用韵的緣故,詩歌這種文體成熟得最早,也最爲文士所樂於書寫,因而關於它的理論批評也最爲豐富。衆所周知,在《尚書・堯典》中,即有關於詩歌抒情特性概括的"詩言志"之説,秦漢之際的《詩大序》總結了詩歌六義賦、比、興、風、雅、頌,三國時期的曹丕《典論・論文》有"詩賦欲麗"之説,西晉時期的陸機《文賦》有"詩緣情而綺靡"之説,等等。這些關於詩歌的論述,奠定了中國古代詩學理論的基礎。此後關於詩歌的言説,大抵在這一詩學理論基礎上展開,衹不過更爲深入、細緻和豐富罷了。

對於詩歌而言,賦體文學是一種新興的文體,成熟則稍爲晚些。東漢的班固在《兩都賦序》中云:"或曰:賦者,古詩之流也。"[①]清代章學誠在《文史通義・漢志詩賦第十五》中云:"古之賦家者流,原本詩騷,出入戰國諸子。"[②]他們共同指出了賦體文學"原本詩騷"、其文體成熟晚於詩歌的這一歷史事實。作爲成熟稍晚、文體脱胎於詩歌的賦體文學,其理論建構衹有在創作日漸豐富的情形下進行。兩漢時期,是中國賦體文學創作最輝煌的時期,賦體文學的理論建構從無到有,也是在這一時期。在對賦體文學進行理論建構的過程中,批評家們依憑在此之前已較爲成熟的詩學理論的話語資源,對其展開批評,並進行賦體文學的理論思考。我們現今可知最早的賦論是司馬相如提出的關於賦體文學創作的"賦之迹"與"賦家之心"。[③]但是,這則關於賦體文學創作的批評資料見於《西京雜記》,此書是東晉時期的葛洪託名劉歆所作。細味其中所論,似與陸機寫作《文賦》的年代相近。因此,此條賦論資料是否出自司馬相如,是大可懷疑的。既然存疑,則不予討論。在這條賦論資料之外,可信而又最早關於賦體文學的言説,則是司馬遷在《史記・司馬相如列傳》中的議論。司馬遷指出,司馬相如創作的諸篇賦作“其要歸引之節儉,此與《詩》之風諫何異”[4]。在對司馬相如賦體作品的評價中,司馬遷用“與《詩》之風(諷)諫何異”一語,從“風(諷)諫”的角度肯定了司馬相如賦體作品所具有的積極的社會意義。他在《太史公自序》中論及司馬相如的賦體作品,也説:“《子虛》之事,《大人》賦説,靡麗多誇。然其指風諫,歸於無爲。”[5]同樣是以《詩》的“風(諷)諫”來審視賦體作品的。從司馬遷對司馬相如的賦體作品的評論中可以看出,由於此前缺乏關於賦體文學的理論資源,他不得不依靠在文體上與賦體鄰近的詩歌的成熟理論來分析賦體文學,儘可能發掘賦體文學的社會價值,進而推尊賦體文學,建構了賦體文學的“風(諷)諫”説。司馬遷之後,漢宣帝論及賦體文學,云:

> 辭賦大者與古詩同義,小者辯麗可喜。辟如女工有綺縠,音樂有鄭、衛,今世俗猶皆以此虞説耳目,辭賦比之,尚有仁義風諭、鳥獸草木多聞之觀,賢於倡優博弈遠矣。[6]

他對辭賦的教化功能、認識價值的發掘,還是以詩作爲參照系的,根據已有的詩學理論,如“仁義風諭、鳥獸草木多聞之觀”,闡明賦體文學的文學價值。在司馬遷的“風(諷)諫”説的基礎上,漢宣帝豐富了賦體文學的批評理論。此後劉向父子的“惻隱古詩之義”[7]、揚雄的“詩人之賦麗以則,辭人之賦麗以淫”[8]、班固的“《雅》《頌》之亞”[9]説,無不是依託豐富的詩學理論來闡説賦體文學的性質,給賦體文學進行價值定位。對於兩漢賦學批評家依託詩學評説賦體文學,當代辭賦學者許結認爲是一個“批評的歷史誤區”[10]。其實,這是當時賦學批評家們的不得已之舉。因爲兩漢的賦體文學雖然發達,但關於賦體文學的批評理論在早期還没有及時地建構起來。由於理論領域尚是空白,没有可以援用的理論資源,因而這些賦學批評家們不得不依據已有且較爲成熟的、與賦體文學文體鄰近的詩學理論詮釋賦體文學,進行賦體文學的理論建構。這與其説是賦學批評的“誤區”,倒不如説是理論的藉資與轉用。

與賦相比,詞體興起於唐宋,成熟則更爲晚近。在宋之前,雖然有關於詞體文學的批評,但較爲零星,而且是與音樂關聯在一起的,從音樂的角度闡明詞的體性。如歐陽炯《花間集叙》,認爲詞是“樂府相傳”,“用助嬌嬈之態”,供豪門貴族侑酒佐歡之用,因而將詞視爲"豔科",要求詞應"合鸞歌""諧鳳律"。[11]他對詞所作的這種論説,潛在的邏輯是詞依附於樂,與樂同質。詞體文學在其發展的早期確實是因配樂合歌而創作出來的。因此,歐陽炯從音樂的角度論詞樂同質是可以理解的,也是可以接受的。進入宋代之後,詞體文學的創作漸趨發達,關於詞體文學的論説也日益增多。諸多的論詞言説,往往借助於詩學理論説詞。如北宋中期的黄裳在《演山居士新詞序》中云:

演山居士閒居無事,多逸思,自適於詩酒間。或爲長短篇及五七言,或協以聲而歌之,吟詠以舒其情,舞蹈以致其樂。因言:風雅頌詩之體,賦比興詩之用,古之詩人,志趣之所向,情理之所感,含思則有賦,觸類則有比,對景則有興,以言乎德則有風,以言乎政則有雅,以言乎功則有頌……以其主文而譎諫,故言之者無罪,聞之者足以誡。然則古之歌詞,固有本哉!六序以風爲首,終於雅頌,而賦比興存乎其中,亦有義乎?以其志趣之所向,情理之所感,有諸中以爲德,見於外以爲風,然後賦比興本乎此以成其體,以給其用。六者聖人特統以義而爲之名,苟非義之所在,聖人之所删焉。故予之詞清淡而正,悦人之聽者鮮,乃序以爲説。[12]

他把自己的詞作與"古之詩人"聯繫起來,以《詩大序》的傳統詩學理論闡發自己的詞作,認爲自己的詞作同樣具有《詩》的風雅頌賦比興六義。借助於傳統的詩教理論,黄裳極大地推揚了自己詞作的社會意義與文學價值。在此,黄裳以自己的詞作爲例,在傳統的詩學理論的觀照下,直陳自己的詞作是"吟詠以舒其情"。他對自己詞作性質的這一直陳,與陸機所言詩歌"緣情"並無二致,揭示了詞體與詩體的異構同質,既推尊了詞體,又是關於詞體文學的理論創新,使人們關於詞體文學的觀念從音樂的附屬品過渡到詩體。由於以詩體視詞體,宋代詞學批評家們自然以詩體的優秀傳統與美學規範要求詞體。如南宋紹興時期的鮦陽居士在《復雅歌詞序略》中云:

温、李之徒,率然抒一時情致,流爲淫豔猥褻不可聞之語。我宋之興,宗工巨儒,文力妙天下者,猶祖其遺風,蕩而不知所止。脱於芒端,而四方傳唱,敏若風雨,人人歆豔,咀味於朋遊樽俎之間,以是爲相樂也。其韞騷雅之趣者,百一二而已。[13]

在這段文字中,鮦陽居士批評了當時的詞體文學的創作祖尚"温、李之徒"的遺風,"猥褻不可聞之語","咀味於朋遊樽俎之間",而"韞騷雅之趣者,百一二而已",認爲詞體文學匱缺"騷雅之趣"。"騷雅"這一概念源自杜甫《陳拾遺故宅》詩:"有才繼騷雅,哲匠不比肩。"[14]杜甫指的是陳子昂的詩歌創作貫徹了由《詩經》與《離騷》建立起來的優秀文學傳統與美學規範。鮦陽居士從詩詞同質異構這一角度,以詩學的"騷雅"這一融含了古代優秀文學傳統與美學規範的概念,論説唐五代至北宋的詞體文學的創作,這其實是借用詩學理論對詞體文學進行批評,從而建構起關於詞學的理論。所以,宋元之際的張炎沿襲了鮦陽居士以詩學"騷雅"這一概念論詞體文學的思路,在《詞源》中一再指出:"白石詞如《疏影》《暗香》《揚州慢》《一萼紅》《琵琶仙》《探春》《八歸》《淡黄柳》等曲,不惟清空,又且騷雅,讀之使人神觀飛越。"[15]"如陸雪溪《瑞鶴仙》……辛稼軒《祝英臺近》……皆景中帶情,而有騷雅。"[16]張炎的這些論述,使源自於詩學概念的"騷雅"作爲詞學的一個很重要的美學範疇得以確立。對於宋代詞學的這些批評現象,孫克强認爲:"隨着詞體的演進以及'以詩爲詞'實踐的深入和擴大,用詩學觀念審視詞體的現象也隨之增加。"[17]其實,這衹是問題的一個方面,而問題的另一方面則是:作爲新興文體的詞體文學的理論在當時還沒有真正地建構起來,詞學批評家們不得不借鑒詩學理論的範疇展開詞學批評,從而建構詞學理論。

小説作爲一種文體,起源很早,幾乎與詩體同步,最初屬於子類,並未獨立出來,還不是現代意義上的小説。到了唐代,小説作爲一種獨立的文體纔成熟。[18]因此,相對於詩、賦而言,小説也是一種新興的文體。先秦至宋元時期,是中國古代小説理論的萌發期。[19]這一時期,已經有了關於小説的評論,關於小説的一些基本理論也初步建構了起來。如干寶《搜神記序》:

雖考先志於載籍,收遺逸於當時,蓋非一耳一目之所親聞睹也,又安敢謂無失實者哉!衛朔失國,二傳互其所聞;吕望事周,子長存其兩説,若此比類,往往有焉……今之所集,設有承於前載者,則非余之罪也。若使採訪近世之事，苟有虛錯，願與先賢前儒分其譏謗。及其著述，亦足以發明神道之不誣也。[20]

干寶是一位史學家，著有《晋紀》，有“良史”之稱。[21]他的這篇《搜神記序》是根據史學的實録觀念[22]，論述他創作的《搜神記》的。他認爲《搜神記》這部志怪小説是一部實録性的作品，“苟有虛錯，願與先賢前儒分其譏謗”，因而其中所寫“亦足以發明神道之不誣”，即可以證實神怪的存在。雖然干寶並未明確地使用“實録”這一概念，但他的《搜神記序》却貫串了史傳寫作的實録觀念，儘管他的這種觀念混淆了虛構與真實。干寶這種視小説爲實録的文學觀念，其實是其作爲史學家的史學觀念的延展。干寶是以史學家與小説家兼於一身的身份進行小説批評的，因此，他將小説視爲實録，並不令人驚訝。然而，在他之後，並非史學家的明代小説批評家胡應麟、清代學者暨小説家的紀昀均以實録視小説[23]，這説明實録作爲小説批評的一個理論範式，已在批評家的意識裏根深蒂固了。人所共知，小説是一種叙事性的作品，其主要任務是叙述故事，刻畫人物。基於小説作品的這一特點，早期的小説批評家們對小説進行批評，往往側重於對小説叙事藝術的探討。而他們對小説的叙事藝術的探討，則大多依傍於史傳，以史傳的叙事藝術觀照小説。如南宋時期的趙彦衛論及唐代的傳奇小説云：“唐之舉人，先藉當世顯人，以姓名達之主司，然後以所業投獻，踰數日又投，謂之温卷，如《幽怪録》《傳奇》等皆是也。蓋此等文備衆體，可以見史才、詩筆、議論。”[24]趙氏在此所説的“史才”，即指史傳的叙事藝術。明代中葉的李開先在《詞謔》中記載崔銑、唐順之等評論《水滸傳》，亦云：“《水滸傳》委曲詳盡，血脈貫通，《史記》而下，便是此書。且古來更無有一事二十册者。倘以奸盗詐僞病之，不知序事之法、史學之妙者也。”[25]其中的“序事之法、史學之妙”，亦指史傳的叙事藝術。在對小説的評論中，小説批評家之所以這樣依託史傳觀念，展開小説批評，原因在於小説作爲獨立的文體成熟之前，史傳作品已取得了很高的叙事藝術成就，如《左傳》《史記》《漢書》《三國志》《後漢書》等，這些史傳作品成爲小説創作學習的典範，深深地影響了小説創作，誠如金聖嘆所説的那樣：“稗官亦與正史同法。”[26]因此，小説批評家們在進行小説批評時，往往從對史傳作品叙事藝術的認同中建構起關於小説的叙事理論。非取材於史傳的小説作品尚且如此被小説批評家認可,何况取材於史傳的歷史演義之類的小説作品呢?

賦、詞與小説這三種最具文學意義的文體相比較於詩與史傳而言,是新興的文體。根據以上所述,這些新興文體理論建構的最初階段,批評家們均是利用在這些新興文體之前已較爲成熟的文體的理論來詮釋其文學性質、進行價值定位的。而批評家們之所以如此進行新興文體的理論建構,原因是這些新興的文體在最初的發展階段,理論資源是空白的,批評家們不得不藉資於此前已較爲成熟的、在文體上與新興文體鄰近的文體的理論,發掘出新興文體與此前已成熟文體的相似性,進行新興文體的理論建構。批評家們這樣進行新興文體的理論建構,實際上是將新興文體趨同鄰近文體化。這雖然有相當的缺陷,不易使人們認識這些新興文體獨特的本質,但在一定程度上有利於人們認識這些新興文體文學的性質,有不容忽視的積極意義。

二　甄别於鄰近文體,求其異

如前所述,批評家們依附此前鄰近文體已較爲成熟的理論而建構新興文體的理論,雖然能對新興文體的某些文學性質具有一定的解釋效用,但其不足也是非常明顯的,即不能對新興文體的特徵、特質做出深徹入微的闡發,使人們對新興文體的認識易發生混淆,並産生文體認知上的錯覺。因此,批評家們在進行新興文體理論的建構中,還有一個汰除鄰近文體觀念糾纏的過程。而通過這個汰除鄰近文體觀念糾纏的過程,尋找新興文體自身的特點,批評家們纔能建構起真正屬於新興文體的理論。

毫無疑問,新興文體理論建構的汰除鄰近文體觀念糾纏,是晚於觀念上趨同鄰近文體化的。就具體的新興文體而言,其各自汰除鄰近文體觀念糾纏是怎樣進行的呢?而在觀念上去趨同鄰近文體化的過程中,又是怎樣建構起新興文體獨具的理論呢?以下就上述賦、詞、小説三種新興文體理論建構的汰除鄰近文體觀念糾纏做一具體的分析。

(一)賦論的汰除鄰近文體觀念糾纏

賦體文學理論建構的汰除鄰近文體觀念糾纏始於西漢末造的劉歆。在《詩賦略序》中,劉歆引傳曰"不歌而誦謂之賦,登高能賦可以爲大夫"[27]之語,但此語之"賦",是指春秋時行人辭令或宴饗時的賦《詩》見志,與作爲文體的賦是迥然有别的;而且,此條關於賦的議論是"傳曰",是在劉歆之前的。因此,此條給賦所下的定義則不予討論。而真正汰除鄰近文體觀念糾纏而進行賦體文學理論建構的是劉歆在《詩賦略序》中以下的這幾句話:

> 大儒孫卿及楚臣屈原離讒憂國,皆作賦以風,咸有惻隱古詩之義。其後宋玉、唐勒,漢興枚乘、司馬相如,下及楊子雲,競爲侈麗閎衍之詞,没其風諭之義。[28]

劉歆論説荀子、屈原"皆作賦以風,咸有惻隱古詩之義",是就賦體文學觀念上趨同鄰近文體詩體而言的;而宋玉以及揚雄"競爲侈麗閎衍之詞,没其風諭之義",是就汰除鄰近文體觀念糾纏而言的。通過劉歆的這些論説,我們至少可以認識到賦體文學在詞采上"侈麗閎衍"的藝術特徵,而這正是賦體文學有别於之前已成熟的詩體文學之處。劉歆關於賦體文學"侈麗閎衍"説自西漢末以至魏初,雖然在文字表達上略有不同,但成爲這一時期關於賦體文學一個普遍接受的文學觀念,如曹丕《典論・論文》中"詩賦欲麗",即是對這一賦體文學觀念的簡潔表達。隨着賦體文學創作的發展,在劉歆之後,對賦體文學的理論建構做出重要貢獻的是成公綏。他在《天地賦序》中指出:

> 賦者貴能分賦物理,敷演無方,天地之盛,可以致思矣。[29]

成公綏在此序中關於賦體文學的論述雖然衹是寥寥數語,但論者認爲它"包含的思想内容却頗是豐富"[30],此論誠然。尋繹成公綏所論,主要有三個方面:一是指出了賦體文學與言志抒情的詩體不同,賦體文學是"分賦物理",以分别敷寫事物以及事物内在的玄微之理作爲表達的中心,這是賦體文學在表現對象上的獨特性,與詩體有别。二是揭示了賦體文學"敷演無方"的表達特點。所謂"敷演無方",即指賦體文學在表達上鋪陳、敷演豐富、靈活,這是遠遠超過詩體文學的。三是闡説了天地萬物都可以是賦體文學的致思對象與表現内容,换言之,賦體文學的題材是無限豐富的。從成公綏所論來看,他對賦體文學的理論建構不再依憑此前的詩學理論,而是就賦體文學本身的藝術表現展開論説,儘可能地擺脱詩學理論對賦體文學批評的影響。在賦體文學的理論建構中,汰除鄰近文體觀念糾纏最具代表性的論説當是摯虞關於賦體文學的批評:

> 古詩之賦,以情義爲主,以事類爲佐。今之賦,以事形爲本,以義正爲助。情義爲主,則言省而文有例矣;事形爲本,則言當而辭無常矣。文之煩省,辭之險易,蓋由于此。夫假象過大則與類相遠,逸辭過壯則與事相違,辯言過理則與義相失,麗靡過美則與情相悖:此四過者,所以背大體而害政教。[31]

在此則論説中,摯虞指出了"今之賦"與"古詩之賦"的差異,即"今之賦"與"古詩之賦"比較起來,有幾個方面的不同:"以事形爲本,以義正爲助","言當而辭無常",而且是"假象過大""逸辭過壯""辯言過理""麗靡過美",他從内容與藝術形式這兩個層面對"今之賦"進行了嚴厲的批評。儘管摯虞站在"古詩之賦"的立場上對"今之賦"的批評相當嚴厲,認爲是"背大體而害政教",希望"今之賦"以"古詩之賦"爲準則,但是,他不再是從趨同鄰近文體的角度論述詩、賦的一律,而是深刻地注意到了兩者之别,强化了賦體文學與詩體文學的差異性;儘管其在進行賦體文學的批評中不曾刻意汰除鄰近文體觀念的糾纏,但他的表述却深含汰除鄰近文體觀念糾纏的理論效果,並在事實上對賦體文學的理論進行了建構,這可謂是無心插柳柳成蔭了。與摯虞約略同時的陸機在《文賦》中區分了詩、賦、碑、誄、銘、箴、頌、論、奏、説這十種文體各自的文體特點,提出了"賦體物而瀏亮"這一賦學命題,揭示了賦體文學内容表現上"體物"的特點與藝術形態上"瀏亮"的特點。陸機對賦體文學這一特點的揭示,是與"詩緣情而綺靡"相對照的,在與詩體文學的對照中凸顯了賦體文學獨具的藝術特徵,進一步强化了賦體文學與詩體文學的根本不同。换言之,陸機是在剥離賦學觀念中鄰近文體詩學的理論元素而建構起關於賦體文學的理論的。可以説,歷經了約三百年汰除鄰近文體觀念糾纏的過程,賦體文學的理論建構至陸機始告確立,並初具理論體系。其後賦學理論雖然有所發展,但不過是陸機賦學命題"賦體物而瀏亮"的補充或發揮,使這一賦學命題的表述更爲精緻。

(二)詞論的汰除鄰近文體觀念糾纏

在中國詞學發展史上,詞體文學理論建構上的去鄰近文體觀念在北宋中後期即已開始了。北宋中葉以後，詞體文學的創作已相當繁榮，湧現出了衆多的詞家，他們以各自獨具特色的藝術風格創造了宋代詞體文學的輝煌。然而，在詞體文學創作的發展中，"以詩爲詞"逐漸成爲詞體文學創作的一種趨勢。與詞體文學這種創作趨勢相一致的是，混淆詩詞之别與視詞爲詩是當時頗具影響的文學觀念，如蘇軾視詞體爲"詩之裔"[32]即是顯證；而且，此前詞體文學趨同鄰近文體化的理論建構加强了這一文學觀念。如果任由這種文學觀念不加遏制地泛濫，勢必導致人們對詞體文學文體認知上的混亂。因此，從文學觀念上廓清人們對詞體文學文體認知上的誤區或錯覺，是當時有理論自覺的詞學批評家的首要之務。因爲存在誤區或錯覺的原因在於詞與詩同屬韵文，在很多方面相通。汰除與詞體鄰近的文體觀念糾纏，恪守詞體之所以爲詞體的外在與内在規定性，建構真正屬於詞體文學的理論體系，勢在必行。在這一過程中，李清照的《詞論》無疑貢獻最大。[33]其實，在李清照之前，已有詞學批評家意識到詩與詞應該有别。如《王直方詩話》有一條記載："東坡嘗以所作小詞示無咎、文潛曰：'何如少游？'二人皆對云：'少游詩似小詞，先生小詞似詩。'"[34]顯然，在晁補之、張耒心目中，詩與詞有别，兩者各自有其内在、外在的規定性，衹是這種意識還不够明朗。而陳師道《後山詩話》論及詞體文學時，則明顯具有汰除鄰近文體詩體觀念糾纏的意識：

> 退之以文爲詩，子瞻以詩爲詞，如教坊雷大使之舞，雖極天下之工，要非本色，今代詞手，惟秦七、黄九爾，唐諸人不迨也。[35]

陳師道明確提出了詞體文學的"本色"説。他認爲蘇軾的"以詩爲詞"，非詞體之"本色"。而他所謂的詞之"本色"，則顯然是指剔除掉蘇軾"以詩爲詞"的詞中所包含的詩體元素，詞作爲詞體的文體特性就會顯豁地呈現出來。也就是説，通過觀念上汰除鄰近文體詩體的元素，他建構起詞體文學的"本色"論。沿着上述詞論家觀念上汰除鄰近文體詩體元素的批評路向，李清照在《詞論》中提出了更爲系統的詞體文學"本色"論，在詞體的觀念上汰除鄰近文體詩體方面走得更遠。在《詞論》中，李清照指出：詞"别是一家"[36]。她所謂的"别"，指的是詞體與詩體是完全不同的兩種文學體裁，與詩體有根本性的差别。蘇軾的"微詞宛轉,蓋詩之裔”説,强調的是詩、詞之同,忽略兩者的差異之處;而李清照的詞“别是一家”説,强調的是詩、詞之異,忽略兩者的共通之處。在李清照看來,“詩文分平側,而歌詞分五音,又分五聲,又分六律,又分清濁輕重”[37]。在音律上,詞比詩更爲嚴格、細密,所以,詞乃“别是一家”,與詩分屬不同的文體。基於這一認識,她認爲“晏元獻、歐陽永叔、蘇子瞻,學際天人,作爲小歌詞,直如酌蠡水於大海,然皆句讀不葺之詩爾,又往往不協音律者”[38],即蘇軾等人的詞作是詩,不是她文學觀念中協律可歌的詞。詞體是一種音樂文學。李清照從音律的角度嚴格區分了詩與詞之别,剥離了此前詞學觀念中包含的詩體元素,維護了詞體文學的音樂屬性,使人們關於詞應協律可歌的文學觀念在理論上得到了明確。正是因爲李清照在詞體文學理論建構中大力汰除鄰近文體詩體的元素,宣導協律可歌的詞體文學“本色”論,所以,在李清照之後,詞論家論及詞體文學的創作,大多遵守或推揚其説。如楊纘《作詞五要》之言作詞“第一要擇腔”“第二要擇律”“第三要填詞按譜”“第四要隨律押韵”“第五要立新意”[39],作詞五要中的前四要,是對李清照詞體文學“本色”論的具體演繹。沈義父《樂府指迷》第一則《論作詞之法》“音律欲其協,不協則成長短之詩”[40]云云,也是汰除詞體的鄰近文體詩體的觀念糾纏,貫徹的是李清照《詞論》中的詞學主張。而宋元之際仇遠的《山中白雲詞序》,尤能見出李清照詞體文學“本色”論的批評範式意義:

> 世謂詞者詩之餘,然詞尤難于詩。詞失腔猶詩落韵,詩不過四五七言而止,詞乃有四聲五音均拍重輕清濁之别,若言順律舛,律協言謬,俱非本色。[41]

仇遠在此文中所論,簡直是李清照《詞論》中核心觀點的翻版。詞學史上的這些批評事實,充分地展示了李清照關於詞“别是一家”的詞體文學“本色”論是中國詞學的核心理論。由此可見,詞學批評理論的建構需要大力汰除鄰近文體詩體文學觀念的糾纏,祇有如此,詞學纔會建構起對自己文體特性具有極强解釋效用與規範作用的核心理論。此後被廣爲接受並成爲典範的“詩莊詞媚”體性觀,即是詞學理論建構過程中嚴分詩、詞之别而擺脱鄰近文體詩體文學觀念糾纏的一個標誌性理論成果。

（三）小説批評理論的汰除鄰近文體觀念糾纏

中國古代小説文體的成熟雖然比詞體要早，但其批評理論建構的去鄰近文體化却晚至明代。如前所述，古代小説的批評理論的建構在其萌發時期，主要是藉資史傳觀念展開批評，因而史傳書寫的實録觀念長期混雜、糾纏於古代小説的批評實踐中，並嚴重地左右與抑制了古代小説的理論建構。因此，中國古代小説理論建構的汰除鄰近文體觀念糾纏，就是儘可能地擺脱對史傳觀念的依附，回歸到小説本身來思考諸多問題。史傳觀念的核心是實録觀念。古代小説理論建構擺脱對史傳觀念的依附，擯棄實録觀念則自然是題中應有之義。從我們現今可以接觸到的古代小説批評資料來看，古代小説理論建構的汰除鄰近文體觀念糾纏，是一個循序漸進的過程。隨着小説創作的不斷繁榮，人們對小説的認識愈加深入，漸漸地意識到小説並非像前人所説的那樣是史傳式的實録，而是虚構的。如熊大木之序《大宋演義中興英烈傳》：

> 或謂小説不可紊之以正史，余深服其論。然而稗官野史實記正史之未備，若使的以事迹顯然不泯者得録，則是書竟難以成野史之餘意矣。如西子事昔人文辭往往及之，而其説不一……質是而論之，則史書小説有不同者，無足怪矣。[42]

這是熊大木爲自己編撰的歷史演義小説所作的序。他認爲作爲稗官野史的小説"實記正史之未備"，與正史是有别的，即所謂"史書小説有不同者"。如果小説像正史一樣"以事迹顯然不泯者得録"，没有一定的虚構性，那麽，"難以成野史之餘意"，也就不是真正意義上的小説了。他關於小説的這些論述，强調了小説與史書有别，突破了傳統的小説即史傳式實録的文學觀念，肯定了小説的虚構性。由此不難看出，熊大木在關於小説的理論建構中，力圖擺脱史傳觀念對小説認知的糾纏，明顯具有汰除鄰近文體史傳的意識。在熊大木關於小説的這些認識的基礎上，晚明時期的謝肇淛則更進一步，不但高度肯定小説的虚構性，而且否定傳統的小説即史傳式實録的文學觀念。在《五雜俎》卷一五中，謝肇淛指出：

> 小説野俚諸書，稗官所不載者，雖極幻妄無當，然亦有至理存焉。如

> 《水滸傳》無論已……其他諸傳記之寓言者,亦皆有可采。惟《三國演義》與《錢唐記》《宣和遺事》《楊六郎》等書,俚而無味矣。何者?事太實則近腐,可以悦里巷小兒,而不足爲士君子道也。
>
> 凡爲小説及雜劇戲文,須是虚實相半,方爲遊戲三昧之筆。亦要情景造極而止,不必問其有無也。古今小説家,如《西京雜記》《飛燕外傳》《天寶遺事》諸書,《虬髯》《紅綫》《隱娘》《白猿》諸傳,雜劇家如《琵琶》《西厢》《荆釵》《蒙正》等詞,豈必真有是事哉?近來作小説,稍涉怪誕,人便笑其不經,而新出雜劇,若《浣紗》《青衫》《義乳》《孤兒》等作,必事事考之正史,年月不合,姓字不同,不敢作也。如此,則看史傳足矣,何名爲戲?[43]

在這兩節文字中,謝肇淛宣導小説的虚構性,排斥小説創作一味實録。在他看來,"小説野俚諸書","雖極幻妄無當,然亦有至理存焉",意謂小説作品雖然充滿了虚構,但還是有"至理"存於其中。這"至理",即指生活的邏輯性。因此,對於小説的虚構性,不應予以否定。相反,那些歷史演義作品如《三國演義》等,史傳的實録性較强,因而"俚而無味",缺乏足够的藝術感染力。這些歷史演義作品之所以如此,則是因爲"事太實則近腐",由於受史傳式實録的束縛,没有充分展開藝術想象,叙事、描寫過於拘泥,因而不够生動。本着關於小説的這種認識,謝肇淛主張:"凡爲小説及雜劇戲文,須是虚實相半,方爲遊戲三昧之筆。"將藝術虚構與史傳式實録結合起來,創作出富有藝術感染力的作品。對於小説、戲劇的創作,他認爲應當進行適當合理的藝術虚構,展開藝術想象,"稍涉怪誕"。如果小説、戲劇的創作"必事事考之正史",不敢有一星半點的虚構,那麽,《西京雜記》《浣紗記》這些優秀的小説、戲劇作品便"不敢作也"。"如此,則看史傳足矣,何名爲戲?"很明顯,他根本否定小説創作奉行史傳的實録觀念,强烈地要求小説創作擺脱史傳實録觀念的束縛,割斷鄰近文體史傳實録觀念對小説在文學觀念上的糾纏。謝肇淛的這些極具理論創新的論述,確立了虚構作爲小説理論建構中的核心觀念,使小説與史傳的文體區别有了理論上的依據。稍後明清之際金聖嘆關於小説創作的"因文生事"説[44],深化與豐富了謝肇淛的小説虚構論。從此,人們關於小説的文學觀念逐漸地由實録向虚構轉變。

作爲新興的文體,賦、詞與小説的理論建構經過了最初階段觀念上的趨同鄰近文體化後,又經歷了觀念上艱難地汰除鄰近文體化過程。而通過觀念上的汰除鄰近文體化,新興文體賦、詞與小説各自所具有的文體特性的批評理論被建構起來了,這不但抉發與維護了賦、詞與小説的文體特性及其審美内涵,而且,推進了人們對這些文體獨特本質的認識。因此,觀念上趨同鄰近文體化後的汰除鄰近文體觀念糾纏,對於新興文體的理論建構而言,無疑具有重要的學術意義。

三　折中與融合

觀念上趨同鄰近文體化與汰除鄰近文體觀念糾纏,這是古代文學新興文體理論建構的第一、二兩個階段。而從賦、詞與小説這三種新興文體理論建構全部過程來看,還有第三個階段,即折中與融合。這是因爲古代文學新興文體理論建構的第一、二兩個階段各有偏頗與不足:如第一階段觀念上的趨同鄰近文體化,抹殺了不同文體之間外在與内在的質的規定性,容易導致人們在文體認知上發生錯覺或偏差;而第二階段觀念上的汰除鄰近文體的糾纏,强調不同文體之間各自存在的外在與内在的質的規定性,維護了不同文體的文體特性與審美内涵,但這却是封閉的、僵化的,不具有開放性、包容性,不能吸收關於鄰近或其他文體有益的理論因素以豐富與完善理論體系,因而在理論建構上存在嚴重的缺陷。因此,在保持文體的基本特性與審美内涵基礎上,立足於已有的文學經驗,進行折中與融合,融入其他文體理論富有活力的元素,新興文體的理論建構纔會日臻完善並不斷發展。而從中國古代文學諸多批評事實來看,新興文體的理論建構確實存在折中與融合這一階段。具體而言,賦、詞與小説這三種新興文體在理論建構的折中與融合方面,大致如下:

賦體文學理論建構的折中與融合,主要是吸收與賦體文學鄰近的詩學觀念的合理元素。儘管賦體文學的理論建構在最初階段,曾經依託詩學進行詮説,在觀念上趨同鄰近文體化,但這祇是理論上的藉資與轉用,純爲不得已之舉;後來賦學批評的汰除鄰近文體觀念糾纏,剥離批評中的詩學觀念,乃是針對此前賦論觀念上的趨同鄰近文體化而發的。而賦體文學在晋宋以後,産生於東漢中期的抒情小賦創作漸漸繁盛以至蔚爲大觀,陸機提出的“賦體物而瀏亮”這一賦學命題已明顯不能契合當時賦體文學的創作現實。因此,對賦體的體制及其審美内涵進行重新釐定勢在必行。基於此,與陸機同時的摯虞對賦體的定義是:"賦者,敷陳之稱……所以假象盡辭,敷陳其志。"[45]他所謂的"敷陳",是就賦體文學表達方式的特點而言的;而"志",則是賦體文學表達的内容。陸機認爲賦的基本内容是"體物",而摯虞則認爲是"志",亦即"詩言志"之"志"。按:"志"即人的心理感受,自然包含了情感經驗。孔穎達《詩大序》正義:"人志意之所之適也,雖有所適,猶未發口,藴藏在心,謂之爲志;發見於言,乃名爲詩。言作詩者,所以舒心志憤懣,而卒成於歌詠,故《虞書》謂之'詩言志'也。包管萬慮,其名曰心;感物而動,乃呼爲志。"[46]孔穎達的正義對"志"的訓釋,更多指向人的情感經驗。摯虞以"志"界説賦體,並不是從觀念上趨同鄰近文體化、藉資詩學理論來對賦體進行闡釋,而是指出賦體文學在内容表達上具有與詩體同樣的情感經驗特徵。他對賦體所作的這種闡釋,是對當時賦體文學創作實際的理論概括,揭示出賦體文學在陸機的"體物"説之外在内容上的另一特點。或許摯虞根本無意將詩學觀念與賦學批評進行折中與融合,但他對賦體所作的這種迥異於前的詮釋,却深具將詩學觀念與傳統賦論折中、融合的理論效果。沿着摯虞開闢的路徑,齊梁時期的劉勰走得更遠。他在《文心雕龍·詮賦》篇中提出了賦體文學的"體物寫志"説:

> 《詩》有六義,其二曰賦。賦者,鋪也,鋪采摛文,體物寫志也。[47]

"體物寫志"中的"體物",因襲的是陸機"賦體物而瀏亮"的賦學命題;而"寫志",則是傳統的詩"言志"的另一表述,衹是在形式上從口頭轉向筆墨罷了。不難看出,劉勰的"體物寫志"説在賦體文學的理論建構上折中、融合了詩學觀念與傳統賦論。而本着"體物寫志"的賦學觀念,劉勰對賦體文學的創作原則做了這樣的闡述:

> 原夫登高之旨,蓋睹物興情。情以物興,故義必明雅;物以情觀,故詞必巧麗。麗詞雅義,符采相勝,如組織之品朱紫,畫繪之著玄黄。文雖新而有質,色雖糅而有本,此立賦之大體也。[48]

賦體文學的創作涉及物、情、詞、義這四個要素。關於這四要素,劉勰認爲

“情以物興”“物以情觀”，情思雖然因物色而産生，而物色則因情思得以表現。在對情思、物色的表達上，應該以“義必明雅”“詞必巧麗”爲原則，做到“麗詞雅義，符采相勝”。在他的論述中，情思在賦體文學創作的四要素中顯然處於中心位置，這與他在《情采》篇中所闡述的“情者，文之經”[49]的文學理念是一致的。在劉勰之前，陸機提出了詩歌的“緣情”説，而劉勰在《詮賦》篇中論及賦體文學的創作時，亦以情思爲根本。由此可知，劉勰對賦體文學創作原則的論述，既是對詩學觀念的折中與融合，又是對魏晋以來賦體文學創作逐漸詩化[50]的文學經驗的理論總結。可以説，對詩學觀念的折中與融合，使劉勰建構起了關於賦體文學的理論體系。其後，元代賦論家祝堯“本之於情”[51]的賦體文學創作論與晚清劉熙載的“詩爲賦心，賦爲詩體”[52]説，在對詩學觀念的折中與融合方面，比劉勰更爲深入、周密，是對劉勰賦體文學理論體系的補充與進一步的完善。

詞體文學理論建構的折中與融合，與賦體文學類似，主要是吸收與詞體比較鄰近的詩體的批評理論的資源。像賦體文學的逐漸詩化一樣，詞體文學的創作亦逐漸詩化。北宋中葉，蘇軾在詞體文學的創作上首開以詩爲詞的風氣。“其後元祐諸公，嬉弄樂府，寓以詩人句法，無一毫浮靡之氣，實自東坡發之也。”[53]在蘇軾的影響下，詞體文學創作的詩體化隨着時間的推移，大有愈演愈烈之勢。對於詞體文學創作呈現出的這種新的現象，如何從理論上進行解釋，是擺在詞論家們面前的一個重要的課題。而以李清照爲代表的詞體文學“本色”説，面對詞體文學創作呈現出的這種新現象，除了指責、批評其爲“不協音律”“句讀不葺之詩”之外，不具多少解釋效用。因此，要想對詞體文學創作這一新的現象進行合理而有效的解釋，不得不訴諸詩學理論，進行折中與融合。於是，在南宋以後關於詞體文學的議論中，我們時常會讀到這樣的文字，如：

長短句，亦詩也。詩有節奏，昔人或長短其句而歌之。被酒不平，謳吟慷慨，亦足以發胸中之微隱。（鄭剛中《烏有編序》）[54]

蓋生之作，辭情俱到……迴鞭温、韋之塗，掉鞅李、杜之域，躋攀風雅，一歸于正，不於是而止。（張鎡《梅溪詞序》）[55]

詞，古詩流也。吟詠情性，莫工於詞。（尹覺《坦菴詞序》）[56]

樂府，詩之變也。詩發乎情，止乎禮義，美化厚俗，胥此焉寄，豈一變爲

樂府,乃遽與詩異哉?(林景熙《胡汲古樂府序》)[57]

這些議論,是從詩學觀念的角度闡發詞體文學的抒情功能與社會教化功能。"迴鞭温、韋之塗,掉鞅李、杜之域",張滋指出史達祖創作的詞體文學作品將温庭筠、韋莊、李白、杜甫諸人之長熔爲一爐,意即史達祖的詞體作品已詩體化了,因而兼具詩體的審美内涵。林景熙認爲"樂府"(詞體)即"詩之變",而詩體"一變爲樂府,乃遽與詩異哉",詞體在抒情功能與社會教化功能方面與詩體並無根本性區别。張鎡、林景熙等對詞體文學的批評,已不是簡單地從觀念上趨同鄰近文體詩體,而是折中與融合了詩體的文學觀念,對詞體文學創作逐漸詩體化的文學現象進行合理的解釋,彌補李清照詞體文學"本色"説的不足,豐富與完善了詞體文學的理論建構。隨着詞體文學創作的不斷發展,詞體文學理論建構上的這種與詩體理論的折中與融合,一直在不同程度地進行着。其中,最值得注意的是張惠言的"比興寄託"説、周濟的"詞史"説、譚獻的"折中柔厚"説與陳廷焯的"沉鬱温厚"説等。如周濟的"詞史"説:

> 感慨所寄,不過盛衰,或綢繆未雨,或太息厝薪,或己溺己飢,或獨清獨醒,隨其人之性情學問境地,莫不有由衷之言。見事多,識理透,可爲後人論世之資。詩有史,詞亦有史,庶乎自樹一幟矣。[58]

周濟指出:詞人在其詞作中表現的盛衰感慨,能充分體現其人之性情、學問、境地,因而是"由衷"的;而由於詞人"見事多,識理透",具有豐富、深刻的社會人生體驗、認識,因而這樣的作品能够給後人提供考察社會變化的歷史資料,即"可爲後人論世之資"。因此,在這一意義上,詞像詩一樣,"詩有史,詞亦有史"。周濟提出的"詞史"説,不但給我們提供了觀照詞體文學的理論視角,提升我們對詞體文學内在本質的深入認識,而且,它作爲美學理想,規範着詞體文學的創作,使詞體文學作品更富於現實意義與審美意藴。就此而言,周濟關於詞體文學的這一卓越見解,是詞體文學理論建構中的一個巨大的理論創新,大大地拓展了詞體文學的理論視閾。正是因爲張惠言、譚獻等人像周濟一樣,在詞體文學的理論建構中對詩學理論或觀念進行折中、吸收與融合,因而他們關於詞體文學的諸多理論建樹極具理論價值與解釋效用,並成爲理論範式,深深地影響着此後對詞體文學的研究。

小説理論建構中的折中與融合，是由於小説創作的不斷發展，促使批評家們進一步深入思考關於小説的理論問題。儘管在小説的理論建構過程中，史傳的實録觀念曾充斥並主宰過小説批評，也遭到批評家們嚴肅的清理，然而，小説創作發展到晚明時期，以《金瓶梅》爲代表的世情小説與以《檮杌閑評》爲代表的時事小説的蓬勃發展，是小説創作領域中湧現出的新現象。面對這種新的文學現象，小説的虛構理論在批評活動的展開中自然顯得蒼白無力。批評家們衹有折中、融合與世情、時事小説比較接近的小説理論，纔能在批評活動中對小説創作領域中湧現出的世情、時事小説這一新的文學現象做出合理的闡釋。因此，此前遭到清理、摒棄的史傳實録觀念，在明清之際再度得到了重視，因爲它對小説創作領域中湧現出的這種新的文學現象具有較爲理想的解釋效用。如署名"峥霄主人"之《魏忠賢小説斥奸書凡例》：

> 是書自春徂秋，歷三時而始成。閲過邸報，自萬曆四十八年至崇禎元年，不下丈許。且朝野之史，如正續《清朝》《聖》《政》兩集、《太平洪業》《三朝要典》《欽頒爰書》《玉鏡新譚》，凡數十種，一本之見聞，非敢妄意點綴，以墜綺語之戒。[59]

"峥霄主人"在此指出：時事小説《魏忠賢小説斥奸書》的創作"一本之見聞，非敢妄意點綴"，而這些見聞大都來自朝廷《邸報》及其他"朝野之史"，所以，此書並非"妄意點綴"而成，而是實録，具有極强的真實性。其論説雖無"實録"二字，但史傳的實録觀念却貫穿始終，從實録觀念的角度肯定了《魏忠賢小説斥奸書》的文學價值。"峥霄主人"關於《魏忠賢小説斥奸書》的這些論述，雖然是在回應小説文本的藝術事實，但同時也是對在小説批評中曾遭到清理的史傳實録觀念的折中與融合。尤其值得注意的是，與世情小説、時事小説創作的發展相一致的是，史傳的實録觀念在小説批評中也與時俱進，漸漸趨向於寫實理論了。如睡鄉居士之序《二刻拍案驚奇》：

> 今小説之行世者，無慮百種，然而失真之病，起於好奇。知奇之爲奇，而不知無奇之所以爲奇。舍目前可紀之事，而馳騖於不論不議之鄉。如畫家

之不圖犬馬,而圖鬼魅者,曰:吾以駭聽而止耳。夫劉越石清嘯吹笳,尚能使群胡流涕解圍而去。今舉物態人情,恣其點染,而不能使人欲歌欲泣於其間,此其奇與非奇,固不待智者而後知之也。[60]

在此序中,睡鄉居士嚴厲地批評了小説創作中存在的"失真之病",認爲這是"知奇之爲奇,而不知無奇之所以爲奇"。他所説的"無奇之所以爲奇",指的是真實平凡的現實生活中包孕着令人感動的情韵之美。對於小説創作"舍目前可紀之事,而馳騖於不論不議之鄉"這一脱離現實生活的失真的藝術傾向,他認爲"如畫家之不圖犬馬,而圖鬼魅"之聳人聽聞而已,是不可取的。而小説創作對生活真實的表現,在他看來,應當是"物態人情,恣其點染",在再現生活真實的基礎上,進行一定程度的藝術虚構,"使人欲歌欲泣於其間",這樣,小説作品就會具有"劉越石清嘯吹笳,尚能使群胡流涕解圍而去"的藝術效果。睡鄉居士的這些論述,已超越了史傳的實録觀念,不但認識到了生活真實對於小説創作的重要意義,初具寫實理論的内涵,而且將小説創作的虚構理論與寫實理論折中、融合在一起,無疑是小説理論建構的一個重大突破。在睡鄉居士"奇真"説之後,古代小説的理論建構不斷進行折中與融合,吸收其鄰近文體史傳、古文以及藝術門類繪畫的理論元素,如借用繪畫技法中的背面鋪粉、白描等繪畫術語來分析人物形象的塑造與環境描寫等[61],並最終形成了看似零散但形式多樣、綜合起來而又不失系統的中國古代小説理論。

正是根據文學創作發展的實際,不斷地折中、調整與融合,吸納鄰近文體以及藝術門類或其他學科的相關理論成果,古代文學新興文體的理論建構纔得到完善與豐富,理論視閾得到拓展,並向不同層面推進,走向成熟。以上對賦、詞以及小説這三種新興文體的理論建構所做的分析,已充分地説明了這一點。

古代文學新興文體的理論如何建構大抵如上所述。雖然以上所述祇是就賦、詞以及小説這三種新興文體的理論建構而進行的討論,但是,其他新興文體的理論建構基本上不外乎此。而通過以上所述,我們可以明白這樣一個基本事實:古代文學新興文體的理論建構一直處於發展嬗變之中,在不同的階段,其理論向度也是不同的;而詩歌作爲一種强勢文體,由於創作極爲豐富,其理論也成熟得早,因而極大地沾溉了其後的新興文體(主要是韵文)的理論建構。因此,我們不妨這樣認爲:如果不考慮叙事文學的話,那麽,古代文學新興文體的理論建構在某種程度上其實是對詩學理論的轉用、排斥以及融合。明乎此,我們將對中國古代文學理論的發展有着更爲深刻的認識。

注　釋

① 蕭統編,李善注《文選》,上海古籍出版社 1986 年版,第 1 頁。

② 章學誠著,葉瑛校注《文史通義校注》,中華書局 1985 年版,第 1064 頁。

③ 參見葛洪《西京雜記》,中華書局 1985 年版,第 12 頁。

④ 參見《史記》,中華書局 1982 年版,第 3073 頁。

⑤ 同上書,第 3317 頁。

⑥ 《漢書》,中華書局 1962 年版,第 2829 頁。

⑦ 一般認爲《漢書・藝文志》是以劉向父子的《七略》爲藍本、删其"輯略"而成。因此,班固《漢書・藝文志・詩賦略》後所繫的一篇約三百字的序文,可看作是劉氏父子所論。詳見上書,第 1756 頁。

⑧ 揚雄《法言・吾子》,汪榮寶《法言義疏》,陳仲夫點校,中華書局 1987 年版,第 49 頁。

⑨ 同注①,第 3 頁。

⑩ 許結《中國賦學歷史與批評》,江蘇教育出版社 2001 年版,第 13 頁。

⑪ 趙崇祚輯,李一氓校《花間集校》,人民文學出版社 1958 年版,第 1 頁。

⑫ 黄裳《演山居士新詞序》,張惠民編《宋代詞學資料彙編》,汕頭大學出版社 1993 年版,第 201 頁。

⑬ 鮦陽居士《復雅歌詞序略》,轉引自吴熊和《關於鮦陽居士〈復雅歌詞序〉》,《古代文學理論研究》第 9 輯,上海古籍出版社 1984 年版,第 232 頁。

⑭ 杜甫著,仇兆鰲注《杜詩詳注》,中華書局 1979 年版,第 948 頁。

⑮ 張炎著,夏承燾注《詞源注》,人民文學出版社 1963 年版,第 16 頁。

⑯ 同上書,第 23 頁。

⑰ 孫克强《宋代詩學與詞學》,《中國社會科學》2016 年第 2 期。

⑱ 參見董乃斌《中國古典小説的文體獨立》第五章"唐傳奇與小説的文體獨立(上)"、第六章"唐傳奇與小説的文體獨立(下)",中國社會科學出版社 1994 年版。

⑲ 方正耀認爲中國小説批評的萌發時期,爲"先秦至宋元",本文從其説。詳見方氏所著《中國古

典小説理論史》第一編,華東師範大學出版社 2005 年版。

⑳ 干寶《搜神記》,汪紹楹校注,中華書局 1979 年版,第 2 頁。

㉑ 参見《晋書》,中華書局 1974 年版,第 2150 頁。

㉒ 班固《漢書・司馬遷傳》云:"自劉向、揚雄博極群書,皆稱遷有良史之材,服其善序事理,辨而不華,質而不俚,其文直,其事核,不虚美,不隱惡,故謂之實録。"同注⑥,第 2738 頁。

㉓ 胡應麟對《三國演義》中所叙關羽爲護衛劉備二位夫人而秉燭於户外的故事深爲不滿。他在《少室山房筆叢・莊嶽委談下》中説:"古今傳聞譌謬,率不足欺有識。惟關壯繆明燭一端則大可笑,乃讀書之士亦什九信之,何也? 蓋繇勝國末村學究編魏、吴、蜀演義,因傳有羽守邳見執曹氏之文,撰爲斯説,而俚儒潘氏又不考而贊其大節,遂致談者紛紛。案《三國志》羽傳及裴松之注,及《通鑑》《綱目》,並無其文,演義何所據哉?"(《少室山房筆叢》,上海書店出版社 2001 年版,第 432 頁)其不滿於《三國演義》中的此節故事,乃源於他對小説秉持的實録觀念。盛時彦跋《姑妄聽之》記紀昀關於《聊齋志異》的議論云:"《聊齋志異》盛行一時,然才子之筆,非著書者之筆也……小説既述見聞,即屬叙事,不比戲場關目,隨意裝點……今燕昵之詞、媟狎之態,細微曲折,摹繪如生。使出自言,似無此理;使出作者代言,則何從而聞見之? 又所未解也。"(紀昀《閱微草堂筆記》,汪賢度校點,上海古籍出版社 1980 年版,第 472 頁)由紀昀對《聊齋志異》的這種指責,可知他是以實録觀念看待小説的。

㉔ 趙彦衛《雲麓漫鈔》,傅根清點校,中華書局 1996 年版,第 135 頁。

㉕ 李開先《詞謔》,轉引自黄霖、韓同文選注《中國歷代小説論著選》,江西人民出版社 1982 年版,第 115 頁。

㉖ 金聖嘆《金聖嘆全集》(二),曹方人、周錫山標點,江蘇古籍出版社 1985 年版,第 16 頁。

㉗ 同注⑥,第 1755 頁。

㉘ 同上書,第 1756 頁。

㉙ 同注㉑,第 2371 頁。

㉚ 何新文、蘇瑞隆、彭安湘《中國賦論史》,人民出版社 2012 年版,第 69 頁。

㉛ 摯虞《文章流别論》,嚴可均校輯《全上古三代秦漢三國六朝文》,中華書局 1958 年版,第 3810 頁。

㉜ 蘇軾《祭張子野文》,《蘇軾文集》,孔凡禮點校,中華書局 1986 年版,第 1943 頁。

㉝ 有論者認爲,這篇《詞論》所論不及周邦彦等人,其作者當非李清照。今文中論及,從一般看法。

㉞ 王直方《王直方詩話》,郭紹虞輯《宋詩話輯佚》,中華書局 1980 年版,第 93 頁。

㉟ 陳師道《後山詩話》,何文焕輯《歷代詩話》,中華書局 1981 年版,第 309 頁。

㊱ 李清照著,黄墨谷輯校《重輯李清照集》,中華書局 2009 年版,第 54 頁。

㊲ 同上。

㊳ 同上。

㊴ 唐圭璋編《詞話叢編》,中華書局 2005 年版,第 267—268 頁。

㊵ 同上書,第 277 頁。

㊶ 仇遠《山中白雲詞序》,《山中白雲詞》,吴則虞校輯,中華書局 1983 年版,第 164 頁。

㊷ 熊大木《新刊大宋演義中興英烈傳序》,同注㉕,第 117 頁。

㊸ 謝肇淛《五雜俎》卷一五,同注㉕,第 166—167 頁。

㊹ 金聖嘆在比較《史記》與《水滸傳》時曾説:"《史記》是以文運事,《水滸》是因文生事。以文運事,是先有事生成如此如此,却要算計出一篇文字來,雖是史公高才,也畢竟是吃苦事。因文生事即不然,只是順着筆性去,削高補低都由我。"(金聖嘆《金聖嘆全集》[一],曹方人、周錫山標點,江蘇古籍出版社 1985 年版,第 18 頁)指出作爲小説的《水滸傳》的虚構性質。

㊺ 同注㉛。

㊻ 阮元校刻《十三經注疏》,中華書局 1979 年版,第 270 頁。

㊼ 劉勰著,范文瀾注《文心雕龍注》,人民文學出版社 1958 年版,第 134 頁。

㊽ 同上書,第 136 頁。

㊾ 同上書,第 538 頁。

㊿ 許結在《中國賦學歷史與批評》中編"因革論"中有一節"中古辭賦詩化論",專門討論六朝時期辭賦的詩化,可參看。

51 祝堯認爲:"蓋賦之爲體,固尚辭。然其於辭也,必本之於情。"祝堯《古賦辨體》卷四《長楊賦》題注,《文淵閣四庫全書》第 1366 册,上海古籍出版社 1987 年版,第 766 頁。

52 劉熙載撰,袁津琥校注《藝概注稿》,中華書局 2009 年版,第 411 頁。

53 湯衡《張紫微雅詞序》,同注⑫,第 223 頁。

54 曾棗莊、劉琳主編《全宋文》,第 178 册,上海辭書出版社、安徽教育出版社 2006 年版,第 266—267 頁。

55 同上書,第 289 册,第 34 頁。

56 同上書,第 194 册,第 202 頁。

57 李修生主編《全元文》卷三七一,江蘇古籍出版社 1998 年版,第 36 頁。

58 周濟《介存齋論詞雜著》,同注㊴,第 1630 頁。

59 同注㉕,第 232 頁。

60 睡鄉居士《二刻拍案驚奇序》,蔡景康編選《明代文論選》,人民文學出版社 1993 年版,第

384 頁。

⑥① 如金聖嘆在《讀第五才子書法》中指出《水滸傳》刻畫人物的方法“有背面鋪粉法。如要襯宋江奸詐,不覺寫作李逵真率;要襯石秀尖利,不覺寫作楊雄糊塗是也”(同注㊹,第 22 頁)。其中“背面鋪粉”,即出自繪畫技法的術語。白描作爲繪畫技法術語,被小説批評家頻頻用於分析小説的藝術事實。如張竹坡在《金瓶梅讀法》中指出:“讀《金瓶》,當看其白描處。子弟能看其白描處,必能自做出異樣省力巧妙文字來也。”(蘭陵笑笑生《金瓶梅》[張竹坡批評第一奇書],王汝梅等校點,齊魯書社 1987 年版,第 43 頁)據譚帆統計,張竹坡在對《金瓶梅》的評點中,三十多次使用了白描這一繪畫技法術語。(譚帆《中國古代小説文體文法術語考釋》,上海古籍出版社 2013 年版,第 308 頁)

唐代墓誌武周新字校理

敖玲玲　鄧章應

【提要】 唐代墓誌是研究武周新字最可靠的材料,然因不明其創製及字形特點,學界對武周新字的釋讀仍存在諸多可商榷之處。今結合拓本進行校勘,並歸納唐代墓誌武周新字易混易訛字例,以期減少碑刻文獻整理中出現類似的錯誤,提高古籍整理的準確性。

武則天相信文字對於思想統治具有巨大力量,故創製了一些新字符替代原有字符,以除舊布新,樹立權威,後世稱爲"武周新字"或"則天新字""則天文字""武后新字""武后遺字""武則天遺字"等。關於武周新字的字數,學界目前多認同施安昌的觀點,即"十八字説",其中包括兩次對"月"字的改寫。[①]王維坤則研究了武周新字的出現順序,按照時間先後進行了分期。[②]

唐代墓誌中亦多武周新字,但過去在墓誌整理過程中,未充分注意武周新字的形體特點,經常出現誤認誤釋的情況。唐代墓誌的科學整理與研究需要我們了解和辨識武周新字,清楚其形體構造,特别是需要研究和總結唐代墓誌釋讀中較易出現的武周新字與其他字形相訛、相混的通例,避免出現類似的錯誤。這樣纔能有助於提高碑刻文獻整理的準確性和科學性,從而爲研究唐代歷史文化提供更可靠的資料。

敖玲玲　内蒙古民族大學文學與新聞傳播學院　鄧章應　西南大學漢語言文獻研究所

一　武周新字"天"字與"而"相混例

"天",《説文解字·一部》:"天,顛也。至高無上,从一、大。"[3]《説文解字》小篆作"[字形]",武周新字作"[字形]"。施安昌認爲武周新字的"天"字來源是"將楷書字改爲篆書字,並未另構新字"[4]。常萍認爲其字形應來自小篆。從筆形來看,新造字"天"基本就是《吴禪國山碑》中的形體。此字形的選擇一方面反映了古人對天的敬畏(重要場合使用篆書),另一方面也表現出武則天對古文字的欣賞。[5]齊元濤從其書寫及其構形狀況認爲武周新字的"天"採用了古文字屈曲的綫條,其中的屈曲綫條既不便於運筆,也難以保證毛筆書寫的速度和字形的美觀匀稱。[6]

綜合前輩時賢對武周新字"天"字的研究,可知武周新字的"天"雖源於小篆,然其構形亦有别焉。武周新字的"[字形]",左右兩邊是彎曲的綫條,中間二筆分開,其構形變成一撇一豎,與"而"字字形十分相近,傳世文獻中"尤其隸書,兩者更容易相混。中華書局本《新唐書》與國學基本叢書本《通志略》均有誤"[7]。學者們在釋讀唐代碑誌時亦往往因武周新字"天"字與"而"字字形相近而誤釋,所以對於這種情況,需要結合上下文意加以辨識。

(一)《大周常州司法參軍事柳君故太夫人京兆杜氏墓誌銘并序》[8]

1."而資雅令,神用虚明,飾婉嫕以爲身文,佩幽閑而成性與。"

誌文"而資"不辭,疑誤。細審之,拓本作[字形],當爲武周新字"天"字。此字形《漢語大字典》失收。清邢澍《金石文字辨異·平聲·先韵·天字》引《唐岱岳觀碑》:"天,作[字形],此武后新字。"[9]"天資",謂天賦。"雅令",即典雅美好。"神用",指神明的作用。"虚明",即清虚純潔之義。《文選》載任昉《王文憲集序》:"斯固通人之所包,非虚明之絶境,不可窮者,其唯神用者乎!"劉良注:"其不可窮究者,其唯神明之用者乎!"[10]將"天"字放入誌文中,"天資雅令"與"神用虚明"相對,文意通順。

2."嗚呼! 而道無親,何益謙之不驗;神介以福,乃瞰室之無褰。"

"而"字處的拓本字形爲[字形],然"而道無親"義不可通,釋作"而"恐非。結合語境,[字形]應爲武周新字"天"字。此語源於《老子》第七十九章:"夫天道無親,常與善人。”[11]其“天道”即天理，亦指自然界變化規律。“天道無親”意爲大自然非常公正，没有親疏之分，給人以公平的機會。唐人墓誌常用此語，如《唐故曹州冤句縣令李府君(敬瑜)墓誌銘》：“嗚呼！天道無親，殲我哲人。”[12]將“天”字放入誌文中，“天道無親”與“神介以福”對舉，文意甚爲允恰。

(二)《大周朝散大夫上柱國行司府寺東市署令張府君妻田鴈門縣墓誌文》：“聲同琴瑟，風度笉篁。三星百兩，地久而長。”[13]

“而”字，於義未當，不取。細審之，拓本爲[拓本字形]。據唐人墓誌義例，“而”字當爲武周新字“天”字之訛。“地久天長”形容歷時悠久，亦可形容愛情忠貞不渝、永久不變，恰與上文“聲同琴瑟，風度笉篁”表達墓主夫妻情比金堅、愛比海深的感情相協。此爲墓誌習慣用語，唐代墓誌較常見。

(三)《大唐□力寺故瞻法師影塔之銘并序》：“講四分律并羯磨維摩、法華、金剛、般若勝而王般若、□國仁王般若及中論、毗曇。馳騾兩乘，包羅三藏。”[14]

“勝而王般若”，查無此詞。細審“而”字處，拓本作[拓本字形]。《〈大唐願力寺故瞻法師影塔之銘〉釋文校補》一文推測爲“天”字[15]，可參。“勝天王般若”指《勝天王般若波羅蜜經》，簡稱爲《勝天王般若經》。它記載了佛應鉢婆羅天王之問，對大衆説甚深般若及其修習之法。前後誌文“法華”“金剛”等均爲佛教經書，此作“勝天王般若”無疑。

(四)《秦皇朝故潞州司法秦君墓誌銘并序》：“曾祖季，齊荆王府司馬，霞台翼翼，而孫帝子之居。”[16]

“而孫”，文意費解，不取。《全唐文補遺》作“天孫”[17]，文意可從。“而”字處，拓本字形爲[拓本字形]，排除石花干擾，形似“而”字，實爲武周新字“天”字。據誌文所載“曾祖季，齊荆王府司馬”“祖叔寶，佐命功臣，左武衛大將軍、上柱國、翼國公”“父懷道，太宗文皇帝左千牛”，可確知墓主秦佾爲唐代開國名將秦瓊之孫，爲今山東人也。“天孫”即泰山之别名。晋張華《博物志》卷一：“泰山一曰天孫，言爲天帝孫也，主召人魂魄。”[18]誌文作“天孫帝子之居”，文意曉暢。

(五)《大周故薛府君墓誌銘并序》：“夫人戴氏。早喪而夫，位居孀婦。”[19]

“早喪而夫”，不辭。細核拓本[拓本字形]，形似“而”字，實爲武周新字“天”。“而夫”當爲“天夫”之訛誤。“天夫”即謂丈夫。誌文指夫人戴氏失去丈夫，很早就守寡。“天夫”,唐人墓誌亦習見。《唐故黄州總管府陽城縣丞王君夫人陰氏墓誌》:“既而天夫先殞,提契童遺,撫衾幬以顧懷,纂餘訓於孤嗣。”[20]《王歡悦亡夫人麹墓銘》:“天夫早逝,即日孀居。”[21]《洛州陽翟縣俎君墓誌》:“天夫早殞,伉儷有乖。守節孀居,志固金石。”[22]

武周新字“天”與“而”因字形相近,尤其是隸書字形,極易訛誤。在釋讀誌文時,要結合上下語境,分析詞義,謹慎推測。實際上二者的字形是具有差别的,衹是差别比較細微。我們比勘同一通墓誌,武周新字“天”與“而”字有細微不同,二者是可分辨的,例如上文的《大周常州司法參軍事柳君故太夫人京兆杜氏墓誌銘并序》中的“天”字作“”(“天資”)、“”(“天道”)、“”(“天授二年”);“而”字作“”(“而古往今來”)、“”(“佩幽閑而成性與”)、“”(“而小星推惠”)。[23]可見武周新字“天”字的左右兩邊是向外拉伸的彎曲綫條,“而”字左右兩邊筆畫較短。

二　武周新字“臣”字與“忠”“惡”相混例

“臣”,武周新字作“𢘑”。《説文解字》“臣”字下段玉裁注:“按《論語音義》:‘𢘑,植鄰切,古臣字。’陸時武后字未出也。武后埊、𢘑二字見《戰國策》,六朝俗字也。”[24]段玉裁引用陸德明的解釋,認爲“𢘑”即爲古字,並非武則天時期的獨創。武則天選擇由“一”“忠”兩部分字形組成的“𢘑”,雖採用的構形模式是歷史發展過程逐漸式微的會意合成式,却違背了整個漢字構形模式的發展趨勢。[25]然而“𢘑”字更能深刻表達天下臣子對君主忠心如一的心理,亦能够更貼切地反映武則天對臣子的期望和要求。在對唐代碑刻的釋讀中,人們往往因不識或不辨“𢘑”字,而將武周新字“臣”字訛誤爲字形相近的“忠”字或“惡”字。

(一)《大周故并州志節府果毅都尉楊府君墓誌銘并序》:“祖唐行豫州都督;考行師,唐左衛郎將,並列君子之林,早勵王忠之節。”[26]

“王忠之節”,文意難解。驗核拓本,“忠”字處字形作[𢘑],當爲武周新字“臣”字之訛。宋趙與時《賓退録》卷五:“唐君臣正論載武后改易新字,一忠爲臣。”[27]“王臣之節”,即謂王宫之臣應具有的高尚的氣節,如《唐故寧州録事參軍隴西李府君墓誌銘并序》："固將罄王臣之節，近天子之光。"[28]釋文作"王臣之節"，亦與上文"君子之林"相對，文意通順。

（二）《大周故左武威衛大將軍檢校左羽林軍贈左玉鈐衛大將軍燕國公黑齒府君墓誌文并序》："垂拱之季，天命將革，骨卒禄，狂賊也，既不覩其微；徐敬業，逆惡也，又不量其力。"[29]

誌文"惡"字，與語境不合，疑誤。檢校拓本，此處字形作，字迹清晰，似"惡"之俗字。然結合上下文意，實爲"臣"之武周新字。東有春、焦正安《唐代百濟黑齒常之、黑齒俊父子墓誌文解讀》[30]文後所附誌文亦作"徐敬業，逆臣也"。"逆臣"即謂徐敬業爲叛逆之臣。據《資治通鑑》卷二〇三所載，徐敬業是唐朝武則天時期揚州叛亂的主謀，嗣聖元年（684）十一月初四日，黑齒常之擔任江南道大總管，奉命討伐叛亂的徐敬業。誌文"骨卒禄，狂賊也"，指《資治通鑑》卷二〇四所載垂拱三年（687）二月二十二日，突厥阿史那骨篤禄等侵擾昌平，朝廷派黑齒常之率領諸軍討伐。史書所載與誌文所述相合，誌文"骨卒禄"與"徐敬業"相對，"狂賊"與"逆臣"相對，前後兩句對仗，語義通暢。

（三）《大周故李府君墓誌銘并序》："君諱玄擬，潞州上黨人也。□□□□上□堯感似馬□忠真氣臨下關□瞻如□□□□□□□□晋□西土，弈葉極□□□□德光於□□□□□□□□。"[31]

"真"上一字，拓本作，字迹十分清楚，作"忠"，恐非。《集韵·真韵》："臣，唐武后作𢘑。"[32]拓本"忠"上添有一横，當爲"臣"之武周新字。

三　武周新字"月"字與"圖""日"相混例

武周時期對"月"字進行了兩次改寫，分别爲武周新字的第一期和第五期[33]，第一次"月"字改寫爲外部從〇，内部從卐。屬於以形會意字。用象形符號"〇"來表示月形[34]，"卐"表示吉祥萬德之所集，一種觀點認爲是梵文"萬"字[35]，一種認爲其讀音爲"萬"，衹是代表古代一種符咒、護符或宗教標誌[36]。因在佛經中，"卐"亦可寫作"卍"，故武周所改"月"字碑刻中出現多種異體，又寫如[37]、[38]、[39]。第二次改寫爲"匨"，由"匚""出"兩部分構成，其異體極少，或將"匚"寫成半圓弧形如[40]。在對唐代碑誌的釋讀中,人們往往有因不瞭解武周新字"月"字的特點而屢將其訛誤爲"圖"或"日"字的情況。

(一)《大唐故處士昌黎孫君墓誌銘》:"綷羽青田,摶風丹穴。德耀隋珠,襟澄許圖。"[41]

"摶風",不辭。結合文意,"摶"當爲"搏"字之訛。"搏風",典出《莊子·内篇·逍遥遊》:"搏扶揺而上者九萬里。"其"扶揺",即旋風。後用"搏風"謂乘風而上。誌文"許圖",文意費解,亦不叶韵。"圖"字處拓本爲,細審之,與"圖"字字形不類,恐誤。應爲武周新字"月"字。"襟澄許月",其言贊美墓主的胸懷如明月般皎潔、光亮,恰與前文"德耀隋珠"對文,語義甚暢。

(二)《大唐故泗州刺史趙府君墓誌銘并序》:"公誕靈川岳,稟粹星辰,鄒辯談天,闞名飛日,淹中起譽,江下馳聲。"[42]

"飛日",文不通,且在典籍中未見語例,應有問題。"日"字處拓本作,清晰可辨,當爲武周新字"月"字無疑。"闞名飛月",據《太平御覽》卷三九八引三國吴謝承《會稽先賢傳》載,闞澤十三歲時,夢見自己的名字懸在月中,後遂升進。後即以其比喻才華名聲赫然於世。

(三)《大周故前尚方監兼檢校司府少卿中山縣開國伯王公墓誌銘并序》:"威横海浦,靈山□詞氣齊高;惠□瀛洲,明日共流聲俱□。"[43]

"山""惠"後各有一字,《唐代墓誌彙編續集》缺文。據殘劃補録,當爲"與""伏"二字。"明日"多指明天,此處於義似非。"日"字處拓本作,微泐,據字形輪廓及上下語義,可推測其爲武周新字"月"。"明月"即皎潔的月亮。誌文"靈山"與"明月"恰好對舉,文意婉順。

(四)《大周故朝散大夫趙州癭陶縣令成府君墓誌并序》:"上則飛英,高門演祚,貞諒成性,符儀叩度。攸稱明日,實爲武庫,宇宙欽風,寰區景慕。"[44]

"明日",語意與上下文語境不符。檢視拓本,"日"字處爲,略有石花,然輪廓非常清楚。當爲武周新字"月"。整方墓誌中多個武周新字"月"字均釋讀無誤,此處蓋石面磨泐而致釋讀錯誤。

(五)《唐故太子右千牛衛率井陘縣開國公劉府君夫人隴西郡君李氏墓誌銘并序》:"柔姿□皎,若素日之臨空;惠質夭夭,類紅桃之散囿。"[45]

“姿”下一字，《唐代墓誌彙編續集》缺文。審驗之，拓本作，雖微有磨泐，可據字形補爲“皎”字，誌文“皎皎”可與“夭夭”對舉。“素日”，不辭。“日”字處拓本爲，當爲武周新字“月”。“素月”謂明月、皓月，恰與下文“紅桃”對舉成文。“臨空”，語義未恰。“空”字，原刻作，當爲“雲”字之訛。

四　武周新字“星”字與“日”相混例

“星”，武周新字用象形符號“〇”來表示。此字形或來源於“星”字之古文。《説文》“星”字古文作“[illegible]”。又據《説文・晶部》：“曐，萬物之精，上爲列星。从晶从生聲。一曰象形从〇，古〇復注中，故與日同。”段玉裁注：“从三〇，故曰象形也。大徐〇作口，誤。”[46]在對唐代碑誌的釋讀中，人們常因字形相近而將武周新字“星”字訛誤爲“日”字。

（一）《大周太州鄭縣少靈鄉□義里故上騎都尉張君墓誌》[47]

1.“君諱愁，字容，咸林郡人也。□祖張羅因高辛氏，應德天日，名諸翼振。”

“祖”前一字，《唐代墓誌彙編續集》缺文。右下角泐，清楚，據補之，爲“昔”。“天日”，於義難解。諦審拓本，“日”字處作，清晰可辨，爲一圓圈，當係武周新字“星”。“德應天星”之語義可參下文《大周故董處士高韓二夫人合窆墓誌銘并序》。

2.“出自南陽，德應天日。尋河上漢，□查靡傾。傳流千載，萬代□名。”

“德應天日”，與上文同誤。“日”字處拓本爲，應據改爲武周新字“星”。“查”前一字，《唐代墓誌彙編續集》缺文，可據補爲“乘”。“查”，通“槎”。“乘槎”，亦作“乘楂”，比喻奉使，亦謂如朝做官。“名”前一字，《唐代墓誌彙編續集》缺文，補之爲“芳”。

（二）《大周岐州雍縣故將仕郎張君墓誌銘并序》[48]

1.“公諱禕，字福實，南陽人也。粤若珠連璧合，天文也，張日耀其南；列壤分疆，地理也，張掖疏其右。”

“耀”上一字，拓本爲，一圓圈非常清楚，當爲武周新字“星”。《漢語大字典》引《集韵・青韵》：“星”，唐武后作“〇”。《唐代墓誌彙編》作“日”，非也。故據拓本正之。

2. “黄軒啓胤,白水疏源。髦彦雲委,冠蓋日繁。”

“日繁”,不辭。“日”字處拓本爲,爲一圓圈,依字形應爲武周新字“星”。就文義而言,“雲委”謂如雲之委積,“星繁”即如天星繁密。誌文“雲委”與“星繁”義近對舉,均以形容多。故釋文“日”當爲武周新字“星”。

(三)《大周故董處士高韓二夫人合窆墓誌銘并序》:“君名超闕月,德冠陳日,地靈天骨之奇,日角山庭之異。”[49]

“陳日”,語義費解。檢核拓本,“日”字處作,應是武周新字“星”。據《太平御覽》卷三九八引三國吴謝承《會稽先賢傳》載,闞澤十三歲時,夢見自己的名字懸在月中,後遂升進。後即以“闞月”喻人才名著稱於世。誌文可參見唐駱賓王《傷祝阿王明府》詩序:“乃當名懸闞月,德貫陳星。”[50]

(四)《武周清夷軍檢校果毅上柱國郭君(神符)墓誌銘》:“日街永謝,泉户長扃。雲霾山影,風入松聲。”[51]

“日街”,文義不暢。覆核拓片,“日”字處作,實係武周新字“星”。“星街”,即星區名。畢昴兩星分别在黄道之南北,日月五星皆循黄道而行,出入畢昴之間,故稱兩星間之區域爲星街。誌文用“星街永謝”與“泉户長扃”對舉,比喻生死兩茫茫,永世不能再相見,以寄哀思之情。

(五)《唐故處士霍君墓誌銘》:“夫人太原王氏,質槤芝蘭,恣分日月。”[52]

“日”字,義不通。校審拓本,清晰可見一圓圈,裹面一撇疑爲石花,可推斷其爲武周新字“星”。誌文“芝蘭”與“星月”對文,贊美夫人王氏優雅的氣質和嬌美的姿色,文意通達。此“日”字爲武周新字“星”之訛,應據改。

五　武周新字“日”字與“自”“月”“星”相混例

“日”,武周新字作㊂。[53]《漢語大字典》《中華字海》《中華大字典》均收“囜”字形爲武周新字,恐失真。董作賓、王恒餘《唐武后改字考》一文認爲“月”“日”二字是據神話傳説而改。[54]施安昌認爲圓圈是象形,裹面非“乙”字,應是鳥形,可有兩種象徵意義,第一是金烏,第二是鳳。由此得出“日”字是兩個象形符號的組合。[55]常萍認爲武周新字“日”字來源於古文。李静傑則認爲武周新字的“日”“月”採用了北朝别體字。[56]由於不識或不辨武周新字“日”字,人們在碑誌釋讀時易將武周新字“日”誤識爲形近的“自”“月”或“星”。

(一)《唐故奉議郎行兖州博城縣令崔君(無競)墓誌銘》:“代棘申威,鞭蒲示惠。農桑自給,邁少卿之帶牛;邑里風謡,越漢宗之咒虎。”[57]

“農桑自給”,文意可通,然檢校拓本,“自”字處原刻作,字形清楚明瞭,當爲武周新字“日”之誤。誌文改爲“農桑日給”更爲貼切。

(二)《瀛州文安縣令王府君周故夫人薛氏墓誌銘并序》:“夫人親潔至誠,深祈景祐,七月七夜誦妙法蓮花經,君姑所苦,應時康復。”[58]

“月”字處拓本作,應爲武周新字“日”。從語境而言,“天”與“夜”相對,誌文言夫人虔誠禱告,念誦佛經七天七夜較爲合乎情理。

(三)《大周故龍府君夫人墓誌并序》:“龜謀獻兆,馬鬣開封,滕驂□而原野空,楊鳥悲而雲月晚。”[59]

“而”前一字,《唐代墓誌彙編續集》缺文。拓本爲,微泐,據殘痕録以補之,爲“顧”。“月”字處原刻爲,字迹清楚,當爲武周新字“日”字。

(四)《亡宫五品誌文一首》:“晝星何向,聞雷匆懼,萬祀千秋,塵埃一聚。”[60]

“晝星”,不取。“星”字處原刻爲,微泐,實武周新字“日”之訛。唐代亡宫墓誌多見此義例,爲亡宫墓誌習語。如《亡宫墓誌》:“晝日何仰?聞雷匆懼。”[61]《七品亡宫墓誌》:“晝日何仰,聞雷匆懼。”[62]《大唐亡八品墓誌并序》:“晝日何仰,聞雷匆懼。”[63]可資比勘。

(五)《唐故高君墓誌銘并序》:“周星五墜,堯日九零,况居人位,誰能不傾?”[64]

此誌文《唐代墓誌彙編》《唐代墓誌彙編續集》及《全唐文補遺》均有收録。“五”下一字,《唐代墓誌彙編》與《全唐文補遺》均作“墜”,《唐代墓誌彙編續集》作缺文,可據此補之。《唐代墓誌彙編續集》作“堯月”,恐非。《唐代墓誌彙編》與《全唐文補遺》均作“堯日”,當是。[65]“日”字處拓本爲,當爲武周新字“日”。誌文“堯日”應爲“堯天舜日”之縮略語,指堯舜時期的太陽和天空,比喻天下爲公的時代,泛指太平盛世。參見南朝梁沈約《四時白紵歌》:“佩服瑶草駐容色,舜日堯年歡無極。”[66]唐人墓誌亦有例,《大周故雲麾將(□禄贊墓誌)》:“望堯日於長安,背羌塵於絶塞。”[67]

六　武周新字“初”字與“載”“聖”相混例

武周新字“初”作“𡔈”,其字形通常由“天、日、月、人、土”五個部件組成,其中上面的篆書“天”是省寫,“天”之下“日”“月”二字相並,下爲“人”“土”。施安昌認爲其寓意取自《詩經·小雅·小明》“明明上天,照臨下土”,鄭玄箋:“照臨下土,喻王者當察理天下之事也。”[68]何漢南則分析爲:“取宇宙初開,天下日月並明,地上有人土之義。”[69]在對唐代墓誌釋讀時,人們常將武周新字“初”字誤認爲“載”字或“聖”字。

(一)《大周故龍府君夫人墓誌并序》:“家傳别業,覩金谷之載開;門接賓郊,逢玉厨之始闢。”[70]

“載開”,文不可解,亦不對舉,不從。“載”字處拓本爲,細辨之,應爲武周新字“初”。“初開”亦與“始闢”義近對舉,文意婉暢。

(二)《大唐故劉君誌銘并序》:“青春既異,黄泉返載,故勒銘幽壤,布令問之長如。”[71]

“黄泉返載”,文不順,語未通,恐非。覆驗拓本,“載”字處字形作,筆畫較清晰,上部爲“天”,下部爲“人”和“土”,爲武周新字“初”,无疑。

(三)《崔君(子偘)墓誌銘記》:“以載聖元年臘月廿六日,薨於洛州永昌縣界惠和里私第,春秋廿三。”[72]

“載聖”,唐代無此年號,疑誤。檢核拓本,字形爲   ,字迹清晰,均爲武周新字,“載聖”實爲“載初”之訛。

七　武周新字“人”字與“生”“士”“王”相混例

“人”,武周新字作“𤯔”,由“一”與“生”兩部分組成的會意字,代表每個人要度過一生。常萍推測在“一”字下組合其他部件構成新字應該是古文構形的一種方式。[73]在對唐代墓誌釋讀時，人們因不明武周新字“人”而易將其誤爲“生”“士”或“王”字。

（一）《周故大將軍崔君墓誌銘并序》：“以經邦佐時之略，杖恤生濟物之心，宜其顯發皇明，陰受靈貺。”[74]

“生”字處原刻爲，“生”字上部一橫筆依稀可見，當爲武周新字“人”之訛。就語義而言，“恤人”即體恤人民。唐人墓誌亦多例，如《大唐前臨濟府左果毅姚公夫人明氏墓誌銘并序》：“恤人結愛，毗郡有聲。”[75]《唐故郝府君墓誌銘并序》：“招賢納士，濟物恤人。”[76]

（二）《大唐故致果校尉左千牛備身戴君墓誌銘并序》：“祖至德，唐户部尚書、尚書右僕射襲道國公；並才爲世範，道擅生網。”[77]

“生網”，義不可解。“生”字處拓本爲，實武周新字“人”。“網”，當作“綱”，原刻訛混。“人綱”，即人倫綱常。“世範”，指世人典範。誌文“人綱”與“世範”相對，語義通順。

（三）《亡尼墓誌》：“有善文王，出家勝因。戒行具足，道業精新。”[78]

此處文字據《全唐文補遺》。“文王”二字，《唐代墓誌彙編續集》作“女士”，均不通。覆核拓本，爲，結合字形及文意，推測其爲“女人”。“女”與“文”因字形相近而訛，“人”字因拓片泐蝕模糊不清而誤釋。“勝”上兩字，《全唐文補遺》作“出家”，可從；《唐代墓誌彙編續集》缺文，可補之。“業”下一字，《全唐文補遺》作“精”，可取；《唐代墓誌彙編續集》作“猶”，未當。[79]

（四）《大周故上柱國蘇君（甑仁）墓誌銘并序》：“君諱甑仁，字休烈，其先弘農人。因官内徙，聿來京邑，今爲河南人也。”[80]

“農”下一字，《唐代墓誌彙編續集》作“王”，非也。[81]此處拓本爲，下部微泐，當是武周新字“人”。墓誌中“其先某某人”之體例較爲常見，此不贅舉。

八　武周新字“正”字與“玉”“出”相混例

“正”，武周新字作“𠙺”[82]。《説文解字·正部》：“𤴓，古文正。”《正字通》：“𤴓，武后正亦作𤴓，六書略𤴓又作𠙺。”[83]碑刻中多寫作𠙺，敦煌寫本作𠙺、𠙺，黄征《敦煌俗字典》“正”條下按此形來源於古字“正”[84]，常萍亦認爲來源於“正”的古文[85]。《漢語大字典》收“㐀”字爲武周新字，字形失真。在對唐代墓誌釋讀時，人們往往因不明武周新字“正”而將其誤爲“玉”或“出”字。

（一）《大唐故雍州新豐縣令朝議郎上柱國司空府君墓誌銘并序》：“原夫以德命官，肇自羲軒之代，因官爲氏，始於堯舜之年。九轉創宗玉之名，三槐列司空之號。”[86]

“宗玉”，不辭。“玉”字處拓本作，字迹清晰，下部構件實爲“山”，隸寫時將兩邊的豎畫縮短，細審可辨之，此應爲武周新字“正”。“宗正”，古代官名，主管王室親族的事務，分别他們的嫡庶身份或與皇帝在血緣上的親疏關係，每年排出同姓諸侯王世譜。“司空”，官名，西周時三公之一，掌土木工程之事。“宗正”與“司空”均官名，對舉成文，這裏誌文追溯墓主姓氏源於職官名。

（二）《大唐□力寺故瞻法師影塔之銘并序》：“撰出相住持同畢一卷、浮圖澄法師碑文一首、□定琬寺主碑文一首，更有諸餘雜文數首，并事在光揚，不之繁目。”[87]

“出”，語義難解，恐非。檢校拓本，字形作，上部爲“二”，下部爲“山”，當爲武周新字“正”。拓本字形爲武周新字“正”字隸古的寫法。“相”字處拓本字形爲，明顯應爲“像”字。“畢”字處拓本爲，當爲“異”字。“畢”字下一字，拓本作，《唐代墓誌彙編續集》脱。“定”前一字，拓本作，據補之，爲“修”。

還有因拓本泐蝕，識辨不清，而將武周新字“正”字誤認爲“一”字的。如《大周故裴府君墓誌銘》：“即以天授三年一月十七日，合葬於州城東南五里之平原，禮也。”[88]“一”字處拓本作，字形明顯與“一”不類。細審拓本，右下部稍泐蝕，上部構件爲“千”，下部輪廓似“山”，可推測其爲武周新字“正”字。武則天將永昌元年（689）十一月改爲載初元年（689）正月，十二月改爲臘月，次年正月改爲一月。從該年起用子正，直到久視元年（700）恢復寅正。

通過整理和歸納唐代墓誌釋讀中因不明武周新字而産生的訛誤情况，我們可知武周新字“天”字易誤認爲“而”字，武周新字“臣”字易誤認爲“忠”“惡”字，武周新字“月”字易誤認爲“圖”“日”字，武周新字“星”字易誤認爲“日”字，武周新字"日"字易誤認爲"自""月""星"字,武周新字"初"字易誤認爲"載""聖"字,武周新字"人"字易誤認爲"生""士""王"字,武周新字"正"字易誤認爲"玉""出"字。還需要注意一點,即武周新字"月"和"星"字均易誤認爲"日"字,武周新字"日"亦往往易誤認爲"月"和"星"字。了解武周新字易訛易混的字例,能够提高我們釋讀碑誌的質量,爲今後釋讀和刊布唐代墓誌提供參考。

(本文得到國家社科基金重大項目"漢字發展通史"[項目號:11&ZD126]、貴州省哲學社會科學規劃項目國學單列課題"漢字在西南民族地區的傳播和影響"[項目號:16GZGX17]、中央高校基本科研業務費團隊項目"文字學"[項目號:SWU1709128]、中央高校基本科研業務費專項資金資助項目"《全唐文補編》墓誌整理與研究"[項目號:SWU1709455]的資助。)

注　釋

① 施安昌《從院藏拓本探討武則天造字》,《故宫博物院院刊》1983 年第 4 期。

② 王維坤《武則天造字的分期》,《文博》1998 年第 4 期。

③ 許慎撰,段玉裁注《説文解字注》,上海古籍出版社 1981 年版,第 1 頁。

④ 施安昌《關於武則天造字的誤識與結構》,《故宫博物院院刊》1984 年第 4 期。

⑤ 常萍《武周新字的來源及在吐魯番墓誌中的變異》,《蘭州大學學報》(社會科學版)2016 年第 3 期。

⑥ 齊元濤《武周新字的構形學考察》,《陝西師範大學學報》(哲學社會科學版)2005 年第 6 期。

⑦ 何漢南《武則天改制新字考》,《文博》1987 年第 4 期。

⑧ 周紹良主編,趙超副主編《唐代墓誌彙編》,上海古籍出版社 1992 年版,第 795—796 頁。

⑨ 邢澍《金石文字辨異》,《叢書集成續編》,第 93 册,臺北,新文豐出版公司 1989 年版。

⑩ 蕭統編,李善等注《六臣注文選》,中華書局 2012 年版,第 875 頁。

⑪ 湯漳平、王朝華譯注《老子》,中華書局 2014 年版,第 297 頁。

⑫ 吴鋼主編,吴敏霞本輯副主編《全唐文補遺》(第 2 輯),三秦出版社 1995 年版,第 451 頁。

⑬ 同注⑧,第 806 頁。

⑭ 周紹良、趙超主編《唐代墓誌彙編續集》,上海古籍出版社 2001 年版,第 310 頁。

⑮ 郭洪義《〈大唐願力寺故瞻法師影塔之銘〉釋文校補》,《宜賓學院學報》2014 年第 5 期。

⑯ 同注⑧,第 935 頁。

⑰ 吴鋼主編,王京陽本輯副主編《全唐文補遺》(第5輯),三秦出版社1998年版,第251頁。

⑱ 張華《博物志》,唐子恒點校,鳳凰出版社2017年版,第7頁。

⑲ 同注⑧,第967頁。

⑳ 同上書,第231頁。

㉑ 吴鋼主編,王京陽本輯副主編《全唐文補遺》(第7輯),三秦出版社2000年版,第278頁。

㉒ 同注⑭,第232頁。

㉓ 同注⑫。

㉔ 同注③,第118頁。

㉕ 同注⑥。

㉖ 同注⑭,第345頁。

㉗ 趙與時《賓退録》,商務印書館1939年版,第52頁。

㉘ 同上書,第440頁。

㉙ 同注⑧,第942頁。

㉚ 束有春、焦正安《唐代百濟黑齒常之、黑齒俊父子墓誌文解讀》,《東南文化》1996年第4期。

㉛ 西安碑林博物館編著,趙力光主編《西安碑林博物館新藏墓誌彙編》(繁體版),綫裝書局2007年版,上册第262頁。

㉜ 同注⑧,第820—821頁。

㉝ 參見②。

㉞ 參見⑥。

㉟ 參見④。

㊱ 參見②。

㊲ 王仲璋主編《汾陽市博物館藏墓誌選編》,三晋出版社2010年版,第30頁。

㊳ 洛陽市第二文物工作隊、喬棟、李獻奇、史家珍編著《洛陽新獲墓誌續編》,科學出版社2008年版,圖版第63頁,録文第355頁。

㊴ 同上書,圖版第67頁,録文第357頁。

㊵ 同上書,圖版第75頁,録文第363—365頁。

㊶ 同注⑭,第305頁。

㊷ 同注⑧,第820頁。

㊸ 同注⑭,第323頁。

㊹ 同上書,第326頁。

㊺ 同上書,第338頁。

㊻ 同注③,第 312 頁。

㊼ 同注⑭,第 306 頁。

㊽ 同注⑧,第 809—810 頁。

㊾ 同注⑭,第 342 頁。

㊿ 彭定求等編《全唐詩》,上海古籍出版社 2004 年版,第 204 頁。

51 中國文物研究所、千唐誌齋博物館編《新中國出土墓誌·河南(叁)千唐誌齋(壹)》,文物出版社 2008 年版,圖版上册第 66 頁,録文下册第 48 頁。

52 同注⑭,第 403 頁。

53 同注㊳,圖版第 75 頁,録文第 363—365 頁。

54 參見董作賓、王恒餘《唐武后改字考》,"中研院"《歷史語言研究所集刊》第 34 本下册,臺北,臺灣商務印書館 1963 年版,第 447—476 頁。

55 參見④。

56 李静傑《關於武則天"新字"的幾點認識》,《故宫博物院院刊》1997 年第 4 期。

57 同注51,圖版上册第 56 頁,録文下册第 39 頁。按:圖版與録文此方墓誌文字略有不同。圖版頁"兗州博城",録文頁作"兗州博成"。

58 同注⑧,第 898 頁。

59 同注⑭,第 333 頁。

60 同注⑧,第 1042 頁。

61 同上書,第 971 頁。

62 同注⑰,第 462 頁。

63 同注⑧,第 1048 頁。

64 同上書,第 789 頁。

65 參見吴鋼主編,吴敏霞本輯副主編《全唐文補遺》(第 4 輯),三秦出版社 1997 年版,第 382 頁及注⑭,第 303 頁。

66 郭茂倩編《樂府詩集》,西苑出版社 2003 年版,第 498 頁。

67 同注⑭,第 308 頁。

68 阮元校刻《十三經注疏》,中華書局 1982 年版,第 464 頁。

69 同注⑦。

70 同注⑭,第 333 頁。

71 同上書,第 354 頁。

72 同注㊳,圖版第 57 頁,録文第 347 頁。

⑬ 參見⑤。

⑭ 同注⑭,第 363 頁。

⑮ 同注㊿,圖版上册第 115 頁,録文下册第 87 頁。

⑯ 同注⑧,第 2411 頁。

⑰ 同上書,第 964 頁。

⑱ 同注⑰,第 461 頁。

⑲ 參見⑭,第 391 頁。

⑳ 同注⑰,第 270 頁。

㉑ 同注⑭,第 401 頁。

㉒ 同注㊳,圖版第 75 頁,録文第 363—365 頁。

㉓ 張自烈、廖文英《正字通》,中國工人出版社 1996 年版,第 554 頁。

㉔ 黄征《敦煌俗字典》,上海教育出版社 2005 年版,第 551 頁。

㉕ 同注⑤。

㉖ 同注⑭,第 366 頁。

㉗ 同上書,第 310 頁。

㉘ 同上書,第 318 頁。

契丹小字《耶律玦墓誌銘》爲贋品

張少珊

【提要】 隨着經濟大潮的涌起，在經濟利益的驅動下，進入二十一世紀後，文物市場上出現了一大批僞造的帶契丹文字的物件。其中最引人注意的是贋品墓誌銘。對這些贋品墓誌銘進行揭露和批駁，纔能使契丹文字的研究工作沿着正確方向前進。本文從契丹文字的語法使用規則、墓誌撰寫體例、僞造方法、遼史有關内容的記載等方面列舉九點理由，以説明來歷不明的《耶律玦墓誌銘》是徹頭徹尾的贋品。

隨着經濟大潮的涌起，在經濟利益的驅動下，進入二十一世紀後，在文物市場上出現了一大批僞造的帶契丹文字的物件，諸如金箔佛經和版畫、銀箔版畫、紙本佛經和繪畫、絹本繪畫、紙本書籍、金佛像、銅佛像、木活字、銅活字、金銅錢幣、墓誌銘等等，不勝枚舉。

其中最爲引人注意的是一大批贋品墓誌銘，如收藏於内蒙古大學的所謂契丹小字《蕭敵魯墓誌銘》和《耶律廉寧墓誌銘》，收藏於北京科舉匾額博物館的所謂契丹小字《蕭徽哩輦・汗德墓誌銘》，收藏於内蒙古自治區巴林左旗民間契丹博物館的所謂契丹小字《蕭德里輦・胡覩堇墓誌銘》，收藏於内蒙古自治區敖漢旗新州博物館的所謂契丹小字《耶律玦墓誌銘》，收藏於河南省千唐誌齋博物館與私人手中等處的多份仿刻的《耶律(韓)迪烈墓誌銘》，以及中央民族大學博物館收藏的所謂契丹大字《痕得隱太傅墓誌》(即《上國都監墓誌銘》)拓本，等等，不一而足。

張少珊　内蒙古赤峰學院歷史文化學院

這些贋品不僅被一些公、私文博部門高價買來收藏,還被一些研究契丹文字的人士當作珍品來進行研究。他們試圖用所謂“研究成果”來匡補《遼史》,譜寫《遼史》人物的世系,概括出不見於《遼史》的“父子同名制”的文化現象,豐富契丹小字的所謂字庫。[1]這給契丹文字研究和遼史研究造成了極爲混亂的現象。辨别這批所謂契丹文字“新資料”的真僞,是當前契丹文字學界最爲急迫的任務,必須把這場大辯論深入地繼續下去,得出一個水落石出的結論。對此,資深契丹文字專家劉鳳翥(潛龍)已經進行了一些揭露和批駁[2],然而並没有引起學界的足够重視。每個契丹文字研究者都應當積極地參加到這場大辯論中來,把問題徹底辯論清楚,衹有這樣,纔能使契丹文字的研究工作沿着正確的方向前進。

契丹小字《耶律玦墓誌銘》(以下簡稱《玦誌》),是敖漢旗新州博物館從文物販子手中買來的。至於《玦誌》出土於敖漢旗某地的説法,純粹是文物販子瞎編的子虚烏有之辭。筆者不揣淺陋,擬對《玦誌》發表一些膚淺的意見,以就正於方家和廣大讀者。

《玦誌》的刻製者儘管下了很大功夫,學習了國内外研究契丹文字的主要論著,掌握了一般的契丹文字知識,並且閲讀了《遼史》,僞造了幾乎没有任何破綻的《玦誌》,但他仍有若干不到位的地方,有許多硬傷。根據這些硬傷,我認爲《玦誌》是徹頭徹尾的贋品。理由如下:

一　《玦誌》有十條大不敬的錯誤

傳世的契丹小字墓誌中經常出現[illegible]、[illegible]、[illegible]、[illegible]等詞組。這些詞組直譯爲“家汗”[3]或“族系汗”“族系可汗之”,實際是指“當朝皇帝”或“當今皇帝”[4]。在所有傳世的契丹小字墓誌中,這類詞組在墓誌銘中一般就出現一次,從没有多次出現的情況,而在《耶律弘用墓誌銘》中却出現了兩次。而且出現這類詞組時都必須空格,以示尊敬,不空格是大不敬的錯誤或者説罪行。

《玦誌》第十四行有[契丹小字],第十七行有[契丹小字],第十八行有[契丹小字],第二十三行兩次出現[契丹小字],第二十四行有[契丹小字],第二十九行有[契丹小字]。總共出現了關於"當今皇帝"之義的詞組共達七次之多,全部都没有空格。《玦誌》第十七行有[契丹小字](太皇太后之),第二十三行有[契丹小字](皇太后之)和[契丹小字](皇太后),這些地方也全部没有空格。也就是説,《玦誌》共有十條大不敬的錯誤。僅憑這一點,在遼代就會有被殺頭之虞。這樣的墓誌絶對不是遼代人刻的,衹能認爲是不諳遼代禮制的文物販子在二十一世紀胡亂纂的。

二　遼太祖不是女人是男人

在契丹小字《大金皇弟都統經略郎君行記》中,翻譯"大金國"的"金"字的契丹小字作[契丹小字]。[5]在《宣懿皇后哀册》中,[契丹小字](金烏)與[契丹小字](玉兔)對仗。[契丹小字]於義爲"金"。[6]

契丹小字爲什麽用字形相近的[契丹小字]、[契丹小字]兩個字來表達"金"呢?原來在記録契丹語的契丹小字中,定語和動詞有陰陽之分和男女之别。同是表達"金"的[契丹小字]字是陽性,[契丹小字]是陰性。"金烏"是神話傳説中的太陽裏面的三足烏,用以代表太陽。"玉兔"是神話傳説中月亮裏面的神獸小白兔,用以代表月亮。太陽和月亮這一組,太陽是陽性,月亮是陰性。因而表示太陽的[契丹小字](金烏)用了陽性的[契丹小字]。在契丹語中,中性和陰性是零形態,"國家"一詞是中性的,所以"大金國"的"金"作[契丹小字]而不作[契丹小字]。

[契丹小字]於義爲"天金",是一個專指遼太祖的專用名詞。在傳世契丹小字資料中經常出現[契丹小字]二字,都是專指遼太祖。例如《蕭高寧·富留墓誌銘》(舊稱《蕭令公墓誌銘》)第四行的[契丹小字](大)[契丹小字](聖)[契丹小字](天)[契丹小字](金)[契丹小字](皇)[契丹小字](帝之),《許王墓誌銘》第五行的[契丹小字](太)[契丹小字](祖)[契丹小字](天)[契丹小字](金)[契丹小字](皇)[契丹小字](帝之),《耶律兀里本·慈特墓誌銘》第三行的[契丹小字](聖)[契丹小字](人)[契丹小字](天)[契丹小字]

（金）主王（皇帝）,《耶律智先墓誌銘》第六行的圣（太）伞伞（祖）仌（天）山（金）主王而（皇帝之）,等等。在《遼史》《契丹國志》、遼代漢字碑刻以及宋人的書籍中,遼太祖耶律阿保機的尊號和謚號中並没有"天金"一詞。契丹文字的解讀可以補《遼史》之不足。

遼太祖耶律阿保機是男人,屬陽性,所以修飾他的"天金"中的"金"用陽性的山。然而《玦誌》第二行出現了仌（天）山（金）主王犮（皇帝於）,第三行又出現了仌（天）山（金）主王（皇帝）。反復出現説明不是筆誤。在應該用陽性的山地方,都用了陰性的山。讓人覺得遼太祖是一位女皇。遼代的契丹人絶對不會犯這樣的大錯誤。僅憑這一條,就能説明《玦誌》是現代不諳契丹語性語法的人瞎造的贋品。

吴英喆以發現契丹小字中的性語法而成名。他本應當發現《玦誌》把仌山錯成仌山的明顯錯誤,從而斷定《玦誌》是贋品。然而他却在摹本中把《玦誌》中的仌山一律改成仌山。[⑦]《玦誌》中"金"字究竟是山還是山,讀者請看剪裁下來的拓本照片山山。其左上角雖然有一朦朧的灰點（不是白點）,用放大鏡可以看清那是拓製時由於上墨的遍數不够所致,絶不是人工用刀刻製的筆畫。

三　《玦誌》没有書寫墓主人的名字,不符合墓誌撰寫體例

墓誌是介紹墓主人生平事迹的,應當書寫墓主的名字,否則就成了無頭案。在所有傳世的契丹小字墓誌中都有墓主的名字。在墓誌標題中可以寫上墓主的名字,也可以不寫墓主的名字而寫官職。不管標題中是否寫,但在正文中必須寫上墓主名字。例如契丹小字《耶律宗教墓誌銘》在標題中僅寫了"廣陵郡王"的爵位,没有寫名字,但正文第二行一開始是圣（大）杰（王）关化（諱）小火汁（驢糞）杰化当村（第二個名）而伏（慈寧）。契丹小字《蕭高寧·富留墓誌銘》第二行一開始是圣（太）兆（師）关化（諱）个（富）小丙（留）杰化当村（第二個名）凡火伏（高寧）。契丹小字《耶律（韓）高十墓誌銘》在標題中雖然有杰伏村（王寧之）公本矢

（墓）（誌），但第十三行仍有（孩子）（名）（高）（十）（第二個名）（王寧）。契丹小字《耶律（韓）迪烈墓誌銘》儘管在標題中有（空寧）（迪烈）（太保之）（墓）（誌），書寫了墓誌主人的契丹語全名“空寧 · 迪烈”，但在第二行仍有（太）（保）（孩子）（名）（迪烈）（第二個名）（空寧）。契丹小字《蕭奮勿膩 · 圖古辭墓誌銘》標題中儘管有（奮勿膩）（尚）（書之）（墓）（誌）（銘），但在第二行仍有（尚）（書）（諱）（圖古辭）（第二個名）（奮勿膩）。契丹小字《耶律仁先墓誌銘》第六行有（孩子）（名）（查剌）。契丹小字《耶律智先墓誌銘》標題中儘管有（耶律）（訛里本）（太）（尉之）（墓）（誌）（銘），第四行至第五行仍有（太）（尉）（孩子）（名）（耶魯）（第二個名）（訛里本）。限於篇幅，我們不再一一枚舉。與是同義語，於義均爲“孩子名”。

通過上述諸例我們可以明白，遼代契丹族男人的契丹語名字有“孩子名”“第二個名”。“孩子名”有時簡化爲“名”，我們可以根據漢字墓誌的習慣用語，將翻譯成“諱”。還有“全名”。全名是把“第二個名”與“孩子名”疊加在一起。疊加時“第二個名”置於“孩子名”之前。例如在契丹小字《耶律（韓）高十墓誌銘》中，韓匡嗣的契丹語全名是（天你 · 尭治），韓德讓的契丹語全名是（興寧 · 姚哥），韓德威的契丹語全名是（普你 · 大漢），等等。

契丹小字墓誌銘介紹墓主的格式是“某官諱某某，第二個名某某”或“某官孩子名某某，第二個名某某”。漢字文獻在處理契丹語名字時，把“孩子名”處理爲“名”,把“第二個名”處理爲“字”。“第二個名”的尾音都是擬音爲 n 的[契丹小字]、[契丹小字]、[契丹小字]、[契丹小字]、[契丹小字]等原字。《遼史》卷九一《耶律玦傳》説:“耶律玦,字吾展。”耶律玦的最後官職爲“敞穩”。我們通檢《玦誌》,不僅找不到“敞穩孩子名玦,第二個名吾展”這樣的格式,也找不到墓主“玦”或“吾展”或者其他名字的任何痕迹。這實在有違墓誌通例。僅此也足以説明《玦誌》是粗製濫造的贋品。

我猜想作僞者不會不瞭解司空見慣的“某官諱某某,第二個名某某”或“某官孩子名某某,第二個名某某”的格式。他要胡亂攥一個“敞穩孩子名玦,第二個名吾展”,肯定也能辦到。但他爲什麽故意不寫墓主的名字呢?我猜想這是作僞者故意設的圈套。他想讓研究《玦誌》者即使在没有名字的情况下,通過年款和職官研究出墓主是耶律玦而感到驚喜。研究者們果然中了圈套,在沾沾自喜之餘,竟然忘了最起碼的墓誌撰寫格式。贋品意識實在淡薄得太離譜。

吴英喆把《玦誌》第二行的[契丹小字]音譯爲“烏”,認爲“烏”與“吾展”中的“吾”同音而爲人名。實在過於牽强。

四　鮮質可汗與遼太祖没有血緣關係

《遼史·耶律玦傳》説耶律玦是“遥輦鮮質可汗之後”。即實最早把契丹小字《蕭高寧·富留墓誌銘》第二十四行的[契丹小字] [契丹小字]解讀爲“鮮質可汗之”[8]。鮮質可汗是遥輦氏第五世可汗。但《蕭高寧·富留墓誌銘》第二十四行的[契丹小字] [契丹小字]二字之前有修飾語[契丹小字](孟)[契丹小字](父房),即實於是對《蕭高寧·富留墓誌銘》中的[契丹小字] [契丹小字]是否爲“遥輦鮮質可汗”産生了懷疑,他説:“本誌(引者按:指《蕭高寧·富留墓誌銘》)所言鮮質是否遥輦氏可汗尚難説定……從上有孟父房一稱説又難看做遥輦氏第五世可汗(鮮質)……一時還難得出明確的答案。”[9]遥輦鮮質可汗的後人在遼代雖然也姓耶律,例如耶律玦,但與遼太祖没有血緣關係。遼代“三耶律:一曰大賀;二曰遥輦;三曰世里,即皇族也”[10]。根據《遼史·百官志》,遼代的皇族專稱横帳,横帳下面有三個父房:孟父房、仲父房、季父房。遼太祖大伯父巖木的後人都屬孟父房。遼太祖二伯父釋魯的後人均屬仲父房。遼太祖弟弟們的後人都屬於季父房。[11]

作僞者在刻製《玦誌》時,由於他不會翻譯《遼史・耶律玦傳》中的"遥輦鮮質可汗之後"這句話,於是就把契丹小字《蕭高寧・富留墓誌銘》第二十四行的[契丹小字]原封不動地抄入《玦誌》中,並且加了一個於義爲"人"的契丹小字[契丹小字],讓研究者往"孟父房鮮質可汗之後人"方面思考。吴英喆果然不顧及即實早已指出的"孟父房"不適合作爲"鮮質可汗"之定語的事實,硬把[契丹小字]釋爲"孟父之鮮質可汗之後裔",從而論定《玦誌》的主人是《遼史》卷九一有傳的耶律玦。把"遥輦鮮質可汗之後"的耶律玦説成是耶律阿保機二伯父巖木的後人,説明《玦誌》的刻製者和解讀者均不瞭解"孟父房"與"遥輦鮮質可汗"不能配伍的關係。遥輦氏的後人在遼朝雖然也姓耶律,但不在横帳之内,而是另稱遥輦帳。例如"以遥輦帳郎君陳哥爲西北路巡檢"[12]。

吴英喆把《玦誌》第七行的[契丹小字]釋爲"捺鉢敵輦鮮質可汗之第八代人",是説耶律玦是"捺鉢敵輦鮮質可汗之第八代人"。這樣就對《遼史・耶律玦傳》中的"遥輦鮮質可汗之後"做了"補充","鮮質"有了全名"敵輦・鮮質",耶律玦不僅是"遥輦鮮質可汗之後",而且更具體化是鮮質可汗的第八代孫。釋[契丹小字]爲"捺钵",吴先生並没有舉出證據。即實釋[契丹小字]爲"宗族"[13]。潛龍先生等釋[契丹小字]爲"宗室之"[14]。如果釋[契丹小字]爲"鮮質",又把他牽涉到皇族中去了。

《蕭高寧・富留墓誌銘》第二十四行的[契丹小字]短語也出現在《蕭特每・闊哥駙馬第二夫人韓氏墓誌銘》第七行。正因爲"孟父房"與"遥輦鮮質可汗"不能配伍,所以潛龍先生把《蕭特每・闊哥駙馬第二夫人韓氏墓誌銘》中的[契丹小字]釋爲人名"斜茨",其根據是《遼史・何魯不傳》説"何魯不,字斜寧”。[15]何魯不的契丹語全名出現在契丹小字《耶律迪烈墓誌銘》第十行中，作仐夯伏 丙舟[16]（斜寧·何魯不）。把仐夯伏字下面的讀音爲“寧”的原字伏去掉，剩下的仐夯讀音恰爲“斜”。再根據對原字朩的擬音，仐夯朩讀音爲人名“斜茨”是極爲恰當的。

五　《玦誌》把蕭姓和耶律姓用在同一個人身上

契丹小字才 丙的本義是“兄弟”。才 丙火的本義是“兄弟的”。但用在表明某人的身份時則應分别釋爲“横帳”和“横帳之”。尤其是才 丙火經常後綴“孟父房”“仲父房”和“季父房”等字樣。“兄弟的孟父房”“兄弟的仲父房”“兄弟的季父房”讓人怎麼也不明白如何釋義，“兄弟的”在這些地方怎麼講。如果把它改爲“横帳的”，則一通百通。所以在表明身份時，契丹小字才 丙火於義是“横帳的”，用以表明是皇族，姓耶律。在所有的傳世契丹小字資料中，把才 丙火釋爲“横帳的”，可以説一通百通[17]。把才 丙火釋爲“横帳之”也曾得到吴英喆的認同。他把《蕭奮勿膩·圖古辭墓誌銘》第七行的才 丙火 尺分 丰村釋爲“横帳之仲父房”[18]。即實早先把才 丙火釋爲“惕隱司”[19]，最近他又説才 丙火“在宗室意義上也可譯爲横帳或大横帳。横帳也是習慣稱呼”[20]。愛新覺羅·烏拉熙春採納了即實早年的意見，也把才 丙火釋爲“惕隱司”[21]。惕隱司是管理皇族的，表明其姓耶律。“横帳”也好，“惕隱司”也好，才 丙火表示皇族即姓耶律，在學界本來是共識。衹是在贋品墓誌被揭露之後，吴英喆纔放棄了釋才 丙火爲“横帳之”，而僅僅釋爲“兄弟之”。

即實最早釋力圡出夯爲“舅”，力圡出夯村爲“國舅帳之”[22]，以表示姓蕭。這在學界已經是共識。儘管吴英喆在《契丹小字〈蕭敵魯墓誌銘〉及〈耶律詳穩墓誌〉絶非贋品——與劉鳳翥先生商榷》一文中曾經放棄他在《契丹語静詞語法範疇研究》一書中曾經認同的釋力圡出夯爲“國舅”的觀點，而主張力圡出夯義僅爲“舅”，但他在《契丹小字新發現資料釋讀問題》（『契丹小字新発見資料釈読問題』）一書中又恢復

了釋 爲“國舅”、釋 爲“國舅之”的觀點。認識有所反復是正常現象。

前面我們點出的一大批贋品契丹小字墓誌有一個共同的錯誤，即把“横帳”和“國舅”用到一個人身上，也就是他們既姓耶律又姓蕭。《玦誌》也不例外。《玦誌》第十行有 ，吴英喆把它釋爲“别部國舅之宰相之兄弟之解里”。《玦誌》第三十一行至三十二行又有 ，吴英喆把它釋爲“别部國舅之宰相之兄弟之胡覩堇”。人名解里和胡覩堇之前均有修飾語“别部國舅之宰相之兄弟之”。這個修飾語極爲費解。釋 字爲“别部”原是即實的臆測之詞，並没有論定的任何證據。“國舅”表示姓蕭，“宰相”是誰呢？“宰相之兄弟”究竟是“兄”還是“弟”，叫什麽名字？“兄弟”又加“之”，再加人名，既不通順，又顯累贅。在傳世的所有契丹小字墓誌銘中從來没有出現過哪怕一例 這樣的詞組。因爲一個人不可能既姓耶律又姓蕭。這樣的詞組反復出現在《蕭徽哩輦・汗德墓誌銘》和《玦誌》中，衹能説明它們是同批生産的贋品。一假皆假，衹要證實其中一件是贋品，就説明它們全部是贋品。

六 《玦誌》錯字連篇，詞句不通

如前所述，《玦誌》第二行和第三行把 錯成 。《玦誌》第三行把 （天子）的 誤作 ，傳世契丹小字中根本就没有 字。第十行把 誤作 。第十三行把 誤作 。第十四行把 誤作 。第十七行把 誤作 。第三行把 誤作 ，前兩筆的筆畫和筆順都不對，又把 誤作 。吴英喆把《玦誌》第三行的 釋爲“可汗之兄弟於歲”。 爲時位格詞尾，“可汗之兄弟於歲”按漢語語序爲“歲於可汗之兄弟”。這種詰屈聱牙的詞句難以让人明白。

在契丹小字中提到契丹語的名字時，一般用“第二個名”或全名而不用“孩子名”。但在《玦誌》中提到“第五代祖父”的名字時用了[illegible]（轄馬葛），這是“孩子名”，提到“第四代祖父”的名字時用了[illegible]（解里），也是“孩子名”。這根本不符合遼代契丹小字墓誌銘的書寫習慣。

遼代漢字墓誌銘和契丹小字墓誌銘在計算多少代祖先時都把墓主也算作一代，第四代即曾祖，第三代即祖父。一般僅僅統計到第四代（曾祖）爲止，以下就直接説祖父了。《玦誌》把第三代祖父算作曾祖，説完了第三代祖父之後，再説祖父，贋品《耶律廉寧墓誌銘》也有類似情況，這種獨特的計算世系的方法違背了遼代墓誌的常例。

七　僞造《玦誌》的方法

《遼史·耶律玦傳》僅二百一十三字：

> 耶律玦，字吾展，遥輦鮮質可汗之後。
>
> 重熙初，召修國史，補符寶郎，累遷知北院副部署事。入見太后，后顧左右曰：“先皇謂玦必爲偉人，果然。”除樞密副使，出爲西南面招討都監，歷同簽南京留守事、南面林牙。皇弟秦國王爲遼興軍節度使，以玦同知使事，多所匡正。十年，復爲樞密副使。咸雍初，兼北院副部署。及秦國王爲西京留守，請玦爲佐，從之。歲中獄空者三，召爲孟父房敞穩。
>
> 玦不喜貨殖，帝知其貧，賜宫户十。嘗謂宰相曰：“契丹忠正無如玦者，漢人則劉伸而已。然熟察之，玦優於伸。”先是，西北諸部久不能平，上遣玦問狀，執弛慢者痛繩之。以酒疾卒。[23]

目前契丹小字的解讀水平是解讀出來的少，尚未解讀出來的多，至今還没能通釋一件契丹小字墓誌。誰也没有能力把上述《耶律玦傳》全文翻譯成契丹小字。但《耶律玦傳》的一些官名、年款都出現在傳世的墓誌銘中，且都被解讀，不管是否正確，也不管學界是否有不同意見，解讀者把現成的諸家解讀結果取其所需、東拼西湊成職官和年款，諸如[契丹字]（敞穩）、[契丹字]【[契丹字]】（重熙）、[契丹字]【[契丹字]】[契丹字]（太后）、[契丹字]（鮮質可汗）、[契丹字]（南院林牙）、[契丹字]（秦國大王）、[契丹字]（咸雍）、[契丹字]（南西招討都監）、[契丹字]（咸雍二年冬，秦國王之西宫留守拜，副署）、[契丹字]（皇太后□曰）、[契丹字]（孟父房敞穩）等等，搭出《耶律玦傳》的骨架，然後再往上給他編幾代祖宗，往下編幾個子女，再編幾個親戚，最後填充一些瞎編的契丹小字就成了。其中凡是能解讀的短語，我們都能找到其抄襲的出處。與《玦誌》有親戚關係的諸如《蕭胡覩堇墓誌銘》《蕭敵魯墓誌銘》等都是用這種方法製造的。其中比較完整的句子是[契丹字]（秦國王之西宫留守拜），這是翻譯的《遼史・耶律玦傳》中的"秦國王爲西京留守"。這句話中的主語是"秦國王"，契丹語中的主語是零狀態，不附加任何成分，《玦誌》在[契丹字]（王）字後面加所有格詞尾[契丹字]，顯然錯誤。契丹語中"拜官"的"拜"，儘管有[契丹字]、[契丹字]、[契丹字]、[契丹字]、[契丹字]、[契丹字]、[契丹字]、[契丹字]、[契丹字]、[契丹字]、[契丹字]、[契丹字]、[契丹字]等多個形式，第三個原字從來没有作[契丹字]者。

八　刻製潦草，不符合禮制

刻墓誌有一定的程序，先書丹再刻。一共多少行，每行多少字，都有一定的規劃。《玦誌》顯然没有書丹，隨意往上刻，到了第四十五行的下半行發現文字刻不下了，字就逐漸小起來。第四十六行的字特别小，特别密。這與内蒙古大學收藏的《耶律廉寧墓誌銘》的情況一樣。草率行事衹能出現在非精製的贋品中，不可能有其他的解釋。

九　《玦誌》書法没有遼代的氣韵

綜觀《玦誌》拓本的書法,筆畫軟弱輕浮,呆板拙笨,有些字多筆少畫,有些字結構鬆散,毫無遼代契丹小字碑刻的雄渾之氣和逸美之趣,更没有遼代碑刻的深厚底蘊。内容上多是些東拼西凑的人名和官名堆砌。許多地方不符合契丹語的語法。用放大鏡仔細觀察每一筆畫,不像是人工用刀子刻的,有用電腦刻製之嫌疑。衹要把《玦誌》和《耶律(韓)高十墓誌銘》之類的遼代契丹小字墓誌反復對照着多讀幾遍,就能發現其間的天壤之别。

基於以上九點,我認爲《玦誌》是徹頭徹尾的贋品。

又,余撰此稿,多蒙吾師潜龍先生時時啓誨。師母李老師代爲臨摹《玦誌》墓誌全文。(見附録)初稿撰訖,聊申淵源。

附録：

贗品契丹小字耶律玦墓誌銘

1

大中央遼契丹國之故左龍虎軍上將軍正亮功臣檢（中殘約五

六個字）墓誌序并

婿胡覩堇撰

2

遼契丹大孝大敞穩孟父房斜蔱可汗之人斜蔱汗

大（中殘約五六個字）四代之汗可汗之大

耶律穆里天金皇帝於

3

天金皇帝宗室九拜太宗天子皇帝國可汗之

橫帳於歲號大父第六代之祖父

迪魯敞穩孟父房敞穩拜第五代之祖父轄馬葛郎君

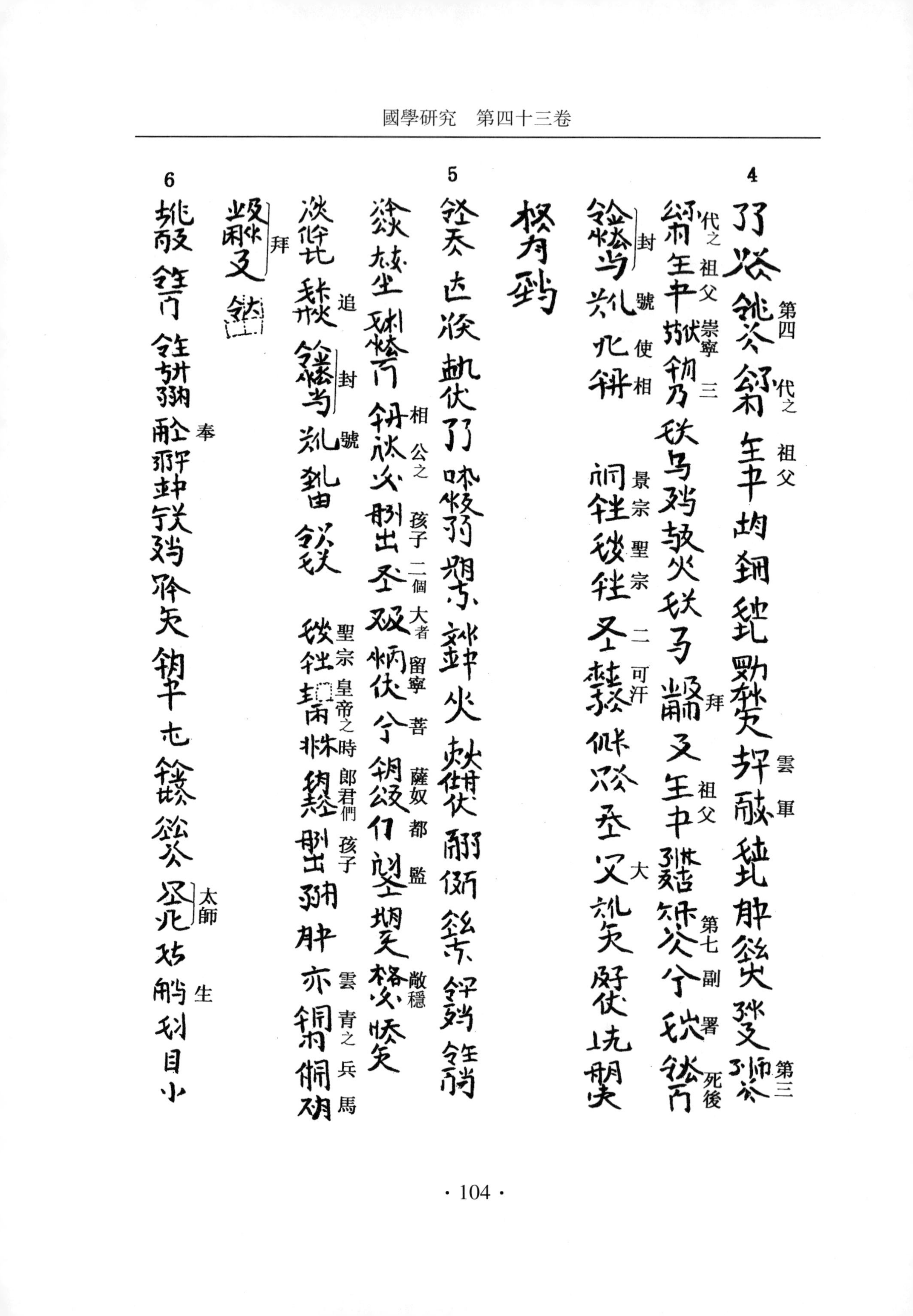

4

第四 代之 祖父 雲 軍 第三

代之 祖父 崇寧 三 拜 祖父 第七 副 署 死後

封 號 使 相 景宗 聖宗 二 可汗 大

5

相 公之 孩子 二個 大者 留寧 菩 薩奴 都 監 敞穩

追 封 號 聖宗 皇帝之時 郎君們 孩子 雲 青之 兵 馬

拜

6

奉 太師 生

名

一生之

知

7 號於 第二個 西寧 高留 侍 中 西寧

侍 中之 誌 敞穩 留寧 太師之 第一 子 斜莈 可汗之 第八 代之

人 弟 訛里本 豬糞 太尉 觀 察之 號 封 孟 父房 都監 守

8 孝 母 孝 廉 夫人 國之 唐

太師 留史 公 主之 子 七個 侍中 敞里別 夫人 二人之 第二 女 姐 副署 相公

夫人 孩子

9 孝 拜

二十八於 拜 敞穩 太尉 二人之

孩子於

10 又 弟 西寧 侍中之 長 子迪烈 令公之 郎君

女兒 三個 大者 阿姆哈娘子 宰相之 橫帳之 解里 郎君於 嫁 第二個 智格里

娘子 第三個 侍中 宮之 青 司於 節 敞穩

11 子

號 女 夫人 大禮之字

大于越之禮之字 弟 豬糞 太師之

12

契丹

該時 人 孩子 孝

雲 軍 二十二於 金 敕之 二十

三 印

13

牌司 郎君 該年 通進之 二十四 該時 興宗皇

帝 重熙 十二年於 左院通進

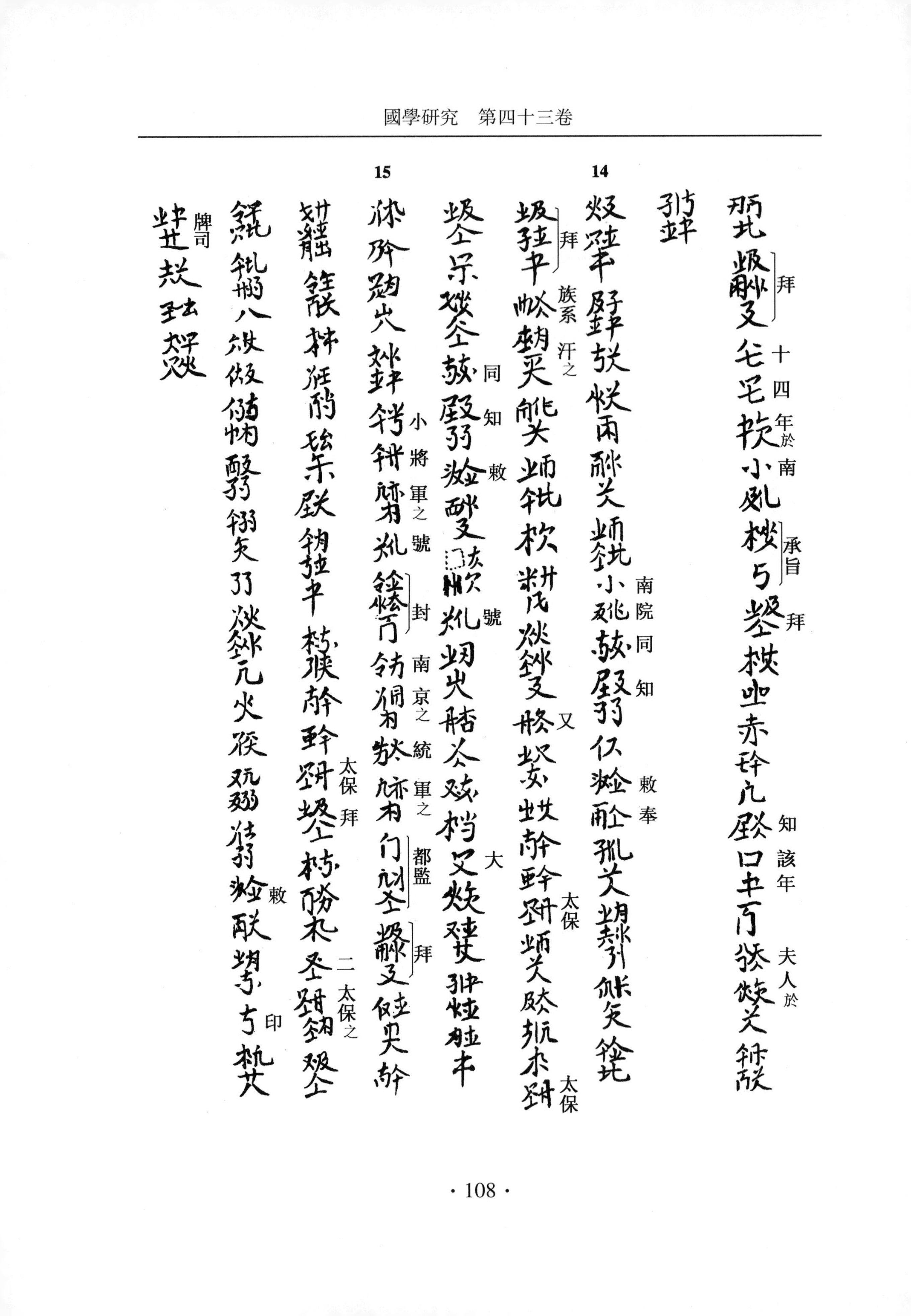

拜 十四年於南 承旨 拜 知該年 夫人於

14 南院同知 敕奉

拜 族系汗之 又 太保 太保

同知敕 號 大

15 小將軍之號 封 南京之統軍之都監 拜

太保拜 二太保之

敕 印

牌司

16

横帳之 都監 興宗皇帝之 山之 清寧皇帝之

太保 拜 观察之 號 封 又

度使之 號 封 事知 拜西京南西二

17

太皇太后之

汗

族系汗 上將軍之 號 封

副

18

署之 孩子

號

號

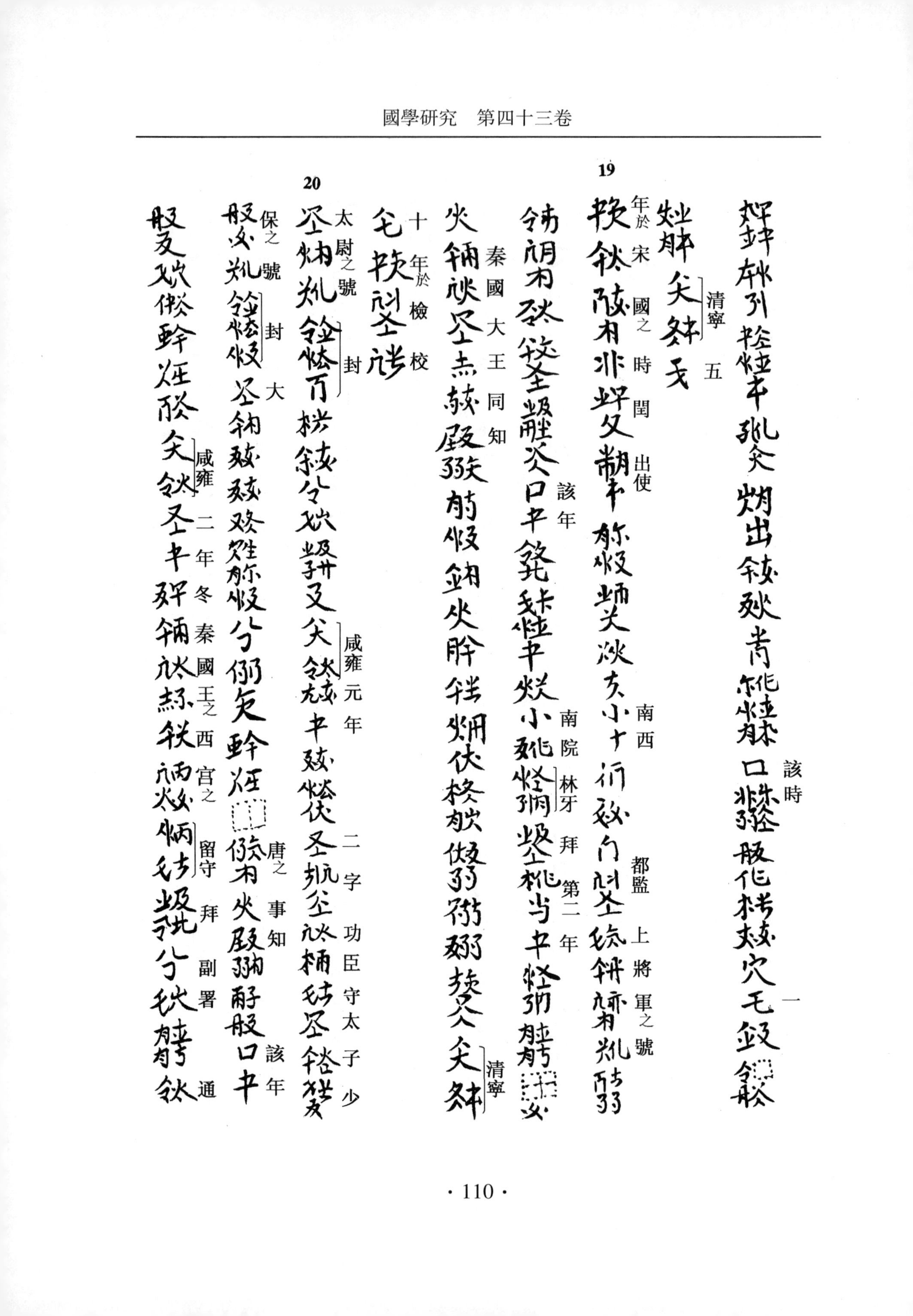

該時　一

清寧　五

19 年於宋國之時閏　出使　南西都監上將軍之號

該年　南院林牙拜第二年

秦國大王同知　清寧

十年於檢校

20 太尉之號　封　咸雍元年　二字功臣守太子少

保之號　封　大　唐之事知　該年

咸雍二年冬秦國王之西宮之留守　拜　副署　通

判之

21 第二年左龍虎軍上將軍之號 封 通判拜 一年於

檢校太師之號 封 邑食二千五百 食二百五十 該時禮

22 马之 人 北院副署拜郎君孩子

知敕承祧大是 又 孩子 諸號

23 知 契丹食五漢兒食五四年秋

家族汗 皇太后之 臣

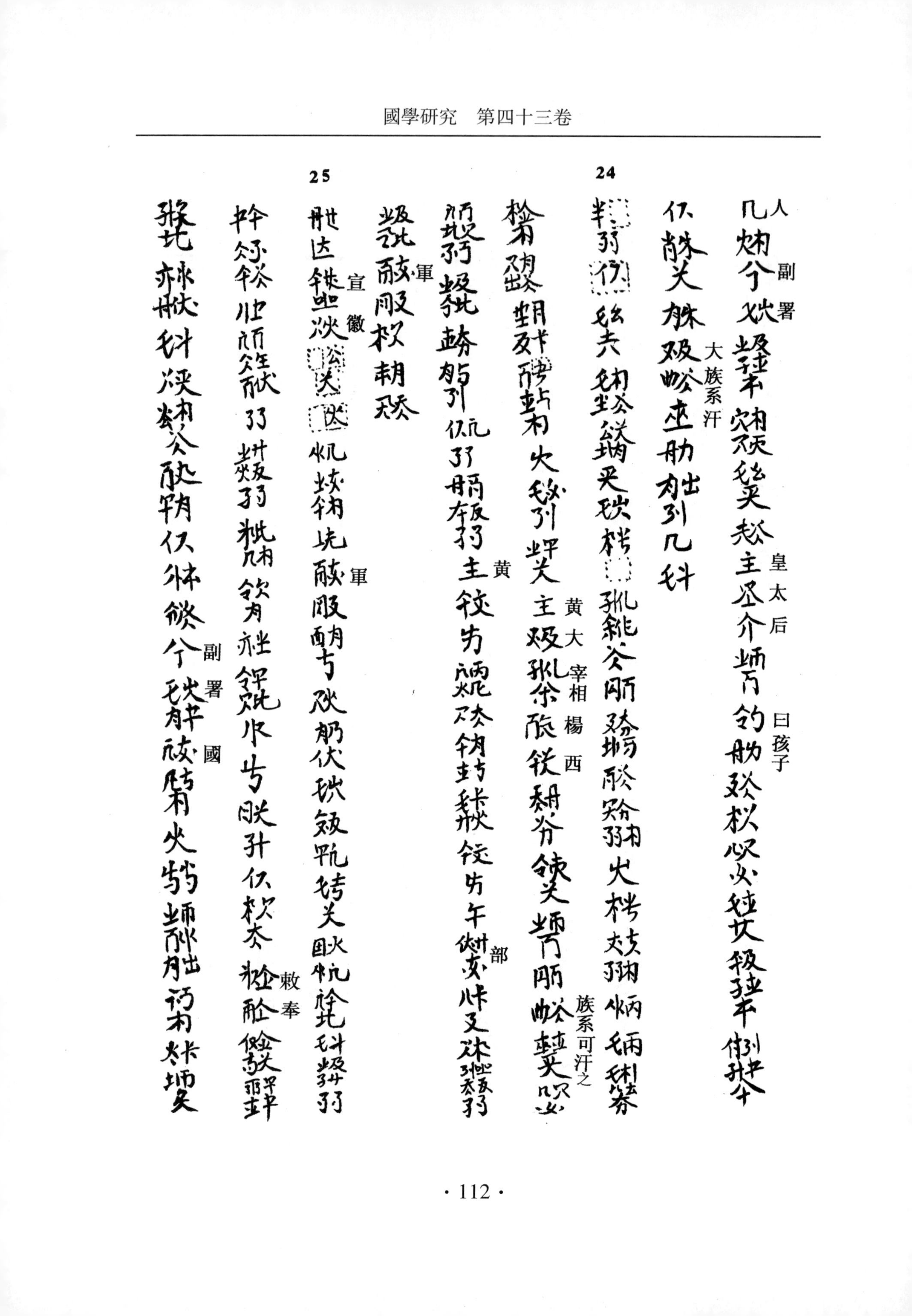

人 副署 皇太后 曰孩子

大族系汗

24

黄大宰相楊西 族系可汗之

黄 部

軍

25

宣徽 軍

敕奉

副署國

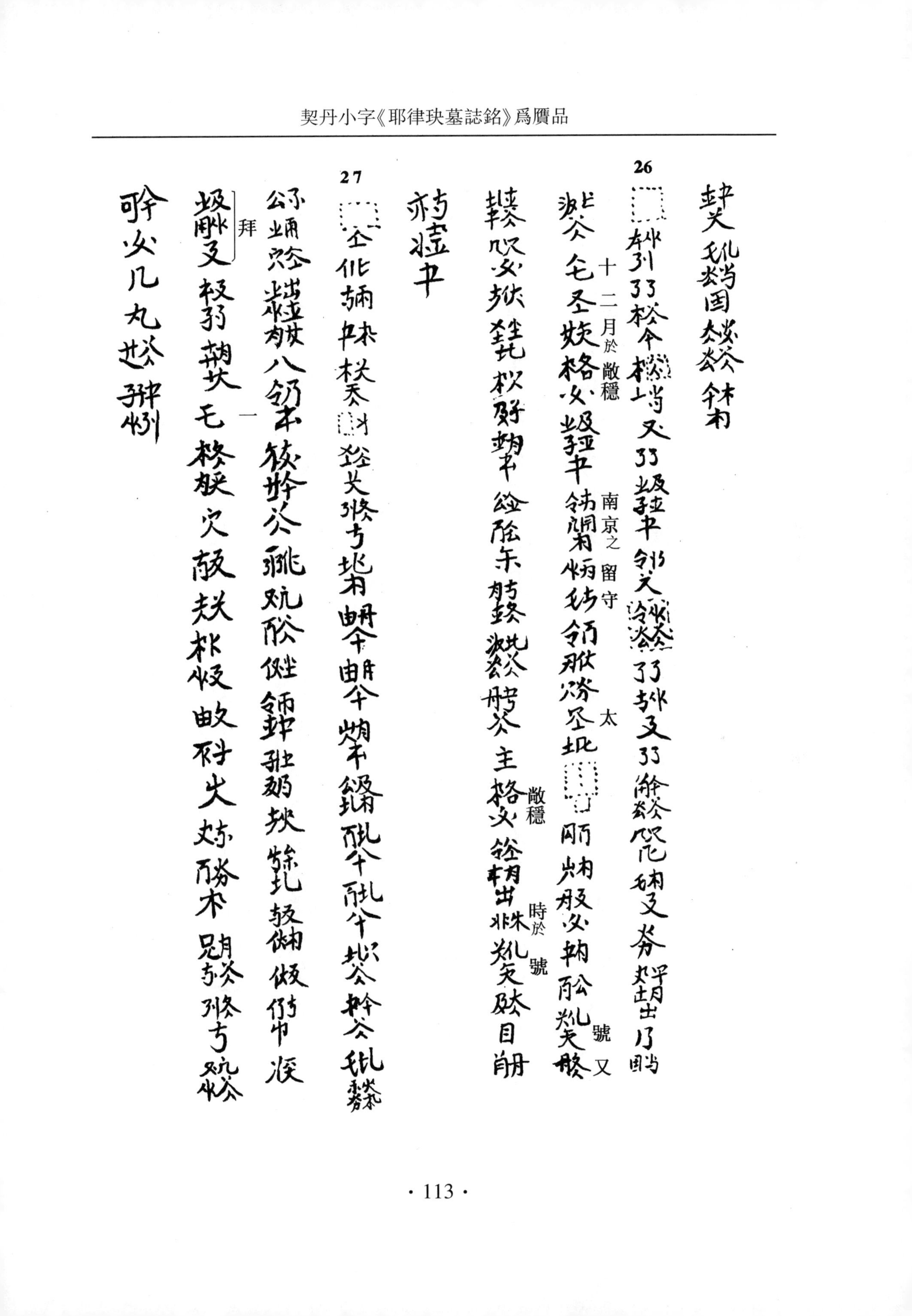

26

十二月於

敞穩

南京之留守

太

號又

敞穩

時於

號

27

拜

一

28 二 五

年 冬 軍

樞密 敕 六年 冬

十一月二十九日於病

29 族系汗 太師 太師 第一

太保之病

該夜二 薨 日

大

30 大

聖汗奉子

敕事

女人 蘭陵郡之夫人 名 貴哥

31 敞穩 迪烈侍中之弟富奴太保 二人之女 夫人

禮 孩子

族系 五十二 敞穩 夫人之孩子 五個 大者 烏魯本娘子

32 國舅之 宰相之 橫帳之 胡覩堇 太 第二個 子 胡覩堇 郎君於 嫁 第二

娘子 第三個 娘子 胡覩堇 太師之弟 奮勿膩 圖古辭 第一 子 迪輦 司

嫁 第四個 號 封 第五個 永樂 娘子

33 女人大者 國舅之 小翁帳 將軍 娘子二人之女 夫人之

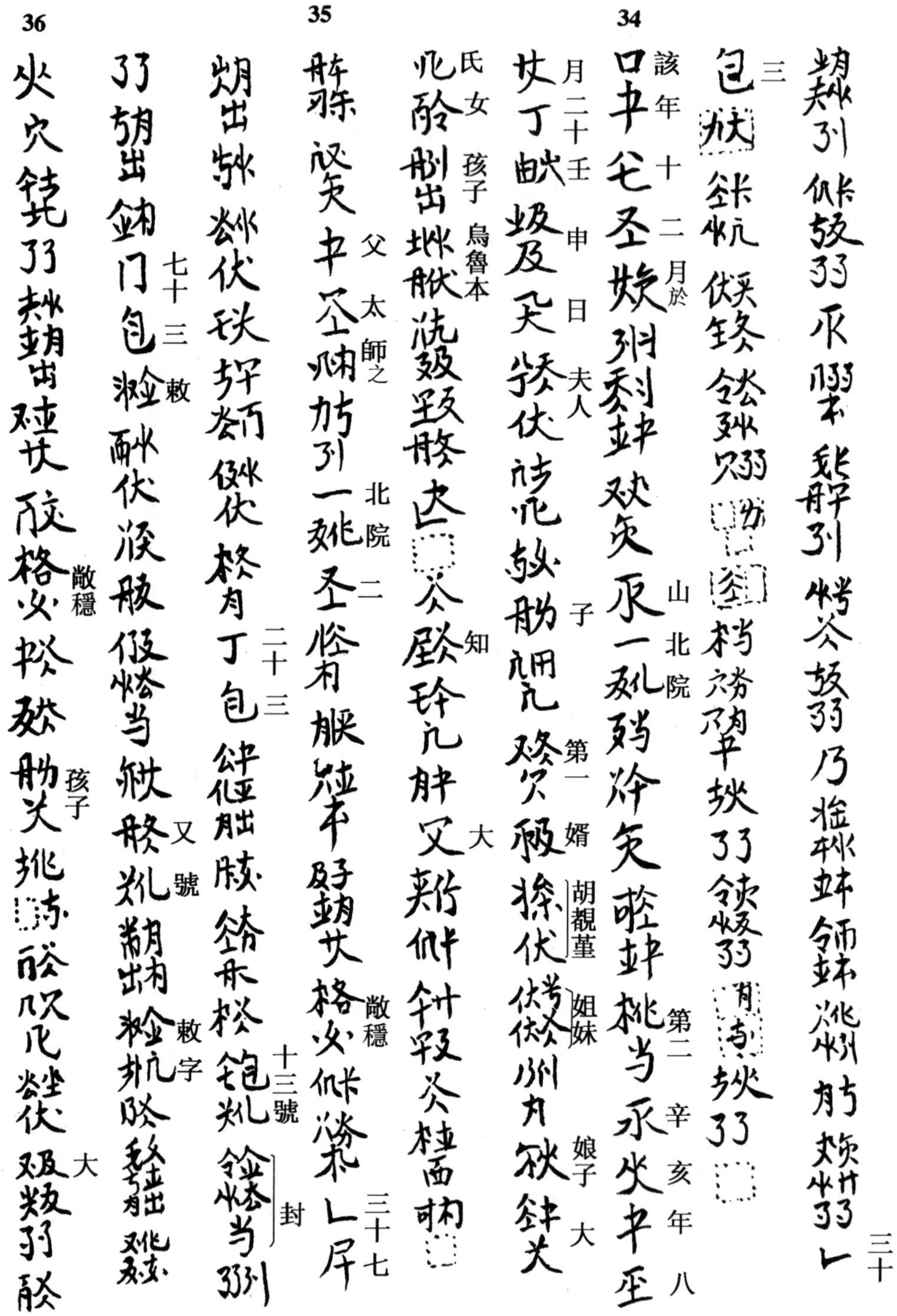
三十
三
34
該年十二月於
山北院
第二辛亥年八
月二十壬申日夫人
子
第一婿
胡覩堇姐妹
娘子大
氏女孩子烏魯本
知
大
35
父太師之
北院二
敞穩
三十七
二十三
十三號
封
七十三敕
又號
敕字
36
敞穩
孩子
大

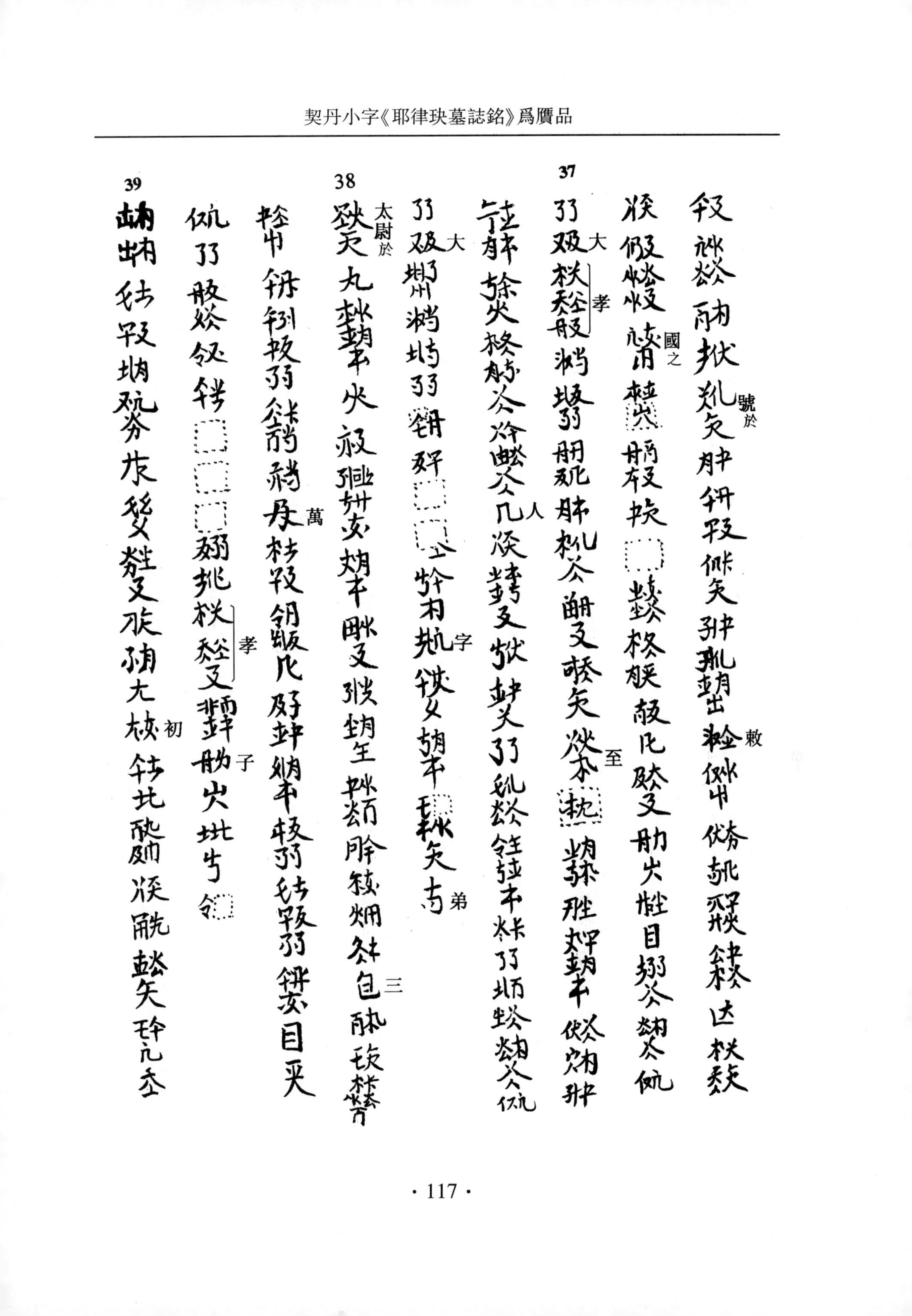

號於 敕

國之

37 大 孝 至

人

大 字 弟

38 太尉於 三

萬

孝 子 令

39 初

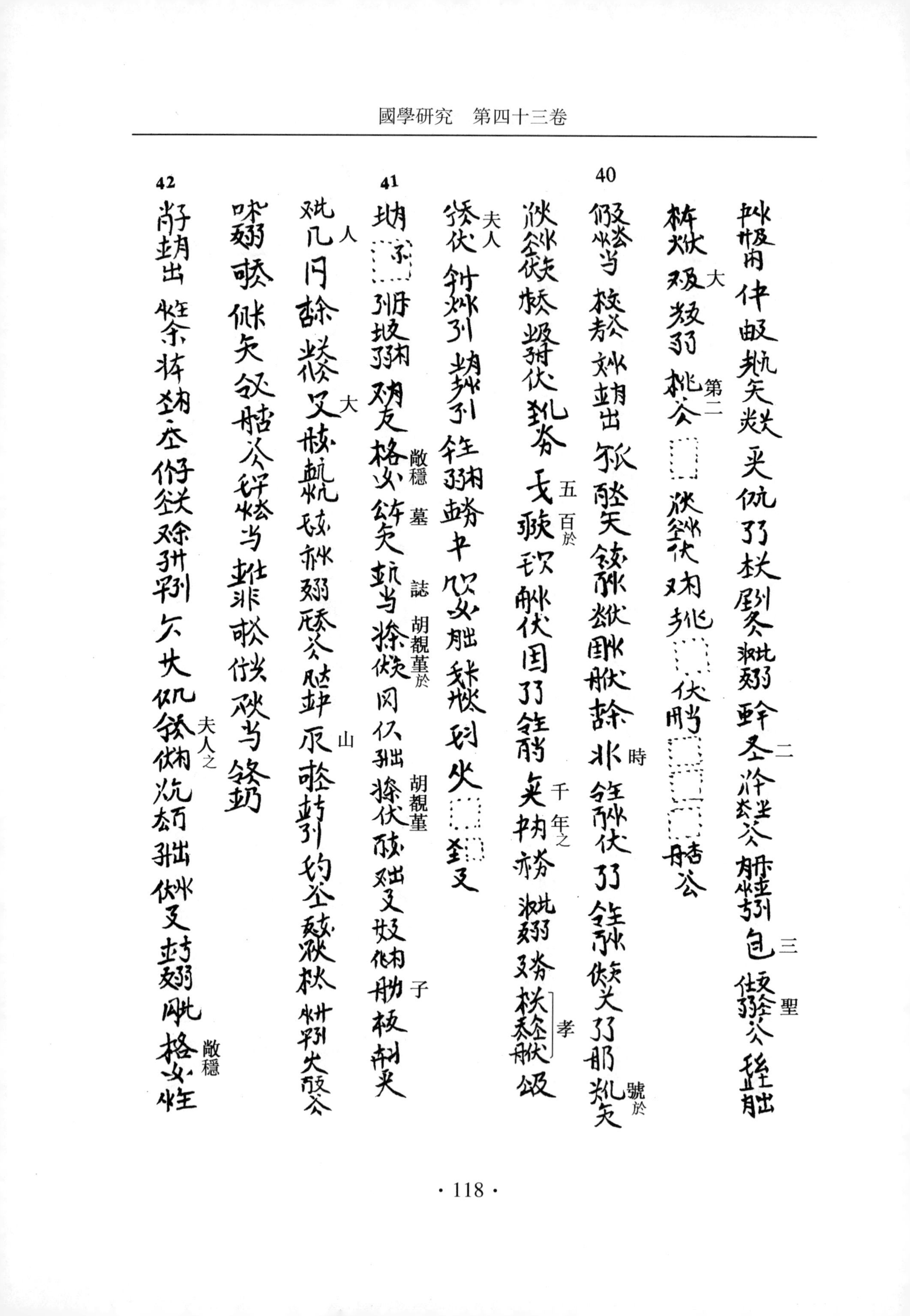

二 三 聖

大 第二

40 時 號於

五百於 千年之 孝

夫人

41 敞穩 墓 誌 胡覩堇於 胡覩堇 子

人 大 山

42 夫人之 敞穩

字於

諸號

43

誌曰

可汗之

孝

國於

十歲於

44

四十年

虎

年

院

45

成王之

公之龍

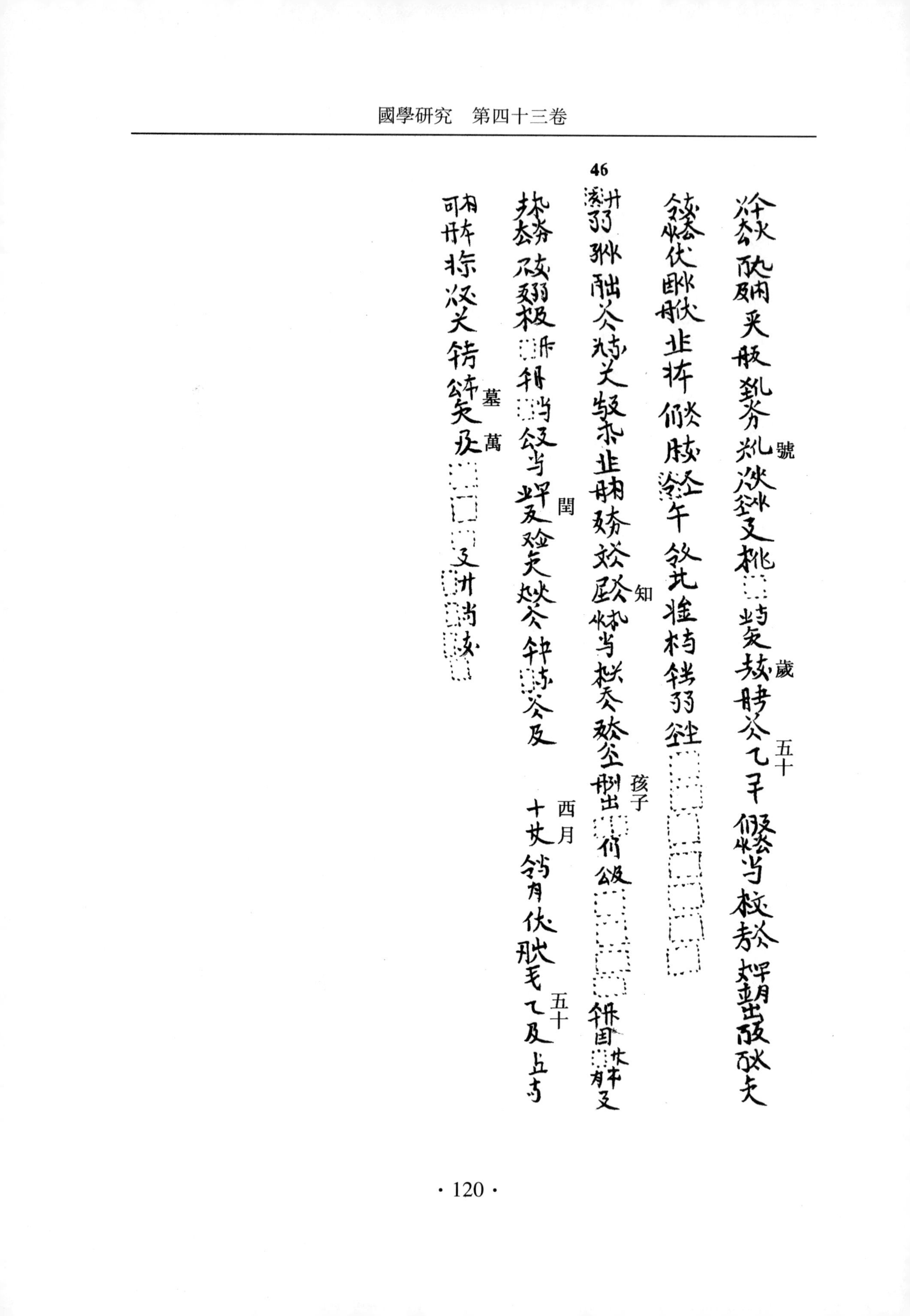

46

號　歲　五十

知　孩子

閏　西月　五十

墓　萬

注　釋

① 参見 Wu Yingzhe and Juha Janhunen, "New Materials on the Khitan Small Script: A Critical Edition of Xiao Dilu and Yelü Xiangwen, Languages of Asia Series", Volume 9, Folkestone: Global Oriental, 2010;吳英喆『契丹小字新発見資料釈読問題』,東京,東京外國語大学アジア・アフリカ言语文化研究所 2012 年版;愛新覺羅・烏拉熙春、吉本道雅『韓半島から眺めた契丹・女真』第三節第一小節"šulwurと契丹大字「痕得隱太傅墓誌」",京都,京都大學學術出版会 2011 年版,第 9—30 頁;康鵬《契丹小字〈蕭敵魯副使墓誌銘〉考釋》,劉寧主編,遼寧省遼金契丹女真史研究會編《遼金歷史與考古》第 4 輯,遼寧教育出版社 2013 年版,第 261—292 頁。

② 参見劉鳳翥《契丹小字〈蕭敵魯墓誌銘〉和〈耶律廉寧墓誌銘〉均爲贋品》,《中國社會科學報》2011 年 5 月 19 日第 5 版;劉鳳翥《再論〈蕭敵魯墓誌銘〉爲贋品説》,《中國社會科學報》2011 年 6 月 16 日第 5 版;劉鳳翥《再論〈耶律廉寧墓誌銘〉爲贋品》,《中國社會科學報》2011 年 11 月 10 日第 5 版;劉鳳翥《契丹小字〈蕭徽哩輦・汗德墓誌銘〉爲贋品説》,劉寧、張力主編,遼寧省遼金契丹女真史研究會編《遼金歷史與考古國際學術研討會論文集》下册,遼寧教育出版社 2012 年版,第 506—513 頁;劉鳳翥《所謂契丹小字〈蕭德里輦・胡覩菫墓誌銘〉爲贋品説》,北京遼金城垣博物館編《大遼遺珍:遼代文物展》,學苑出版社 2012 年版,第 88—106 頁。

③ 参見即實《謎林問徑——契丹小字解讀新程》,遼寧民族出版社 1996 年版,第 502 頁。

④ 参見萬雄飛、韓世明、劉鳳翥《契丹小字〈梁國王墓誌銘〉考釋》,《燕京學報》新 25 期,北京大學出版社 2008 年版。

⑤ 参見王静如《遼道宗及宣懿皇后契丹國字哀册初釋》,《歷史語言研究所集刊》1933 年第 3 本第 4 分。

⑥ 参見劉鳳翥《契丹小字解讀再探》,《考古學報》1983 年第 2 期。

⑦ 参見吳英喆『契丹小字新発見資料釈読問題』,東京,東京外國語大学アジア・アフリカ言语文化研究所 2012 年版,第 269、270 頁。下面凡是引用吳英喆關於《玦誌》的言語均出此書,不再加注。

⑧ 同注③,第 95 頁。

⑨ 同上。

⑩ 《遼史》卷三二,中華書局 1974 年版,第 381 頁。

⑪ 参見上書卷四五、卷六六,第 707、1015—1019 頁。

⑫ 同上書卷一七,第 202 頁。

⑬ 同注③,第 490 頁。

⑭ 参見劉鳳翥、周洪山、趙杰、朱志民《契丹小字解讀五探》,臺北,《漢學研究》第 13 卷第 2 期,

1995 年,抽印本。

⑮ 参見劉鳳翥、清格勒《契丹小字〈蕭特每·闊哥駙馬第二夫人韓氏墓誌銘〉考釋》,張希清、田浩、黄寬重、于建設主編《10—13 世紀中國文化的碰撞與融合》,上海人民出版社 2006 年版,第 487 頁。

⑯ 盧迎紅、周峰《契丹小字〈耶律迪烈墓誌銘〉考釋》,《民族語文》2000 年第 1 期。

⑰ 参見劉鳳翥《解讀契丹文字不能顧此失彼,要做到一通百通》,劉寧主編《遼金史論集》第 13 輯,中國社會科學出版社 2013 年版,第 78—89 頁。

⑱ 吴英喆《契丹語静詞語法範疇研究》,内蒙古大學出版社 2007 年版,第 43 頁。

⑲ 同注③,第 505 頁。

⑳ 即實《謎田耕耘:契丹小字解讀續》,遼寧民族出版社 2012 年版,第 139 頁。

㉑ 愛新覺羅·烏拉熙春『契丹文墓誌より見た遼史』,京都,松香堂 2006 年版,第 72 頁。

㉒ 同注③,第 465 頁。

㉓ 同注⑩卷九一,第 1364 頁。

《論語筆解》出自韓愈國子講稿臆考

李芳民

【提要】 宋以降目録著作載録的題爲韓愈、李翺所撰之《論語筆解》，經今人研究爲韓愈、李翺所撰而非僞作，已大致爲學人所認同。但其撰寫之動因、時間，以及何以韓集未予載録，這些問題仍未解答。本文認爲此書當出於韓愈任職國子監時授課講稿，李翺是曾參與討論者。此書之成，當以元和元年(806)至元和三年最有可能。因其爲學術性著述，且其中内容爲與李翺共同討論，故韓愈在去世時，無意將之收入其文集中。

題爲韓愈、李翺所撰的《論語筆解》一書，宋及宋以後的目録著作大都有所著録，但圍繞此書之真僞、卷數以及評價等問題，後世却多有分歧。近二十多年來，學界圍繞此問題已有一些討論，取得了一些新進展。大致而言，此書爲韓、李所撰而非宋人僞作已爲學人所大致認同，其在思想史上的價值，也得到了正面的肯定。但仍有一些問題值得進一步探討。比如：韓愈撰此書之動因爲何？何時撰寫此書？韓集何以不載録？本文擬對上述諸問題提出一些粗淺看法，以爲此書當出於韓愈任職國子博士時之講稿，李翺是參與討論者。此書之成，當與韓愈多次任國子監教職經歷有關。①由於其原本爲國子監講稿，韓愈將之視爲學術性著述，且其中多有李翺參與討論的意見，故其無意將之編入文集中。文中出於臆考者，所不敢必，敬祈方家正之。

李芳民　西北大學文學院

一

無論是李漢《昌黎先生集序》所提及並見之於後世目録書著録的"注《論語》",還是今傳於世的《論語筆解》,就其性質而言,都屬於有關儒家經典注解詮釋的學術性著述。從古代經學的發展歷史看,自漢以降,經典注釋漸成專門之學,其間傳授,往往多有家學或師承的背景。東漢以後,學者與文人分途,故范曄《後漢書》將"文苑"與"儒林"並列。史家著述中"文苑"與"儒林"的分化分立,反映了人們對經學、歷史等學術著述和詩文辭賦之文學創作性質之别有了更爲清晰的認識。入唐以後,一般的士子因爲缺少家學與師承的傳統,同時也出於應舉出仕的功利目的,大多以詩文辭賦的學習爲其用力所在,儒家經典的誦習,也常是出於應舉需要的輔助功課,因此,縱觀唐代士子,其以詩文辭賦名世的文士要遠多於以學術著述名世的學者。而由於隋唐經學的衰落,唐代以學術著作或經典注釋名世的學者,觀其成長,也大多與個人的生活環境、興趣愛好有關,同時專門名家的傳授也起着一定的作用。這從《舊唐書·儒學傳》所載的以學問見稱者的生平事迹可得到證明。[②]無個人興趣愛好特别是缺少名儒傳授等因素的影響,以學術名家要遠難於以文學名世者。

從韓愈的家世看,韓氏並非生於有家學承傳的經學世家,無論是其遠祖還是祖、父輩,皆未有以經學或學問名世的著名人物。韓氏一族較爲顯著的人物是北魏時的韓茂,其"以武功顯,爲尚書令,實爲安定桓王"[③],而李白《武昌宰韓君去思頌碑并序》亦載韓愈父仲卿七世祖以下家世事迹,云:"七代祖茂,後魏尚書令安定王。五代祖鈞,金部尚書。曾祖晙,銀青光禄大夫雅州刺史。祖泰,曹州司馬。考睿素,朝散大夫桂州都督府長史。分茅納言,剖符佐郡,奕葉明德,休有烈光。君乃長史之元子也。妣有吴錢氏。及長史即世,夫人早孀,弘聖善之規,成名四子……少卿,當塗縣丞,感概重諾,死節於義。雲卿,文章冠世,拜監察御史,朝廷呼爲子房。紳卿,尉高郵,才名振耀,幼負美譽。"[④]可見,韓氏一族自七世祖以降,雖奕世爲官,且不乏仕宦之顯赫人物,但觀其出身,多非以經術學業見長。自韓愈父輩以下,韓氏出現了兩位以文章見長的人物,即愈之叔父雲卿與愈之長兄韓會。韓雲卿之長於文章,李白文稱其"文章冠世",當非虛言,韓愈後來在《科斗書後記》中亦曾記述説:"愈叔父當大曆世,文辭獨行中朝,天下之欲銘述其先人功行取信來世者,咸歸韓氏。於時李監陽冰獨能篆書,而同姓叔父擇木善八分,不問可知其人。"[⑤]而對於韓愈長兄韓會,柳宗元在《先君石表陰先友記》曾有載:"韓會,昌黎人。善清言,有文章,名最高。"[⑥]考韓愈後來的成長與志趣的形成,這兩位家族人物應該是起了重要作用的。其中"韓雲卿是對韓愈一生影響很大的第一人",其"主要表現在兩方面:一、'好立節義'。韓愈後來的御史臺上疏言天旱人饑、平淮西、上佛骨表、撫鎮州,甚至其個性中褊僻、峭急的一面,都可以看出韓雲卿的影響。二、求以文章冠於時。韓雲卿……其文爲散句單行,屏去駢儷;造句獨立特行,不依傍於人;以及講究文章的氣勢等等,都可以在韓愈此後的古文寫作中找到痕迹"[⑦]。而韓會與韓愈的關係,則是長兄如父。因韓愈三歲失怙,母親死得更早,他是在長兄長嫂的護持與照顧下長大的,少年時又因韓會之仕宦,從至嶺南,而這一階段,正是韓愈習業與志趣養成的重要時期,因而其對韓愈一生的影響,也就不言而喻。

家庭環境的熏陶與影響,往往對一個人志趣、志向的形成起着極爲重要的作用。家族中與韓愈關係最近的兩位親屬,皆以文章著稱於世,自然在潛移默化中影響了韓愈的志業追求。很顯然,與杜甫受詩爲家學傳統的影響不同,韓愈從一開始就表現出了對文章寫作的興趣與良好的稟賦。"七歲好學,言出成文"[⑧],"七歲屬文,意語天出。長悦古學,業孔子、孟軻而侈其文"[⑨]。可以説,韓愈幼年受家庭環境影響形成的對古文的興趣,奠定了他後來在文壇上力倡古文寫作而成爲古文作家的基礎。由此,以文章名世,就成爲他的人生志向。貞元以後,韓愈在古文寫作方面的影響越來越大,他也因而成爲當時青年士子追慕的對象。雖然韓愈一再宣稱"愈之所志於古者,不惟其辭之好,好其道焉爾"[⑩],但他終究還是以文章而著稱於世,誠如他自己所説,"愈也布衣之士也。生七歲而讀書,十三而能文,二十五而擢第於春官,以文名於四方"[⑪],"愈之志在古道,又甚好其言辭"[⑫]。因此,不論是受少年時的家庭環境影響,還是後來努力的方向,韓愈都與以文章著稱的文學家更爲接近。他雖在復興儒學、扶樹教道上做出了貢獻,但其本色終究還是文人。如程頤即批評説:"退之晚來爲文,所得處甚多。學本是修德,有德然後有言,退之却倒學了。"[13]朱熹乃至譏刺説"考其平生意鄉之所在,終不免於文士浮華放浪之習"[14]。

當然,韓愈的志趣在文章,並不是説他没有從事學術研究與著述的素養與能力。他早年爲出仕做準備,曾博覽群籍,下過苦讀的功夫。在《答侯繼書》中他曾説:"僕少好學問,自五經之外,百氏之書,未有聞而不求、得而不觀者;然其所志惟在其意義所歸。至於禮樂之名數,陰陽土地星辰方藥之書,未嘗一得其門户。雖今之仕進者不要此道,然古之人未有不通此而能爲大賢君子者。僕雖庸愚,每讀書,輒用自愧。今幸不爲時所用,無朝夕役役之勞,將試學焉。力不足而後止,猶將愈於汲汲於時俗之所争,既不得而怨天尤人者。此吾今之志也。"[15]在《上兵部李侍郎書》中他又説:"性本好文學,因困厄悲愁無所告語,遂得究窮於經傳史記百家之説,沈潜乎訓義,反復乎句讀,礱磨乎事業,而奮發乎文章。凡自唐虞已來,編簡所存,大之爲河海,高之爲山嶽,明之爲日月,幽之爲鬼神,纖之爲珠璣華實,變之爲雷霆風雨,奇辭奥旨,靡不通達。"[16]可見,他雖好文學,志在文章,但當讀書之時,不僅博觀,而且對於典章名物訓詁等學問,亦曾有所用心。這些當然在其文章中也有所反映,觀《禘祫議》《與李祕書論小功不税書》之引經據典討論禮制問題,《上宰相書》(第一書)中引用《詩經》所展開的議論,即可看出他在儒家經典研習方面所下的功夫。也許正因爲韓愈具有這種學業素養,當韓愈因宣導儒學,反對佛、道並在文壇上具有一定的聲望後,友人張籍即力勸他著書立説,以"興存聖人之道"(張籍《上韓昌黎書》)。但是,韓愈却拒絶了張籍的勸告,稱:"夫所謂著書者,義止於辭耳。宣之於口,書之於簡,何擇焉?孟軻之書,非軻自著,軻既殁,其徒萬章、公孫丑相與記軻所言焉耳。僕自得聖人之道而誦之,排前二家(引者按:即釋、老)有年矣。不知者以僕爲好辯也;然從而化者亦有矣,聞而疑者又有倍焉。頑然不入者,親以言諭之不入,則其觀吾書也固將無得矣。爲此而止。吾豈有愛於力乎哉。"又云:"然有一説:化當世莫若口,傳來世莫若書。又懼吾力之未至也。'三十而立,四十而不惑',吾於聖人,既過之猶懼不及;矧今未至,固有所未至耳。請待五六十然後爲之,冀其少過也。"[17]雖然張籍與韓愈所説的著書立説與從事儒家經典注釋的學術研究並不完全相同,但二者在性質上却有相近之處。韓愈拒絶張籍,以著書義止於辭,不如口宣其義爲借口，並以其口諭之尚有未從者，何况著書，又以年歲未到著書之時爲託詞。在《重答張籍書》中，他又强調説："然觀古人，得其時行其道，則無所爲書；書者，皆所爲不行乎今而行乎後世者也。今吾之得吾志失吾志未可知，竢五六十爲之未失也。天不欲使兹人有知乎，則吾之命不可期；如使兹人有知乎，非我其誰哉？其行道，其爲書，其化今，其傳後，必有在矣。吾子其何遽戚戚於吾所爲哉！"⑱凡此，都可見韓愈對於著書立説一道，在當時並没有很大的興趣。"愈也少從事於文學"⑲，"少駑怯，於他藝能，自度無可努力，又不通時事，而與世多齟齬。念終無以樹立，遂發憤篤專於文學"⑳。韓愈的志趣，實在文學，或者説在文章寫作，藉著述立説以明其反釋老、興儒道之志，尚託故拒絶之，則注釋儒家經典，做一個經典學者，恐怕就更不會有興趣了。

但是，由於家庭環境影響，韓愈自小在儒家經典誦讀與研習上所下的功夫，又使他有着良好的學術積澱。他的喜儒、好古與雜覽廣學，也使他成爲當時文壇上一個博學的文章家，以至時人有"學術精博，文力雄健"㉑之譽。而他學問的精博，又進一步影響了他的仕宦經歷。這就是在他的一生中，曾四任國子監的學官。屢爲國子學官的特殊經歷，必然使他和儒家經典傳授發生密切的聯繫，從而也就使他對《論語》展開專門的研習有了可能，而《論語筆解》很有可能就是在這一背景下産生的。

二

在儒家經典中，《論語》的地位雖比不上《易》《書》《禮》《詩》與《春秋》，但仍是最基本的典籍之一。東漢時，《論語》的地位漸高，已成爲與《詩》《書》《禮》《易》《樂》《春秋》並列的"七經"之一。㉒到了唐代，國子監配合《詩》《書》《禮》《易》及《春秋》三傳等重要經典的教學，《論語》《孝經》亦被作爲士子道德修養與人格養成的基本典籍，列入國子教育的課程體系中。《唐六典》載：

> 凡教授之經，以《周易》《尚書》《周禮》《儀禮》《禮記》《毛詩》《春秋左氏傳》《公羊傳》《穀梁傳》各爲一經；《孝經》《論語》《老子》，學者兼習之。㉓

上述課程的内容,依分量、難易等因素,分爲大、中、小經三類。《唐六典》原注云:"其《禮記》《左傳》爲大經,《毛詩》《周禮》《儀禮》爲中經,《周易》《尚書》《公羊》《穀梁》爲小經。"[24]而不論是大經、中經,還是小經,《禮記》《毛詩》《周禮》《儀禮》《周易》《尚書》以及《春秋》三傳九部經典,都爲國子監學生的必修課程(當然因"九經"分量太大,學生可以在其中選擇修習),而《孝經》《論語》《老子》則爲兼習的通修課程。陳青之謂:

> 我們所謂唐朝的文科學校,就是教授經學科的學校,如國子學太學及四門學皆屬於此科。他們把經學分爲正經及旁經兩類。正經有九:以《禮記》《春秋左氏傳》爲大經;《詩》《周禮》《儀禮》爲中經;《易》《尚書》《春秋公羊傳》《春秋穀梁傳》爲小經。旁經有三:即《孝經》《論語》《老子》。正經似乎專修學科,旁經似乎補助學科。但關於專修學科並非全習,内中亦有自由選擇的機會,不過有限制的選擇罷了。[25]

而任育才研究唐型官學教育體系,除介紹上述課程内容外,進一步指出:

> 由此可知,學生於修習正課之暇,尚需修習一些副課,並需學吉凶二禮,且於"公私有事則相儀"以實習之。此外,還要"學書,日紙一幅;間習時務策",可見唐人對生徒,不但重視其經業,而且重視其禮教和書、策。據以上之論述,可歸納唐代經學學生之可課業如下:
>
> 一、主修課程:周易、尚書、周禮、儀禮、禮記、毛詩、春秋左氏傳、公羊傳、穀梁傳之九經。
>
> 二、通識課程:孝經、論語、老子。
>
> 三、基礎課程:隸書、國語、説文、字林、三倉、爾雅。(其中之隸書一課,係指書法之指導與習作,唐人因此而多擅書藝。)
>
> 四、實習課程:(一)吉、凶二禮,"公私有事則相儀"。(二)隸書,"日紙一幅"。(三)習時務策。[26]

由此可知,《論語》在唐代國子監課程體系中,雖非主修課程,却是所有生徒皆兼習的通修課程,當然也就較爲重要了。

唐代國子監是中央所辦的最高學府,其對於教師的講授也有較爲嚴格的規

定。其中有關國子、太學、四門學官的職掌,《唐六典》載:

> 國子博士二人,正五品上;助教二人,從六品上。國子博士掌教文武官三品已上及國公子·孫、從二品已上曾孫之爲生者,五分其經以爲之業,習《周禮》《儀禮》《禮記》《毛詩》《春秋左氏傳》,每經各六十人,餘經亦兼習之。習《孝經》《論語》限一年業成。《尚書》《春秋公羊》·《穀梁》各一年半,《周易》《毛詩》《周禮》《儀禮》各二年,《禮記》《左氏春秋》各三年……每歲,其生有能通兩經已上求出仕者,則上于監;堪秀才、進士者亦如之。助教掌佐博士,分經以教授焉。典學掌抄録課業,廟幹掌灑掃學廟。
>
> 太學博士三人,正六品上;助教三人,從七品上。太學博士掌教文武官五品已上及郡·縣公子·孫、從三品曾孫之爲生者,五分其經以爲之業,每經各百人。其束脩之禮,督課、試舉,如國子博士之法。助教已下並掌同國子。
>
> 四門博士三人,正七品上,助教三人,從八品上。四門博士掌教文武官七品已上及侯、伯、子、男子之爲生者,若庶人子爲俊士生者。分經同太學。其束脩之禮,督課、試舉,同國子博士之法。助教已下,掌同國子。
>
> 直講四人。直講掌佐博士、助教之職,專以經術講授而已。[27]

根據以上記載,國子博士、太學博士、四門博士,雖品級及所教授生徒家庭出身、授課生徒的人數有所不同,但授課的内容是大致相同的,因生徒是“五分其經以爲之業,習《周禮》《儀禮》《禮記》《毛詩》《春秋左氏傳》”,同時“餘經亦兼習之”,故作爲國子、太學或四門的博士,在生徒必修的九部經典中,一般而言,最起碼應能承擔一門經典的講授,同時,在三門通修的《孝經》《論語》《老子》中,也最起碼能够承擔一門經典的講授。考慮到《孝經》《論語》《老子》的通修課(兼習)性質,這三門課程的講授,應該是作爲國子學官的博士具備勝任其任職資格的最基本的條件。

韓愈一生曾四次出任國子學官,此兩《唐書·韓愈傳》皆有載。其間始末,《舊唐書·韓愈傳》載之較詳,云:“愈發言真率,無所畏避,操行堅正,拙於世務。調授四門博士,轉監察御史。德宗晚年,政出多門,宰相不專機務,宫市之弊,諫官論之不聽。愈嘗上章數千言極論之,不聽,怒貶爲連州陽山令,量移江陵府掾曹。元和初,召爲國子博士,遷都官員外郎。時華州刺史閻濟美以公事停華陰令柳澗縣務,俾攝掾曹。居數月,濟美罷郡,出居公館,澗遂諷百姓遮道索前年軍頓役直。後刺史趙昌按得澗罪以聞,貶房州司馬。愈因使過華,知其事,以爲刺史相黨,上疏理澗,留中不下。詔監察御史李宗奭按驗,得澗贓狀,再貶澗封溪尉。以愈妄論,復爲國子博士。""十五年,徵爲國子祭酒,轉兵部侍郎。"[28]據以上記載,韓愈的學官經歷爲,一爲四門博士,兩爲國子博士,最後一次爲國子祭酒。而關於國子祭酒的職掌,《唐六典》云:

> 國子監祭酒、司業之職,掌邦國儒學訓導之政令,有六學焉:一曰國子,二曰太學,三曰四門,四曰律學,五曰書學,六曰筭學。凡春、秋二分之月,上丁釋奠于先聖孔宣父,以先師顔回配,七十二弟子及先儒二十二賢從祀焉。祭以太牢,樂用登歌、軒縣、六佾之舞。若與大祭祀相遇,則改用中丁。祭酒爲初獻,司業爲亞獻,博士爲終獻。若皇太子釋奠則贊相禮儀,祭酒爲之亞獻。皇帝視學,皇太子齒胄,則執經講義焉。凡釋奠之日,則集諸生執經論議,奏請京文武七品以上清官並與觀焉。[29]

可知祭酒爲國子監最高長官,其主要從事國子監的管理工作以及祭祀之禮儀活動,平日不承擔具體的教學任務,衹有在皇帝親臨國子監視察,皇太子入學與公卿胄子爲序時,纔執經講義,並在釋奠之日,組織京城文武七品以上清官觀摩諸生對經義的討論。因此,作爲元和十五年(820)任國子祭酒的韓愈,可以排除其日常從事具體的教學活動。衹有一次爲四門博士和兩次爲國子博士時,他應該是必須參與到國子監生徒的日常教學活動中去的。而根據國子博士、太學博士、四門博士講授課程之規定,在任職四門博士和國子博士期間,他首先應該最少在《周易》《尚書》《周禮》《儀禮》《禮記》《毛詩》《春秋左氏傳》《公羊傳》《穀梁傳》九經中承擔其中一經的講授;其次就是在《孝經》《論語》《老子》三部通修課中,承擔其中之一的講授。這應該是最基本的任職條件了。以現代高等教育課程設置作比,合起來也就是國子監的博士學官,至少應承擔一門必修課、一門基礎類必選課的講授任務。韓愈在任四門博士與兩任國子博士期間,必修課講授的是哪一部經典,因缺乏記載,已難以考知。而一門基礎必選課(通識課)的講授,《老子》或者可以首先排除,其次則爲《孝經》。排除《老子》之原因,是因爲韓愈在思想上是反釋、老的。"釋"不必説,關於"老",韓愈在《原道》中即有這樣的議論:

故道有君子小人,而德有凶有吉。老子之小仁義,非毁之也,其見者小也。坐井而觀天,曰天小者,非天小也;彼以煦煦爲仁,孑孑爲義,其小之也則宜。其所謂道,道其所道,非吾所謂道也;其所謂德,德其所德,非吾所謂德也。凡吾所謂道德云者,合仁與義言之也,天下之公言也;老子之所謂道德云者,去仁與義言之也,一人之私言也。[30]

其排斥、輕視老子,推崇儒家道德仁義的傾向,十分明顯。因此,很難設想其會在國子監中,專門爲諸生開設《老子》課程。而《孝經》,作爲儒家經典之一,主要以闡明"孝道"爲内容,在諸經中雖是比較淺顯的,却是士子人倫道德情操修養的基礎。但韓愈現存的文字中,並没有任何提及其有關儒家孝道詮釋的文字記録。因此,韓愈在國子監講授基礎必選課,大概以《論語》的可能性爲最高了。其原因除上述因素外,還在於今傳《昌黎先生文集》之"遺文"中,有《答侯生問論語書》一文,其文不長,抄録如下:

愈白。侯生足下:所示《論語》問甚善。聖人踐形之説,《孟子》詳於其書,當終始究之。若"萬物皆備於我,反身而誠"是也。苟有僞焉,則萬物不備矣。踐形之道無他,誠是也。

足下謂賢者不能踐形,非也。賢者非不能踐形,能而不備耳。形,言其備也,所謂具體而微是也。"充實之謂美,充實而有光輝之謂大";充實則具體,未大則微。故或去聖一間,或得其一體。皆踐形而未備者。唯反身而誠,則能踐形之備者耳。

愈昔注解其書,而不敢過求其意,取聖人之旨而合之,則足以信後生輩耳。此説甚爲穩當,切更思之。愈白。[31]

此文何時所寫,今不詳。觀侯生專門就《論語》中的問題向韓愈請教,其可能的原因,不外有二:其一,韓愈可能是時乃國子監學官,作爲學生,侯生有問題向作爲老師的韓愈求教,請其釋疑解惑;其二,韓愈可能此時不在國子監任職,但因其在《論語》方面的造詣,在社會上已有一定的影響,因此侯生慕名向他請教。不論哪種情形,都説明韓愈其人與《論語》有密切的關係。而最後一點,"愈昔注解其書",説明韓愈確曾注解過《論語》,因此,這適可成爲上述兩種可能性的注脚。

三

韓愈在國子監任職並與《論語》發生密切關係之可能性,已如上述。那麽,何以認爲《論語筆解》出於韓愈國子監授課的講義呢?論其理由,大致有如下幾點,謹盡其説。

其一是《論語筆解》一書的内容與形態特徵。《論語》在漢代主要有三種本子。即《古論語》《齊論語》和《魯論語》,分别爲二十一篇、二十二篇、二十篇。又有張禹本,稱"張侯論",實"受魯論兼齊説",故不論。唐代國子監所用《論語》,據《唐六典》爲"鄭玄、何晏《注》"。鄭注的特點是"就《魯論》篇章,考之《齊》《古》以爲之注"(何晏《論語集解·叙》),何晏的《論語集解》,亦二十篇,因此,唐國子監所用《論語》,當爲以《魯論》爲基礎的二十篇的《論語》。

按照自漢代以來形成的儒家經典注釋原則,注釋經典的目的是訓詁字句以通其義,故又稱爲"章句之學"。有關《論語》的注釋,自漢以降,就其著名者如鄭玄的注《論語》、何晏的《論語集解》、皇侃的《論語義疏》看,大抵都是以章句訓釋疏解爲特點的,且是對《論語》全部内容的注釋疏解,而不是個别的摘篇、摘段、摘句的注釋。因此,按照經典注釋所形成的學術規範與傳統,韓愈如從事《論語》的注釋工作,當然也理應按照傳統與規範,對《論語》一書做完整的章句訓釋與詮解。但是,今傳的《論語筆解》,其内容却不是這樣,而是僅就其中諸家注解中,他認爲不當、不妥或有誤的部分,單獨摘出而論其是非,申述自己的見解。李翱之論,亦多就韓説以助之,或提供更多的詮釋材料,或就其説以引申之。因鄭注與何晏的集解本都爲二十篇的《論語》,故今就《論語筆解》每篇中所涉詮解之内容與何晏集解本《論語》每篇全部内容列表做一對比(見表一),以見其注解詮釋《論語》之特點與文本形態特徵。

表一 《論語筆解》與《論語集解》詮解注釋情况對比表

篇　名	《論語筆解》所涉條目數	《論語集解》所涉條目數(據何晏集解、邢昺疏《論語注疏》本)
學而第一	二條,其中後一條爲摘句	十六條
爲政第二	七條,其中第二條爲摘句	二十四條
八佾第三	三條,其中第二、三條爲摘句	二十六條
里仁第四	四條	二十六條
公冶長第五	四條,其中第三條爲摘句	二十八條
雍也第六	四條	三十條
述而第七	四條	三十八條
泰伯第八	三條,其中第一、三條爲摘句	二十一條
子罕第九	五條,其中第四條爲摘句	三十一條
鄉黨第十	三條,全爲摘句	二十七條
先進第十一	六條,其中第六條爲摘句	二十六條
顔淵第十二	三條,其中第一、三條爲摘句	二十四條
子路第十三	三條,其中第二條非全段,其有注語糾正文句順序	三十條
憲問第十四	五條,其中第五條爲摘句	四十四條
衛靈公第十五	六條,其中第一、三條爲摘句,第二條兼從文意糾正文句順序	四十條
季氏第十六	二條,其中第一條爲摘句	十四條
陽貨第十七	十一條,其中第一、四、五、六、十一條非全段,二、三及九、十條,兩兩合併詮解	二十六條
微子第十八	三條,其中第三條爲摘句	十一條
子張第十九	二條	二十五條
堯曰第二十	三條,全爲摘句	三條

據表一統計,何晏本《論語》共二十篇五百一十條,就篇而言,《論語筆解》是全覆蓋了,但具體詮解時所涉及的條目(不論全段還是摘句)則祇有八十三條,如以其所涉條目論,約佔《論語》全部條目的百分之十六點三。而就其摘句條目看,其情况也不盡相同。有的條目注解内容稍多,祇有少數省略,有的則在全段中涉及一二句,省略的是大部分。試舉二例,以見其特點。如《論語・爲政第二》中,原文有句爲:

子曰:"吾十有五而志于學,三十而立,四十而不惑,五十而知天命,六十而耳順,七十而從心所欲,不踰矩。"[32]

韓愈《論語筆解》衹就"五十而知天命,六十而耳順,七十而從心所欲,不踰矩"數句作解,於"吾十有五而志于學,三十而立,四十而不惑"數句省去。而其解釋,也衹是抓住要害,並非逐字逐句釋其義。其解釋原文如下:

子曰:吾五十而知天命。孔曰:知天命之終始。

韓曰:天命深微至賾,非原始要終一端而已。仲尼五十學《易》,窮理盡性以至於命,故曰知天命。

李曰:天命之謂性。《易》者,理性之書也。先儒失其傳,惟孟軻得仲尼之藴,故《盡心》章云:"盡其心所以知性,修性所以知天。"此天命極至之説,諸子罕造其微。

六十而耳順,七十而從心所欲,不踰矩。鄭曰:耳聞其言,知其微旨也。馬曰:矩,法也。從心所欲,無非法。

韓曰:"耳"當爲"爾"。猶言如此也。既知天命,又如此順天也。

李曰:上聖既順天命,豈待七十不踰矩法哉?蓋孔子興言時已七十矣,是自衛反魯之時也。删修《禮》《樂》《詩》《書》,皆本天命而作,如其順。[33]

再看其省略較多者,《論語·堯曰第二十》原文有句云:

子張問於孔子曰:"何如斯可以從政矣?"子曰:"尊五美,屏四惡,斯可以從政矣。"子張曰:"何謂五美?"子曰:"君子惠而不費,勞而不怨,欲而不貪,泰而不驕,威而不猛。"子張曰:"何謂惠而不費?"子曰:"因民之所利而利之,斯不亦惠而不費乎?擇可勞而勞之,又誰怨?欲仁而得仁,又焉貪?君子無衆寡,無小大,無敢慢,斯不亦泰而不驕乎?君子正其衣冠,尊其瞻視,儼然人望而畏之,斯不亦威而不猛乎?"子張曰:"何謂四惡?"子曰:"不教而殺謂之虐;不戒視成謂之暴;慢令致期謂之賊;猶之與人也,出納之吝,謂之有司。"[34]

《論語筆解》於此之注解曰:

子曰：不教而殺謂之虐；不戒視成謂之暴；慢令致期謂之賊；猶之與人也，出納之吝，謂之有司。孔曰：財物當與人，而至吝嗇于出納者，有司之任，非人君之道也。

韓曰："猶之"當爲"猶上"也，言君上吝嗇，則是有司之財而已。

李曰：仲尼先言虐、暴、賊三者之弊，然後言君上之職，當博施濟衆爲己任也。按古文"㞢""𠀌"二字相類，明知誤傳矣。[35]

這種或摘其數句而釋其義，或整段中僅摘少數字句訓解字義，而非逐章、逐句的訓釋整段整篇文意的方法，顯然同傳統章句著作的學術傳統與學術範式不一致，反倒與教師面對學生授課時，選擇難點、重點以做解釋相類似，因爲舉凡有經驗的授課教師，常是將其授課時的著力點用在所授課程中的疑點、難點、重點處，而不會從頭至尾一字不漏地、照本宣科地解釋。那種不顧及聽者感受的三家村教學法，衹會令聽者昏昏欲睡。因此，從《論語筆解》的形式特點看，其很可能是韓愈將其認爲有新見的重要部分，於講義中特別標示出，以作爲整篇講義中的精華，用以啓發學生，引導其擺脱舊説束縛而展開進一步思考。因此，就其形式、內容特點看，推想此書出於國子講稿，當非毫無道理。

其二是唐代國子監學風以及中唐解經新風對韓愈授課産生的可能影響。根據《唐六典・國子監》《舊唐書・職官志》《新唐書・百官志》等文獻記載，唐代國子監，無論是國子、太學還是四門學生，大都是貴族及官僚子弟。其中國子生爲文武官三品以上、國公子孫，二品以上曾孫；太學爲文武五品以上及郡縣公子孫，從三品曾孫；四門爲文武官八品以下及庶人子。國子六學之國子、太學、四門三學中，除四門收納庶人子外，餘所收生徒皆生於仕宦之家。尤其是國子生，家庭出身地位尤高。可能由於國子監學生多貴族子弟，學風便不太好。對此，初唐王勃在《送劼赴太學序》曾有深沉的慨嘆："今之游太學者多矣。咸一切欲速，百端進取。故夫膚受末學者，因利乘便；經明行修者，華存實爽。至於振骨鯁之風標，服賢聖之言，懷遠大之舉，蓋有之矣，未之見也。"[36]武后時韋嗣立也對"時輕儒學之官，莫存章句之選。貴門後進，競以僥倖升班；寒族常流，復因凌替弛業"[37]的風氣提出過批評。而到了中唐時期，柳宗元則嘆息説："於戲！始僕少時，嘗有意遊太學，受師説，以植志持身焉。當時説者咸曰：'太學生聚爲朋曹，侮老慢賢,有墮窳敗業而利口食者,有崇飾惡言而肆鬬訟者,有凌傲長上而誶罵有司者,其退然自克,特殊於衆人者無幾耳。'僕聞之,恂駭怛悸,良痛其遊聖人之門,而衆爲是嗜嗜也。"[38]當然,國子學中學風不好,原因可能很複雜,比如教材的問題,教師講課内容與技巧的問題,等等。就教材而言,唐代國子監的教材,是由朝廷選定的。《唐六典》於"國子監"之"凡教授之經"一段文字下注云:"諸教授正業:《周易》,鄭玄、王弼《注》;《尚書》,孔安國、鄭玄《注》;《三禮》《毛詩》,鄭玄《注》;《左傳》,服虔、杜預《注》;《公羊》,何休《注》;《穀梁》,范甯《注》;《論語》,鄭玄、何晏《注》;《孝經》《老子》,並開元《御注》。舊《令》:《孝經》,孔安國、鄭玄《注》,《老子》,河上公《注》。"[39]這種標準化的教材,優點是對所授經典,在經文及注解觀點上有統一性,但同時也會因標準化造成詮釋上的單調與固化。對於求知欲望强烈的年輕士子來説,教材的標準化、詮釋的固化,加上教師講授缺乏創造精神,很可能就會造成學生對教師講授的厭倦與不滿。《舊唐書·儒學傳》所載徐文遠事,或可爲例:

> 徐文遠,洛州偃師人。陳司空孝嗣玄孫,其先自東海徙家焉。父徹,梁祕書郎,尚元帝女安昌公主而生文遠。屬江陵陷,被虜於長安,家貧無以自給。其兄休,鬻書爲事,文遠日閱書于肆,博覽《五經》,尤精《春秋左氏傳》。時有大儒沈重講于太學,聽者常千餘人。文遠就質問,數日便去。或問曰:"何辭去之速?"答曰:"觀其所説,悉是紙上語耳,僕皆先已誦得之。至於奥賾之境,翻似未見。"[40]

而中唐時期,出於對初唐以來朝廷欽定經典注釋文本的超越,確也出現了一些以求新著稱的學者,此外,還有一些其他學科的學者也以其學養名世。《唐語林》載:"大曆已後,專學者,有蔡廣成《周易》,强蒙《論語》,啖助、趙匡、陸質《春秋》,施士匄《毛詩》,袁彝、仲子陵、韋彤、裴茝講《禮》,章庭珪、薛伯高、徐潤並通經。其餘地里則賈僕射,兵賦則杜太保,故事則蘇冕、蔣乂,歷(曆)算則董純,天文則徐澤,氏族則林寶。"[41]其中啖助、趙匡、陸質一派的"《春秋》學"影響尤大,曾引起了一批年輕學子的熱烈追捧。柳宗元、吕温、韓曄、韓泰、凌準、裴墐等曾深爲其新穎的經典解説所吸引,對此,柳宗元在《答元饒州論春秋書》中曾記載説:

往年曾記裴封叔宅,聞兄與裴太常言晋人及姜戎敗秦師于殽一義,嘗諷習之。又聞亡友韓宣英、吕和叔輩言他義,知《春秋》之道久隱,而近乃出焉。京中於韓安平處,始得《微指》,和叔處始見《集注》,恒願掃於陸先生之門。及先生爲給事中,與宗元入尚書同日,居又與先生同巷,始得執弟子禮。未及講討,會先生病,時聞要論,嘗以易教誨見寵。不幸先生疾彌甚,宗元又出邵州,乃大乖謬,不克卒業。復於亡友凌生處,盡得《宗指》《辨疑》《集注》等一通。伏而讀之……反復甚喜。若吾生前距此數十年,則不得是學矣。今適後之,不爲不遇也。[42]

而韓愈也曾與柳宗元、劉禹錫等一起聽過施士匄的《毛詩》,對此《唐語林》也有詳細的記載:

劉禹錫云:與柳八、韓七詣施士匄聽《毛詩》,説"維鵜在梁":梁,人取魚之梁也。言鵜自合求魚,不合於人梁上取其魚,譬之人自無善事,攘人之美者,如鵜在人之梁,毛《注》失之矣。又説"山無草木曰岵",所以言"陟彼岵兮",言無可怙也。以岵之無草木,故以譬之。

因言"罘罳"者,復思也,今之板障、屏牆也。天子有外屏,人臣將見,至此復思其所對敭、去就、避忌也。"魏",大;"闕",樓觀也。人臣將入,至此則思其遺闕。"桓楹"者,即今之華表也;桓、華聲譌,因呼爲桓。"桓"亦丸丸然柱之形狀也。

又説:古碑有孔。今野外見碑有孔,古者於此孔中穿棺以下於墓中耳。

又説:《甘棠》之詩,"勿拜,召伯所憩","拜"言如人身之拜,小低屈也;上言"勿翦",終言"勿拜",明召伯漸遠,人思不得見也。毛《注》"拜猶伐",非也。又言"維北有斗,不可挹酒漿",言不得其人也。毛、鄭不注。[43]

韓愈、柳宗元、劉禹錫等人聽講啖、趙、陸之《春秋》解説、施士匄之《毛詩》解説,據柳宗元文看,應在他們三十歲左右時。不難想象,聽到耳目一新的經典解説,該給他們留下多麽深刻的印象!因此,當韓愈出任國子監教師時,當年他聽説經典新解的記憶,很自然也就會對其産生影響。貞元十九年(803),施士匄卒,韓愈曾受託爲其撰墓銘,其文中語正可説明這一點。[44]而如果細讀《論語筆解》的解經方式,也不難發現其與啖、趙、陸、施在方式方法上的相似性。另外,還有一點也值得注意,這就是韓愈是一個不拘常規的人,他幽默、好辯,又喜歡以不尋常之舉來打破常規[15],這種性格也可能使其在國子監的教學過程中,力求通過新穎的講授,打破沉悶、活躍氣氛,從而形成了《論語筆解》中這種特殊的解經面貌。

不過,據李漢《昌黎先生集序》、張籍《祭退之》詩以及韓愈《答魯生問論語書》,韓愈確曾做過注釋《論語》的工作,那麽,注《論語》和《論語筆解》之間是什麽關係呢? 張籍《祭退之》説:"魯論未訖注,手迹今微茫。"因此,韓愈注《論語》是事實,至其即世而尚未完成,也當是事實。很有可能,數次任國子監學官的教學工作經歷,使他必然有《論語》課程講授的準備,而備課之中的疑點與發現,促使他有了注《論語》的打算,但完整的注釋《論語》,並非一蹴而就之事,因此,他一邊講授,一邊思考,一邊整理材料,他將授課時自己的新思考記録下來,以備其做完整注釋之用,衹是注釋工作未完成,講授却已有了一定的影響,因而李漢纔説韓愈有注《論語》十卷傳學者。所謂"傳學者",或即謂其解説傳於學者(國子生?)。由此而論,《論語筆解》一方面是其國子任職時的講稿,同時也可能是其注《論語》擬採用的基本材料。

四

《論語筆解》爲韓愈任國子學官時的講稿已如上説,那麽,《論語筆解》是何時形成的呢? 其在韓愈身後,又何以不收入韓愈文集? 這些也是研究《論語筆解》時所不能不追尋的問題。

考韓愈一生仕履,貞元十八年三十五歲時授四門博士,是其經詮選而爲朝廷正式官員的開始。在此之前,青少年讀書及後來應舉期間,似無心也無力從事《論語》注釋工作。貞元十四年入汴州董晋幕,次年二月董晋卒,汴州亂,韓愈脱走,抵徐州,居符離,秋入徐州張建封幕,至十七年春入京候選,其間人事鞅掌、道路間關,恐亦無暇安静地從事學術著述。而作爲初次經銓選除爲四門博士的韓愈,可以設想其一定會認真努力,兢兢業業做好這一份工作。根據前所述國子學官的職掌,四門博士要從九部經中講授一經,並在諸生兼習的《論語》《孝經》《老子》中選擇其一作爲諸生通修課,因此,很有可能,從其任職四門博士始,《論語》的研讀注解,作爲其教學工作程式就已經開始了。但初次講授《論語》,則未必會有如《論語筆解》中所及的那麽多新見解。其新見解的形成,一定是逐漸發展、不斷擴展的。

如果韓愈一生僅出任學官一次,此後再與學官無緣,則其初任圍繞《論語》的工作是否會繼續下去,實難預料。但命運却讓他和學官之職業結下了難解之緣。初任四門博士一年半後解任,未及三年,他又一次出任國子學官,從江陵府法曹一職調任國子博士。但除官未久,遭流言蜚語而改轉爲國子博士分司東都。這一任的國子博士,時間稍長,自元和元年至元和四年調任都官員外郎,前後約四年。元和七年,韓愈因疏華陰令柳澗事,再爲國子博士,次年因《進學解》,執政憐其才,改官比部郎中、史官修撰,其爲國子博士約一年。元和十五年秋,出任國子祭酒,次年秋遷兵部侍郎,其任國子祭酒一年。從上述經歷看,韓愈自初次任四門博士後,兩次出任國子博士,分别爲四年和一年,而最後一次爲國子監最高行政長官國子祭酒一年,因此,在四門博士離任之後,他完全有可能在後續的國子任職期間接着繼續從事其最初任職時已經開始的工作。由此分析,《論語筆解》的形成,不外有三種可能:一是在元和元年至元和四年間完成,然後在元和七年、十五年兩任學官時繼續修改;二是在元和七年完成,十五年繼續修改。三是在元和十五年任國子祭酒,由於不擔任具體授課任務而集中力量修改或完成。

但是,由於《論語筆解》中,除了韓愈的注解詮釋外,還有李翺的議論,而且每一條都是二人有針對性的討論,這種情况,就必須具備這樣的條件:一是兩人須同時閱讀、研討《論語》,對話方可形成有深度的互動;二是兩人或在一處,共同討論,各將其所説進行整理,編在一起。而韓愈爲學官經歷及注釋詮解《論語》的可能性,已如上述,則兩人同時感興趣或同在一處研討,就要看李翺的經歷及其與韓愈注釋詮解《論語》在時間節點上的相合處了。

考李翺一生經歷與韓愈有交集者,大致如下。貞元十二三年,李翺在應試期間,曾往徐州,自徐歸汴時,結識韓愈,此韓、李之初識。貞元十六年五月間,李翺在徐州娶韓愈從兄弇之女爲妻，婚後，因徐州兵亂，韓愈一家及李翱夫婦乘船至下邳。亂定，韓、李旋即西進，韓返洛陽，李携眷居陳留。元和元年，李翱爲國子博士、史官修撰。李翱之爲國子博士，或以爲其乃分司東都，或以爲在長安[46]，若分司東都，則此時韓愈亦爲國子博士分司東都，二人同爲國子教官，又同在一處，爲同時同地之同僚。若李翱在長安，則二人雖異地，但所任職務相同，則所授課業也應相近。元和三年，李翱受楊於陵之邀，去國子博士而赴嶺南節度使任幕僚。據李翱《來南録》載，他是（元和四年）正月乙未（十三日）從東都首途的，韓愈、石浚川（洪）等送行。一年後，楊於陵罷使，翱亦罷幕，旋入浙東觀察使李遜幕府，期間李翱曾發願著《唐書》，有《答皇甫湜書》可證。元和九年至十二年，他卧病閑居洛陽。十三年從事於淮南節度使李夷簡幕府，十四年歸洛陽。十五年授考功郎，兼史職。後出爲朗州刺史，長慶元年（821）改舒州刺史，三年再入京爲禮部郎中。長慶四年，授廬州刺史，赴任之際，韓去世。

根據上述韓、李二人的仕履及二人之交往大致可以推斷，二人能够從容討論《論語》的時間以元和元年至元和三年可能性爲最大。原因在於：一、貞元十二至十六年前後，韓、李初識，恐不會專門深入地圍繞《論語》展開討論。十六年前後，李翱初婚，加上世亂不寧，韓、李皆不遑啓處，恐亦難以安心論學。二、元和四年以後至九年以前，李翱遊幕遠方，雖曾短暫入京，旋即離去，而韓愈則自元和五年至六年任職洛陽，七年再任國子博士入長安，兩人暌違，猶若參商。三、元和八年至九年，韓愈爲比部郎中史館修撰，忙於《順宗實録》之撰寫，當無暇顧及注釋《論語》事，也無機會與李翱會面。元和十年、十一年，韓任考功郎中、知制誥，又轉中書舍人，仕宦順利，翱雖閑居，而當韓仕宦春風得意時，似亦無心思討論注釋《論語》事。至元和十二年，韓愈參與平淮西吴元濟叛亂，爲行軍司馬，軍務繁忙，難得閑暇。十三年任刑部侍郎，爲朝廷顯宦，其職掌已與學術無關聯，十四年，韓愈則因諫佛骨事遠貶潮州，而李翱此時則在洛陽。元和末，李翱短暫入京，旋即外任地方刺史，韓愈則輾轉嶺南、江南，由潮州徙袁州，再歸長安，轉任國子祭酒。未久又轉刑部侍郎，銜命赴鎮州宣慰。回京後轉吏部侍郎、京兆尹兼御史大夫，至長慶四年夏秋間因病告假，病逝。從二人仕履及交往聯繫的節點分析，惟有元和元年至三年這一段，二人所任同爲國子博士，又有相處討論的機會，因此,很有可能,《論語筆解》就是在這一段時間内兩人經過相互切磋而初步形成的,而韓愈則將之整合在一起,以爲其授課以及未來注釋《論語》的基礎。就韓愈來説,《論語筆解》是其講課時所用的講稿,而非正式的學術著作。他後來可能給自己定了一個目標,即要在多年講授《論語》的基礎上,經過積澱而完成一部注《論語》的學術著作。也許因爲他的嚴謹,或者仕宦經歷的變遷甚至大起大落的宦海風波,他完成正式的注《論語》著述一直遷延未就,直至去世,實爲遺憾。

雖然注《論語》没有完成,但韓愈積聚的資料一定不少,甚至還可能有部分成稿。臨終之前,他可能將此未竟之業,託於張籍。張籍《祭退之》詩説到韓愈病殁時的情景,云:

> 公疾浸日加,孺人視藥湯。來候不得宿,出門每迴遑。自是將重危,車馬候縱横。門僕皆逆遣,獨我到寢房。公有曠達識,生死爲一綱。及當臨終晨,意色亦不荒。贈我珍重言,傲然委衾裳。公比欲爲書,遺約有修章。令我署其末,以爲後事程。家人號於前,其書不果成。子符奉其言,甚於親使令。《魯論》未訖注,手迹今微茫。新亭成未登,閉在莊西廂。書札與詩文,重疊我笥盈。頃息萬事盡,腸情多摧傷。[47]

從"公比欲爲書,遺約有修章""《魯論》未訖注,手迹今微茫""書札與詩文,重疊我笥盈"數句看,韓愈不僅將自己的後事託付張籍安排,而且很可能將他平生的詩文信札也都交給了張籍,這其中也許就有未完成的注《論語》。顯然,韓愈將自己平生著述交與張籍,是出於對張籍的高度信任。張籍是韓愈的終生至友,在科第與仕進上,韓愈曾對其多有提携照拂。張籍亦曾任國子監教職,《舊唐書》本傳稱其"調補太常寺太祝,轉國子助教、秘書郎……而韓愈尤重之。累授國子博士、水部員外郎,轉水部郎中,卒"[48],《新唐書》本傳則謂"第進士,爲太常寺太祝。久次,遷祕書郎。愈薦爲國子博士","仕終國子司業"[49],《唐才子傳》亦謂其"仕終國子司業"[50]。因此,他對於韓愈注《論語》的工作不僅應該瞭解,而且甚至也是可以與之合作並繼承其未竟之業的同道,觀韓愈臨終託付,他很有可能將注《論語》工作的最後完成寄託在張籍身上。

韓愈歿後，其文集的編訂是由其門人及女婿李漢完成的，不過文集收録内容之取捨，在韓愈臨終前當已經其過目。韓愈一生仕途波瀾起伏，而其仕宦至最後應該説還是比較顯達的。他一生在事功、思想、文學上皆有所樹立，爲有唐一代令人崇仰的名賢耆儒，但他還是對自己的文學事業更爲看重，文集的編訂應是他臨終最關心的事，因此，對於哪些内容收入，哪些捨棄，他當有自己的考量。很顯然，韓愈是將自己的詩文等文學創作與學術性著述明確分開的。比如由他撰寫完成的史著《順宗實録》，顯然是未曾考慮列入其本集中的。而注《論語》，一則其屬於學術性著述，二則尚未完成，當然也不當列入本集内。《論語筆解》很可能在當時是以手稿的形式存在的，韓愈將之與其注《論語》稿一起交給了張籍，而李漢不僅知道韓愈有注《論語》之事，而且知道韓愈在國子監任職期間做過《論語》的講授，且影響較大，國子監生徒中已有其講授觀點的傳播。因此，在《昌黎先生集序》中他便説"又有注《論語》十卷傳學者"[51]。而對於韓愈而言，他雖明白自己有《論語筆解》一稿，但一則其屬於學術性著作性質，二則它是以韓、李二人共同討論的形式留存下來的，因而將之收入本集，不論是從編集的體例考慮，還是從著作權的角度考慮，都是他不便也不願做的。但是，由於《論語筆解》的内容不僅在社會上有傳播[52]，而且也有張籍的存稿，因而它最終還是傳於後世，爲人們所瞭解，引起了人們的興趣。

《論語筆解》作爲注解《論語》的經學注疏著作，其在經學研究史上應該如何評價，古今的意見是不大相同的。今人從其對宋代經學影響的角度，多給予積極的肯定，而古人則有人從傳統經學注疏角度提出了批評。王應麟《玉海》載："宋咸《增注論語》十卷，《序》云：'韓愈注《論語》與《筆解》，大概多竊先儒義而遷易其辭，因擇二書是否，并舊注未安辯正焉。'劉正叟謂'《筆解》皆後人之學，託韓愈名以求行，徒玷前賢，悉無所取。爲《重注》十卷，以袪學者之惑。"[53]那麽今天應如何評估《論語筆解》的價值呢？鄙意以爲，從儒家經典注疏之學的學術規範與學術傳統看，《論語筆解》或許不能稱之爲儒家經典注疏中的上乘之作，但是，作爲一部唐代國子學官授課的講稿來看，則其意義甚大。唐代的國子監學官如何授課，如何在課堂上向學生解經，從古代教育史的角度看，留下的資料甚少。

他們何以採取這樣的解讀方式講授經典,其在國子監教學過程中起到了何種作用,有何影響,等等,實可引發我們更深入的思考。因此,若還《論語筆解》以其國子學官的授課講稿的本貌,則其除了經學研究史上的意義外,對於我們瞭解並研究唐代的官學教育,實在可説是一部極爲珍貴的資料。

2017 年 9 月初稿

2017 年 11 月再改

注 釋

① 唐明貴也曾有此看法,謂:"考慮到他曾四次任職於國子監(唐德宗貞元十七年,唐憲宗元和元年、七年、十五年),因此,《論語注》或許就是他的講稿……該書事實上並未形成定稿,李漢編《韓昌黎全集》時就未收入,稱'又有注《論語》十卷傳學者,不在集中'。"見唐明贵《論韓愈、李翺之〈論語筆解〉》,《孔子研究》2005 年第 6 期,第 100 頁。但未有進一步的論證。

② 如:徐文遠,"其兄休,鬻書爲事,文遠日閱書于肆,博覽《五經》,尤精《春秋左氏傳》","撰《左傳音》三卷、《義疏》六十卷";陸德明,"初受學於周弘正,善言玄理。陳太建中,太子徵四方名儒,講于承光殿,德明年始弱冠,往參焉","撰《經典釋文》三十卷、《老子疏》十五卷、《易疏》二十卷,並行於世";朱子奢,"少從鄉人顧彪習《春秋左氏傳》,後博觀子史,善屬文";張士衡,"九歲喪母,哀慕過禮,父友齊國子博士劉軌思見之,每爲掩泣……及長,軌思授以《毛詩》《周禮》,又從熊安生及劉焯受《禮記》,皆精究大義。此後徧講《五經》,尤攻《三禮》";而唐代著名經學家賈公彦,則受業於張士衡,"士衡既禮學爲優,當時受其業擅名於時者,唯賈公彦爲最焉";賈公彦,"撰《周禮義疏》五十卷、《儀禮義疏》四十卷";李玄植,"受《三禮》於公彦,撰《三禮音義》行於代",又"兼習《春秋左氏傳》於王德韶,受《毛詩》於齊威,博涉漢史及老、莊諸子之説";許叔牙,"少精於《毛詩》《禮記》,尤善諷詠……嘗撰《毛詩纂義》十卷";韋叔夏,"少而精通《三禮》……撰《五禮要記》三十卷,行於代";陸質,"有經學,尤深於《春秋》,少師事趙匡,匡師啖助,助、匡皆爲異儒,頗傳其學,由是知名……質著《集注春秋》二十卷、《類禮》二十卷、《君臣圖翼》二十五卷,並行於代"。此外,如祝欽明,"少通《五經》";郭山惲,"少通《三禮》";等等。參見《舊唐書》卷一八九上"儒學上"及卷一八九下"儒學下",中華書局 1975 年版,第 4942—4978 頁。

③ 韓愈著,閻琦校注《韓昌黎文集注釋》,三秦出版社 2004 年版,第 578 頁。

④ 安旗主編《李白全集編年箋注》,中華書局 2015 年版,第 1902 頁。

⑤　同注③,第 144 頁。

⑥　柳宗元《柳宗元集》卷一二,中華書局 1979 年版,第 301 頁。

⑦　閻琦、周敏《韓昌黎文學傳論》,三秦出版社 2003 年版,第 17 頁。

⑧　同注③,第 577 頁。

⑨　同上書,第 578 頁。

⑩　同上書,第 263 頁。

⑪　同上書,第 301 頁。

⑫　同上書,第 265 頁。

⑬　朱熹編輯《二程語録》卷一一,《叢書集成初編》本,商務印書館 1935 年版,第 173 頁。

⑭　朱熹《養生主説》,《晦庵先生朱文公文集》卷六七,《四部叢刊》景明嘉靖本。

⑮　同注③,第 247 頁。

⑯　同上書,第 216 頁。

⑰　同上書,第 199 頁。

⑱　同上書,第 204 頁。

⑲　同上書,第 212 頁。

⑳　同上書,第 209 頁。

㉑　白居易《韓愈比部郎中史館修撰制》,《白居易集》卷五五,顧學頡校點,中華書局 1979 年版,第 1162 頁。

㉒　《後漢書·張曹鄭列傳第二十五》:"時南單于及烏桓來降,邊境無事,百姓新去兵革,歲仍有年,家給人足。純以聖王之建辟雍,所以崇尊禮義,既富而教者也。乃案七經讖、明堂圖、河閒《古辟雍記》、孝武太山明堂制度,及平帝時議,欲具奏之。"下有注云:"《七經》謂《詩》《書》《禮》《樂》《易》《春秋》及《論語》也。"《後漢書》卷三五,中華書局 1965 年版,第 1196 頁。

㉓　李林甫等《唐六典》,陳仲夫點校,中華書局 1992 年版,第 558 頁。

㉔　同上。

㉕　陳青之《中國教育史》,東方出版社 2008 年版,第 149 頁。

㉖　任育才《唐型官學體系之研究》,臺北,五南圖書出版股份有限公司 2007 年版,第 327 頁。

㉗　同注㉓,第 559—561 頁。

㉘　《舊唐書》卷一六〇,第 4195—4196、4203 頁。

㉙　同注㉓,第 557—558 頁。

㉚　同注③,第 15 頁。

㉛　同上書,第 508 頁。

㉜ 何晏注,邢昺疏《論語注疏》,阮元校刻《十三經注疏》,中華書局 2009 年版,第 5346 頁。

㉝ 韓愈、李翱《論語筆解》卷一,清《藝海珠塵》本。

㉞ 同注㉜。

㉟ 同注㉝卷二。

㊱ 董誥等編《全唐文》卷一八一,上海古籍出版社 1990 年版,第 810 頁。

㊲ 王溥《唐會要》卷三五,上海古籍出版社 2006 年版,第 740 頁。

㊳ 同注⑥卷三四,第 868—869 頁。

㊴ 同注㉓,第 558 頁。

㊵ 同注㉘,第 4942—4943 頁。

㊶ 王讜撰,周勛初校證《唐語林校證》上,中華書局 2008 年版,第 180 頁。

㊷ 同注⑥卷三一,第 818—819 頁。

㊸ 同注㊶,第 127—129 頁。

㊹ 韓愈《施先生墓銘》云:"先生明《毛鄭詩》,通《春秋左氏傳》,善講説。朝之賢士大夫從而執經考疑者繼于門,太學生習《毛鄭詩》《春秋左氏傳》者皆其弟子。貴游之子弟時先生之説二經,來太學帖帖坐諸生下,恐不卒得聞。先生死,二經生喪其師,仕於學者亡其朋;故自賢士大夫老師宿儒新進小生聞先生之死,哭泣相弔,歸衣服貨財。"又云:"先生年六十九,在太學者十九年。由四門助教爲太學助教,由助教爲博士;太學秩滿當去,諸生輒拜疏乞留。或留或遷,凡十九年不離太學。"(同注③,第 7 頁)

㊺ 如張籍《上韓昌黎書》謂其"多尚駁雜無實之説,使人陳之於前以爲歡……又商論之際,或不容人之短,如任私尚勝者,亦有所累也"(同注㊱卷六八四,第 3105 頁)。而李翱《故正議大夫行尚書吏部侍郎上柱國賜紫金魚袋贈禮部尚書韓公行狀》則記其任國子祭酒時事云:"入遷國子祭酒,有直講能説《禮》而陋於容,學官多豪族子,擯之不得共食。公命吏曰:'召直講來,與祭酒共食!'學官由此不敢賤直講。奏儒生爲學官,日使會講,生徒多奔走聽聞,皆相喜曰:'韓公來爲祭酒,國子監不寂寞矣。'"(同注③,第 582 頁)

㊻ 李光富《〈李翱年譜〉訂補》以爲:"李翱任國子博士,分司洛中,曾舉薦孟郊於鄭餘慶,鄭餘慶以孟郊爲水陸轉運判官、試協律郎。"(《四川大學學報》[哲學社會科學版]1985 年第 4 期)而《李翱評傳》則認爲李翱任國子博士應爲元和二年,其任職應在長安:"韓愈的國子博士分司東都和李翱的就任(長安)國子博士,在時間上恰好發生於同時,猶如今日之對調。"(卞孝萱、張清華、閻琦《韓愈評傳》附一《李翱評傳》,南京大學出版社 1998 年版,第 477 頁)

㊼ 彭定求等編《全唐詩》(上),上海古籍出版社 1986 年版,第 954 頁。

㊽ 同注㉘,第 4204 頁。

㊾ 《新唐書》卷一七六,中華書局 1975 年版,第 5266—5267 頁。

㊿ 傅璇琮主編《唐才子傳校箋》第 2 册,中華書局 1989 年版,第 570 頁。

51 李漢《昌黎先生集序》,同注③,第 585 頁。

52 李匡文《資暇集》卷上"晝寢""問馬"兩條,記載了韓愈詮解《論語》的内容。按,李匡文爲元和間宰相李夷簡之子,則其與韓愈當爲同時代人,從其書之記録韓愈注解《論語》的内容,可知韓愈解説《論語》在社會上的廣泛影響。《資暇集》所記,見吴企明點校《蘇氏演義》(外三種)中之《資暇集》卷上,中華書局 2012 年版,第 166 頁。

53 王應麟《玉海》卷四一"藝文",清光緒九年(1883)浙江書局刊本。

王安石“四書之學”佚文輯論

許家星

【提要】 本文兹據《禮記集説》《朱子全書》等,輯出王安石《中庸解》十八條,《論語解》二十二條,《解孟子》《大學解》各四條,並引宋人相關評論,論述荆公關於人性、中庸、仁義、聖人諸論題之觀點,以期推進王安石“四書之學”研究,繼而揭示王安石思想是對漢唐儒學的繼承發展,亦是宋代理學之先導,故其學雖終爲理學所掩,然於宋代思想學術之引領意義則不容抹殺。

一　引言:陳淵之論

王安石不僅作爲政治改革家在中國政治思想史上留下了深深印迹,他對儒家經典的深刻詮釋同樣予宋代學術以廣泛影響,如對道德性命之學的宣導即引領了中國思想由漢學至宋學的發展方向。正是受其開創性政治家與創新型思想家的雙重魅力影響,百年來“荆公新學”的研究經久不衰,成果蔚爲大觀。就其經典解釋而論,有關其“五經之學”的研究皆有深入論述;就其思想而論,荆公“性命之學”一直爲學界討論之熱點。同時,亦有學者注意到荆公“四書之學”①,並試圖對與荆公“道德性命之學”關係密切的“四書之學”加以研究,然終因資料所限,研究無法深入,這顯然是“荆公新學”研究的一大缺憾。②此外,學界對理學與新學之關係,往往著眼於批判、敵對的一面,而極少注意程朱理學其實亦受到“荆公新學”之啓迪,在某些局部論題上對之有所吸取。本文擬著重就此兩方面

許家星　北京師範大學價值與文化研究中心暨哲學學院

加以論述,希冀有補於荆公學研究。

宋人已經注意到荆公"四書之學"的重要性。先看陳淵與高宗的對話:

> 淵面對,因論程頤、王安石學術同異,上曰:"楊時之學能宗孔、孟,其《三經義辨》甚當理。"淵曰:"楊時始宗安石,後得程顥師之,乃悟其非。"上曰:"以三經義解觀之,具見安石穿鑿。"淵曰:"穿鑿之過尚小,至於道之大原,安石無一不差。推行其學,遂爲大害。"上曰:"差者何謂?"淵曰:"聖學所傳止有《論》《孟》《中庸》,《論語》主仁,《中庸》主誠,《孟子》主性,安石皆暗其原。仁道至大,《論語》隨問隨答,惟樊遲問,始對曰:'愛人。'愛特仁之一端,而安石遂以愛爲仁。其言《中庸》,則謂中庸所以接人,高明所以處己。《孟子》七篇,專發明性善,而安石取揚雄善惡混之言,至於無善無惡,又溺於佛,其失性遠矣。"③

楊時《三經義辨》旨在從經學方面駁斥安石學問之非,其高弟陳淵在與高宗評析程、王學術異同時,却從"四書之學"的角度論述"新學"之差,可見荆公"四書之學"對當時學界頗有影響。④在高宗稱贊楊時《三經義辨》時,陳淵則提出楊氏本信奉王氏之説,後來拜程顥爲師後,方反戈而攻王學之非,故能甚當其理。高宗認爲王安石對《詩經》《尚書》《周禮》三經的解釋反映出王氏學術穿鑿附會的特點,陳淵則進一步指出,解經穿鑿附會算不了什麽大過,要緊的是王氏對於儒道之大本大原的認識處處有誤,推行天下,釀成大害。其差誤表現在發明儒家道德性命之學的《論語》《孟子》《中庸》三書上,此三書更重於五經。三者作爲聖人僅傳之書,分别闡發了作爲儒家根本的仁、性、誠三個核心範疇。安石於此三者懵然不解。如僅以作爲仁之一端的愛等同於仁,將本爲一體的中庸、高明相分裂,分别指向人、己,未能實現内外一體之"誠",甚且違背孟子的性善論,主張揚雄的性善惡混,陷入釋氏無善無惡説。

當高宗依照通常看法,據"五經之學"論述王學時,陳淵則出乎意外地就"四書學"論述王學之誤,言語中透露着在儒學本原上,四書重於五經的意味,顯示出對楊時僅知辨三經義而未能就"四書之學"批駁王學的不滿。⑤陳淵之説自然是居於洛學立場,反映了洛學的學術旨趣,但其在與皇帝論述此嚴肅重要的問題時,徑從王氏"四書之學"入手,可見王氏四書思想影響之一斑。也就是説,在陳淵看來,荆公四書至少可與其《三經新義》相提並論,足以代表其思想。

據晁公武《郡齋讀書志》,荆公有《論語解》十卷,"紹聖後皆行於場屋"[⑥]。至於《孟子》,則"介甫素喜《孟子》,自爲之解。其子雱與其門人許允成皆有注釋。崇、觀間,場屋舉子宗之"[⑦]。《郡齋讀書志》載荆公《解孟子》十四卷,王雱《解孟子》十四卷,許允成《解孟子》十四卷,荆公尚著有《禮記要義》二卷,含《中庸解》之内容。但荆公解《論語》《孟子》《中庸》三書因散佚嚴重,幾無相關綫索留存,導致學人對此無由問津。這恐怕與南宋後朱子"四書學"過於强盛有關。但洛學、朱子學對荆公之學多有論及,給我們留下片言隻語,彌足珍貴。尤其幸運的是,宋人衛湜《禮記集説》留下十三條有關王氏《中庸解》的較完整資料。

故下文擬以荆公四書文獻輯考爲基礎,結合荆公現存文集所涉四書論述,從"四書之學"的角度對荆公思想做一番新的考察。行文首列四書原文章名或文字(據朱熹《四書章句集注》所分章節,其中《論語》《孟子》用阿拉伯數字表示,如2.4表示第二篇第四章,中華書局1983年版),次列王氏佚文,進而論述其説,末引述程朱相關評論,以顯示荆公思想與理學之關聯。

二　《中庸解》佚文輯論[⑧]

(一)性論

原文:(第一章)天命之謂性,率性之謂道,脩道之謂教。

佚文1:人受天而生(引者按:脱"天"字),使我有是之謂命,命之在我之謂性。不唯人之受而有是也,至草木、禽獸、昆蟲、魚鱉之類,亦稟天而有性也。然則性果何物也?曰:善而已矣。性雖均善而不能自明,欲明其性,則在人率循而已。率其性不失,則五常之道自明。然人患不能脩其五常之道以充其性。能充性而脩之,則必以古聖賢之教爲法,而自養其心。不先脩道則不可以知命。《易》曰:"窮理盡性以至於命。"《易》何以不先言命,而此何以首之?蓋天生而有是性命,不脩其道,亦不能明其性命也。是《中庸》與《易》之説合。此皆因中人之性言也。故曰:"自誠明之謂性,自明誠之謂教。"夫教者,在中人脩之則謂之教,至於聖人,則豈俟乎脩而至也!若顏回者,是亦中人之性也。唯能脩之不已,故庶幾於聖人也。[⑨]

解析:荆公通過對《中庸》第一章"性"的闡釋,表達了其頗具特色的性論。

與鄭玄及朱子將"命"解爲降生、命令義不同,荆公將"性""命"對説,視"命"與"性"一樣,皆爲表述概念的名詞,人禀受於天而擁有了性,天降生此性於我使我擁有之,這就是命。"人受天而生"當是化用《左傳》成公十三年所引劉康公"民受天地之中以生,所謂命也"説。據楊時、陸佃所引(詳後),荆公説爲:"天使我有是之謂命,命之在我之謂性。"此處《禮記集説》所引"使我有是之謂命"遺漏主語"天"。"是"亦可理解爲"生",但不如"性"貼切。天命落實在我(人)就是性。在荆公看來,性命相通,天降生性於我而我擁有之可以用命來表述,命内在於我構成生命的核心則成爲性。長荆公十歲的邵康節在《皇極經世》卷一四中亦有相同之説:"天使我有是之謂命,命之在我之謂性。性之在物之謂理。"[⑩]此不知是思想巧合,抑或是康節引荆公説而被後人誤認爲是康節所言。荆公此説亦表述爲"在天爲命,在人爲性"[⑪]。

評述:楊時是批評荆公的猛將,認爲"天使我有是之謂命,命之在我之謂性"反映出荆公不知性命之理。他説:

> 荆公云:"天使我有是之謂命,命之在我之謂性。"是未知性命之理。其曰"使我",正所謂使然也。然使者可以爲命乎?以命在我爲性,則命自一物。若《中庸》言"天命之謂性",性即天命也,又豈二物哉?如云在天爲命,在人爲性,此語似無病,然亦不須如此説。性命初無二理,第所由之者異耳。[⑫]

楊氏認爲,"使我"説具有人爲造作的意味,命乃是上天降生的自然而然之物;"命在我爲性"説有視命爲遠離性的另一自然體的嫌疑,實質上性命一體。楊氏强調性命實爲一理,不過來源命名有所差異而已。據此可知荆公尚有"在天爲命,在人爲性"之説。此其實亦是程子説,楊氏批評王氏説並無根據。朱子對楊氏深表不滿,指出楊説看似精彩,實則同樣犯有割裂性、命爲二物的毛病,然王氏之説儘管多有不當之處,亦有可取處,此處性命之説即是。他説:

楊氏所論王氏之失,如何? 曰:王氏之言,固爲多病,然此所云"天使我有是"者,猶曰上帝降衷云爾,豈真以爲有或使之者哉? 其曰在天爲命,在人爲性,則程子亦云,而楊氏又自言之,蓋無悖於理者,今乃指爲王氏之失,不惟似同浴而譏裸裎,亦近於意有不平,而反爲至公之累矣。[13]

朱子《中庸或問》指出,王氏"天使我有是"近乎《尚書·湯誥》"惟皇上帝,降衷於下民"説,"使我"乃是一比喻性表述,不可視爲真有施動者存在。至於天命人性説,與程子説相同,楊氏自身亦使用之,却對荆公説加以反駁,實持雙重標準,緣於楊氏對"荆公新學"成見太深,故無法做到公正評價。

荆公特别指出"性"具有普遍性、公共性,不僅爲人所禀受擁有,自然界各種生物皆禀天命而有之。這一點顯出王氏思想的高明,很有意義。據《朱子語類》等論述可知,朱子經過反復修改,對此"性"的理解最終亦落實於就人、物而言,《四書章句集注》言:"天以陰陽五行化生萬物,氣以成形,而理亦賦焉,猶命令也。於是人物之生,因各得其所賦之理,以爲健順五常之德,所謂性也。"[14]但朱子此解反引起後世學者之非議,如宋代陳天祥等提出批評,認爲人、天同體彰顯了人作爲萬物之靈的神聖與尊貴,但同時將人、物並提,將物性與人性皆歸於天命這一共同的源頭,抹殺了人性的獨特性。[15]

"性善"與"充性"。荆公提出性究竟爲何物的問題,認爲先天之性"善而已矣",現實之性則須明性、率性、充性。荆公注意到性命存在一種雙向順逆關係,即性、命至道、教的本體下貫和教、道至命、性的工夫上達。他提出,人性皆善却不能自明,故須明性,明性工夫在於率性循性。他將"率"解爲"循",採取了鄭玄説,朱子亦用鄭氏説。荆公肯定性、道一體,性的内容是五常。一方面,從性、道關係順着講,若率性不失,則五常之道自明。另一方面,由道到性逆着講,人常不能修習五常之道以充實、充養天命之性。充性而修當以古聖賢之教爲法則,以此來存養自我之善心。故修道是知命的前提。

"《中庸》與《易》之説合。"儒家學者論述性、命思想常涉及《易》的"窮理盡性以至於命",荆公提出《易》之表述爲由理、性而至命,命居於後;《中庸》則是由命、性而道、教,命居於首。二者角度有别,其實相同。蓋天生人、物的同時就使其擁有了各自的性、命,但此性、命並非自明,須由後天修道窮理工夫方可實現。

《易》《庸》乃各就本體與工夫的角度論述性、命思想。

"中人之性"。荆公認爲,《易》《庸》性命説皆是就特定的"中人之性"而言,就《中庸》來看,其實對不同人群有不同論述,如自誠而明的聖人,就是性之而有,無須後天修教工夫;自明而誠則是指中人修教。荆公又肯定中人經由後天修習可達到聖人境界,指出顏回亦是中人之性。此顯然是對漢唐人性説之繼承。

> **原文**:(第一章)喜怒哀樂之未發,謂之中。
>
> **佚文**2:人之生也,皆有喜怒哀樂之事。當其未發之時,謂之中者,性也。能發而中喜怒哀樂之節,謂之和者,情也。後世多以爲性爲善而情爲惡。夫性情一也。性善則情亦善,謂情而不善者,設(引者按:當爲"説")之不當而已,非情之罪也。《禮》曰:"人生而静,天之性也。感物而動,性之欲也。"則是中者,性之在我者之謂中;和者,天下同其所欲之謂和。夫所謂大本也者,性非一人之謂也,自聖人愚夫皆有是性也。達道也者,亦非止乎一人,舉天下皆可以通行。致中和,天地位焉,萬物育焉,此論中和之極,雖天地之大,亦本乎中和之氣。天位於上,地位于下,陽氣下降,陰氣上烝,天地之間,薫然春生夏長,而萬物得其生育矣。《易》曰:"天地交而萬物生。"其中和之致也。[16]

解析:荆公自覺將中、和與性、情結合論述,喜怒哀樂未發之中,即是性;發而中節之和是情,從心理層面的發動、静止來考慮性、情。朱子雖亦主張性、情的未發、已發關係,但主要從"體用"入手闡釋性、情體用關係。程門學派則慣用《易》之"寂然不動、感而遂通"解釋"中和"。

荆公提出"性情一也""性善情亦善"的主張,既然性善而已矣,那麽情自然亦是如此了,性與情之間具有内在邏輯上的一致性,一善一惡的對反性不符合性、情關係。他以性善情善説强烈批評了以唐代李翺爲代表的"性善情惡"論,指出情本無罪,其罪乃在於説者之誤。引用宋儒最喜採用的《禮記》的人生而静爲性、感物而動爲情之説,指出動、静、性、情正與中、和、未發、已發相應。由此推出中是指天命之性内在於我,和則表現爲天下同欲、同情。又據大本、達道説,推出性作爲天下之根本,非一人所能有,無論聖愚,皆有此性,情作爲通行之達道,亦非止行乎某人,而是通行於天下,强調了性情的普遍性、共通性和公共性。但他並未明確提出性、情的體用關係。

荆公最後從氣的角度闡述位育説。天地位、萬物育形容中和之極致,表明中和之氣貫注於整個天壤之間,當陽氣下降、陰氣上升,二氣交接之時,處於天地之間的萬物得此中和之氣,隨天道四時之運行而自然生長發育。此即《易》泰卦彖辭所言"天地交而萬物生",是爲中和之極致。荆公是從氣化生物之生的角度論述中和之氣的,氣的祥和相交與天地萬物之位育有着必然聯繫。此説乃是承漢唐陰陽論而發,如孔穎達即認爲致極中和的關鍵是"使陰陽不錯"。

(二)中庸論

原文:(第三章)中庸其至矣乎!民鮮能久矣!

佚文3:孔子歎此中庸爲德之至,而當時之人鮮能久之。《語》亦曰:"中庸之德至矣乎!民鮮久矣。"蓋孔氏重傷政化已絶,天下之人執乎一偏,中庸之道所以不能行也。[17]

解析:此處荆公引《論語》孔子説與《中庸》互證,認爲夫子嘆息天下之人極少能長久實現中庸這一至德,因在上者所推行之政治教化已經斷絶,故天下之人無從受教,皆局限於一偏而不能得道之全,導致中庸之道無法推行。荆公"政化已絶"説與程朱"世教衰,民不興行"[18]説皆突出了政治教化的重要性。

原文:(第四章)道之不行也,我知之矣。

佚文4:中庸之道不行、不明於世者,孔子言我固知其然矣。當孔子之時,治化已絶,處士横議,各信一偏之見。是故知賢者止知用心之切,求過於道,中庸之理所以不明不行。夫知者知其行道於世,使愚者皆可企及;賢者謂不行道於世,則當明之於己,而使不肖者皆可以法傚。若舜之知,可謂能行也;顔回之擇善,可謂能明也。愚不肖者,固可以勉而行中庸之道矣。今因其知與賢者求過於道,是以望道而不可企及,所以聖人於此深責其知與賢者之過,而非愚不肖之罪。若伯夷、柳下惠之徒,皆非中道。故孟子但言其聖人清、和之一節耳。人孰不飲食也,然鮮能知正味,如酸鹹辛苦之類,皆得其中和可也。人莫不欲行道也,鮮能知中和之理,反弃聖道而務爲異行,孔子所以歎之也。[19]

解析：此處討論道之不行不明，荆公順前章而提出“治化已絶”，“各信一偏”。知者、賢者用心過於緊切，力求所行超越於道，導致中庸不明不行。知者當知行其道於世，以引導民衆，使愚者可以實現此道；賢者當明道於己，給不肖者樹立效法之典範。舜之知、顔之擇，分别實現了能行能明，使資質平庸者亦可以勉行中庸之道。如今乃因知、賢者所求於道有偏，超過了道所當爲，使得愚不肖者望道而無法企及，故聖人深加責備。進而提出如伯夷、柳下惠之賢聖，亦不合乎中庸之道，孟子僅分别取其和、清之一節。“人孰不飲食”是比興之表述，意在闡發人皆欲行道，然而極少能知中和之理，反而拋棄聖人之道追求異端之行，故聖人於此感嘆之。

按：荆公於《書李文公集後》引此説論李翺：“《記》曰：‘道之不行，賢者過之，不肖者不及也。’夫文公之過也，抑其所以爲賢歟？”[20]認爲李翺不在其位，却以道濟天下爲己任，自以爲賢者，實則犯有《中庸》所言賢者過之之弊，然此濟世之心正顯其高出世人之賢能處。

原文：（第七章）人皆曰予知……而不能期月守也。

佚文5：孔子歎人既以知稱，反不能辟羅網陷阱之患，是豈足爲知哉！君子之知則不然，守乎中庸之道，能周旋委曲，俯順天下之情。時剛則剛，時柔則柔，可行則行，可止則止，素患難行乎患難，素夷狄行乎夷狄。故禍不能及也。宋桓魋欲害孔子，而孔子曰：“天生德於予。”唯有德者能受正命，則死生豈患之乎！又厄於陳蔡而弦歌不衰，此見其窮而不困，憂而不畏，知禍福之終始而不惑者也。蓋能守中庸，所以然也。[21]

解析：此處討論知中庸與守中庸。知有似是之知，有害而不知避；有君子之知，能守中庸之道，俯順天下之情。因時而動，剛柔行止動静皆不拘一端，自然遠離禍害，如孔子即是。祇有得道者所受方爲正命，其面對窮通憂慮而能不困不懼，因對禍福之始終已瞭然不惑，故知而能守中庸。夫子言行舉止即是明證。可見知中庸是守中庸的前提。

原文：（第八章）回之爲人也，擇乎中庸。

佚文6:《易》曰:"有不善未嘗不知,知之未嘗復行。"在《易》言顏子之去惡,在《中庸》言顏子之就善也。[22]

解析:此章討論顏子擇守中庸。荆公結合《易》與《中庸》論述,頗有新意地指出,《易》强調顏子去惡工夫,對不善無有不知,知而不再行;《中庸》則從正面突出顏子就善工夫,擇乎善得於善而能不失。知不善與擇善守善構成顏子爲道的根本特徵。程朱此處並未結合《易》《中庸》加以論述。

原文:(第十章)子路問强。子曰:"……强哉矯!"

佚文7:强哉矯者,言此强可以矯北方之過,矯枉而歸諸道者也。國有道者,泰通之時,君子出而道不可變而爲蔽塞焉。此其强可以矯素隱行怪之枉也。《語》曰:"邦有道,貧且賤焉,恥也。"國無道者,上下不交之時也,當守道於己,至死而不變其節。孔子蓋惡當時之人爲中庸(引者按:疑脱"之"字)道不用於世,遂半塗而廢。故曰至死不變。此其强可以矯半塗之枉,下文蓋傷之也。[23]

解析:此章討論强矯與中庸的關係,荆公認爲主旨是"矯枉而歸諸道"。將"强哉矯"的"矯"解爲動詞"矯正",二程學派多同此説,朱子則繼承鄭玄,解爲"强貌"。"矯"體現在多方面:可矯北方之强之過,矯國有道之時素隱行怪之過,矯國無道之時半途而廢之過。下章則是對不能矯此的感嘆。可見荆公注意上下章結合論述,朱子則尤爲注意此點。

原文:(第十一章)素隱行怪……唯聖者能之。

佚文8:申屠負石赴河,仲子避兄離母,是行怪也。君子必遵中庸之道,行之悠久,不爲變易。苟半塗而廢,非君子所爲也。昔子貢謂孔子之道至大,天下莫能容,而請少貶焉。公孫丑謂孟子宜若登天然,使人不能幾及。此二子者,不知孔孟遵中庸之道而行之,故反欲貶之也。樊遲請學稼,此蓋廢聖人之道,欲學野夫之事,故夫子鄙之。[24]

解析:此章論述如何實行中庸之道。荆公以申屠嘉、仲子事迹作爲行爲怪異的表現,指出君子須循中庸之道,持久不變。若中途而廢,則非君子所爲。以子貢、公孫丑對孔孟之道的誤解爲例，批評二者不知循孔孟之道身體力行之，反認爲其道有過高之蔽，使學者難以企及，故欲貶損之。樊遲學於夫子，不從事道德之學而學稼，亦是不知聖人之道而欲廢棄之表現。孔孟遵循中庸之道而行，其門人常有誤解，可見理解、推行中庸之難，故"唯聖者能之"也。

（三）誠論

原文：（第二十五章）"誠者自成也"章

> **佚文9**：以實於己者言之，則爲誠；以誠而行之，則曰道，其實一理也。是理也，本與生俱生，非外鑠，使人能反身而誠，則是誠也，豈非自成也。人能率此以行之，則是道也，豈非自道乎？使自外而爲之，則非誠道矣。[25]

解析：荆公闡發了對誠與道的看法：誠是真實、内在的實有諸己，自誠而行，由誠而發者是道；誠是道的根本，其實一理。應注意的是，荆公提出"理"這一範疇來統合誠與道。並進一步指出，"理"的特點是與生俱來，先天本有，自孟學反身而誠的立場突出此理、此誠的先天内在性，具有主體"自成"的特點。人若能循此誠而行，則所行爲道。故道亦具有自然而成不假外求的特點。自外而爲之物，則已遠離誠、道。荆公此説，特别突出了誠、道的一體及其内在自生性。程門學派亦注重以"實""理"釋誠。

原文：（第二十六章）"至誠無息"章

> **佚文10**："於乎不顯，文王之德之純。"傳注以爲文王之德非不顯也，此固不然。此言文王之德，純粹不露，人不可得而見，如《詩》之遵養時晦，《易》之内文明而外柔順。《孟子》曰："文王視民如傷，望道而未之見。"此皆言文王之守其德而不顯也。此其所以爲文王也。純亦不已者，所以通上句言，文王之所以爲文王，以其守之以至誠，純而不窮已，亦如天之高明不已也。蓋周家唯文王受命作周，積德無窮。故《詩》曰："周家世世脩德，莫若文王。"又曰："不識不知，順帝之則。"又曰："陟降庭止，在帝左右。"凡《詩》之美文王，皆美其至誠不已也。[26]

解析：荆公主要就本章所引《詩》提出新解，指出歷來傳注將"不顯"解釋爲

"非不顯"是不對的,應理解爲字面意義"不顯露",强調文王之德純粹含蓄,人不可得見。並引《詩》《易》《孟子》相關文本來支撑文王"守其德而不顯"説,此正是文王之爲文王的根本所在。"純亦不已"與"不顯"相通,突出文王以至誠相守,達到了如天之高明的純粹無窮、毫不止息的境界。並引相關經典論證文王積德對於周王朝的意義,强調《詩經》對文王之贊美,皆是就其"至誠不已"這一根本品質而論。荆公之論頗富新意,朱子此處則仍遵循古注之解。

原文:(第二十九章)"王天下有三重"章

佚文 11:傳注之學,多謂三重接上下之意,此甚不然。蓋言王天下之事者有三最重,有此三者,則可以寡過矣。何爲三重? 下文徵信、民從是矣。上焉者居富貴之地,雖有善,必當有徵驗於民,無徵驗不足爲信矣。既已不信,則天下之民安能服從哉,固不從矣。三重者,言有徵而可信,可信而民從是也。下焉者居貧賤之位者也,既居貧賤,雖有善,亦當不失其自重之道可也。尊者如上文尊德性、尊其性之所自得,而重其所爲也。雖有善,不自致其尊且重,則不信於外。不信則民弗從矣。居上而必欲有徵者,乃是達則兼善天下也。居下而必欲尊者,乃是窮則獨善其身也。㉗

解析:荆公指出,傳注之學將"三重"解爲上下相接之禮,不確。據文本之意,此處是指王天下最重要者有此三事,即下文所言善而有徵、徵而有信、信而民從。"上焉者"指居富貴之地的上層人士,"下焉者"指居貧賤之位者。居貧賤之地有其善而不失其自尊之道。尊者指尊其性之所自得而重其所爲,如有善而不自致其尊重,則無法取信於外,而民不從。故三重的關鍵在於自尊其德、重其行。進而引孟子窮達説解釋居上之徵,居下之尊,無論是居上之徵的兼善天下還是居下之尊的獨善其身,皆指向於善。荆公完全從道德之自尊自立、人格教化之善的角度闡發此章。朱子採用吕大臨説,認爲三重指上章所説議禮、制度、考文三事。並因襲古注之説,從禮的角度討論上焉、下焉,"上焉"指時王以前之禮,"下焉"指聖人善於禮却不在尊位。㉘

原文:(第三十章)"仲尼祖述"章

佚文 12:中庸論道,欲合天人,一精粗,使學者知精之由於粗,天之始於人,則用力而不爲誕矣。故由夫婦之與知,而極之於聖人之所不知。致曲之誠,而極之於聖人之能化。故以仲尼之事實之,亦以其始之稽前聖,法天地而後至於與天地相似,由與天地相似而化之,遂至於與天地爲一。嘗觀孔子之道,至於縱心之妙,而本之於十五之志學,性與天道之不可聞,而本之於日用之文章。子思言道,則極於變化之誠,而其本自致曲之誠。孟子言道,則由仁之於父子而至於聖人之天道,由可欲之善而至於不可知之神。君子之教人,將使人之皆可爲也,必使之由易以至難,而皆有用力之地。故起於夫婦之有餘,而推之於聖人所不及,舉天下之至易,而通之於至難,使天下其至難者與其至易者無異也。[29]

解析:荆公提出,《中庸》關於道的論述具有統合天人、貫穿精粗的意圖,目的在於教導學者用功之序當由粗而至於精,自人而達乎天,即下學而上達。如前章所論其道,始於夫婦,及其至也,雖聖人有不知不能,由致曲之誠進乎聖人之化。故本章以仲尼之事來證實中庸之道所具有的合天人、一精粗的特點。即便聖如夫子,亦須經由始於效法前聖天地,中乎相似天地,最後至於與天地爲一的過程。就《論語》而觀夫子之道,實貫穿此下學上達精神。如自十五志學進乎縱心所欲,自日用文章達乎性與天道。就《中庸》言,子思所言之道,由致曲之誠而達乎變化之誠。《孟子》言道,自父子之仁進乎聖人天道,由可欲之善達至不可知之神。此三書關於道的論述,體現了由易至難的特點,表明儒家之道極其平常,人人皆可爲,皆有用力之地可入。由夫婦所行之至易達乎聖人所行之至難,至易者與至難者本無差異,二者皆貫通於道,是道的不同表現而已。荆公所論並未扣緊文本展開,而是就下學上達、難易無異的關係加以論述。

原文:(第三十一章)“唯天下至聖”章

佚文13:聰明者先聰明於己,而後聰明於天下。“叡”則《書》之“思曰睿”,“知”則《易》之“知周萬物”,有聰明而無叡知以行,則不可。《書》曰:“無作聰明亂舊章。”是獨任聰明則亂舊章矣。故全此四者,然後可以有臨於天下也。寬則寬大,裕則有餘,溫則溫良,柔則《書》之“柔而立”是也。《易》曰:“容保民無疆。”是有此四者,然後可以有容於天下也。“發”者,遇事而發其端緒。“强”者,若上文“强哉矯”之强,有執非子莫之謂,若“擇善而固執之”之謂也。“中”者,處中道。“正”者,守之以正。守正而不處中道,則不可;處中道而不守正,亦不可。二者必在相須,足以有敬於天下。常人論“敬”,不過指敬鬼神、敬祭祀而言,未嘗有言敬天下之民。此言聖人亦不敢輕天下之民也。能敬於民,民亦敬於上。“文理者”,人倫之理。“密”,謹嚴也。“察”,明察也。雖有文理,不加密察,則制度文法必有亂於天下。既以謹嚴明察,則足以有别於天下,則天下之人亦自知有别矣。“溥博”者,廣大也;“淵泉”者,深峻也。上能有此五者之德,而又上下能察乎天地。然須時而出之,若上文君子時中。又曰“時措之宜”是也。苟時可以温柔而反用剛毅,則不可;時可以剛毅而反用温柔,則亦不可。此言中庸之道,所貴者應時而已。[30]

解析:荆公首先引經據典對本章若干關鍵概念予以闡發,認爲“聰明”應存在一個由己及人的先後過程,實爲孟子先知覺後知意。聰明不能離開叡知,若無叡知僅獨任聰明,則會變亂固有典章制度。必須兼具聰明叡知四者方可有臨天下。有容於天下的前提是具備寬裕温柔四德,柔非柔弱,而是柔而有立,有執是擇善固執,而非子莫執中之執。中正具有互補性,中是中道,正是正直,“二者必在相須”,缺一不可。由此中正方可有敬於天下,此處之“敬”不是通常所論敬鬼神、祭祀,而是敬天下之民。聖人敬重民衆而不敢輕視民衆,正因爲在上者能敬民,故民亦敬於上,顯示君民互敬的必要性,帶有孟子重民思想的特點。荆公還認爲,在上者在具此五德的前提下,尚須做到“時中”,此處言當温柔則不可剛毅,當剛毅則不可温柔,中庸之道的可貴在於“應時”的品質。荆公抓住本章就在上者而言,就天下之民、人、事、德而言的特色,體現出廣大包容的開闊視野。

(四)其他書所引《中庸解》五條

此五條不大完整的記録見諸《楊時集》《二程文集》《宋史》等書,分别討論了“中”“變化”“篤”“中庸與高明”“天道與人道”,其中荆公對後兩個問題的解釋成爲二程學派衆矢之的,本文放在第五部分討論。

原文:(篇名)中庸

佚文 14:中,中通上下,得中則制命焉。[31]

解析:荆公從字義的角度,釋"中"爲處樞紐地位,通乎上下,故得中則能制其命。楊時批評此説,認爲中乃天下大本,並非通乎上下之物。

原文:(第二十三章)動則變,變則化。

佚文 15:王氏謂因形移易謂之變,離形頓革謂之化。[32]

解析:程門學者在討論"變""化"之别時引用並稱贊荆公説,荆公認爲因其形體而移動改變稱爲"變",脱離形體而産生瞬間急劇變化稱爲"化","化"與"變"的差别在於"因形"還是"離形","因形"還是就原來形體而論,"離形"則是已進入另一種形體了。

評述:程子批評荆公説,認爲"變"尚未脱離原來形體,"化"則原來舊有之形體痕迹消除殆盡,這是一個自然而然的過程,衹有天下至誠者方能做到化。他强調變化是一個自然而然的過程。程子曰:"非也。變,未離其體也。化,則舊迹盡亡,自然而已矣。"[33]

原文:(第十七章)大德必得其位。

佚文 16:言天既生此文王矣,又生武王,夫是之謂篤。《中庸》云:"天之生物,必因其材而篤焉。"[34]

解析:荆公認爲《中庸》"篤"之所指乃是就文王、武王而言,可見天命在西周,故先後降生聖人於此。

三　《論語解》佚文輯論

除晁公武論及荆公所撰《論語解》曾流行於場屋外,馬端臨《文獻通考》亦引晁氏説,並對之有更詳細的介紹:"晁氏曰:王介甫撰,並其子雱《口義》,其徒陳用之《解》,紹聖後皆行於場屋。或曰'用之書乃鄒浩所著,託之用之'云。"[35]據此,該書乃王安石、王雱、陳用之三人所作,當以荆公爲主,亦爲科考服務。惜乎該書早已無存,歷來各家著述均罕有論及。

(一)《四書章句集注》等所見《論語解》四條

原文:11.13 魯人爲長府。

佚文1:王氏曰:"改作,勞民傷財。在於得已,則不如仍舊貫之善。"[36]

解析:荆公認爲,改作乃勞民傷財之事,如能不改,則不如因襲舊有規制更好,没有必要重新改作。值得注意的是,朱子丁酉年(1177)《論語精義》中並未提及荆公説,且同期之《論語或問》稱贊"范、侯、尹氏爲善",同樣未提及王氏説。可知此解爲朱子後來收入《四書章句集注》中。

原文:17.14 子曰:"道聽而塗説,德之棄也。"

佚文2:王氏曰:"君子多識前言往行以畜其德,道聽塗説,則棄之矣。"[37]

解析:荆公將君子多識前言往行與道聽途説相對比,認爲前者是積蓄德行,後者是廢棄道德。朱子對荆公此説亦是採用。

原文:4.15 夫子之道,忠恕而已矣。

佚文3:或曰:"中心爲忠,如心爲恕。"於義亦通。[38]

解析:"或曰"之説乃是對荆公説的暗引,此乃《四書章句集注》撰寫體例之一。"或曰"云云者,其説皆有所指而未明言。葉大慶言:"有如'中心爲忠''如心爲恕',朱晦庵亦或取之。"[39]荆公《答韓求仁》有更詳細的論述:"忠足以盡己,恕足以盡物,雖孔子之道,又何以加於此?而論者或以謂孔子之道,神明不測,非忠恕之所能盡。雖然,此非所以告曾子者也。"[40]荆公指出,忠足用來盡己,恕足用來盡物。即便孔子之道,亦莫過於此。此即"夫子之道,忠恕而已矣"義。有論者以爲孔子之道神明莫測,非忠恕所能盡。此非夫子用以告誡曾子者所在。

關於"忠",荆公一是以"盡己"釋,二是從字義釋:"忠:有中心,有外心。所謂忠者,中心也。"[41]據"忠"字形由上"中"下"心"構成,得出"中心"説;據"恕"字形上"如"下"心"得出"如心"説。荆公"盡己"之忠説與二程同,"盡物"説與二程"推己"説不乏相通之處,自"恕"推出所對者即是"物","恕"是一個與他者相處的原則。不過二程特别强調與他者相處的"恕"必須緊密關聯於對待"自我"的"盡己"之忠,否則會造成弊病。當然,程朱對"忠""恕"形上意義的闡發則爲荆公所未及。

原文:2.4 吾十有五而志於學。

佚文4:王介甫言:"志者,心之所之。"[42]

解析:荆公把"志"解爲心之所往,突出志對於心之走向的引導性。朱子《集注》亦取荆公説,各章皆把"志"解爲"心之所之"。除此章外,如《論語》"苟志於仁"章,"志於道"章,《孟子》"志氣之帥"章,"尚志"章。

評述:真德秀《西山讀書記》引張南軒"志"説。南軒比較了荆公與程子言"志"之不同,荆公言"志者,心之所之",程子謂"心之所存爲志",並對二説加以評析,"謂'所之'則有是非,'存'則主宰在我矣"。南軒認爲,"所之"表明心存在是非正邪之不同走向,"存"則强調心完全爲自我所主宰,不爲外物所影響。南軒認同伊川説,認爲荆公説乃"意","意乃心之所之也"。西山對此未表明態度,僅指出:"朱子論志多從王氏之説,南軒則從程子之説,學者當詳味之。"

(二)《論語精義》所引十條

原文:7.14 冉有曰:"夫子爲衛君乎?"子貢曰:"諾。吾將問之。"入,曰:"伯夷、叔齊何人也?"曰:"古之賢人也。"曰:"怨乎?"曰:"求仁而得仁,又何怨。"

佚文5:(謝曰)介甫曰:"塗之人小者知有財利,大者知有權勢,其上乃知有名而已。"知有財利也,奪之則怨;知有權勢也,黜之則怨;知有名也,毁之則怨。伯夷不知有此三者,知求仁而已。求仁在我,其得之無所德,其不得之無所怨,故孔子曰:"求仁而得仁,又何怨乎?"夫財利、權勢、聲名,固民之欲也,先王因民之欲,而節文之以禮樂,欲民之仁也。然後世知財利之可以爲侈,知權勢之可以爲驕,知聲名之可以爲夸,而莫知仁之可以安且樂也。自子貢之徒,於天下之理晰矣,尚疑伯夷之用心,則瞢瞢者豈足悲乎?[43]

解析：此段佚文見於朱子《論語精義》所列謝良佐説。程門弟子多受新學影響，謝上蔡、楊龜山尤其突出。謝氏對所引荆公説，多持贊同態度，龜山則多將荆公説作爲批判之靶子。荆公認爲，一般見識低下之百姓唯知貨物財利之是求，稍有見識者則知追求權勢，見識更高者則以良聲美譽爲唯一的追求目標。追求財利者必然發生争奪，追求權勢者會遭到罷黜，追求名利者會受到毁壞，凡此皆會産生怨恨。伯夷則不以三者爲懷，唯獨追求仁，求仁是最本己之可能，完全由内在主體所把握，故外在得喪不會對心靈産生任何報德與怨恨之感。此正合乎孔子求仁得仁而無怨之教。夫財、權、名乃人欲之所固有，夫子因人之所欲而以禮樂節制引導之，希望民由此而入於仁。後世僅知三者之可貴，而不知仁帶給人生之安樂喜悦。即便以明曉事理著稱的孔門高弟，尚不能洞悉伯夷之用心，其他智慧更低的人就更不用説了。荆公以伯夷爲典型，通過世俗所追求的財、權、名三種事物與孔、孟、伯夷所追求的仁的層次比較，突出追求仁道的人生具有特别的價值意義。

評述：朱子《論語或問》對王氏説評價不高，認爲過於夸飾而缺乏實際。“謝氏所引王氏之言，夸而不實。”[44]其實，《論語集注》17.15“鄙夫可與事君”章所引胡氏説，特别引用許昌靳裁之評價士之三品説，分别從道德、功名、富貴言之，與荆公此説不乏相通。

原文：7.20 子不語怪力亂神。

佚文 6：（謝曰）介甫云：怪，非常也。[45]

解析：荆公將“怪”理解爲“非常也”，與“常”相對，爲謝氏所用。朱子《集注》所引謝氏説“聖人語常而不語怪”，“怪”的理解同乎荆公“非常”説。

原文：8.12 三年學，不至於穀。

佚文 7：（謝曰）介甫曰：“學者當知其難而自强不息。”[46]

朱子《四書或問》所引更詳而略有不同：“謝氏引王氏之言，則以爲三年學而不至乎善，明善非易得之物，勉學者自强之意也。”[47]

解析：荆公採用通常之解，將“穀”釋爲善，認爲本章之意是説三年求學而未達乎善，以顯“善”非可以輕易獲得之物。夫子意在勉勵學者在追求善德成就自我的道路上自强不息，知難而進。荆公《字説》亦釋“穀”爲善，“轂者穀，善心也。”[48]《論語集注》則引楊氏説强調三年學而不至於禄，以見爲學之志向難得。二説差異的關鍵在如何理解“穀”義。

原文：8.15 師摯之始，《關雎》之亂，洋洋乎！

佚文8：（謝曰）介甫云：“亂，理也。”言中間樂廢，而《關雎》之什有錯謬者，師摯始理之，故作之而美也。[49]

解析：荆公認爲，“亂”是整理義，古樂在歷史洪流中逐漸被廢棄、中斷，《詩經·關雎》之篇有錯謬之處，師摯從樂的角度開始整理之，重新創制古樂，恢復其美。《集注》則以“亂”爲“樂之卒章也”，認爲此詩主旨在贊樂之美盛。二者之别亦在於如何解釋“亂”字。

原文：9.2 博學而無所成名。

佚文9：（謝曰）介甫云：“謙而不敢執。”[50]

解析：荆公認爲，夫子無所成名表示謙虚，不敢以博學之人自居。《論語集注》亦認爲本章大旨是夫子“聞人譽己，承之以謙也”[51]。

原文：9.3 麻冕，禮也。

佚文10：（謝曰）介甫云：“衆儉則從衆，衆泰則從禮，知禮之本故也。”[52]

荆公《非禮之禮》云：孔子曰：“麻冕，禮也，今也純儉，吾從衆。”然天下不以爲非禮也。蓋知向之所謂禮者，禮之常。而孔子之事，爲禮之權也。且奢者爲衆人之所欲而制，今衆人能儉，則聖人之所欲，而禮之所宜矣，然則可以無從乎？使孔子蔽於制禮之文，而不達於制禮之意，則豈所謂孔子哉？[53]

解析：謝氏所引荆公説較略，《非禮之禮》篇較詳，二説重心亦有不同。荆公認爲，當衆人從儉時，夫子亦從之，衆人從泰時，則不從衆人而一從於禮。衆人並不以夫子之行爲爲不合乎禮。這是因爲此前之禮爲常道，夫子之事爲權道。夫子把握了禮從儉這一根本，從禮意而非禮文的高度看待禮，故能隨時調整而得其中，既不違俗以自高，亦不隨俗以違義。《論語集注》引程子説，則從君子處事是否合義的角度立論。

原文:12.18 苟子之不欲,雖賞之不竊。

佚文 11:(謝曰)介甫曰:"俗之所榮,罰之所不能止。俗之所恥,賞之所不能誘。故君子無爲也,反身以善俗而已。"[54]

解析:荆公從俗之榮恥入手,指出世俗社會所形成的榮恥觀念,對於社會治理具有重要影響,其影響力要遠遠大於政府的刑罰獎賞政策。故君子應順應俗情,以無爲不擾的態度,反求諸己,通過自身的道德修養引導,以改變世俗,使之變得完善合理。"反身以善俗"説彰顯出荆公對自身道德修養完善有深刻的認識。

原文:13.3 子曰:必也正名乎!

佚文 12:(謝曰)介甫曰:"禮樂不興,則廉恥和睦之風衰,而争狠詐僞之俗成。雖有善聽者,猶不能無枉也。"[55]

解析:荆公認爲,禮樂對於社會公平正義具有重要意義。禮樂建設如未見成效,社會重廉恥、講和睦的道德風氣則會衰敗無存,將形成争勇鬥狠、奸詐虚僞的風俗。社會風氣一旦敗壞,則即便有善於聽訟斷獄者,亦是枉然。荆公此説還是頗切中本文而關乎現實的,再次强調禮樂風俗對於社會治理的意義。

評述:謝氏、楊氏皆採用荆公説。朱子對之略有不滿,認爲本章重點是就爲政者而言,"謝、楊氏以爲禮樂不興則無教,而廉恥和睦之風衰,故刑罰不中,亦非也。此方自爲政者之身言之"[56]。

原文:15.9 工欲善其事,必先利其器。

佚文 13:(謝曰)介甫曰:"事衰世之大夫,友薄俗之士。聽淫樂,視慝禮,皦然不惑於先王之道,難矣哉。"[57]

解析:荆公認爲,侍奉衰敗之世的大夫,與風俗淡薄之人爲友,慣聽淫蕩之音樂,目睹非禮之舉止,很難做到對先王之道的真切認同和清醒把握。《朱子語類》卷四五亦列有謝氏之引文,與此所引完全相同。

評述:荆公此説深得理學家好評。朱子稱贊荆公"此言甚好"。但荆公自身的問題在於未能反求諸己,踐履此言。謝氏於詮釋"君子不重則不威"章時暗引此説,言“以子貢之賢,孔子猶戒以事其大夫之賢者,友其士之仁者。蓋事衰世之大夫,友薄俗之士,難與並爲仁矣”[58]。

原文:11.10 顔淵死,門人欲厚葬之。

佚文 14:謝氏引王氏之説曰:“不得視猶子者,分也。”[59]

解析:荆公認爲,夫子所以不能視顔回如子予以合理的安葬,乃是名分所限。

評述:朱子批評王氏説遠離文意,夫子“不得”之言爲虚説,傳達的是遺憾感慨之意:“非文意也。夫子所謂不得視猶子者,乃歎恨之辭耳。”[60]

(三)《朱子語類》等所引八條

原文:3.2 三家者以雍徹。

佚文 15:王氏謂人臣有不能爲之功,而周公能之,故賜以人臣不能用之禮樂。[61]

解析:荆公認爲,魯國祭祀之禮所以使用天子方能使用的“雍”樂,是因爲周公建立了人臣所不能成就的功績,故天子賜予人臣所不能享用之禮樂。

評述:程子説:“成王之賜,伯禽之受,皆過也……非也。人臣無不能爲之功,周公亦盡其分耳。人臣所當爲者而不爲,則誰爲之也?”[62]他對荆公予以反駁,認爲不存在人臣所不能爲之功,人臣即便如周公般建立了難以企及的功績,亦不過是盡了做人臣的職責本分而已。此正如子之爲孝也。故成王之賜、伯禽之受皆是錯誤的。此説爲朱子《論語集注》所引,顯然有針對荆公之意。

原文:8.9 民可使由之,不可使知之。

佚文 16:王介甫以爲,“不可使知”蓋聖人愚民之意。[63]

解析:荆公認爲不可使知之,乃是聖人愚化百姓之意。

評述:朱子嚴厲批評荆公解乃法家、道家之義,並指出申、韓、莊、老之説,便是此意。《論孟精義》所引吕氏、楊氏諸家説皆就王氏愚民説提出批評,如吕氏認爲“不可使知”的後果不僅是愚民,而且會引起機心而導致心志困惑:“不可使知,非以愚民。蓋知之不至,適以起機心而生惑志。”楊氏認爲學者主張“不可使知”説是以智術籠罩天下之民而愚弄之,從而驅使之,完全背離了夫子之本意:

"世儒以謂民可使由之而已,不可使知之,務爲智術,籠天下之愚而役之,失其旨矣。"[64]《論語集注》所引程子説强調聖人設教用心與此相反,否則即非聖人矣:"聖人設教,非不欲人家喻而户曉也,然不能使之知,但能使之由之爾。若曰聖人不使民知,則是後世朝四暮三之術也,豈聖人之心乎?"[65]

原文:15.26 小不忍則亂大謀。

佚文 17:王介甫解作强忍之忍,前輩解作慈忍之忍。[66]

解析:荆公認爲,小不忍的"忍"當理解爲"强忍",朱子指出:"'忍'字有兩説,只是一意……某謂忍是含忍不發之意。"[67]不論强忍還是慈忍,都衹是一個"忍而不發"之意。

原文:3.20《關雎》,樂而不淫,哀而不傷。

佚文 18:先言樂後言哀思者,惟其以得淑女爲榮,故其求之不得則哀思也。[68]

解析:荆公認爲先樂後哀之説,表明君子以追求得到淑女爲榮耀,求而不得,故哀苦思念不已。

評述:朱子對荆公説不滿,並批評游氏採鄭玄、王氏之義,而不取程子説,太不可取:"游氏既引《序》文,乃不用程子之説,而祖鄭氏、王氏之義,則又甚矣。"[69]

原文:20.1 允執其中。四海困窮,天禄永終。

佚文 19:王氏之説曰:"四海困窮則失民,失民則無與守邦,無與守邦,則天禄永終矣。"(宋林之奇《尚書全解》卷四,程元敏取此説)

皇朝王令逢原撰(引者按:指王令《論語》)。解《堯曰篇》云:"四海不困窮,則天禄不永終矣。"王安石《書新義》取此。[70](《郡齋讀書志》,此説尚見於《直齋書録解題》《經義考》《文獻通考》)

解析:此處有兩種不同説法,一爲林之奇所引,荆公認爲,四海之地困窮則失去民心,失民心則無人守護邦國,如此天禄就永遠斷絶了。另一説爲晁公武《郡齋讀書志》等書所引,認爲乃荆公友生王令《論語》説,爲荆公所取,其義與林氏所引無别,同樣强調發展民生對於穩固政權的重要性。

原文:10.8 肉雖多,不使勝食氣。

佚文 20:米,食氣也,孔子曰:"肉雖多,不使勝食氣。"[71]

解析:荆公將米解爲"食氣",認爲米雖不善於自養,却以養人爲事。《論語集注》云:"食以穀爲主,故不使肉勝食氣。"

原文:20.1 雖有周親,不如仁人。

佚文 21:指微子而言,謂微子之徒以紂爲無道而周有道,故去紂而歸我。此所以紂雖有至親而不如我之獲仁人也。[72]

解析:荆公認爲此句指微子。因爲紂王無道而周王有道,故去無道就有道。表明微子與紂王雖爲至親,却以仁人而歸於周。可見私親不如大仁。

原文:10.7 齊,必變食。

佚文 22:孔子齊必變食者,致養其體氣也。……孔子之齊,不御於内,不聽樂,不飲酒,不膳葷,喪者則弗見也,不蠲則弗見也,蓋不以哀、樂、欲、惡貳其心。又去物之可以昏憒其志意者,而致養其氣體焉,則所以致精明之至也,夫然後可以交神明矣。然此特祭祀之齊,尚未及夫心齊也。所謂心齊,則聖人以神明其德者是也。故其哀、樂、欲、惡,將簡之弗得,尚何應物之能累哉?雖然,知致一於祭祀之齊,則其於心齊也,亦庶幾乎![73]

解析:荆公認爲,孔子齋戒必定改變飲食者,是爲了保養身體和精氣,故不近婦人,不聽音樂,戒除飲酒、吃葷之習,不見喪者和不潔者,以做到哀樂之情不擾内心,消除可以導致内在志意糊塗昏亂者,以養其精氣形體,達到精氣神明的極致,如此方可與神明相交。然而,此僅爲祭祀之齋,並非神明其德的心齋,心齋之時,需内心清明,並無外在情感好惡之擾。但二者皆要求精神之致一,惟致一方可爲齋戒。

四　《解孟子》《大學解》佚文輯考

荆公對孟子有極高評價,稱:"孟軻,聖人也。"[74]荆公素來推崇孟子,著有《孟子解》一書,該書對大人、聖人、出處去就、王霸義利諸論題皆有新穎深刻之論述。

(一)《解孟子》佚文四條

原文:7.18 公孫丑曰:"君子之不教子,何也?"

佚文 1:王氏曰:"父有争子,何也?所謂争者,非責善也,當不義則争之而已矣。父之於子也如何?曰:當不義,則亦戒之而已矣。"[75]

雙峰饒氏曰:王荆公所謂争則下氣怡聲,和悦以争之;所謂戒,亦訓敕之而已。[76]

解析:荆公認爲"父有争子"之"争",並非責善之義,乃是兒子面對父親不義之事,以理相争而已。父親面對兒子不義之事,亦不過告誡、警誡而已。雙峰引荆公説更爲詳盡,提出兒子對父親"争"的具體要求是柔聲下氣,顏色和悦,不讓爲父者有失禮冒犯之感。父親對兒子的"争"就是反復教訓、訓導、曉諭,使之不再犯錯或改正之。《孟子集注》所引不見於《論孟精義》《四書或問》,顯爲丁酉後所加。

評述:荆公此解受到朱門贊譽,其高足輔廣即贊"王氏最得孟子之正意"[77]。日本學者大槻信良《朱子四書集注典據考》認爲王氏是王勉,但並未給出任何證據。[78]據朱子再傳、勉齋親傳弟子饒雙峰之説,王氏當爲王荆公。

原文:3.2 必有事焉而勿正,心勿忘,勿助長也。

佚文 2:東坡手書煑猪肉法,引孟子曰:"心勿忘,勿助長。"知前輩讀此,皆依古注"勿正"爲句絶,非獨程先生也。作"正心"者,其始於王氏乎?然文勢亦或有之,未可直以爲非。故予於《集注》兩存之。[79]

解析:朱子指出,"必有事焉而勿正心勿忘勿助長也"有兩種標點法,古注前人多在"正"字後斷,但自荆公始,則出現了自"心"字後斷者。朱子客觀指出,雖然他傾向於前説,但荆公之説亦合乎文義,並不爲誤,《孟子集注》一併取之。"趙氏、程子以七字爲句。近世或並下文心字讀之者亦通。"[80]

原文:9.5《太誓》曰:"天視自我民視,天聽自我民聽。"

佚文3：自，從也。天之所視，從我民之所視；天之所聽，從我民之所聽。謂民視聽于周家，天必從之，以有天下。[81]

解析：荆公認爲，此句天之視聽皆聽於民，而民之視聽又聽於周家，故天從周家而使其有天下，以此證明周家擁有天下的合法性和必然性。

原文：8.19 孟子曰："……舜明於庶物，察於人倫。"

佚文4：以爲物之難知，不若人之可察也。[82]

解析：荆公認爲，孟子明物察倫之説，表明物較人更爲難知。

（二）《大學解》佚文四條

《大學》爲《禮記》之一篇，荆公於《大學》雖無專門闡發，然亦有所關注。其《禮樂論》即模仿《大學》首章句型表達思想："養生在於保形、充形在於育氣，養氣在於寧心，寧心在於致誠，養誠在於盡性，不盡性不足以養生。"此一串頂針格的"在"字句頗類"欲明明德於天下者，先治其國……"的"欲—先"型頂針句，强調前後條件關係。又以"能盡性者，至誠者也；能至誠者，寧心者也；能寧心者，養氣者也；能養氣者，保形者也；能保形者，養生者也"的"者……也"句表述前後條件關係，亦類乎《大學》首章"物格而後知至"的"而後"句。[83]此外，其《尚書新義》《詩經新義》亦間有涉及《大學》處。

原文：《太甲》曰："顧諟天之明命。"

佚文1：諟，以言其不違。[84]

解析：荆公認爲，"諟"是不違背之義。

原文：明明德

佚文2：德有昏有明，自其知、不知言之，則曰昏、曰明。[85]

解析：荆公指出，由於對德的認識不同，客觀存在昏與明兩種狀況，知德則明，不知則昏。

原文：修身在正其心者。

佚文3：人心未嘗不正也。有所畔援，則不得其正；有所歆羨，則不得其正。無畔援、歆羨,則使之正其心也。[86]

解析:荆公引用《大學》"正心"説,指出人心本來爲正,如對外在事物有所分別取捨,羨慕喜愛則喪失其本來之正。

原文:穆穆文王,於緝熙敬止!

佚文4:穆穆,敬也,美也。緝,續也。[87]

解析:荆公認爲,"穆穆"是敬重義,"緝"則是連續義。

五　荆公四書思想略論

(一)由性善論至性生成論

荆公關於"性"的看法歷經長期演變,各説存在相互衝突之處,但又各有其文本依據。據《中庸解》首章可知,荆公主張性善論和性三品説。因荆公《性論》對性善論有詳細論述,提出"以一聖二賢之心而求之,則性歸於善而已矣"[88],故學界通常視此文爲其性善思想的代表,但對此文年代却有兩種對立看法。賀麟以《性論》爲據,提出荆公思想最終落腳爲孟子學派的性善説。[89]近來青年學者則基本認爲《性論》爲其早年作品,故性善論反映了荆公早期思想。[90]筆者同意後一種觀點,《中庸解》與《性論》皆爲荆公早年"性善"思想之代表。

學界多以《性情》《楊孟》等爲荆公中年(第二階段)有善有惡人性論的代表著作,但其中存在分歧:胡金旺視《性説》爲第二階段,《原性》爲第三階段"性不可以善惡言"[91]的代表;丁四新將《原性》《性説》皆視爲荆公晚年人性論代表;張建民則認爲《性説》爲第一階段人性善的代表著作,並據劉敞《公是先生弟子記》所引荆公太極人性説,認爲《原性》當是嘉祐(1056—1063)治平(1064—1067)間所作。張建民觀點的特殊處在於,他認爲胡、丁等人所論三階段説皆屬於熙寧(1068—1077)之前,荆公熙寧間持性善惡混説。

筆者認爲荆公性論存在四階段説,早年性善論當以《性論》《中庸解》爲代表;中年有兩種看法,稍早者爲性善惡混論,當以《性情》《楊孟》爲代表,稍晚者爲"性不可以善惡言",以《原性》爲代表。[92]該篇與《性説》雖關係緊密,但據劉敞所引荆公《原性》説，可斷定《原性》當爲治平末年即 1067 年所作。晚年爲性生成論説，以《性説》爲代表。荆公《性説》的觀點有了些新的變化，不再拘泥於善惡、智愚的可變、一定等説，而是從變化生成、動態演進的觀點來看待人性，摒棄了性善惡論，强調了後天之習的重要性，最大特點是近乎後世王夫之的人性"日生日成"論，這似乎是荆公性論的最終落脚點。他説：

> 吾是以與孔子也。韓子之言性也，吾不有取焉……習於善而已矣，所謂上智者；習於惡而已矣，所謂下愚者。一習於善，一習於惡，所謂中人者。上智也、下愚也、中人也，其卒也，命之而已矣。有人於此，未始爲不善也，謂之上智可也；其卒也，去而爲不善，然後謂之中人可也……惟其不移，然後謂之上智；惟其不移，然後謂之下愚。皆於其卒也命之，夫非生而不可移也。[93]

荆公繼續認可孔子的性相近説，不取韓愈的性三品説，上智、下愚、中人皆是就其所習之善惡而言，或習於善，或習於惡，或善惡兼習。但較之前説有兩個重大改變：

一是所謂的上、下、中説，不過是據人性最終的表現所給予的一個命名，"其卒也，命之而已矣"。因爲人性處於不斷變化之中，故衹有在其走到生命盡頭的"卒"時，方可能給予一個蓋棺論定式的判定。人性的發展變化表現在有始善終不善、始不善終善兩種情況，對此二者的最終判定皆爲中人。

二是對夫子所言"不移"有了新的理解，不再堅持《原性》中的善惡可移、智愚不可强爲的德可同智終異説，而是德知融爲一體，即德言智，德之善惡即是知之智愚，宣導人性"夫非生而不可移也"。"不移"不是因爲天生的上智或下愚，所謂"智愚"亦不過是生命結束時的最終論定，並非謂其生來就不可改移，它僅僅是生命結束時人性無法再改變的最終命名，是無法改變之後的後發式命名，而並非尚未開始"變化"時的先天式標籤。强調人的一生可在善惡之間改變，智愚亦隨之改變，最後在生命臨終時給予一個評判，有力反駁了人性天定不可移的命定論觀點。他指出，韓愈性三品説性之善與不善，皆是後天習的結果。爲此，他還就命定論予以反駁。堯、舜之子朱、均之不賢，瞽瞍、鯀之子舜、禹之聖，正説明人性是由其所習造成的，而非先天遺傳，命定説不足取。至於史書有關越椒、叔魚生而爲惡等傳言,則荒謬不足信。

荆公此論具有重要意義,改變了之前的人性德移智不變的德智雙重論,衝破了智慧的天命賦予不變論,將人性的先天賦予論轉换爲後天生成論。在一定意義上與王夫之性日生日成論相應,皆强調人性之動態發展。王夫之説:"夫性者生理也,日生則日成也。""未成可成,已成可革。性也者,豈一受成侀,不受損益也哉?"[94]此可視爲荆公人性論發展的最後一個階段,即性善、性善惡混、性不可以善惡言、性日生日成論。[95]此點學者似未措意。

(二)高明處己、中庸接人的"道二"論

原文:(第二十七章)大哉聖人之道……極高明而道中庸。

佚文 17:其言《中庸》,則謂中庸所以接人,高明所以處己。[96]

懋昭大德,所以極高明,所以處己也。建中于民,所以道中庸,所以用人也。[97]

解析:荆公確有高明處己、中庸接人説。陳淵認爲荆公的高明處己、中庸接人説割裂了高明與中庸、盡己與推己的内在關聯,根本未能明瞭誠之含義,違背了"一則誠"的學術主旨,實乃不識儒家學術本原之根本表現,且透露出一種狂妄自大、輕視他人的意味。荆公《洪範傳》與此有相對的表述:"始曰'無偏無陂'者,率義以治心……及其成德也,以中庸應物。"[98]指出爲學造德之始,是以義調治身心,其成德之終,則是以中庸應接事物。"率義"與"中庸"分别指向爲學的兩個階段,指向己和向人的内外不同對象,與高明處己、中庸接人正相應。

評述:荆公關於高明和中庸關係的説法成爲程門學派批判的一個焦點。他們認爲此説最大問題在於割裂高明與中庸的聯繫,視二者爲互不相聯之事,而且違背了中庸之誠。實則高明不離中庸,中庸即是高明。如楊時説:"世儒以高明、中庸析爲二致,非知中庸也。以謂聖人以高明處己,中庸待人,則聖人處己常過之,道終不明不行,與愚不肖者無以異矣。"[99]朱子很早即留意荆公此説,早年對此多有批評。如甲申 1164 年批評李伯諫聖人中道自任,不欲學者躐等説乃是王氏高明、中庸的處人應己之説:"來書云,特聖人以中道自任,不欲學者躐等。

熹謂此正是王氏'高明處己,中庸處人'之説,龜山嘗力詆之矣。"[100]以批判儒家學者"陽儒陰佛"爲主旨的《雜學辨》亦批引王氏説:"王氏有'高明處己,中庸處人'之論,而龜山楊公以爲如此則是道常無用於天下,而經世之務皆私智之鑿。愚於蘇氏亦云。"[101]朱子認爲蘇氏將世法與至道割裂爲二的做法,正如王氏"高明處己,中庸處人"之論,導致中庸之道根本無用於天下治理,故全以一己之自私用智經營天下事務。

朱子還批評龜山"自道"與"自學者"的二分法亦有王氏離析高明、中庸之弊:"然其言自道言之,自學者言之,又似王氏説話。"[102]同樣批評吕祖謙過於分析自學與教人之法過於區别,陷入荆公之蔽:"自己功夫與語人之法固不同。然如此説,却似有王氏所論高明、中庸之弊也。"[103]但朱子晚年思想有所變化。潘謙之與朱子討論荆公高明、中庸説時提及"《或問》中,以楊氏所譏王氏之説爲非是"[104],此説不見於今本《四書或問》中,但《朱子語類》中廖德明有相應記録,朱子説:"王氏處己、處人之説固不是,然高明、中庸亦須有個分别。"[105]可見朱子至晚年思想有所變化,對王氏説有所同情,對龜山説反有不滿。認爲王氏高明、中庸分别處己、處人之説固然不對,但二者確實有所區别。

原文:(第二十章)誠者,天之道也;誠之者,人之道也。

佚文 18:介甫有言:"盡人道謂之仁,盡天道謂之聖。"[106]

介甫言"堯行天道以治人,舜行人道以事天"。[107]

人之行莫大於孝,此乃人道,未至於天道。[108]

解析:《中庸》以誠和誠之來貫通天道與人道,前者爲本體,後者乃工夫,但二者又統一於誠,實具不可割裂之關聯。荆公甚關注天道與人道之關係。一方面,其盡人道爲仁、盡天道爲聖説,帶有天人、仁聖分立的意圖,但仁與聖是同一層次之範疇,非如誠與誠之的層級關係。另一方面,其堯行天道治人、舜行人道事天説,以天道、人道相交錯,有天人合一之意圖,且堯、舜爲同一層次之人物。[109]可見荆公一方面注意區分天道、人道客觀存在之差别,同時亦强調二者屬同一層次,並未割裂彼此聯繫。至於其以孝爲人道之極,却未達乎天道説,則確有割裂天人之嫌。

評述：程子從"道一"的角度批判王氏分裂天人之學："言乎一事必分爲二，介甫之學也。道一也，未有盡人而不盡天者也。以天人爲二，非道也。"[110]"介甫自不識道字。道未始有天人之别，但在天則爲天道，在地則爲地道，在人則爲人道。"[111]程子指出介甫將人道與天道、仁與聖對立起來講，犯了"一事必分爲二"的錯誤。蓋道通爲一，盡人必能盡天。所謂天道、地道、人道三才之道的區分，並非道的分裂，乃是同一個道在不同對象中的顯現。程子還從踐道的工夫角度批評荆公對道的闡發僅是文字詮釋，自身並無對道的實踐修爲，言道而不踐道，故陷入道與自我的割裂。"介甫之言道，以文焉耳矣。言道如此，己則不能然，是己與道二也。夫有道者不矜於文學之門，啓口容聲，皆至德也。"[112]朱子在《四書或問》中評論楊、謝《論語》解時，批評二者犯了義事爲二、新學之習的毛病，幾若王氏之徒。其典型表現則是分裂道與文、義與事、天與人、中庸與高明的内在聯繫，表明荆公之學尚未能實現天人合一、體用一致、内外圓融。這是理學對其所深致不滿處。[113]

（三）"以德愛者爲仁"的仁義説

荆公對漢唐學術多有繼承創新，在"仁"的處理上，他將韓愈的"博愛爲仁""行宜爲義"改爲"德愛爲仁""愛宜爲義"，顯示出以德、愛言仁義的特色，並重視仁與四常的關係，在仁與義、智、禮、信的關係上，突出了仁的主導性，既是前代儒學的接續深化，又是程朱理學的有益參照。荆公《答韓求仁》較充分反映了他的仁義思想。他説：

> 道之在我者爲德，德可據也。以德愛者爲仁。仁譬則左也，義譬則右也。德以仁爲主，故君子在仁義之間，所當依者仁而已。……禮，體此者也；智，知此者也；信，信此者也。孔子曰"志於道，據於德，依於仁"，而不及乎義、禮、智、信者，其説蓋如此也……揚子言其合，老子言其離，此其所以異也。韓文公知"道有君子有小人，德有凶有吉"，而不知仁義之無以異於道德，此爲不知道德也。[114]

荆公於此闡發了仁、義、禮、智、信的内在關係，此亦是程朱理學"仁"學思想的一個重要方面。荆公指出"德"是道在主體上的落實，道内在於人爲德，德是體驗道的基石,故道不可據而德可據。進而提出以德愛人爲仁説。此又細分爲二:一是愛人爲仁,突出仁的特點是愛,對象是人。二是以德愛人。此語本自《禮記·檀弓上》:“君子之愛人也以德,細人之愛人也以姑息。”[115]强調愛的出發點是德性,而非家庭、男女之私情。此外,荆公認爲這種仁愛是差等之愛,必先由愛己開始,然後推己及人。他在《仁智》中提出:“愛己者,仁之端也,可推以愛人也。”[116]儘管“德愛者爲仁”限定了愛是有原則的德愛,但强調的仍是愛對於仁的意義。荆公多次表明以德愛言仁的觀點,如他在《九變而賞罰可言》中言:“道之在我者,德也;以德愛者,仁也;愛而宜者,義也。”[117]此説彰顯了愛是仁義的核心要素,特别是將“愛”與“宜”相結合,既是韓愈《原道》“行而宜之”説的改變,亦與德愛爲仁説一脈相承。既然德愛爲仁,義又是仁的内在展開,自然可説義亦不離乎愛。

在仁義關係上,荆公認爲二者是左右關係,仁爲主導,義爲輔助,君子處仁義之間,當以仁爲主,依仁而行。夫子以微罪去父母之邦,即是依於仁的體現。夫子之僅言仁而不及義、禮、智、信者,蓋仁爲五常之首,禮、智、信分别是仁的體驗、認識、落實。故夫子僅言仁而已。揚子認爲,一人兼統道德仁義,合四者爲一,乃是天道之體現,其身全。老子言失道德仁義者,突出了道德仁義與人的依次分離剥落。揚雄與老子均言道德仁義,二者差别在於揚雄追求人與道德仁義的結合,老子則强調人與道德仁義的疏遠。韓愈《原道》道分君子小人、德分吉凶的道德兩面説,割裂了仁義與道德的差異,其實二者並無不同,可見韓愈對道德並無正確理解。總之,荆公注意到仁對五常的包含關係,並做出了較爲合理的闡發。程朱則採用“偏言”“兼言”説釋仁與五常的關係,偏言之仁特指愛之理的仁,兼言之仁則包乎四者。

(四)“大人”“聖人”觀

荆公於《孟子解》中闡發了他的大人、聖人觀。他在《答王深甫書》中,與深甫討論了“大人”的窮達問題。深甫認爲大人於自身窮達無所繫於心,荆公則認爲,儘管大人對個人得失不動於心,但還是會執着於追求達。“某則以謂大人之窮達,能無悦戚於吾心,不能毋欲達。”[118]即便已達於大人境界的孟子,對於窮達還是很在乎的,祇不過不會因此有喜悦憂慮而已。此反映的恰是荆公自身之處境與抱負,他强調對"達"的追求,無此則無法施展救世安民之抱負。針對深甫"正己而不期於正物,是以使萬物之正"説,荆公指出正己如果没有正物的抱負則會陷入無義,"是無治人之道",會陷入老莊隱遁無爲之學。"不期於正物"抛棄了儒家濟世安民的經世擔當,實爲自私而不義。反之,正己如過分期待正物方面的成就,必"期於正物"而未正視複雜的現實情況對經世事業的客觀限制,一味求其成功,没有正視"命"對於個人抱負的客觀限制,則會陷入"無命"的狀態。大人對儒家義、命思想皆有正確把握,揚雄的"先自治而後治人之謂大器",即大人正己而後正物之義。[119]荆公對揚雄"自治"説很熟悉,他在《洪範傳》中反復採用自治説,將其視爲人君治人、治理天下的前提。總之,荆公從義、命兼濟來論述大人品性,"大人"既要有兼濟天下的行"義"之心,同時又要做好獨善其身的"知命"準備,不可一味偏執,陷入無義或無命的困境:"正己而不期於正物,是無義也;正己而期於正物,是無命也。是謂大人者,豈顧無義命哉?"[120]

荆公已意識到儒家聖人觀的内在矛盾,並以"時"的觀點解釋之。荆公在《夫子賢於堯舜》中提出聖人乃是道德之至,無以倫比者。凡是聖人,皆應在道德、智慧上不相上下。"聖之爲稱,德之極。""夫聖者,至乎道德之妙而後世莫之增焉者之稱也。"宰我、孟子"夫子賢於堯舜"説乃是從"時"的角度評析夫子與堯舜之異,"蓋亦言其時而已也"。[121]聖人雖有能力制定完備的治理天下之法,但並不事事求成,而是待其變而後動,因其變而立法。當天下之變完備,天下之法亦須完備之時,孔子適當其時,應運而生。儘管法待孔子而後備,但並非孔子一人之力,之前諸聖皆有力焉。孔子超越堯舜的貢獻在於集諸聖大成,訂萬世大法。故孔子爲"時之聖"也。程朱認爲"夫子賢於堯舜"説是從事功角度言,程子曰:"語聖則不異,事功則有異。夫子賢於堯舜,語事功也。"[122]在《三聖人》中,荆公進一步闡發聖之所以爲聖,在於能"以身救天下之弊",伊尹之任,後學流於"多進而寡退"之弊;伯夷之清,後學則陷入"多退而寡進"之弊;柳下惠之和,後學流於"多污而寡潔"之蔽。伊尹之任、伯夷之清、柳下惠之和皆"因時之偏而救之",然其道並非中道所在,故行久必有其弊。孔子之時,其弊至極,故夫子適當其時而集諸聖之成,自此聖人之道纔全體完備,而無一毫之偏。"此三人者,因時之偏而救之,非天下之中道也,故久必弊。至孔子之時,三聖人之弊,各極於天下矣。

故孔子集其行,而制成法於天下。"[123]荆公又特意强調,聖人之道所以無蔽,並非夫子一人之功,乃四聖合力所爲。孔子的出現乃是"時"代產物,三聖若當其時,亦能成就孔子之貢獻。荆公以"時"的差異解釋聖人的異同,頗有新意,聖人本無不同,其異乃因應時代的産物,與聖人自身無關,故聖人對於時代具有强烈的擔當感、拯救感。荆公此説與孟子有意通過三聖的不足來襯託夫子"集大成"的原意顯然有距離,這與荆公自身抱負恐不無關係。

但荆公並未解釋一個問題,即聖人與中道的關係。荆公意識到三聖並不合乎中道,他在《中述》中强調"聖人之道本乎中而已"[124]。但聖又是道德達到極致之稱。不合乎中道的極致是怎樣的極致呢?荆公僅以"時"來解釋孔聖與三聖之異,顯然是不够的。此涉及儒家聖人觀念中客觀存在的聖人差異化現象。後來朱子對此問題有詳盡闡發。朱子認爲三聖與夫子有差距,他們與夫子仁同而智異,力同而巧異,是一偏之聖與全體之聖的偏、全關係:"孔子巧力俱全,而聖智兼備,三子則力有餘而巧不足,是以一節雖至於聖,而智不足以及乎時中也。○此章言三子之行,各極其一偏;孔子之道,兼全於衆理……三子猶春夏秋冬之各一其時,孔子則太和元氣之流行於四時也。"[125]

此外,荆公於《伯夷》中提出異於常解的"伯夷伐紂"説。荆公立論有三個根據:其一,伯夷的仁者之心。紂王殘暴之極,人人皆欲誅之,伯夷作爲仁者,最痛恨紂王的不仁。"而尤者,伯夷也。"其二,伯夷與太公行同心亦同。伯夷、太公二者聞西伯善養老而皆歸之,可見二者對文王皆有認同之心,在對待武王伐紂的事情上,二人亦當同心。"欲夷紂者,二人之心豈有異邪?"伯夷之所以未能追隨武王伐紂,原因在於年壽太高,故其志未遂,甚或未歸西伯而死,或不及武王之世而死。其三,伐紂乃是大義之舉,伯夷作爲仁者,理當贊同之。天下之道,衹有仁與不仁之分。既然伯夷痛恨紂王之不仁而不服事之,那麽必然選擇輔佐武王伐紂的仁義之舉,否則,伯夷無以自處。故設想伯夷若不是早死,其輔佐武王之功業當不下於太公。"伯夷固不事不仁之紂,以待仁而後出。武王之仁焉,又不事之,則伯夷何處乎?"[126]荆公此説的確異於常俗,極其新穎。

六　漢宋轉型之先導:荆公"四書之學"的意義

"荆公新學"曾是北宋思想界居於主導地位的學派,獨行於世者六十年。學界多由荆公"五經之學"來研究其"新學",本文通過對其四書類著作的輯考、闡發,揭示荆公對四書同樣有着深入新穎之闡發。認識這一點,對於把握荆公思想及漢宋學術轉型恐不無意義。

儘管荆公對四書並無一完整概念,亦未突出《大學》《中庸》之獨特性,但客觀上却對"四書"皆做了不同程度的闡發。據相關史料來看,他對《中庸》《論語》《孟子》的詮釋是很深入的,加之有的還"行於場屋",故對當時學界産生了深遠影響。儘管荆公詮釋的重心仍在"五經之學",但他對四書的詮釋本身即意味着儒家經典"四書之學"的悄然崛起。故視荆公"四書之學"爲朱子"四書學"之背景、濫觴當可成立。荆公四書詮釋繼續深化了由漢唐注疏之學至義理之學的轉變。中國經典詮釋確實存在以文字訓詁和義理詮釋爲主的兩大樣式,但不可完全落入所謂漢學、宋學的截然兩分中,如魏晋經學詮釋即注重義理發揮。但在宋代即總體表現爲由訓詁至義理的轉變,這是一個長期過程和群體性現象,故學者認爲荆公經學思想實受到被視爲"經學變古時代"標誌人物的劉敞的極大影響。《四庫全書總目》則認爲邢昺爲漢學、宋學轉關所在。可見,由漢入宋,實爲時代思潮所至。荆公引領的新學則推動了這一思潮的發展,對理學的産生起到了催生效應。荆公的特色是由"字義"出發而及乎義理辨析,如"忠""恕""穀"等字的解釋皆有此特點。此外,還表現在因政治訴求而表現出强烈的現實關懷,如《答王深甫書》中的大人"不能毋欲達"[127]説、《楊墨》中的"爲己有餘而天下之勢可以爲人矣,則不可以不爲人"[128]説等;因關切儒家倫常秩序的重建而表現出的針砭性,大者如駁佛老異端之説、批儒家内部人性説,小者如《勇惠》中辨"無與傷惠無死傷勇"[129]乃是對孟子勇惠説之誤解,《原過》中批判"非其性"[130]説對復性的誤解。荆公"四書之學"還因其善於懷疑思考而體現出以問題爲導向的解經意識,如釋性命、仁義、君子、聖賢、爲學等;因其見識高卓而多具别出生面之論,如自不起眼之字詞"亂""不顯"等,至儒家仁義、性命之論、聖人異同等重大問題。

關於程朱對荆公的批評,學界多有論述[131],但程朱對荆公思想之吸取,則罕見論及。這與"荆公新學"引領時代風潮數十年之事實顯然不合。就荆公四書解來看,他重點闡發了人性、中庸、誠、仁義、希顏、君子、爲學、禮樂、大人、聖人、王霸義利等論題,其"道德性命"之學在闡發中得到全面深刻之體現。荆公論述常接續漢唐儒學揚雄、韓愈等説而發,如人性之善惡、以愛言仁義、希顏、聖人之異、伯夷伐紂等,這些論題同樣爲程朱理學所關切。比較來看,荆公之解與程朱有同有異,在具體論題的理論觀點上多異少同,但就皆選擇四書,並就某些共同論題做出詮釋來看,二者在思想旨趣上有其一致處,如皆關注性命、中庸、誠、仁義、聖賢人格、爲學志向、出處去就、王霸義利。荆公人性論的反復演變,顯出他對此問題始終不懈的追求,其人性論最後落足於性的生成論,自有其獨到處。荆公繼承以愛言仁之傳統,並以"德愛"改造韓愈的"博愛",且注意到仁在五常中的主導地位。程朱論仁,雖以理爲核心,然並未否定以愛言仁的傳統,如朱子提出仁是愛之理、心之德。在對顔子之推崇、管仲之評價上二者多有一致。荆公對顔子之推崇與二程暨起的理學旗幟"學顔子之所學"内在相應。在孔聖與三聖的異同上,荆公注意到三聖之不足,並以"時"之差異解釋,朱子則斷定二者有偏、全之别。總起來看,程朱學派對荆公四書採取的是批判與吸收兼具的態度,認爲荆公"學不知道",但並不能由此否認曾在局部受到荆公影響。荆公説有爲程朱所吸取者,如《論孟集注》數條;有爲程朱所批却爲其弟子所取者,如"伯夷伐紂"説爲楊氏所認可,"三年學不至乎善"爲謝氏所取;有爲程門弟子所棄却爲朱子所取者,如"在天爲命,在人爲性"説。即便朱子本人,隨思想之發展,對荆公説亦有前後看法改變者,如對高明處己、中庸接人説的態度;在"志"的理解上,取荆公説而放棄程子説。這些充分顯示了荆公"字義"解經的魅力和朱子兼融並取、擇善而從的學術態度。因此,荆公"四書之學"對程朱學派的"四書學"確有一定刺激影響。

如何定位荆公四書?束景南、王曉華提出:"宋初思想的轉型,漢學向宋學的轉型,經學向理學的轉型,就是由經學中'四書學'的興起推動的。"故荆公之學實爲漢宋轉型、經學向理學轉型的重要環節。但對荆公"四書之學"的意義不可夸大,儘管荆公對《論語》《孟子》確曾有意識地加以注解,並將之立爲官學,但並不能認爲荆公已"在'五經學'的經學詮釋體系之上形成一個'四書學'的經學詮釋體系"。他也並不是"第一個給四書作全注的",僅據史書對湮没不傳的《淮南雜説》數十字之介紹,是不能直接推出"他早年已形成了自己的四書學思想的"。至於諸如視荆公"四書之學"將"四書上升爲官學",荆公在"四書學的興起上是一個關鍵人物",荆公"在'五經'和'四書'上,更看重'四書'"等説法,並無足够的證據支撑,無法令人信服。如僅以朱熹對荆公門人《禮記解》之肯定,據朱熹《學校貢舉私議》提及王雱等説可採入四書《集解》,而得出朱熹如何有取於荆公"四書之學",是不足爲據的。僅以論者所據《學校貢舉私議》爲例,朱子認爲《周易》《尚書》《詩經》《禮記》所應讀之書皆分别列舉安石之名,而"四書"所應讀之書則根本未提其名,此至少反映出荆公"四書之學""五經之學"在學者眼中之高下。[132]荆公的最大問題在於他並没有"四書學"的自覺意識,尚未把"四書學"的真正内核《大學》《中庸》獨立於《禮記》,尤其是對"四書學"之靈魂《大學》著墨極少,這與中唐新儒學之前驅韓、李之學頗爲相似,表明處於漢宋經學轉型期的荆公,其思考著眼點多在接着漢唐儒學講。他並没有真正樹立"四書"的整體意識,亦並未如程朱理學般建構一個解釋四書的理論詮釋體系,不能推出荆公"四書之學"駕於其"五經之學"上等論斷。就"荆公新學"而論,肖永明的觀點較爲中肯,他認爲《三經新義》是"荆公新學"的主要内容,荆公對《論語》《孟子》《中庸》的闡發是其學術的重要組成部分。[133]也就是説,在荆公的學術體系中,"三經之學"佔有主導地位,"四書學"的意識尚未建立,其對"四書"的闡發衹是其三經思想的補充,然在論題和詮釋上,已悄然切合未來學術之發展,而予後來者以潛移默化之影響。

總之,荆公"四書之學"無疑是構成其思想體系的重要支架。本文對其殘篇斷簡加以輯考,並結合相關著述,論述了荆公對四書的文本詮釋及其所包含的哲學思想,以見荆公確是漢宋學術轉型、承上啓下的重要人物,其思想遠紹漢唐儒學,近開兩宋理學,確乎實現了對儒學經典的新詮釋,開啓了"儒學主題的轉换與學理更新"[134]。但他在理論上並未提出自成一體的、具有深度的思想體系,在儒家天道形上學、人道工夫論、心性修養論上,皆無法與稍後興起的程朱理學相抗衡,並終爲其所掩,亦是勢所必至。然荆公精思獨造之學,仍予今人以啓發;其承漢開宋之功,仍待來者之挖掘。

(本文爲國家社科基金重大項目"中國'四書'學史"[13&ZD060]階段性研究成果。)

注　釋

① "四書"有廣義、狹義之分。就狹義來看,"四書"之名成於南宋朱熹之手,有學者堅持"以名定學"的立場,認爲"四書學"衹能是朱熹之後纔有的學術;並認爲"四書學"必須如朱熹《四書集注》一樣,是對《論語》《孟子》《大學》《中庸》四部經典的全部討論,缺一不可。廣義來看,四書指上述四部經典,歷史上凡是對此四部著作加以單獨或全部詮釋者,皆可視爲"四書之學",故"四書之學"並不僅僅限於"四書"之名出現的南宋之後,而可上溯至漢唐。清代《四庫全書總目》亦是從廣義的角度來認定"四書學"。本文認爲,朱熹的突破在於從理學思想出發,將四書作爲一個具有内在聯繫的整體加以系統化詮釋,創立了"四書學";而前人包括二程並未形成對四部經典統一化、系統化、整體化的論述,多爲側重單經的論述,故可謂之"四書之學"。但前人尤其是宋人的"四書之學"對朱熹"四書學"所具有的直接影響,是毋庸置疑的。

② 管見所及,目前對荆公"四書之學"有專門論述者爲肖永明《荆公新學及其〈四書學〉》,載朱漢民、肖永明《宋代〈四書〉學與理學》,中華書局 2009 年版,第 130—138 頁;束景南、王曉華《四書升格運動與宋代四書學的興起——漢學向宋學轉型的經典詮釋歷程》"四書學上升爲官學——王安石的四書學"一節,《歷史研究》2007 年第 5 期。

③ 《宋史》卷三七六《陳淵傳》,中華書局 1977 年版,第 11629—11630 頁。

④ 就討論雙方的身份(君臣關係)、討論話題的重要性(新學與洛學兩大學術流派異同)、討論者對話題的熟悉度、被討論者的時代影響(主導北宋六十年的荆公之學)、記載討論經過的載體(作爲正史的《宋史》)等因素來看,陳淵選擇荆公的"四書之學"來批駁其思想缺陷,至少可以表明荆公的"四書之學"在當時確有相當的影響力。

⑤ 陳淵所論僅是三書,並不包括《大學》,正反映出該書在當時尚未有足够影響。《大學》地位的提升,程朱的闡釋與提倡發揮了關鍵作用。

⑥ 晁公武撰,孫猛校證《郡齋讀書志校證》卷四,上海古籍出版社 1990 年版,第 136 頁。

⑦ 同上書,第 420 頁。

⑧ 第 1—13 條皆輯自衛湜《禮記集説 · 中庸集説》卷一二三至一三六,《中華再造善本》(唐宋

編),北京圖書館出版社 2003 年版。

⑨ 同上書卷一二三,第 16—17 頁。

⑩ 此説影響廣泛,除《禮記集説》《龜山集》外,宋方聞一《大易粹言》、宋石子重《中庸輯略》等認爲是荆公説。南宋真德秀《西山讀書記》、明張九韶《理學類編》則認爲是"邵子曰"。

⑪ 荆公《尚書義》言:"性在我,事在物,數在時,君子修其在我者,不責命於天也。"參見程元敏《三經新義輯考彙評》,華東師範大學出版社 2011 年版,第 176 頁。

⑫ 楊時《楊時集》卷一二《語録三》,林海權整理,中華書局 2018 年版,第 336—337 頁。

⑬ 朱熹《四書或問》,《朱子全書》(修訂本),上海古籍出版社、安徽教育出版社 2002 年版,第 553 頁。

⑭ 朱熹《四書章句集注》,中華書局 1983 年版,第 17 頁。

⑮ 參見許家星《朱熹〈中庸章句〉首章"三位一體"的詮釋特色》,《中州學刊》2010 年第 5 期。

⑯ 同注⑧卷一二四,第 23 頁。

⑰ 同上書卷一二五,第 13 頁。

⑱ 同注⑭,第 19 頁。

⑲ 同注⑧卷一二五,第 18—19 頁。

⑳ 王安石《臨川先生文集》,中華書局 1959 年版,第 758 頁。

㉑ 同注⑧卷一二五,第 31 頁。

㉒ 同上書卷一二六,第 3 頁。

㉓ 同上書,第 13 頁。

㉔ 同上書,第 19 頁。

㉕ 同上書卷一三三,第 24 頁。

㉖ 同上書卷一三四,第 13—14 頁。

㉗ 同上書卷一三五,第 11—12 頁。

㉘ 參見注⑭,第 37 頁。

㉙ 同注⑧卷一三五,第 22 頁。

㉚ 同上書,第 25—26 頁。

㉛ 同注⑫,第 147 頁。《字説》爲荆公得意之作,原書早已散佚,今人有輯本。

㉜ 程顥、程頤《二程集》,王孝魚點校,中華書局 2004 年版,第 1181 頁。

㉝ 同上。

㉞ 同注⑪,第 225 頁。

㉟ 馬端臨《文獻通考》(五)卷一八四,《景印文淵閣四庫全書》第 614 册,臺北,臺灣商務印書館

1986 年版,第 173 頁。

㊱ 同注⑭,第 126 頁。胡炳文《四書通》等認爲是王安石。日本大槻信良亦認爲是王安石説,參見《朱子四書集注典據考》,臺北,臺灣學生書局 1976 年版,第 179 頁。

㊲ 同注⑭,第 179 頁。大槻信良亦認爲是王安石説,參見《朱子四書集注典據考》,第 275 頁。

㊳ 同注⑭,第 72 頁。

㊴ 葉大慶《考古質疑》卷三,《叢書集成初編》,中華書局 1991 年版,第 30 頁。另荆公把"其則不遠"的"則"解爲"由恕及人"。參見程元敏《三經新義輯考彙評》,第 118 頁。

㊵ 同注⑳,第 763 頁。

㊶ 同注⑫,第 147 頁。

㊷ 真德秀《西山讀書記》卷四,《景印文淵閣四庫全書》第 705 册,第 119 頁。下評述所引同。

㊸ 朱熹《論孟精義・論語精義》卷四,《朱子全書》(修訂本),第 259 頁。

㊹ 同注⑬,第 745 頁。

㊺ 同注㊸,第 267 頁。按:原書介甫所云未加引號,宜加。

㊻ 同上書,第 301 頁。

㊼ 同注⑬,第 764 頁。

㊽ 張宗祥輯録《王安石〈字説〉輯》,曹錦炎點校,福建人民出版社 2005 年版,第 34 頁。

㊾ 同注㊸,第 304 頁。

㊿ 同上書卷五上,第 315 頁。

51 同注⑭,第 109 頁。

52 同注㊸卷五上,第 316 頁。

53 同注⑳卷六七,第 713 頁。

54 同注㊸卷六下,第 433 頁。

55 同上書卷七上,第 446 頁。

56 同注⑬,第 813 頁。

57 同注㊸卷八上,第 524 頁。

58 同上書卷一上,第 44 頁。

59 同注⑬,第 789 頁。

60 同上。

61 同注㉜卷一一,第 1244 頁。

62 同上。

63 黎靖德編《朱子語類》卷三五,《朱子全書》(修訂本),第 1304 頁。

(64) 同注㊸,第298頁。

(65) 同注⑭,第105頁。

(66) 同注(63)卷四五,第1603頁。

(67) 同上。

(68) 同注⑪,第9頁。

(69) 同注⑬卷三,第670頁。

(70) 同注⑥,第135頁。

(71) 同注㊽,第91頁。

(72) 同注⑪,第103頁。

(73) 王安石《周官新義》卷三,楊小召校點,四川大學出版社2016年版,第40—41頁。

(74) 同注⑳卷七二《答龔深父書》,第765頁。

(75) 同注⑭,第284頁。

(76) 胡廣《四書大全·孟子大全》卷七,《景印文淵閣四庫全書》第205册,第687頁。

(77) 同上。

(78) 大槻信良《朱子四書集注典據考》,第447頁。

(79) 朱熹《晦庵先生朱文公文集》卷七一《偶讀漫記》,《朱子全書》,第3414—3415頁。

(80) 同注⑭,第232頁。

(81) 同注⑪,第104頁。

(82) 同注(73)卷四,第53頁。

(83) 曾棗莊、劉琳主編《全宋文》,上海辭書出版社、安徽教育出版社2006年版,第328—329頁。

(84) 同注⑪,第14頁。

(85) 同上書,第169頁。

(86) 同上書,第233頁。

(87) 同上書,第222頁。

(88) 同注(83),第21頁。

(89) 賀麟《王安石的哲學思想》,《文化與人生》,上海人民出版社2011年版,第288頁。

(90) 如丁四新《王安石性命論思想研究(下)》(《思想與文化》2014年第1期)、胡金旺《王安石人性論的發展階段及其意義》(《孔子研究》2012年第2期)、張建民《王安石人性論的發展演變及其意義》(《孔子研究》2013年第2期)等。

(91) 同注(83),第361頁。

(92) 李之亮在《王荆公文集箋注》中認爲《性情》當爲王安石"治平中居金陵時作"(巴蜀書社2005

年版,第1063頁),可從。因爲《原性》主張人性不可以善惡論,在思想上與《性説》一致,加之李之亮認爲《原性》是荆公"元豐中退居金陵時作"(即1078—1088年。第1090頁),故筆者一度與丁四新持同樣看法,認爲《原性》當與《性説》皆爲荆公晚期人性説代表。但對照《公是先生弟子記》之論述,知此説不可成立。而張建民早有此論。

⑨③ 同注⑳,第727頁。《王荆公文集箋注》認爲,此篇乃"元豐中退居金陵時作"(第1093頁)。

⑨④ 王夫之《尚書引義》卷三《太甲》二,中華書局1962年版,第55、56頁。

⑨⑤ 其晚年之佛性論暫且不論。荆公在《答蔣穎叔書》中提出佛教的人性説,顯示其受佛學影響之深。參《臨川先生文集》卷七八,第827頁。

⑨⑥ 同注③,第11630頁。

⑨⑦ 同注⑪,第78頁。

⑨⑧ 同注⑧③,第318頁。

⑨⑨ 同注⑫,第412—413頁。

⑩⓪ 同注⑦⑨卷四三《答李伯諫》,第1957頁。

⑩① 同上書卷七二《蘇黄門老子解》,第3472頁。

⑩② 同上書卷三五《答吕伯恭問龜山中庸》,第1521頁。

⑩③ 同上書卷三三《答吕伯恭》,第1443頁。

⑩④ 同上書卷五五《答潘謙之》,第2594頁。

⑩⑤ 同注⑥③卷六四,第2136頁。

⑩⑥ 同注㉜,第1170頁。

⑩⑦ 同上書,第282頁。

⑩⑧ 同注⑪,第75頁。王安石《周官新義》卷一〇亦言:"聖人之於人道也,孝而已;聖人之於天道,則孝不足以言之,此孝與聖所以異。"(同注⑦③,第141頁)

⑩⑨ 但荆公對堯、舜又似乎有高低之分,認爲:"於堯則言性之所有,於舜則言學以成之。"(同注⑪,第14頁)其實孟子視堯舜皆爲性之,湯武纔是修爲之:"堯舜,性之也。湯武,身之也。"(同注⑭,第358頁)

⑪⓪ 同注㉜,第1170頁。

⑪① 同上書,第282頁。

⑪② 同上書,第1176頁。

⑪③ 參朱熹《四書或問》卷六對謝氏"君子博學於文"章,楊氏"樊遲問知"章的批評。

⑪④ 同注⑳卷七二《答韓求仁》,第763—764頁。

⑪⑤ 阮元校刻《十三經注疏·禮記正義》卷六,中華書局2009年版,第2766頁。

⑯ 同注⑳,第 722 頁。

⑰ 同上書,第 710 頁。

⑱ 同上書,第 767 頁。

⑲ 同上。

⑳ 同上。

㉑ 同注㉝,第 340 頁。

㉒ 同注⑭,第 234 頁。

㉓ 同注⑳,第 676—677 頁。

㉔ 同上書,第 718 頁。

㉕ 同注⑭,第 316 頁。

㉖ 同注⑳,第 675 頁。

㉗ 同上書,第 767 頁。

㉘ 同上書,第 723 頁。

㉙ 同上書,第 716 頁。

㉚ 同上書,第 732 頁。

㉛ 如高紀春《論朱熹對王安石的批判》(《晋陽學刊》1994 年第 5 期);李華瑞、水潞《南宋理學家對王安石新學的批判》(《河北大學學報》[哲學社會科學版]2002 年第 1 期);夏長樸《"其所謂'道'非道,則所言之韙不免於非"——朱熹論王安石新學》(《中國史研究》2009 年第 4 期)。

㉜ 本段引文皆出自束景南、王曉華《四書升格運動與宋代四書學的興起——漢學向宋學轉型的經典詮釋歷程》,《歷史研究》2007 年第 5 期。

㉝ 參見朱漢民、肖永明《宋代四書學與理學》,中華書局 2009 年版,第 130—137 頁。

㉞ 楊柱才《儒學的主題轉换與學理更新——從王安石説起》,《中共中央黨校學報》2001 年第 4 期。

論徐自明《禮記説》
——兼論永嘉經學與朱子學之興替

桂　梟

【提要】 南宋永嘉學者徐自明在當時以“經師宿儒”著稱,身後却僅以史學家知名。本文從衛湜《禮記集説》中鈎稽徐自明《禮記説》佚文,由此釐清徐自明的學術淵源及在宋代經學史中的位置。並在此基礎上,探討宋代永嘉經學的相關問題。最後,通過《禮記説》在徐氏身後散佚的歷史命運,探析永嘉經學與朱子學學術升沉的動因。

宋代經學在繼承與發展漢唐經學傳統的基礎上,建立了新的經學範式。南宋朱熹遍注群經,編訂《四書》,成爲宋代經學的集大成者。但在朱子學定爲一尊之前,南宋學術界存在激烈的學術争論。當前學界對這些争論,已有所研究。[①]值得注意的是,一些學術争論以經學爲核心,圍繞着經文訓詁、解經方法、經解體例等問題展開,尚少有學者從經學角度對這些思想學術争論進行研究。這很大程度上歸因於宋代經學材料散佚過多,朱子學成爲官學以後,曾被朱熹批評過的經學著作更是大量散佚,很多當時有影響的經學家也不以經學顯於後世。

永嘉學者是南宋時期很有影響的學術群體。他們在科舉中成績顯赫,建立了獨特的解經範式,與朱子學形成了既是政治同盟,又是學術論敵的複雜關係。一些永嘉學者在當時以“經師宿儒”著稱,身後却以史家、作家留名,經學著作散佚不存,這與他們的論學主張及所處的歷史環境都有千絲萬縷的關係。衛湜《禮記集説》中保存的徐自明《禮記説》佚文爲我們理解這段歷史提供了一扇視

桂　梟　首都師範大學博士後

窗。本文在釐定佚文文獻價值的基礎上,將徐自明《禮記説》置於宋代經學脈絡之中,探討其經學史價值。最後,試圖回到經學争論的語境中,探討永嘉經學與朱子學的學術分歧及永嘉經學衰落的歷史動因。

一　"永嘉之經師宿儒"

——徐自明與《禮記説》的文獻學考察

徐自明,字誠甫,號慥堂,永嘉(今浙江温州)人,其《宋宰輔編年録》是今人研究宋史的重要史籍。其人生平,史籍罕載,王瑞來已經爬梳史料,進行了較爲全面的考證。[②]本章即在此基礎上,旁考其他文獻,結合所見佚文情况進行論述。

徐自明雖然在後世以史家留名,但在當時却以經師著稱,一生仕履,也多與學術、教育事業相關。《富陽縣志》卷一七《名宦》載:"徐自明,淳熙閒主富陽簿。能詩文,立小學,留意訓迪,應舉得人。"[③]可見,徐自明出仕之初即多留心教育。嘉定五年(1212)六月,徐自明爲國子博士,掌分經講授,考校程文,以德行道義訓導學者。同年八月二十五日,上劄子奏學校舍法事。[④]嘉定六年,擢居太常博士,未久,即被放罷。《宋會要輯稿》七三之四六載:"(嘉定六年二月)二十五日,新除太常博士徐自明放罷。以臣僚言其向居師儒之職,考校去取,無非私意。"[⑤]永嘉學者在當時以舉業知名,徐自明掌"考校進取"之職,言官所謂"無非私意",或指其選舉士子時,多以永嘉之學爲衡量標準。[⑥]毋庸置疑,其所歷職守對於官員的學術修養,尤其是經學水準都有相當高的要求。陳昉稱:"故太常博士徐公,永嘉之經師宿儒。容止靖嚴,言悉中節,行不越矩,論著滿室。蠅頭手筆無一字不端楷,皆有益於世教。"[⑦]生動刻畫了一位勤於著述的經師形象。陳昉曾從學徐自明,所述當得其實。

永嘉徐氏家族以禮學見長。朱熹曾提及《周禮制度菁華》一書在當時頗爲流行:"(僩用)於丘子服處見陳、徐二先生《周禮制度菁華》。下半册,徐元德作;上半册,即陳君舉所奏《周官説》。"又云:"陳、徐《周禮制度》,講三公宰相處甚詳,然皆是自秦、漢以下説起。"[⑧]陳君舉即陳傅良,徐元德名徐居厚,二人與陳亮、葉適等交好,且曾有文祭挽吕祖謙。徐居厚與徐自明皆是永嘉人,徐居厚論

《周禮》與徐自明《禮記説》亦頗有相似之處。徐自明有一子名徐居誼,與徐居厚之名相仿。從年齡上看,徐居厚當非徐自明之子,但從姓名、籍貫上看,二人當爲宗親。此外,《朱子語類》中所批評的永嘉《禮》説,也往往能與現存徐自明《禮記説》佚文相印證。綜上,衛湜《禮記集説》保存的徐自明《禮記説》雖未必是全帙,具體文字或因轉引有所出入,但仍然保留了大量完整的論述,對於我們瞭解徐氏學術、研究永嘉《禮》學都彌足珍貴。

衛湜《禮記集説》所收録的徐自明《禮記説》佚文,計二十條,約一萬叁仟字(計標點),皆講《王制》篇。《禮記》一書來源頗爲複雜,學者往往摘取篇章,别裁作解。宋人注釋《王制》者不少,據《經義考》所載,有阮逸《王制井田圖》、余希文《王制井田圖》、朱熹《井田類説》、邵囦《王制解》、陳埴《王制章句》五種。[⑨]除《井田類説》外,其餘四種著述今皆亡佚。這些作者中,陳埴與徐自明同籍永嘉,邵囦籍金華,亦屬浙東。衛湜《禮記集説》中復有劉孟治佚説,亦專講《王制》篇,其人生平今不可考,然與喻良能善,亦當屬浙學一脈。可以推測,南宋浙東,尤其是永嘉地區當有一研究《王制》的潮流。

除《禮記集説》外,宋元以來,一直有學者徵引徐自明《禮記説》,如《文獻通考》《黄氏日抄》《五經大全》均有摘引,孫詒讓《温州經籍志》中亦有著録,他認爲:"衛氏《集説》《王制篇》所引頗多,他卷則絶無所見,疑所釋止此一篇矣。其説於封建、井地特詳,蓋亦精研經制之學者。"[⑩]孫氏之説甚是,參考《文獻通考》《黄氏日抄》與《五經大全》所引佚文,皆未超出《禮記集説》所引範圍,引文亦無大出入。筆者頗疑馬、黄二家及《五經大全》即自《禮記集説》轉引,或衛湜《禮記集説》所引即徐自明《禮記説》全帙。然文獻不足,未敢遽斷。

衛湜,字正叔,號櫟齋,平江人,其所著《禮記集説》是現存最早的"集説"體經解。全書一百六十卷,收入歷代《禮記》經説一百三十家,其中多屬宋人經説,今日大半散佚。四庫館臣稱其書"採摭群言,最爲賅博,去取亦最爲精審……亦可云禮家之淵海矣"[⑪]。衛湜出身平江衛氏,"世善爲《禮》"[⑫],衛氏家族與永嘉學者關係頗深,其兄衛涇年輕時就曾從永嘉學者問學。"涇少有異操,入行在,從永嘉李去智學。李卒,爲制服執斬喪,人咸義之。"[⑬]亦以《禮記》中試,於淳熙十一年(1184)進士第一,"(蔣繼周)十一年正月,同知貢舉,有《禮記》義,絶出流輩,已見黜,公力主之,拔置高等,及啓封,則吴人衛溼也”[14]。歷官至參知政事。衛湜本人與當時永嘉地區學者也交往甚多。葉適晚年與衛湜交往密切,並對其治學、藏書有所教誨。衛湜在學術上深受永嘉學者熏染,生活中也與他們多有往來,葉適弟子周南與衛氏即是姻親。[15]衛湜又熱衷藏書,在《禮記集説》之中有著録。除徐自明外,《禮記集説》中所收録永嘉學者尚有周行己、薛季宣、戴溪、葉適等。[16]

這批材料是否原名《禮記説》亦值得思考。如孫詒讓所述,《禮記集説》所收録佚文皆出《王制》一篇。[17]徐自明原作很可能僅講《王制》篇,這批材料題名也非《禮記説》。但由於《禮記集説》引書體例不出原名,若無其他著録,其所收録佚説初名皆不可考。《温州府志》(萬曆)蓋據《禮記集説》前“集説名氏”擬名,《温州經籍志》沿其舊稱。本文因爲資料欠缺,姑從孫詒讓之例,亦沿其舊稱。

二　宋代經學脈絡中的《禮記説》

經學著作間往往存在着對話關係,考定一部經學著作的内容與意義,不僅需要内向性的文本細讀,亦意味着回歸到其學術語境中,鈎稽這些對話與互文關係。具體到徐自明的《禮記説》上,由於作者生平不詳,史籍亦罕有著録,將之置於宋代經學脈絡之中進行解讀就顯得尤爲重要。整體上看,此書既繼承了漢唐經學傳統,也植根於注重思辨、探尋義理的宋代經學風氣之中,直接或間接地受到了諸多宋人影響,其解經方式尤與陳傅良等永嘉地區學者取徑相似,在當時頗有典型性。下文就從《禮記説》的基本學術主張入手,旁考相關文獻,在宋代經學脈絡中具體考論其經學價值。

首先,徐自明的《禮記説》繼承了漢唐經學傳統,也體現了宋代經學之新貌。徐氏認爲《王制》是漢儒思古而作,他説:“《王制》一書,叙次三王四代之制度,蓋聖王所以經綸天下之大經,而爲萬世法程者也。其書推明班爵、制禄之法,祭祀、養老之義,其立國之紀綱、制度,講若畫一,而不相踰越。”(《禮記集説》卷二四)鄭玄以爲,此篇爲孟子之後學者所作:“孟子當赧王之際,《王制》之作復在其後。”孔疏承此,進一步稱“《王制》之作蓋在秦漢之際”,又引盧植説:“漢孝文皇帝令博士諸生作此《王制》之書。”[18]《史記·封禪書》亦有記載:“(漢文帝)夏四月,文帝……而使博士諸生刺《六經》中作《王制》,謀議巡守封禪事。”[19]宋人論《王制》著作時代基本沿襲了孔穎達的意見,如孫景南稱:“案《前漢·郊祀志》文帝使博士諸生刺六經中作《王制》,謀議巡守封禪事,則知記禮之書,雜出於漢儒明矣。”[20]葉適也認爲:“《王制》一篇,當時蓋欲施用,而博士諸生考論之所成,異於各以見聞記録者,故比諸篇頗爲斟酌,亦有次第。”[21]

宋人承襲漢唐儒舊説,皆認爲《王制》的著作時代當在漢文帝之時,但與漢唐學者不同的是宋人對《王制》全篇結構的認識。鄭玄遍注三《禮》,大體以《周禮》爲基準,對《王制》篇所述之禮,態度頗爲複雜。如皮錫瑞所言:“鄭君雖不以《王制》爲漢博士作,而視《周禮》則顯分軒輊。故或據《周官》以疑《王制》,未嘗引《王制》以駁《周官》。所云‘先王之事’,即指夏、殷之禮。而於朝聘直以爲晋文霸制,並不以爲夏、殷之禮矣。”[22]鄭玄以爲,《王制》篇雜糅各代禮制,層次較爲凌亂,所以他未對班爵、授禄、祭祀、養老之法度間的邏輯關係加以論述。項安世批評鄭玄説:“蓋文帝合漢初今文博士之傳,斟酌增損,共爲一書,將以興王制,致大平者,其説自應與古文諸書不合。鄭康成無策以通之,强爲之説曰:‘此殷制也。’自是凡不可通者,皆以此語斷之,豈非遁辭也哉?”[23]不僅如此,宋人還普遍認爲《王制》是一個統一的整體,全篇秩序井然,層層展開,寓有深意。葉適以爲《王制》“比諸篇頗爲斟酌,亦有次第”,高文虎也説:“《王制》一篇皆先王治天下之規模,而本末先後未嘗無定序也。”[24]故而徐自明認爲“其書推明班爵、制禄之法,祭祀、養老之義,其立國之紀綱、制度,講若畫一,而不相踰越”,更多地體現了宋人經學新貌。

宋人普遍認爲《王制》一章内部篇章完整、秩序井然,這受到了宋代以來《孟子》一書地位不斷上升的影響。鄭玄已意識到《孟子》與《王制》之關係,指出《王制》成書在《孟子》之後。宋代學者解釋《王制》時也多倚重《孟子》,從義理角度思考全篇結構。《孟子》曰:“夫仁政,必自經界始。經界不正,井地不鈞,穀禄不平。是故暴君汙吏必慢其經界。經界既正,分田制禄可坐而定也。”[25]其議論順序與《王制》相似,葉夢得《禮記解》對此有所發明,説:“有土此有民,有民此有政。《孟子》曰:‘仁政必自經界始,由王者之制禄爵,而至千里之内,以爲御分其田制禄爲詳，所以正經界也。’”[26]《孟子》中關於先王班爵授禄的記載也是宋代學者討論《王制》篇時的重要參考。孟子明言，“周室班爵禄”，“其詳不可得聞也”[27]，故而宋代經學家大多認爲《王制》文本係漢代經師編纂而成，具體主張也從未付諸實踐。徐自明也不例外，他在《禮記説》中言：“周衰，上無道揆，下無法守，諸侯壞亂法紀，以隳先王之制多矣。暴君汙吏慢其經界，而井地之制孟子謹聞其略，諸侯惡其害己，皆去其典籍而班爵禄之制，孟子不聞其詳。”與其他經學家不同的是，徐自明認爲雖然孟子已不聞聖王立法之詳情，但“先王之舊典禮經”，仍“僅有存者”，孟子自述嘗聞其略，就是一證。漢初博士身處秦火以後，纂述《王制》，其中所述三代所實施的政治制度，是先王之法的復興。在徐自明看來，《王制》是“聖王所以經綸天下之大經，而爲萬世法程者也”。（《禮記集説》卷二四）以禮學爲學術根基，進而考論三代禮法制度，并以此爲起點，上探上古治道，而非從堯舜心傳構建學術譜系的做法，是徐自明與其永嘉學者一致之處。陳傅良説：“緣《詩》《書》之義，以求文、武、周公、成、康之心，考其行事，尚多見於《周禮》一書。”[28]葉適也認爲：“周召之徒，因天下已定，集成其書，章明一代之典法，殆堯舜禹湯所無有，而古今事理之粹精特見於此，如《詩》《書》則尚有興壞是非之粗迹存焉故也。”[29]雖然選擇依據的經典有所不同，但永嘉學者以禮學爲學術根基的傾向是一致的。

其次，徐自明的《禮記説》不僅從文本内部講論《王制》，總結上古三代制度之精義，也著意將《王制》所述制度與先秦、漢唐歷史相比對，推求時變，揭示三代制度走向衰亡的過程，並在此基礎上，評騭後世政治之得失。

既然經典中的禮制是“萬世法程”，就有必要與後世的歷史實踐相驗證。徐自明的《禮記説》對《春秋》及漢唐史事頗爲重視，他説：“《春秋》嚴名分之書，以見亂之所由也，則儀位以爲階，防微杜漸且記《王制》之失也。”（《禮記集説》卷二四）經學傳統中，自有“王者之迹熄而《詩》亡，《詩》亡然後《春秋》作”[30]的説法，胡安國也認爲：“仲尼作《春秋》以寓王法。惇典、庸禮、命德、討罪，其大要皆天子之事業。”[31]既然《王制》是三代相傳的王者之制，《春秋》所述的歷史也可視作“王制”不斷衰落的過程，所以徐自明的《禮記説》多結合《春秋》史事發表議論。又如他論述秦漢以後廢封建改郡縣制之法時説：

> 至秦人廢侯置守,其勢之所激,有自來矣!漢初相國下諸侯王,御史執法下郡守(相國主國,御史主郡),三公分置郡國,於時未置刺史也。自武帝置十三刺史,古牧伯之任也。西京之制,御史所上案章,先下三公參決,然後有所黜退。此猶有八伯屬於天子之老二人之意。中興以來,矯枉過直,刺史劾奏,不關三府,直行退免,是時朱浮深以爲不然。夫惟考於先王設方伯之意,與夫春秋霸主擅權之故,以及於漢人刺史輕重之由,可以論世變矣。(《禮記集説》卷二六)

徐自明認爲,秦人廢侯置守,是自東周以來各國霸主擅權、周初封建制分崩離析的歷史必然;西漢武帝置十三刺史,實際上繼承了《王制》"千里之外設方伯……八州八伯"的政治主張;西漢御史所上案章,下三公參決的制度也猶有《王制》"八伯各以其屬,屬於天子之老二人"之遺意;東漢以後,刺史巡行郡縣,逐漸成爲地方行政官員,劾奏不再經過三公,逐漸悖離了《王制》之意。相較於對具體歷史制度的稱贊,徐自明更看重"考於先王設方伯之意",即在領會經典内在意義的前提下,鑒於"世變",推行合於當世的政治制度。

再如徐自明論"天子之縣,内諸侯禄也,外諸侯嗣也":

> 唐大宗嘗欲功臣並世襲刺史,使後嗣長爲藩翰,而長孫無忌固辭而遂止。時于志寧亦奏,古今異時,非久安計。馬周論宗室功臣悉藩國世守其政,若令有不肖子襲封嗣職,正欲絶之,則子文之治猶在,正欲存之,則欒黶之惡已暴。蓋時世異變,雖外諸侯亦不可使世其官也。天寶以後,地分於將領,而藩鎮得以世襲。遂使自辟其人,自强其兵。唐卒以此召亡。太祖皇帝懲五季之變,遂與趙普議削藩鎮之權,而制其錢穀,收其精兵,自李彝興、馮暉、折御卿之外,餘皆不使之世襲,蓋深識時變者矣。(《禮記集説》卷二七)

此段更突顯其從歷史動態中理解經文義的學術主張。經文明確提出"天子之縣,内諸侯禄也,外諸侯嗣也",徐自明却説:"時世異變,雖外諸侯亦不可使世其官也。"並舉唐代史事爲證,唐太宗欲分封功臣世襲刺史,却遭到了長孫無忌等名臣以"古今異時"勸諫,遂作罷,終成貞觀之治。天寶之後,藩鎮割據逐漸坐大,唐王朝終於走向衰亡。而宋代鑒此,削弱藩鎮勢力,雖然與《王制》經文明顯不符,但在徐自明看來,則是"深識時變"的國朝聖政。

從漢唐歷史中尋找證據,考察儒家治平之道,而不空説義理,是永嘉學者深受吕祖謙影響的共同傾向。吕祖謙的《東萊博議》,多以一個主題串聯《春秋》全書,結合漢唐史事展開議論。而吕祖謙在金華講學時,永嘉學者也多往從學,一時蔚爲風氣。[32]陳傅良在一篇策問中就説:

> 彼其曰:治國平天下,物有先後也,致知格物云也,篤恭而天下平也。無實可議,無證可考。夫作王制議大事,儻幽冥而不知,漢儒且深病之,是其所論尚未周歟?雖然,彼其考古今精矣,而顧多論大體何歟?其有得於古今之精,所以守經遭變者,可得聞歟?若是,與孔孟之傳無一不相似也。則委吾心布四體,以求聖王之興可也。若不能自信,終身悠悠於一二之見,則如昔之作者皆罪之。[33]

顯然,陳傅良對以朱熹爲代表的道學家們不滿,亦與道學家群體有不同的經典選擇。"物有先後""格物""致知"出自《中庸》《大學》。在陳傅良看來,《王制》雖是漢人所作,但其成篇淵源有自,並非幽冥不知、無實可議、無證可考的空洞議論。道學家推倒漢、唐以來的歷史經驗,"悠悠於一二之見"的做法,未免師心自用,有罪於古之作者。陳傅良所言的古之作者自然也包括撰述《王制》的漢代學者。可惜的是,陳傅良關於《王制》的具體意見已經亡佚。但從今存《周禮解》佚文看,陳傅良講《周禮》也多結合漢唐史事立論。朱熹批評"陳、徐《周禮制度》,講三公宰相處甚詳,然皆是自秦、漢以下説起",可見徐居厚亦不外此。

再次,《禮記説》將《王制》篇所述具體制度與《周禮》對比,並用"開方法"努力串通二書差異。如前所述,《周禮》與《王制》《孟子》所述禮制,顯有區别,《王制》説:"王者之制禄爵,公、侯、伯、子、男,凡五等。諸侯之上大夫卿,下大夫,上士、中士、下士,凡五等。天子之田方千里,公、侯田方百里,伯七十里,子、男五十里。不能五十里者,不合於天子,附於諸侯曰附庸。"[34]《周禮·職方氏》則説:"凡邦國千里,封公以方五百里,則四公,方四百里則六侯,方三百里則七伯,方二百里則二十五子,方百里則百男。"[35]二者不僅爵等不同,諸侯所轄土地面積與計算方式也明顯不同。鄭玄以《周禮》爲主,將《王制》中與《周禮》相抵牾之制度歸爲殷、夏之禮。周朝建立之後,周公斥大九州,故而諸侯轄地有所擴大。宋代學者普遍不同意鄭玄的意見,王安石就對此提出質疑,他説:

> 《王制》封國三等,古者九州之地以及四海之内,莫不各有君長,苟斥而大之而增百里至五百里,則所黜廢削減,非一國也。此于人情似不合也……且孟子之言何可廢也。孟子之言乃與魯人之言不同,此時,魯已不知其始封之大小。又子産一同之言與孟子合,則五百里之言亦不足信也。凡言《王制》,亦豈皆商制也? 鄭氏以國之大小故云爾。[36]

王安石雖然認爲鄭玄之解釋不合人情,但並未提出解決這一問題的清晰意見。其弟子陳祥道、馬希孟等都試圖解決這一問題,認爲《周禮》與《王制》所述封建、井田制度其實一致,文本上的差異是計算方式的不同所致。例如陳祥道就從是否將附庸之地納入計算考慮,認爲《周禮》五等爵位與《王制》三等爵位不同,是"正封"與"廣封"不同所致。《王制》之"正封"未將附庸面積計算在内,而《周禮》之"廣封"則將各諸侯國之附庸面積計算在内。經典在不同語境下選擇了不同的計算方式,而封國的實際面積並無差異,陳説可謂巧爲彌縫。[37]

徐自明也認爲《王制》與《周禮》所述封建制度實際並無區别,他説:

> 五等之爵,自堯、舜以來未之有改。而謂殷爵爲三等,非也(鄭氏謂公百里,侯七十里,伯五十里)。武王爵列以五,土分以三,蓋襲殷之舊耳。至周公從而增損其制,上公五百里,至男百里。蓋指開方言之,其實去《王制》不大相遠矣。且《王制》五等之爵,猶天建地設,不可亂也。(《禮記集説》卷二四)

這裏徐自明明確指出"《王制》五等之爵,猶天建地設,不可亂也",認爲《王制》所述五等爵位,自堯、舜代代相傳,未有移易,鄭玄所謂殷爵三等並非事實;而《周禮》中所述分土面積,是周公增損古制的結果,但也與《王制》相差不大。

徐自明論證《周禮》與《王制》所述制度相同的辦法即"開方法",即"通算畿内外萬里,展計十萬里之法"(《禮記集説》卷三六),即將萬里乘以十爲方十萬里的演算法。此法源自王安石新學。馬希孟爲王安石弟子,元豐中任太學博士,作《禮記解》七十卷。[38]此書到南宋時在場屋中仍頗有影響力。朱熹曾説:"《禮記》解行於世者,如方、馬之屬,源流出於熙、豐。士人作義者多讀此。"[39]馬氏論"開方”法，曰：

> 普天之下，莫非王土，而天子則兼有之。故天子之田方千里，所以禄畿内之臣也。千里者，以開方之法計之，蓋萬里也。夫天子之田，必以千里者，所以示其本大而末細，猶身之運臂，臂之使指也。蓋不千里不足以服天下之諸侯也。降於天子，則公侯而已。故公侯田方百里，以開方之法計之，蓋千里也。不千里則朝聘、會遇之煩有所不給也。至於伯，則又有殺焉。蓋伯則其國小，其爵卑，而子、男亦如之。故伯七十里，子、男五十里。七十里者，以開方之法計之，七七四十九，蓋四百九十里也。五十里者，以開方之法計之，五五二十五，蓋二百五十里也。[40]

馬氏將《王制》中的“公侯方百里”，視作一邊長爲十里的正方形，則其面積爲方一百里，開方又乘以十，則爲一千里。依此，七十里之國爲每邊七里，面積爲方四十九里，“開方”後是四百九十里，五十里之國面積爲方二十五里，“開方”後爲二百五十里。此即所謂“開方法”。據《王制》後文，“方百里”當爲每邊百里，平方計算則爲一萬平方里。將數字乘以十的“開方法”，毫無道理。這種方法的出現有兩個原因：一、主觀上，爲了使數字接近《周禮》刻意爲之。二、客觀上，没有正確理解數學平方的概念。即便如此，通過“開方”法所得的計算結果，雖然相較於《王制》與《周禮》所述的原始數字，更爲接近，但仍存在巨大差異，並非“增損其制”就能解釋得通的。

徐自明計算《王制》與《周禮》所述封建土地面積時所用的“開方法”，更爲複雜。他説：

> 凡四海之内九州，州方千里，州建百里之國三十，七十里之國六十，五十里之國百有二十，凡二百一十國。名山大澤不以封，其餘以爲附庸閒田，八州，州二百一十國。（《禮記集説》卷二五）
>
> 永嘉徐氏曰：一州，百箇方百里，是方萬里，十萬里地。除了封百里之國三十，是方三千里，爲三萬里地，剩了方七千里。更將方二千九百四十里封七十里之國六十，總前方五千九百四十里，剩方四千六十里。又封五十里之國百有二十。總前方八千九百四十里，是八萬九千四百里，剩方一千六十

里,是餘萬六百里作附庸。(《禮記集説》卷二五)

《王制》經文原文,其實很易理解。州方千里,實際上就是每邊千里,即一百萬平方里,以下,每一國均以邊長計算即可。徐自明的演算法則較爲詭譎,首先,一州面積,結合《王制》後文有“州方百里者百”的説法,則經文中的“州方千里”,在徐自明的算法中,已是每邊一百里,即方萬里。再用“開方”法展計,就是十萬里。其中分封方百里之國三十,即方三千里。前已述及,七十里之國,通過開方法計算,爲方四十九里,七十里之國六十,則爲方二千九百四十里。同理,五十里之國百有二十,則是方三千里。三者總計方八千九百四十里。方萬里所餘用作附庸的土地“方一千六十里”,亦即“開方”計算後的一萬六百里。再如:

方千里者爲方百里者百,封方百里者三十國,其餘方百里者七十。又封方七十里者六十,爲方百里者二十九,方十里者四十,其餘方百里者四十,方十里者六十。又封方五十里者百二十,爲方百里者三十。其餘方百里者十,方十里者六十,名山大澤不以封,其餘以爲附庸閒田,諸侯之有功者取於閒田以禄之,其有削地者,歸之閒田。(《禮記集説》卷三六)

永嘉徐氏曰:開方通算畿内外萬里,展計十萬里之法。方千里者爲方百里者百,乃萬里之地。封方百里者三十國,乃三千里,其餘方百里者七十,乃七千里,共通計萬里之地,乃公、侯之國。又封方七十里之國六十,乃伯之國,通計三分中除一分,只得二千九百四十里,總前三十箇百里,共五千九百四十里。爲方百里者二十九者,此指實數算之,計二千九百里。方十里者四十者,此就十分中止算其一,但得四十里,總前二十九箇方百里之國,却凑得前段二千九百四十里,其餘方百里者四十,此指實數言之,計四千里。方十里者六十,此就十分中止算其一,但得六十里,通餘方數共四千六十里,統前方百里及七十里之數五千九百四十里,却好共成萬里。方五十里之國一百二十者,此子、男之國,就十分中止算其半,得三千里,方百里者三十,此申言上二句,實數計三千里。其餘方百里者十,此指實數算之,得一千里,方十里者六十,此就十分中止算其一,正得六十里。通五十里之國至此,四節亦共得四千六十里,統前共算亦是成萬里之成數,開方共十萬里之地。此論九

州,州二百一十國之數。(《禮記集説》卷三六)

《王制》原文自圓其説,但如果用徐自明的"開方法"計算,則抵牾不通。而其所謂"通計三分中除一分",一方面可能是指通過開方法計算,七十里之國面積爲方四十九里,略近於方七十里的三分之二。另一方面,根據朱熹的批評,也有可能是指將所封諸侯國的名山大川的面積除去後所剩之土地面積。在計算餘數時,將"方百里"計算爲實數,而將"方十里"刻意計算爲"十分中止算其一",則是在所謂"開方法"計算無法成立時,又特意加入的補充條件。我們認爲,徐自明之演算法曲折難通,一方面是對馬希孟等人計算方法的繼承,主觀上試圖統一《周禮》與《王制》所述上古制度的結果,另一方面也是宋代經學家數學水準有限使然。全祖望就曾批評:"宋儒競言開方法……衹以死數乘之,宜其誤也。"[41]

徐自明的計算方法在當時頗爲流行,朱熹對此頗爲反感,直言不諱地加以批評:

> (義剛)又問:"'三分去一'之説,如何?"曰:"便是不是。他們只是不曉事,解不行後,便胡説。且如川中有六七百里中置數州者,那裏地平坦,寸寸是地。如這一路,某嘗登雲谷望之,密密皆山。其中間有些子罅隙中黄白底,方是田。恁地却如何去?注疏多是如此,有時到那解不行處,便説從别處去。"[42]

朱熹之説甚是。在他看來,馬希孟、徐自明等學者的計算方法,是爲了强行講通《周禮》與《王制》制度而生造的經學主張。今本《禮記集説》諸本"天子之縣内,方千里者爲方百里者百"(卷三六)條下徐氏佚説均錯亂難通,亦可見其説之迂曲不通,後世抄寫者也難明其義。[43]

雖然徐自明的經説在經學上難以講通,但在經學史上却有值得注意之處。用某種計算方法,講通《周禮》與《王制》所述封建制度,是當時永嘉學者共有的學術主張。朱熹曾説:"《王制》《孟子》《武成》分土皆言三等,《周禮》乃有五等,决不合,永嘉必欲合之。"[44]陳傅良也曾用某種計算方法試圖講通《周禮》《王制》《孟子》三處所述井田制度。陳氏《周禮説》今亦亡佚,但可從朱熹對其演算法的評論中略窺一二:

君舉説井田,道是《周禮》《王制》《孟子》三處説皆通。他説千里不平直量四邊,又突出圓算,則是有千二百五十里。説出亦自好看,今考來乃不然。……君舉於《周禮》甚熟,不是不知,只是做個新樣好話謾人。[45]

陳君舉却説只是封疆方五百里,四維每一面只百二十五里;以徑言,則只百二十五里。某説,若恁地,則男國不過似一耆長,如何建國?《職方氏》説一千里封四伯,一千里封六侯之類,極分明。這一千里,縱横是四個五百里,便是破開可以封四個伯。他那算得國數極定,更無可疑。君舉又却云,一千里地封四伯外,餘地只存留在那裏。某説,不知存留作甚麽?恁地,則一千里只將三十來同封了四伯,那七十來同却不知留作何用。[46]

君舉説封疆方五百里,只是周圍五百里,徑只百二十五里,四百里者徑百里,三百里者徑七十五里,二百里者只五十里。如此看時,尚似相合。若是諸男之地方百里時,以此法推之,則止二十五里。如此,却只是一個耆長。某便道他説只是謾人。他向來進此書,甚爲得意。淳録云:"自奇其説與《王制》等合。"[47]

由上可知,陳傅良認爲,《周禮》中所述之土地面積當按周長計算,而《王制》中之土地面積則非"平直量四邊",而是所謂"突出圓算"。依照此法,則《周禮》中之公國方五百里就是每邊一百二十五里,計一百二十五平方里,而《王制》中方百里,"突出圓算"後,也是一百二十五平方里。《周禮》伯國三百里,則是七十五平方里,《王制》中方七十里,"突出圓算",也可略等於七十五平方里。看似能够將兩書制度講通。然而,正如朱熹所指出的,若如此計算,則男國地方較少,不足以成國。同時《職方氏》中明確言及千里四公(上引朱熹言"千里封四伯",誤)、六侯、七伯、百男,若依此計算結果,則留下大量土地無法分配。當然,沿着陳傅良綰合《王制》《周禮》的思路,自能據《王制》"不能五十里者,不合於天子,附於諸侯曰附庸",將所餘土地面積視作附庸或不予封建的名山大川,但所餘土地面積過大,仍顯不妥。雖然陳傅良之演算法或屬無理,但其與徐自明計算方法的共同邏輯起點都是講通《王制》與《周禮》所述土地面積。這是北宋以來學者共同致力的方向,而陳傅良與徐自明各自的演算法則是永嘉學者解答這一經學問題的兩種嘗試。

三　歷史語境中的徐自明經學及其命運

從思想史的角度看,著作不僅内嵌於其學術脈絡,也不能脱離其作者所處的歷史語境而存在。如前所述,徐自明之《禮記説》頗能體現永嘉地區之學風,現有材料中徐自明的主要活動時間在嘉定三年到嘉定十三年之間。衹有回到這一時空語境之中,纔能更好地理解徐自明經學之價值及其身後永嘉經學之沉浮。

當時永嘉學者多以舉子業成名,這體現在三個方面。其一,永嘉學者在科舉中取得了較好的成績。吕祖謙於乾道八年(1172)任省試考官,是年陳傅良登第,淳熙五年,吕祖謙再任考官,是年葉適登第。其二,永嘉學者也形成了獨特的應試文體,即所謂"永嘉文體"或"乾淳體"。如梁庚堯所論:"南宋中期主要由永嘉學者所帶動的永嘉文體,藉經義結合史事來發揮對政制與政事的意見,討論如何收到國家治理的實效,一度在科場中引領風騷。"[48]這與當時的科舉考試制度相關,紹興三十一年(1161)以後,科舉制度逐漸確定爲考經義、詩賦兩科,經義進士分《詩》《書》《易》《周禮》《禮記》《春秋》六科試經義,並試論、策。詩賦科試詩賦、論、策。殿試中,兩科又均試策。永嘉文體適合發表議論,其議論又與經義相關,掌握這種文體,對於經義、策、論的寫作都頗有幫助。其三,永嘉學者還大量寫作、刊刻科舉書籍,如《止齋論祖》《永嘉八面鋒》《論學繩尺》等。這些書籍借助當時永嘉蓬勃發展的出版事業,成爲圖書市場上的暢銷産品,擴大了永嘉學者在舉業上的影響力。

如前所述,徐自明係"永嘉之經師宿儒",其生平與科舉關係較大。徐氏著作的性質也可以從舉業的角度進行分析。徐自明論《王制》多與《春秋》及漢、唐故事相聯繫,講論制度得失,固是永嘉文體本色。其强行將《王制》與《周禮》制度講通的做法,也與當時科舉議題息息相關。北宋仁宗朝以來,科舉逐漸淘汰了帖經、墨義等科目,經義、策、論成爲重要科目,注重考察經書大義與發表議論的能力。王安石熙寧改革以後,經義地位進一步上升,科考廢《儀禮》,一時《周禮》《禮記》二經地位尤顯。《周禮》作爲"三經"之一,王安石自作《三經新義》。王安石又作有《禮記發明》,其弟子於《禮記》也都有注解。南宋以後,雖然王學漸微,此二經在科舉中仍有重要地位。與此同時,問策往往就各經書中相似或相關的内容發問,强調思辨,從人情、義理等角度解經,如林之奇曾出過"孟子所論與《王制》《周禮》不同"的策題[49]。這説明在南宋初期,如何處理不同經典文本間的矛盾,不僅是經學研究的重要問題,也是科舉考試考察的熱點。從永嘉學者精於場屋之學的事實看,陳傅良、徐居厚、徐自明等致力於講通經典間差異的做法也就不足爲奇了。

徐自明之經解散佚、經説湮没,固然與其解經生硬、難以自圓其説有關,但徐自明於嘉定六年被劾去官一事,也爲回答這一問題提供了一些消息。嘉定六年二月二十五日,徐自明因臣僚言其向居師儒之職,考校去取無非私意而放罢。徐自明甫升職即被放罷,這當與當時科舉中突然發生之某事有關。考《宋會要輯稿》選舉六:

> (嘉定五年)十二月二十七日,禮部言:"國子祭酒、兼權刑部侍郎劉爚言:'國家以科舉取士,三日之試,雖兼策、論,而去留之際,必本經義、詩、賦。近年經學不明,命題斷章,學者以巧於遷就爲工,不以推本經意爲正,略傳注之説,侮聖人之言。詞賦抑又甚焉,體字全類歇後,用字不考理致,蓋檢閲於類書,非根原於實學。文義無取,器局何觀?乞令學官選擇中興以來魁選義、賦,根本經旨、詞氣渾厚者數十篇刊降,以爲體式。今後命題,不許斷章,長短不拘。《春秋》一經,照嘉定四年省試例,以事實通貫者爲題。令禮部下諸路,於差試官牒内備坐施行。'……"從之。[50]

> (嘉定七年)三月二十二日,刑部尚書曾從龍、禮部侍郎范之柔、刑部侍郎劉爚言:"竊惟國家以進士一科網羅天下之英雋,義以觀其通經,賦以觀其博古,論以觀其識,策以觀其才。異時謀王斷國,皆由此選。臣等濫司文衡,加意考覈,期得真才實能,爲明時用。而場屋循習,文氣不振,比來滋甚。其間學問深醇、文詞雅健者固不乏人,然晨星相望,稀疎寥落,蓋亦絶無而僅有也。大抵學不務根抵,辭不尚體要,有蹈襲古作至二三百言者,有終篇雷同僅易數字者。涉獵未精,論議踈陋,綴緝雖繁,氣象委薾。若此之類,雖黜而不取,然恐四方士子習爲故常,未能丕變。乞下此章,風厲中外之士。仍

令禮部每遇大比,申飭漕司遴選考官,俾精去取。澄源正本,莫切於斯。"從之。[51]

徐自明很有可能即因嘉定六年鄉貢舉中去取不當而罷官。而此次貢舉改革中,劉爚作用最顯。考《宋史》本傳,劉爚曾受學於吕祖謙、朱熹,是朱熹最爲堅定的追隨者之一,慶元黨禁朱學最爲困頓之時,劉爚也追隨不棄。"僞學禁興,爚從熹武夷山講道讀書,怡然自適,築雲莊山房,爲終老隱居之計。"官國子司業時,曾上書丞相史彌遠:"請以熹所著《論語》《中庸》《大學》《孟子》之説以備勸講,正君定國,慰天下學士大夫之心。"[52]此時出任國子祭酒,劉爚乃有機會實踐自己的學術主張。本傳中稱其曾論"貢舉五敝",當即上引所載奏疏。其論當時科舉之弊,與朱熹《學校貢舉私議》一脈相承。劉爚所提及的"近年經學不明,命題斷章,學者以巧於遷就爲工,不以推本經意爲正,略傳注之説,侮聖人之言",幾乎是朱熹《學校貢舉私議》中"今日治經者既無家法,其穿鑿之弊已不可勝言矣,而主司命題又多爲新奇以求出於舉子之所不意,於所當斷而反連之,於所當連而反斷之,大抵務欲無理可解,無説可通,以觀其倉卒之間趨附離合之巧"[53]的翻版。劉爚掀起的這次貢舉改革,針對的當是當時主持科舉的永嘉文風與學術。《禮記説》就可見出徐自明之經學確有"巧於遷就爲工,不以推本經意爲正"之弊。黜落職掌考校的徐自明自然在情理之中了。

嘉定六年,徐自明之放罷實際上可以視作走出僞學之禁的朱學後勁與永嘉學者在科舉領域争奪話語權的結果。曾與徐自明同時任官的鄭昭先、喬行簡、真德秀後來均身居宰輔,他們都同屬朱熹門人、後進,相比之下徐自明則身後寂寞。這或許也可以視作朱熹學術地位逐漸上升並定於一尊這一歷史進程的縮影。

朱熹對永嘉學者論《周禮》《王制》批評激烈,對此問題,他也有自己的看法。《朱子語類》載:

問:"封建,《周禮》説公五百里,《孟子》説百里,如何不同?"曰:"看漢儒注書,於不通處,即説道這是夏、商之制,大抵且要賴將去。若將這説來看二項,却怕孟子説是。夏、商之制,孟子不詳考,亦只説'嘗聞其略也'。若夏、商時諸處廣闊,人各自聚爲一國,其大者止百里,故禹合諸侯,執玉帛者萬國。到周時,漸漸吞併,地里只管添,國數只管少。到周時只千八百國,較之萬國,五分已減了四分已上,此時諸國已自大了。到得封諸公,非五百里不得。如周公封魯七百里,蓋欲優於其他諸公。如《左氏》説云,大國多兼數圻,也是如此。"[54]

鄭玄認爲殷、周制度不同,是商湯、周公等人有意爲之,而在朱熹看來,這是歷史不斷發展,諸國間土地兼併的必然結果,商湯、周公等人不過是承認了這一歷史事實,而非别有制作。

朱熹對用某種計算方法講通《周禮》《王制》這一做法本身就頗懷疑,他説:"漢儒之説,只是立下一個算法,非惟施之當今有不可行,求之昔時,亦有難曉。"[55]到朱熹晚年最後删定的《四書章句集注》中,更是明白指出:"《喪禮》經界兩章,見孟子之學,識其大者。是以雖當禮法廢壞之後,制度節文不可復考,而能因略以致詳,推舊而爲新;不屑屑於既往之迹,而能合乎先王之意,其真可謂命世亞聖之才矣。"[56]將解經的重點從制度之學轉向了對義理的探求。朱熹的理解更爲活泛,某種程度上放棄了對具體經文的考量,反倒使解經變得更有活力,從整體上建立了更爲宏闊的解經體系。

相比之下,陳傅良的《進周禮説序》頗能體現永嘉經學範式的内在矛盾:

夫苟燕樂之,即詠歌嗟嘆之不足,夫苟刑戮之,即戰戰焉有憂色,此非有利爲之也,畏天命焉耳,即人心焉耳。嘗緣《詩》《書》之義,以求文、武、周公、成、康之心,考其行事,尚多見於《周禮》一書,而傳者失之,見謂非古。彼二鄭諸儒,崎嶇章句,窺測皆薄物細故,而建官分職關於盛衰二三大指,悉晦弗著,後學承誤,轉失其真。漢、魏而下,號爲興王,頗采《周禮》,亦無過輿服官名,緣飾淺事,而王道缺焉盡廢。[57]

與朱熹相同,陳傅良也認爲研究《周禮》的目的在於探求先王治國之心意。但在陳傅良看來,聖人之心虚無縹緲,難以懸測;《詩經》《尚書》中所呈現的聖人之道都是在《周禮》所設定的禮法框架中展開的,衹要探明《周禮》,就足以重建周之王道;但以鄭玄爲代表的先儒解釋《周禮》時都過於關心名物、訓詁等小節問題,不能發明建官分職之大旨,所以正確解釋經典真意的任務就落在了當代學者的身上。《周禮》與《王制》所涉封建制度不同,顯然是亟待解決且無法回避的重要問題,陳傅良批評鄭玄"井邑若畫棊然,蓋祖《王制》。《王制》晚雜出"。如前所述,鄭玄承認了《周禮》與《王制》所述制度之不同,但在計算具體封國面積時,鄭玄採取了一致的計算方法,即陳傅良所説的"祖《王制》"。與之相反,陳傅良爲了證明《王制》《周禮》似異實同,分别對各經採取了不同的計算方式。在陳傅良的經學體系中,詮釋經典中的制度是爲了施行於當時,而一旦承認《周禮》《孟子》《王制》等經籍中的制度不同,某種程度上也就動摇了依據經典實踐周禮的可能性。所以,陳傅良的經學體系内在要求貫通《周禮》《王制》中之制度,然而其具體的經解却餖飣破碎、治絲益棼。雖然他在主觀上想努力恢復聖王之道中事關盛衰的"二三大指",却在實際操作中不得不全力處理經文間的差異,巧爲彌縫,最後因爲經解過於迂曲,使恢復周禮喪失了實行的可能。朱熹批評陳傅良道:

> 某便道他説只是謾人。他向來進此書,甚爲得意。某嘗作一篇文以闢之,逐項破其説。且當時説侯六、伯九,如此,則所封大國自少。若是只皆百里而止,便是一千里地,只將三十同來封了,那七十同却空放那裏,却綿亘數百里皆無國。[58]

> 如近年新説,只教畫在紙上亦畫不成,如何行得?且若如此,則有田之家一處受田,一處應役,彼此交互,難相統一。官司既難稽考,民間易生弊病,公私煩擾,不可勝言。聖人立法,必不如此也。[59]

可以看出,朱熹的解經思路具有更强的系統性與普適性,而陳傅良等永嘉學者的解經方法在主观上追求實際,實則陷入了無法實行的困境。因此,從學術發展的内在理路看,被朱學嚴厲批評的永嘉學術漸次退出科舉、學術的場域也是歷史的必然。

當然,在此過程中,永嘉學者也並非全然被動。例如較晚的葉適就試圖直面性理之學,與朱子學對話,對《大學》等道學家最爲重視的經典做出完全不同的解釋。相比於道學家對《大學》的討論集中於"三綱八條""正心誠意""格物致知"等形而上問題,葉適認爲禮纔是治平天下的關鍵。他將討論的重點從國家制度落實到具體器物制度的考明之上,指出"學無小大之異也。書有剛柔比偶,樂有聲器,禮有威儀,物有規矩,事有度數,而性命道德,未有超然遺物而獨立者也”[60]。其《大學講義》也將《大學》與《禮器》《禮運》等篇講成一體,試圖以禮器爲基礎建立其統紀之學,以此囊括理學家的性理之學。他説:“道不可見,而在唐、虞、三代之世者,上之治謂之皇極,下之教謂之大學,行之天下謂之中庸,此道之合而可名者也。其散在事物,而無不合於此,緣其名以考其實,即其事以達其義,豈有一不當哉!”[61]

徐自明自然不屬於成就最高、聲名最顯的那批永嘉學者。他既没有陳傅良綜考制度、詳説古今的學術格局,也没有葉適創爲統紀之學,包括性理之學的思力與魄力,却因其平庸代表了更爲廣大的群體(如李去智、徐居厚等)。這一批專考理會制度之小者的永嘉學者,在朱子學逐漸成爲正統的潮流下,其人其學都更早地受到衝擊,湮没在歷史之中。而伴隨着朱子學的最終確立,永嘉學者的重要經學著作如陳傅良《周禮解》、葉適《大學講義》等,也難逃散佚的命運。[62]

四　結論

徐自明《禮記説》實際上爲我們瞭解南宋經學史提供了一扇窗户,展示了理宗朝朱子學定於一尊以前,南宋學術界衆聲喧嘩的歷史情境:王安石新學在科舉中仍有一定影響力;永嘉學派多從制度層面解經,並結合史事發表議論,其經説雖未必通達,但風靡一時;朱熹所代表的道學家經學也在逐漸興起之中,他們與永嘉學者間的差異不僅體現在對經書義理層面的認識上,也具體地體現在經解之中。

從這一點來看,這也啓示我們宋代經學史上存在的一些“學派”未必“道一風同”,大而化之地研究往往不能得其實。新學一派内部也有不同的聲音,尤其在王安石没有詳細論述的問題上,弟子的解釋存在很大的分歧。永嘉學者也並非一律,在解經方法大致接近的基礎上,對於具體問題的解釋也各有主張。

綜上所述,徐自明經學的歷史境遇可視作永嘉經學與朱子學消長之縮影。永嘉經學關心制度之學,立足於對經文的具體解釋,並以此試圖恢復三代之治的禮樂框架,却反而因立説曲折,難以施行。朱子學則不拘泥具體經文,以性理之學作爲解經的重要依據,並建立了更爲系統的解經方法。從徐自明個人看,因劾去職,經著亡佚不存,固然有科舉之争的偶然性,但從宋代經學史發展的内在理路看,也是永嘉經學與朱子學兩種經學範式興替的必然結果。

(本文爲國家社科基金青年項目"'中興'思潮與兩宋之際文學研究"[19CZW035]階段性研究成果。)

注　釋

① 如何俊《南宋儒學建構》,上海人民出版社 2004 年版;〔美〕田浩《朱熹的思維世界》(增訂版),江蘇人民出版社 2009 年版;余英時《朱熹的歷史世界:宋代士大夫政治文化的研究》,生活·讀書·新知三聯書店 2011 年版等。

② 參見王瑞來《宋宰輔編年録研究》,徐自明撰,王瑞來校補《宋宰輔編年録校補》,中華書局 1986 年版。

③ 《光緒富陽縣志》,《中國方志叢書》,臺北,成文出版社,第 1446 頁。

④ 事見徐松輯《宋會要輯稿》,劉琳、刁忠民、舒大剛、尹波等校點,上海古籍出版社 2014 年版,第 2759 頁。

⑤ 同上書,第 5001 頁。

⑥ 此時,永嘉學者在科舉考試中佔有重要話語權。可參見〔比利時〕魏希德《義旨之争:南宋科舉規範之折衝》,胡永光譯,浙江大學出版社 2015 年版。

⑦ 同注②,第 1831 頁。

⑧ 黎靖德編《朱子語類》卷八六,《朱子全書》(修訂本),上海古籍出版社、安徽教育出版社 2010 年版,第 2915—2196 頁。

⑨ 朱彝尊著,林慶彰等主編《經義考新校》,上海古籍出版社 2010 年版。《禮記集説》論《王制》篇下亦録有金華邵氏,即邵囦之經解,疑即其《王制解》之佚文。

⑩ 孫詒讓著,潘猛補點校《温州經籍志》卷四,中華書局 2011 年版,第 172—173 頁。

⑪ 永瑢等《四庫全書總目》,中華書局 1965 年版,第 169 頁。

⑫ 《衛正叔〈禮記集説〉序》,魏了翁《渠陽集》卷九,張京華校點,岳麓出版社 2012 年版,第 125 頁。又可參見桂梟《衛湜〈禮記集説〉引人引書考》,北京大學 2013 年碩士論文。

⑬ 《洪武蘇州府志》,《中國方志叢書》,第 1418 頁。

⑭ 陸游《渭南文集》卷三五《中丞蔣公墓誌銘》,《陸游集》,中華書局 1976 年版,第 2332 頁。

⑮ 參見桂梟《葉適〈大學講義〉(外二種)輯考》,《北京大學中國古文獻研究中心集刊》第 15 輯,北京大學出版社 2016 年版。

⑯ 參見桂梟《衛湜〈禮記集説〉引人引書考》,北京大學 2013 年碩士論文。

⑰ 本文所引徐自明《禮記説》佚文及其所釋《禮記》正文,如無特別説明,均出自衛湜《禮記集説》嘉熙四年(1240)本,不再一一出注。

⑱ 鄭玄注,孔穎達正義《禮記正義》卷一一,阮元校刻《十三經注疏》,中華書局 2009 年版,第 2861 頁。

⑲ 《史記》卷二八,中華書局 1959 年版,第 1382 頁。歷代學者有關《王制》篇的討論,參見任銘善《禮記目録後案》,齊魯書社 1982 年版,第 11—14 頁;王鍔《〈禮記〉成書考》,中華書局 2007 年版,第 179—184 頁。

⑳ 同注⑰卷二四。

㉑ 葉適《習學記言序目》,中華書局 1977 年版,第 100 頁。

㉒ 皮錫瑞《經學通論・三禮》,中華書局 1954 年版,第 55 頁。

㉓ 同注⑰卷二四。

㉔ 同上。

㉕ 朱熹《四書章句集注》,中華書局 1983 年版,第 256 頁。

㉖ 同注⑰卷二四。

㉗ 《孟子・萬章下》,同注㉕,第 316 頁。

㉘ 陳傅良《進周禮説序》,《陳傅良先生文集》卷四〇,周夢江點校,浙江大學出版社 1999 年版,第 504—505 頁。

㉙ 同注㉑,第 83 頁。

㉚ 《孟子・離婁下》,同注㉕,第 295 頁。

㉛ 轉引自《孟子・滕文公下》,同上書,第 272 頁。

㉜ "往時東萊先生講道金華……是時四方來學者常千餘人,自永嘉者特多,學行又冠諸鄘……每休日,永嘉人慓集。"永嘉學者從學吕氏之盛況可見一斑,乃至竟使婺州本地學者論學時皆操温州口音。見時少章《書王木叔秘監文集後》,曾棗莊、劉琳主編《全宋文》卷七七六三,上海辭書出版社、安徽教育出版社 2006 年版,第 43 頁。

㉝ 陳傅良《策問十四首》,同注㉘卷四三,第 553 頁。

㉞ 同注⑱,第 2861—2862 頁。

㉟ 孫詒讓《周禮正義》,汪少華整理,中華書局 2015 年版,第 3236 頁。

㊱ 同注⑰卷二四。

㊲　同上。

㊳　參見陳振孫《直齋書録解題》卷二，徐小蠻、顧美華點校，上海古籍出版社 1987 年版，第 48 頁。

㊴　同注⑧卷八四，第 2888 頁。

㊵　同注⑰卷二四。

㊶　全祖望《答李嶧陽問開方法帖子》，《鮚埼亭集外編》卷四一，全祖望著，朱鑄禹彙校集注《全祖望集彙校集注》，上海古籍出版社 2000 年版，第 1600 頁。

㊷　同注⑧卷九〇，第 3033 頁。

㊸　今存之宋嘉熙四年刻本《禮記集説》此卷爲抄配，《通志堂經解》本同有此誤，不知二者孰先。

㊹　同注⑧卷八六，第 2917 頁。

㊺　同上書，第 2916 頁。

㊻　同上書，第 2918 頁。

㊼　同上書卷九〇，第 3033 頁。

㊽　梁庚堯《宋代科舉社會》，東方出版中心 2017 年版，第 20 頁。

㊾　林之奇《拙齋文集》卷一四。據文淵閣《四庫全書》（電子版），上海人民出版社、迪志文化出版有限公司。

㊿　同注④，第 5363—5364 頁。

(51)　同上書，第 5369 頁。

(52)　《宋史》卷四〇一，中華書局 1985 年版，第 12170—12171 頁。

(53)　朱熹《晦庵先生朱文公文集》卷六九，《朱子全書》（修訂本），第 3361 頁。

(54)　同注⑧卷八四，第 2881 頁。

(55)　同上書卷八七，第 2953 頁。

(56)　同注㉕，第 257 頁。

(57)　同注㉔。

(58)　同注⑧卷九〇，第 3033 頁。

(59)　朱熹《答吴伯豐》，同注(53)卷五二，第 2449 頁。

(60)　葉適《水心别集》卷七，《葉適集》，中華書局 1961 年版，第 730 頁。

(61)　同上書，第 726 頁。

(62)　參桂梟《陳亮〈中庸〉佚説輯釋》，《北京大學中國古文獻研究中心集刊》第 13 輯，北京大學出版社 2014 年版；《葉適〈大學講義〉（外二種）輯考》，《北京大學中國古文獻研究中心集刊》第 15 輯，北京大學出版社 2016 年版。

兩漢史書對章表奏議文本的删削與改造

余建平

【提要】 章、表、奏、議四品上行文書形成於漢初,四者有體式、功能等諸多區别。兩漢史書對章、表、奏、議做過大量的文本删削和改造工作,使四品文書的體式和内容發生了較大的改變,文書之間的界限也因此變得模糊。簡言之,兩漢史書對章奏文書的處理有三種方式:一是改變章、表、奏、議的名稱,二是改造章、表、奏、議的内容,三是删削章、表、奏、議的套語。

中國古代政治在實踐和演進過程中形成了多種制度,文書制度中的上書制度是其一端,上書制度的建立是中國古代政治得以良好運行的保障。從先秦至秦漢,中國古代上書制度大致經歷了一個由紛雜、混沌走向有序、完善的過程。簡言之,先秦上書言事並無專稱,或稱諫,或稱書,或直稱曰,或形於文字,或口述陳言,專門的文書制度並未明確建立。至秦始將臣民之上書統稱爲奏,漢又分立四品,定爲章、表、奏、議四種。從先秦至秦漢,與章、表、奏、議相關的文書制度也逐漸完善化、精細化,如掌管文書職官的設置、上書流程的規範化、文書保密制度的制定、郵傳設施的廣泛設置等。可以説,章、表、奏、議的形成及相關文書制度的建立,是先秦封建制度向秦漢中央集權制度過渡的縮影之一。

一 漢代章、表、奏、議溯源

劉勰《文心雕龍・章表》曰:"漢定禮儀,則有四品:一曰章,二曰奏,三曰表,

余建平 上海師範大學人文學院

四曰議。"[①]這一概述是非常精當的,章、表、奏、議是漢代最爲重要的四種上書形式。在四品文書建立前,中國已有悠久的上書言事傳統,《文心雕龍·章表》對此有精要的概述:

> 夫設官分職,高卑聯事。天子垂珠以聽,諸侯鳴玉以朝。敷奏以言,明試以功。故堯咨四岳,舜命八元,固辭再讓之請,俞往欽哉之授,並陳辭帝庭,匪假書翰。然則敷奏以言,則章表之義也;明試以功,即授爵之典也。至太甲既立,伊尹書誡,思庸歸亳,又作書以讚。文翰獻替,事斯見矣。周監二代,文理彌盛,再拜稽首,對揚休命,承文受册,敢當丕顯,雖言筆未分,而陳謝可見。降及七國,未變古式,言事於主,皆稱上書。秦初定制,改書曰奏。漢定禮儀,則有四品:一曰章,二曰奏,三曰表,四曰議。[②]

劉勰將章、表、奏、議的源流追溯至堯舜時期,認爲其時大臣言事,是口陳其言,而不是通過文書表達。至商代,"成湯既没,太甲元年,伊尹作《伊訓》"[③],則開始出現形於文字的勸誡之書,但其時上書並無專名,祇粗備勸諫之義而已。西周時,上書的一些基本形式已經形成,《尚書·洛誥》曰:"周公拜手稽首,曰:'朕復子明辟。'"[④]又《詩經·大雅·江漢》曰:"王命召虎。……虎拜稽首,天子萬年。虎拜稽首,對揚王休。"鄭玄箋曰:"拜稽首者,受王命策書也。臣受恩無可以報謝者,稱言使君壽考而已。"[⑤]從"拜手稽首""拜稽首"等套語,可看出漢代章、奏"稽首以聞"的雛形。春秋之時,《左傳》僖公二十八年:"王謂叔父:'敬服王命,以綏四國,糾逖王慝。'晉侯三辭,從命,曰:'重耳敢再拜稽首,奉揚天子之丕顯休、命。'"[⑥]晉文公重耳三辭以謝,又再拜稽首,這與漢代的表有形式相近之處。戰國時期,上書言事仍處於無專名的混亂時期,遊士縱横之辭,百家遊説之語,雖然具備向王侯進言的功能,但相應的制度並没有確立。總言之,先秦時期並無明確的上書制度,祇是形成相關文書套語,粗備形式而已。

秦統一天下,開始有意識地完善各種政治制度。《史記·秦始皇本紀》:"臣等昧死上尊號,王爲'泰皇',命爲'制',令爲'詔',天子自稱曰'朕'。"[⑦]又:"一法度衡石丈尺。車同軌。書同文字。"[⑧]爲了確立皇帝的無上權威,鞏固秦帝國的統治,秦始皇召集大臣、博士共議,制定了一系列統一的措施。皇帝命令文書名稱的更改,以及文字、度量等制度的統一是其中重要的内容。雖然此時没有明確記載"改書曰奏",但很可能在將"命"改爲"制"、"令"改爲"詔"的同時,也將大臣向皇帝的上書規定爲"奏"。劉勰稱"秦初定制,改書曰奏"[9],這並不是虚言。《史記·秦始皇本紀》載,秦始皇死於巡行路途,李斯、趙高等人擔心諸公子及天下有變,令"百官奏事如故,宦者輒從輼涼車中可其奏事"[10]。可見其時已有奏事制度。不僅如此,始皇時期,議應已廣泛使用,秦始皇二十六年(前221)令群臣議帝號即是明證。[11]

漢代何時將上書制度分爲章、表、奏、議四品,已無確切文獻可查證。《後漢書·胡廣列傳》李賢注所引之《漢雜事》及東漢蔡邕的《獨斷》都有相關的記載,兩者大同小異。姑舉蔡邕《獨斷》爲例:"凡群臣上書於天子者,有四名:一曰章,二曰奏,三曰表,四曰駮議。"[12]蔡邕曾從胡廣問學,後又進入東觀參與《東觀漢記》的寫作,並曾志意於補齊《漢記》"十志",他對漢代的典章制度是非常熟悉的,《獨斷》所載應可信。事實上,從出土文獻亦可證蔡邕所載之準確。《獨斷》曰:"漢承秦法,群臣上書皆言'昧死言'。王莽盗位,慕古法,去'昧死'曰'稽首'。"[13]據《敦煌漢簡》一一七簡:"使西域大使五威左率都尉糞土臣厶稽首再拜上書。"[14]五威將軍一職爲王莽時所設,蔡邕所言之"去'昧死'曰'稽首'",在王莽時期的漢簡中得到了印證。

劉勰説"漢定禮儀,則有四品",蔡邕亦曰"凡群臣上書於天子者,有四名"。奏和議在秦始皇時期就已存在,上文已提及,漢代的例證更爲豐富,如《史記·三王世家》,《漢書·高祖紀下》《刑法志》《晁錯傳》及《霍光傳》等皆有較爲完整的例文,此處不再贅述。

從史書記載看,章的出現也較早。《漢書·賈山傳》:"又言柴唐子爲不善,足以戒。章下詰責。"顏師古注曰:"以其所上之章,令有司詰問。"[15]"章下"即下其章之意,可知此時已有章之名。又《漢書·南粵傳》載趙佗給漢文帝的上書:"蠻夷大長老夫臣佗昧死再拜上書皇帝陛下……昧死再拜,以聞皇帝陛下。"[16]據蔡邕《獨斷》:"章者,需頭,稱'稽首上書'。"[17]王莽"去'昧死'曰'稽首'"前應是"昧死上書",可見趙佗的這封上書應是章,這是漢文帝時期已有章的明證。又《漢書·杜周傳》:"郡吏大府舉之廷尉,一歲至千餘章。章大者連逮證案數百,小者數十人。"[18]杜周爲漢武帝時人。可見從漢文帝至漢武帝一直都有使用章上書言事的制度,章至少是文帝之前就已存在的上書方式。

表大概在武帝時期就已被使用。據《漢書·雋不疑傳》:"勝之遂表薦不疑,徵詣公車,拜爲青州刺史。"[19]雋不疑因才能特出,被暴勝之上表舉薦。雋不疑是漢武帝時期人,其時已有上表舉薦的制度。又《漢書·外戚傳》載許皇后給漢成帝的上書:"故時酒肉有所賜外家,輒上表乃決。"[20]皇帝賜酒肉,外戚要上表推讓,可見成帝朝也有使用表的情况。總之,奏、議在秦始皇時期就已存在,章和表的出現稍晚,但至少在武帝時期,四品上書制度已經確立。

章、表、奏、議功能各異。《文心雕龍·章表》曰:"章以謝恩,奏以按劾,表以陳請,議以執異。"[21]這種概括稍嫌簡略。《獨斷》稱章還可"陳事詣闕",另代國璽《漢代公文形態新探》考證,章是漢代適用範圍最爲廣泛的上行文書,它既可用於謝恩,也可建言獻策、檢舉告發、訴訟冤屈等;而奏在漢代的政務運行中使用頻繁,以向皇帝請求批示或報告司法案件爲主。[22]《獨斷》稱,公卿大夫、校尉將軍皆可使用表[23],且以陳請爲主,如《後漢書·王望列傳》曰:"事畢上言,帝以望不先表請,章示百官,詳議其罪。"[24]王望因不先上表向皇帝陳請而獲罪。此外,表常用於推舉人才,兩漢史書中多有"表薦"的記載,如雋不疑得到暴勝之表薦,"拜爲青州刺史"[25],趙典得到"四府表薦,徵拜議郎"[26]。議的功能較爲清楚,多用於公卿大臣議論國事,此處不再贅述。

由上文可知,章、表、奏、議是四種體式、功能都有區别的上行文書,但觀兩漢史書,奏、議之名多有,明確稱其所上之書爲章、表者難見,四品文書體式之間的差别也很難看出,這是什麽原因造成的呢?筆者對《史記》《漢書》《後漢書》做過認真查檢,認爲這很可能是經史書删削改變造成的。簡言之,兩漢史書有三種處理方式:一是改變章、表、奏、議的名稱,二是改造章、表、奏、議的内容,三是删削章、表、奏、議的套語。

二　兩漢史書對章、表、奏、議名稱的改變

從章、表、奏、議的溯源來看,四者是各有用途、互有區别的。文書名稱、體式

的區别本應反映在史書中,但查檢兩漢史書可以發現,各種上行文書的界限非常模糊,甚至直接稱爲章、表的文書都很少能够找到,這種異常很可能是史書删改造成的。《漢書・息夫躬傳》曰:

> 會單于當來朝,遣使言病,願朝明年。躬因是而上奏,以爲:"單于當以十一月入塞,後以病爲解,疑有他變。烏孫兩昆彌弱,卑爰疐强盛,居彊煌之地,擁十萬之衆,東結單于,遣子往侍,如因素彊之威,循烏孫就屠之迹,舉兵南伐,并烏孫之勢也。烏孫并,則匈奴盛,而西域危矣。可令降胡詐爲卑爰疐使者來上書曰:'所以遣子侍單于者,非親信之也,實畏之耳。唯天子哀,告單于歸臣侍子。願助戊己校尉保惡都奴之界。'因下其章諸將軍,令匈奴客聞焉。則是所謂'上兵伐謀,其次伐交'者也。"[27]

息夫躬在給漢哀帝的奏書中,詳細描述了如何令投降的匈奴人詐爲上書,以瓦解匈奴與烏孫關係的計劃。奏書中提到的雖是"上書",但其實是一封"章"。這是史官常用的處理方式,將章、表等文書統一書寫爲"上書"或"上疏"。此類例子不少,如《漢書・賈山傳》:"其後文帝除鑄錢令,山復上書諫,以爲變先帝法,非是。又訟淮南王無大罪,宜急令反國。又言柴唐子爲不善,足以戒。章下詰責。"[28]史書所記爲"上書諫",而後文言"章下詰責",顏師古注曰:"以其所上之章,令有司詰問。"[29]這説明賈山所上呈者其實是"章"。又《漢書・楊惲傳》曰:"會有日食變,騶馬猥佐成上書告惲:'驕奢不悔過,日食之咎,此人所致。'章下廷尉案驗。"[30]有人上書告發楊惲,但後文稱"章下廷尉",可見這其實也是一封章。又《後漢書・祭遵列傳》:"博士范升上疏,追稱遵曰……帝乃下升章以示公卿。"[31]范升所上是"章",而史書稱爲"上疏"。

相對於章,兩漢史書關於表的記載就要少得多,但也能找到一些實例。《後漢書・第五倫列傳》:"倫以后族過盛,欲令朝廷抑損其權,上疏曰:'臣聞忠不隱諱,直不避害。不勝愚狷,昧死自表。"[32]史書雖稱第五倫所上爲"上疏",但文書中有"昧死自表"之語,可見這其實是一封"表"。史書關於表記載的缺失本身也能説明問題,也許有不少表因被史書更改過名稱,後人便不知其爲表了。

奏被改變名稱的情況也較多。《漢書・高祖紀》載,高祖平定天下,"諸侯上疏曰:‘楚王韓信、韓王信、淮南王英布、梁王彭越、故衡山王吴芮、趙王張敖、燕王臧荼昧死再拜言,大王陛下……昧死再拜上皇帝尊號”[33]。與《獨斷》關於“奏”的規定相比對,以“昧死言”開頭的文書應是“奏”,而史書稱爲“上疏”。《漢書·武五子傳》:“復遣中大夫至京師上書言……奏報聞。”[34]此處燕王劉旦遣送其中大夫,奏曰如何如何,但《漢書》稱爲“上書”。又《後漢書·馬援列傳》載:“初,援在隴西上書,言宜如舊鑄五銖錢。事下三府,三府奏以爲未可許,事遂寢。及援還,從公府求得前奏。”[35]史書稱馬援所上爲“上書”,但從“求得前奏”看,其實是“奏”。

從上面的例子可以看出,兩漢史書確實對章、表、奏、議的名稱做過改動,改動後一般統稱爲“上書”或“上疏”。那麽史官爲何要做此改動呢?從上文對章、表、奏、議源流的追溯可知,在秦代更定文書名稱之前,上書言事一直没有明確的規定,因此劉勰説秦之前統稱“上書”,這是制度確立前的混沌時期。漢代史書撰述,應是延續這一書寫慣例,因而會用“上書”統稱漢代的章、表、奏、議。另一方面,史官撰寫史書,本就重在保存漢代的文書内容,對其名稱並不留意。從這個角度來看,史官對章、表、奏、議名稱的改動也在情理之中。

“上疏”是一個漢代出現的文書用詞,它是分條上奏之義。《漢書·蘇武傳》:“初桀、安與大將軍霍光争權,數疏光過失予燕王。”顔師古注曰:“疏謂條録之。”[36]《漢書·揚雄傳》載《解嘲》曰:“策非甲科,行非孝廉,舉非方正,獨可抗疏,時道是非,高得待詔,下觸聞罷,又安得青紫?”顔師古注:“疏者,疏條其事而言之。”[37]又《後漢書·張奮列傳》:“章奏不能叙心,願對中常侍疏奏。”李賢注曰:“疏猶條録也。”[38]上書言事,必有條理,這樣有利於皇帝快速準確地獲取文書信息。因此,漢人“上書”也可稱爲“上疏”,兩者都是上行文書的統稱。

三　兩漢史書對章、表、奏、議内容的改造

兩漢史書對漢代上行文書的改變,不僅表現在名稱上,也表現在對内容的剪裁、改造上。因漢人著述大多已亡佚的緣故,想要確切知道漢代史書對章奏等文書的文本做過哪些改變,並不是一件容易的事。幸運的是,賈誼的《新書》保存

較爲完整,通過《新書》與《漢書・賈誼傳》的文本對比,恰能看出《漢書》對賈誼章奏的改造情况。

《漢書・賈誼傳》班固贊言:"凡所著述五十八篇,掇其切於世事者著于傳云。"[39]"掇"有挑選的意思,班固意在表明,他是有意選取與當時世事更爲相切的章奏,將其記録在賈誼本傳中。那麽,班固是如何删削改造賈誼章奏文書的呢?下文舉兩例進行比對(見表一、表二)。

表一 《漢書・賈誼傳》與《新書・數寧》文本比對表

《漢書・賈誼傳》	《新書・數寧》
夫射獵之娱,與安危之機孰急?使爲治勞智慮,苦身體,乏鍾鼓之樂,勿爲可也。樂與今同,而加之諸侯軌道,兵革不動,民保首領,匈奴賓服,四荒鄉風,百姓素朴,獄訟衰息。大數既得,則天下順治,海内之氣,清和咸理,生爲明帝,没爲明神,名譽之美,垂於無窮。《禮》祖有功而宗有德,使顧成之廟稱爲太宗,上配太祖,與漢亡極。建久安之勢,成長治之業,以承祖廟,以奉六親,至孝也;以幸天下,以育群生,至仁也;立經陳紀,輕重同得,後可以爲萬世法程,雖有愚幼不肖之嗣,猶得蒙業而安,至明也。以陛下之明達,因使少知治體者得佐下風,致此非難也。其具可素陳於前,願幸無忽。臣謹稽之天地,驗之往古,按之當今之務,日夜念此至孰也,雖使禹舜復生,爲陛下計,亡以易此。[40]	**射獵之娱與安危之機,孰急也**?臣聞之:自禹以下五百歲而湯起,自湯已下五百餘年而武王起。故聖王之起,大以五百爲紀。自武王已下過五百歲矣,聖王不起,何怪矣。及秦始皇帝似是而卒非也,終於無狀。及今,天下集於陛下,臣觀寬大知通,竊曰足以操亂業,握危勢,若今之賢也。明通以足,天紀又當,天宜請陛下爲之矣。然又未也者,又將誰須也?**使爲治,勞知慮,苦身體,乏馳騁鍾鼓之樂,勿爲可也,樂與今同耳。**因加以常安,四望無患。**因諸侯附親軌道**,致忠而信上耳。因上不疑,其臣無族罪,**兵革不動,民長保首領耳。**因德窮至遠,近者匈奴,遠者四荒,苟人迹之所能及,皆鄉風慕義,樂爲臣子耳。因天下富足,資財有餘,人及十年之食耳。因民素樸順而樂從令耳。因官事甚約,獄訟盜賊可令勘有耳。**大數既得,則天下順治,海内之氣清和咸理**,則萬生遂茂。晏子曰:"唯以政順乎神,爲可以益壽。"髮子曰:"至治之極,父無死子,兄無死弟,塗無繦緥之葬,各以其順終。"穀食之法,固百以是,則至尊之壽,輕百年耳。古者,五帝皆逾百歲,以此言信之。**因王爲明帝,股肱爲明臣,名譽之美,垂無窮耳。"祖有功,宗有德。"**始取天下爲功,始治天下爲德。**因顧成之廟,爲天下太宗,承天下太祖,與漢長無極耳。**因卑不疑尊,賤不踰貴,尊卑貴賤,明若白黑,則天下之衆不疑眩耳。因經紀本於天地,政法倚於四時,後世無變故,無易常,襲迹而長久耳。**臣竊以爲建久安之勢,成長治之業,以承祖廟,以奉六親,至孝也;以宰天下,以治群生,**神民咸億,社稷久享,**至仁也;立經陳紀,輕重周得,後可以爲萬世法程,後雖有愚幼不肖之嗣,猶得蒙業而安,至明也。**壽并五帝,澤施至遠,於陛下何損哉!**以陛下之明通,因使少知治體者得佐下風,致此治非有難也。**陛下何不一爲之,**及其可素陳於前,願幸無忽。一夫者。** **臣謹稽之天地,驗之往古,案之當時之務,日夜念此至孰也,獨太息悲憤,非時敢忽也。雖使禹舜生而爲陛下,何以易此?**[41]

《新書・數寧》加粗的文字與《漢書・賈誼傳》大體相同,非加粗文字爲《賈誼傳》所無。對比兩者的文本可看出班固的删改取向。《漢書・賈誼傳》這段文字是賈誼爲漢文帝描繪的藍圖,該段以"射獵之娱,與安危之機孰急"起,强調居

安思危的重要性。《賈誼傳》從"孰急"起删去了一段文字,《新書・數寧》恰好有保存。從文意上看,賈誼以聖王五百歲當起,勸諫漢文帝接受聖王這一份擔當,這與下文升平之世的描繪是有緊密聯繫的。《賈誼傳》删去此段,雖使文意更爲簡潔,但此段文字的蓄勢作用却全然喪失了。

另外,《新書・數寧》從"因加以常安,四望無患"到"名譽之美,垂無窮耳",使用以"因"開頭的排比句,文勢蓄然待發,將諸侯附從、上下不疑、官事簡約、天下富足的太平之世展現出來,而《漢書・賈誼傳》簡化爲"諸侯軌道,兵革不動,民保首領,匈奴賓服,四荒鄉風,百姓素樸,獄訟衰息",兩者的文章風格已有較大不同。通過對《漢書・賈誼傳》和《新書・數寧》的文本對比,可以看出班固《漢書・賈誼傳》表現出使句子更爲簡短、緊凑的傾向,與《新書》保存的賈誼章奏有較爲明顯的區别。

表二　《漢書・賈誼傳》與《新書・俗激》文本比對表

《漢書・賈誼傳》	《新書・俗激》
①今世以侈靡相競,而上亡制度,棄禮誼,捐廉恥,日甚,可謂月異而歲不同矣。逐利不耳,慮非顧行也,今其甚者殺父兄矣。盗者剟寢户之簾,搴兩廟之器,白晝大都之中剽吏而奪之金。矯僞者出幾十萬石粟,賦六百餘萬錢,乘傳而行郡國,此其亡行義之尤至者也。②而大臣特以簿書不報,期會之間,以爲大故。至於俗流失,世壞敗,因恬而不知怪,慮不動於耳目,以爲是適然耳。③夫移風易俗,使天下回心而鄉道,類非俗吏之所能爲也。俗吏之所務,在於刀筆筐篋,而不知大體。陛下又不自憂,竊爲陛下惜之。[42]	②大臣之俗,特以牘書不報,小期會不答耳,以爲大故,以爲大故不可矣。天下之大指,舉之而激。俗流失,世壞敗矣。因恬弗知怪,大故也。③加刀筆之吏,務在筐箱,而不知大體,陛下又弗自憂,故如哉。 夫邪俗日長,民相然席於無廉醜,行義非循也。豈且爲人子背其父,爲人臣因忠於主哉?豈爲人弟欺其兄,爲人下因信其上哉?陛下雖有權柄事業,將所寄之?管子曰:"四維,一曰禮,二曰義,三曰廉,四曰耻。""四維不張,國乃滅亡。"云使管子愚無識人也,則可;使管子而少知治體,則是豈不可爲寒心?①今世以侈靡相競,而上無制度,棄禮義,捐廉醜,日甚,可爲月異而歲不同矣。逐利乎不耳,慮念非顧行也。今其甚者,剄父矣,財大母矣,踝嫗矣,刺兄矣。盗者慮探柱下之金,剟寢户之簾,搴兩廟之器,白晝大都之中,剽吏而奪之金。矯僞者出幾十萬石粟,賦六百餘萬錢,乘傳而行郡諸侯,此靡無行義之尤至者已。其餘猖獗而趨之者,乃豕羊驅而往。是類管子謂"四維不張"者也與!竊爲陛下惜之。 以臣之意吏,慮不動於耳目,以爲是特適然耳。③夫移風易俗,使天下移心而向道,類非俗吏之所能爲也。陛下又不自憂,竊爲陛下惜之。[43]

表二中兩者相似的文本以序號標明。從文本比對情況看,《漢書・賈誼傳》所引的這段賈誼奏書,與《新書・俗激》的文本有較大的差異。《賈誼傳》以"今世以侈靡相競"開頭,陳述當時社會風俗之敗壞、制度之缺失、禮儀之捐棄,而

《新書·俗激》類似的一段文字在篇章中,且前面有一段鋪墊,"夫邪俗日長,民相然席於無廉醜",並引用了《管子》的禮、義、廉、恥四維,此段之末又以"是類管子謂'四維不張'者也與"呼應上文。從《新書·俗激》可看出,賈誼的這段話是有嚴密邏輯順序的,它先以《管子》的禮、義、廉、恥引出下文的當世風俗大壞,而《賈誼傳》將此段文字往前提,置於"而大臣特以簿書不報"之前,並刪去《新書·俗激》"夫邪俗日長"到"則是豈不可爲寒心"一段文字。雖然《賈誼傳》引用的這段文字意義仍爲通暢,但其實已經改變了賈誼奏書的原意。總之,班固對賈誼章奏文本所做的改造,使其文意、句式、風格都發生了變化。

除此之外,賈山的《至言》也有改造拼接的痕迹。《漢書·賈山傳》曰:"孝文時,言治亂之道,借秦爲諭,名曰《至言》。"[44]史書並没有明確説,賈山《至言》爲一篇文書,從其内容看,似是由至少兩篇奏書拼接而成。(見表三)

表三　賈山《至言》上篇與下篇文本對照表

《至言》上篇	《至言》下篇
臣聞爲人臣者,盡忠竭愚,以直諫主,不避死亡之誅者,臣山是也。臣不敢以久遠諭,願借秦以爲諭,唯陛下少加意焉。……秦以熊羆之力,虎狼之心,蠶食諸侯,并吞海内,而不篤禮義,故天殃已加矣。臣昧死以聞,願陛下少留意而詳擇其中。[45]	臣聞忠臣之事君也,言切直則不用而身危,不切直則不可以明道,故切直之言,明主所欲急聞,忠臣之所以蒙死而竭知也。……如此,則人主不得聞其過失矣;弗聞,則社稷危矣。……陛下與衆臣宴游,與大臣方正朝廷論議。夫游不失樂,朝不失禮,議不失計,軌事之大者也。[46]

《至言》特别之處在於,中間出現了"臣昧死以聞,願陛下少留意而詳擇其中"這樣的語句,這是典型的文書結尾語。蔡邕《獨斷》言:"奏者,亦需頭,其京師官,但言'稽首',下言'稽首以聞'。"[47]在王莽改"昧死"爲"稽首"之前,群臣上書應稱"昧死以聞",傳世文獻及出土簡牘有不少例證,如昌邑王劉賀被群臣奏請廢除帝位,奏書末爲"臣敞等昧死以聞"[48]。又《元康五年詔書册》:"御史大夫吉昧死言……臣請布,臣昧死以聞。"[49]由此可見,賈山《至言》中出現"臣昧死以聞",代表一篇奏書的結束。這句話出現在《至言》的中部,反倒提醒我們,《至言》很可能至少由兩篇奏書拼接構成。

此外,《至言》的上篇和下篇雖然都是以秦的滅亡爲論述重點,但兩者的銜接並不順暢。上篇强調秦"蠶食諸侯,并吞海内,而不篤禮義",即解釋秦滅亡的原因。下篇開頭花了大量的篇幅强調人主應聽言納諫,上下篇並没有邏輯聯繫。可以推測,因都以秦爲反面例子勸諫君主,賈山的兩篇或多篇章奏被史家拼接爲《至言》,這是班固常用的編撰方法。

四　兩漢史書對章、表、奏、議套語的删削

兩漢史書對章、表、奏、議的套語也有删削。漢代文書有一定的格式要求是可以確定的。蔡邕《獨斷》曰:"章者,需頭,稱'稽首上書'……奏者,亦需頭,其京師官,但言'稽首',下言'稽首以聞'……表者,不需頭,上言'臣某言',下言'臣某誠惶誠恐,頓首頓首,死罪死罪',左方下附曰'某官臣某甲上'……其有疑事,公卿百官會議,若臺閣有所正處,而獨執異意者,曰駮議。駮議曰'某官某甲議以爲如是',下言'臣愚戇議異其非'。"[50]章,應留頭,即在簡牘的頂部留一定的空白,以示對皇帝的尊敬,并稱"稽首上書"。奏,亦需留頭,如果是京師官,稱"稽首以聞"即可。表,不需留頭,開頭稱"臣某言",末稱"臣某誠惶誠恐,頓首頓首,死罪死罪"。駮議則是"某官以爲如是","臣愚戇議異其非"。《獨斷》所記大體準確,可在傳世文獻和出土簡牘中得到印證。

《史記・三王世家》載霍去病給漢武帝的上書:"大司馬臣去病昧死再拜上疏皇帝陛下……臣去病昧死再拜以聞皇帝陛下。"[51]霍去病上書的開頭是"昧死再拜上疏皇帝陛下",與《獨斷》的記載相對照,可知這是一封章。關於章的體式,還有一些實例,如《漢書・南粤傳》載趙佗給漢文帝的上書,起首曰"蠻夷大長老夫臣佗昧死再拜上書皇帝陛下"[52]。武威出土的《王杖詔令册》,有平民廣給漢成帝的上章,首曰"長安敬上里公乘臣廣昧死上書"[53]。傳世文獻和出土文書都可證,章有完整嚴格的體式。

關於表的格式,傳世文獻有相關的記載。蔡邕《蔡中郎集》收録的《被收時表》曰:"議郎糞土臣邕頓首再拜書皇帝陛下……臣邕死罪。"[54]其體式是"某官頓首再拜書",末以"臣邕死罪"作結,雖然並無《獨斷》記載之"頓首頓首,死罪死罪"這些套詞,但《被收時表》是一封表,應是没問題的。

出土簡牘文書可證明奏是有嚴格體式的。居延漢簡記載了一封御史大夫丙

吉的上書：

> 御史大夫吉昧死言：丞相相上大常昌書，言大史丞定言：元康五年五月二日壬子日夏至，宜寢兵，大官抒井，更水火，進鳴雞，謁以聞，布當用者。●臣謹案：比原宗御者水衡抒大官御井，中二千石、二千石令官各抒別火。官先夏至一日，以除燧取火，授中二千石、二千石官在長安、云陽者，其民皆受，以日至易故火，庚戌寢兵不聽事，盡甲寅五日。臣請布，臣昧死以聞。[55]

這是漢宣帝元康五年（前61）丙吉的上書，首有"昧死言"，末以"昧死以聞"結束。這封上書在王莽將"昧死"改爲"稽首"之前，可知是一封奏書。碑刻中也可見完整的奏書體式，如《孔廟置守廟百石孔龢碑》：

> 司徒臣雄、司空臣戒稽首言：魯前相瑛書言，詔書崇聖道……臣雄、臣戒愚戇誠惶誠恐，頓首頓首，死罪死罪，臣稽首以聞。[56]

此碑記載的是司徒吴雄和司空趙戒以前魯相乙瑛之言，給東漢桓帝的一封上書。碑辭完整保存下了東漢桓帝時的上書體式，將其開頭、結尾與蔡邕《獨斷》的記載相對照，可知這是一封奏書。

駁議在史書中有的還保留一些基本形式。《後漢書・張敏列傳》："議者或曰：'平法當先論生。'臣愚以爲天地之性，唯人爲貴，殺人者死，三代通制。今欲趣生，反開殺路，一人不死，天下受敝。"[57]此與蔡邕所言"駁議曰'某官某甲議以爲如是'，下言'臣愚戇議異其非'"相合，可知這是議書。

以上所舉諸例與《獨斷》的記載相互對照，可證《獨斷》所記屬實。但在兩漢史書中，却很難看到這些文書的體式，這很可能是史書删削所致。

兩漢史書對章、表、奏、議套語的删削，例子甚多，姑於每類各舉一例以證明之。史書對章的删削，可見《後漢書・寇榮列傳》："（榮）乃自亡命中上書曰：'臣聞天地之於萬物也好生……先死陳情，臨章涕泣，泣血漣如。'帝省章愈怒，遂誅榮。"[58]從"臨章涕泣""帝省章愈怒"等語可知，寇榮這封上書應是章，但章所應有的"稽首上書"已經被史書删削了，而直接以"臣聞天地之於萬物也"開頭。

史書對表的删改，見《後漢書・張禹列傳》："禹與司徒夏勤、司空張敏俱上表言:‘新野君不安,車駕連日宿止,臣等誠竊惶懼……宜且還宮,上爲宗廟社稷,下爲萬國子民。’”[59]表所應具備的“臣某言”“臣某誠惶誠恐,頓首頓首,死罪死罪”等文書套語完全被《後漢書》剔除掉了。

史書對奏套語的省略,見《後漢書·杜林列傳》:“林奏曰:‘夫人情挫辱,則義節之風損;法防繁多,則苟免之行興。……臣愚以爲宜如舊制,不合翻移。’”[60]奏所必須具備的“稽首以聞”等格式也被史書省略了。

兩漢史書對議亦有删減,《漢書·韋賢傳》載漢元帝下詔令群臣議宗廟迭毁:

> 玄成等四十四人奏議曰:“《禮》,王者始受命,諸侯始封之君,皆爲太祖。以下,五廟而迭毁……臣愚以爲高帝受命定天下,宜爲帝者太祖之廟,世世不毁,承後屬盡者宜毁。今宗廟異處,昭穆不序,宜入就太祖廟而序昭穆如禮。太上皇、孝惠、孝文、孝景廟皆親盡宜毁。皇考廟親未盡,如故。”大司馬車騎將軍許嘉等二十九人以爲孝文皇帝除誹謗,去肉刑,躬節儉,不受獻,罪人不帑,不私其利,出美人,重絶人類,賓賜長老,收恤孤獨,德厚侔天地,利澤施四海,宜爲帝者太宗之廟。廷尉忠以爲孝武皇帝改正朔,易服色,攘四夷,宜爲世宗之廟。[61]

韋玄成等人“奏議”,“奏”是進呈、奏上之意,這其實是一封“議”。漢元帝令群臣議論宗廟迭毁之禮,韋玄成等四十四人認爲應五廟迭毁,漢高祖劉邦爲漢太祖,其廟世世不毁,其他如太上皇、漢惠帝、漢文帝和漢景帝的宗廟都宜毁,但是許嘉等人提出異議,認爲漢文帝有諸多功績,其宗廟不能毁,廷尉尹忠等人也提出異議,認爲漢武帝改正朔、攘四夷,其宗廟也不能毁。觀察這一段文字,班固《漢書》其實省略了不少文字,駁議的體式“某官某甲議以爲如是,下言‘臣愚贖議異其非’”已被簡化,這當是班固爲簡潔文辭,保存大意的緣故。

總之,漢代史書對章奏文書的套語删減較多,四品文書的界限變得模糊。但若站在史家的角度考慮,史書本就重在保留文書的基本内容,其格式並不重要,史官爲節,簡其文,將章、表、奏、議的套語删除掉,也是可以理解的。

五　結語

綜上,可以歸納出漢代史書存録章奏文書的幾個特點:

一、史書並不嚴格區分章奏文書的類别,章、表、奏、議皆可能被史家稱爲"上書"或"上疏"。章奏文書的格式套語也多被史家删削,史書記載以保存文書的内容爲主。這種做法當然是合乎情理的,但也客觀上造成了四品文書界限的模糊,讓我們較難判斷一封上行文書是章還是表,抑或是奏。

二、史家並不完整存録章奏文書的内容,他們會根據叙事的需要,選用原始文書的部分内容,且會對所選内容做一定的改造。甚者,史家會將多篇章奏删改合成一篇,上舉賈誼、賈山的章奏就是如此。這種文本改造工作對史家來説當然是必要的,畢竟史書不是史料彙編,但這種改造也確實改變了章奏文書的文本形態,這是文書研究不得不重視的問題。

注　釋

① 劉勰著,范文瀾注《文心雕龍注》,人民文學出版社 1958 年版,第 406 頁。

② 同上。

③ 孫星衍《尚書今古文注疏》,陳抗、盛冬鈴點校,中華書局 1986 年版,第 572 頁。

④ 同上書,第 402 頁。

⑤ 毛亨傳,鄭玄箋,孔穎達疏《毛詩正義》卷一八,阮元校刻《十三經注疏》本,中華書局 1980 年版,第 573—574 頁。

⑥ 楊伯峻編著《春秋左傳注》,中華書局 2009 年第 3 版,第 465 頁。

⑦ 《史記》卷六,中華書局 1982 年第 2 版,第 236 頁。

⑧ 同上書,第 239 頁。

⑨ 同注①,第 406 頁。

⑩ 同注⑦,第 264 頁。

⑪ 同上書,第 236 頁。

⑫ 蔡邕《獨斷》卷上,《抱經堂叢書》本。

⑬ 同上。

⑭ 甘肅省文物考古研究所編《敦煌漢簡》,中華書局 1991 年版,第 224 頁。

⑮ 《漢書》卷五一,中華書局 1962 年版,第 2337—2338 頁。

⑯ 同上書卷九五,第 3851—3852 頁。

⑰ 同注⑫。

⑱ 同注⑮卷六〇,第 2660 頁。

⑲ 同上書卷七一,第 3035—3036 頁。

⑳ 同上書卷九七下,第 3977 頁。

㉑ 同注①。

㉒ 参見代國璽《漢代公文形態新探》,《中國史研究》2015 年第 2 期。

㉓ 《獨斷》曰:"公卿校尉諸將不言姓,大夫以下有同姓官别者言姓。"同注⑫。

㉔ 《後漢書》卷三九,中華書局 1965 年版,第 1297 頁。

㉕ 同注⑮卷七一,第 3035—3036 頁。

㉖ 同注㉔卷二七,第 947 頁。

㉗ 同注⑮卷四五,第 2182—2183 頁。

㉘ 同上書卷五一,第 2337 頁。

㉙ 同上書,第 2338 頁。

㉚ 同上書卷六六,第 2897—2898 頁。

㉛ 同注㉔卷二〇,第 741—742 頁。

㉜ 同上書卷四一,第 1398 頁。

㉝ 同注⑮卷一下,第 52 頁。

㉞ 同上書卷六三,第 2751 頁。

㉟ 同注㉔卷二四,第 837 頁。

㊱ 同注⑮卷五四,第 2467 頁。

㊲ 同上書卷八七下,第 3570—3571 頁。

㊳ 同注㉔卷三五,第 1199 頁。

㊴ 同注⑮卷四八,第 2265 頁。

㊵ 同上書,第 2231 頁。

㊶ 賈誼撰,閻振益、鍾夏校注《新書校注》,中華書局 2000 年版,第 30—31 頁。

㊷ 同注⑮卷四八,第 2244—2245 頁。

㊸ 同注㊶,第 91—92 頁。

㊹ 同注⑮卷五一,第 2327 頁。

㊺ 同上書,第2327—2328頁。

㊻ 同上書,第2329—2336頁。

㊼ 同注⑫。

㊽ 同注⑮卷六八,第2946頁。

㊾ 轉引自〔日〕大庭脩《秦漢法制史研究》,林劍鳴等譯,上海人民出版社1991年版,第200—201頁。

㊿ 同注⑫。

51 同注⑦卷五九,第2105頁。

52 同注⑮卷九五,第3851頁。

53 武威縣博物館《武威新出土王杖詔令册》,甘肅省文物工作隊、甘肅省博物館編《漢簡研究文集》,甘肅人民出版社1984年版,第36頁。

54 蔡邕《蔡中郎集》卷六,《四部叢刊》影明活字本。

55 同注㊾。

56 洪适《隸釋・隸續》卷一,中華書局1985年版,第18頁。

57 同注㉔卷四四,第1503頁。

58 同上書卷一六,第627—633頁。

59 同上書卷四四,第1499頁。

60 同上書卷二七,第937—938頁。

61 同注⑮卷七三,第3118—3119頁。

范文瀾《文心雕龍注》“孫云”考述

李　平

【提要】《文心雕龍》校注史上，以“孫”爲姓者，前有明代的孫汝澄和孫良蔚，後有清末的孫詒讓和近人孫蜀丞。故范文瀾《文心雕龍注》“孫云”之“孫”所指何人，有學者説“實在令人費解”。經仔細考辨，“范注”“孫云”之“孫”是指孫蜀丞。范文瀾謂其《文心雕龍注》的修訂，“畏友孫君蜀丞尤助我宏多”。然而，他在仰仗孫蜀丞校勘成果以修訂其書的同時，也爲保存孫蜀丞利用唐寫本和《太平御覽》校勘《文心雕龍》的成果做出了重要的貢獻。

一

范文瀾的《文心雕龍注》是他任教於南開大學時“口説不休，則筆之於書”[①]的講義，據趙西陸説脱稿於1923年。1925年由天津新懋印書局以《文心雕龍講疏》爲名刊行，1929—1931年北平文化學社分上中下三册出版時更名爲《文心雕龍注》，1936年上海開明書店出版七册綫裝本。文化學社本是根據新懋印書局本修訂而來，開明書店本又是從文化學社本修訂而來，至此“范注”基本定型。1958年經作者請人核對和責任編輯又一次訂正，人民文學出版社分兩册重印，這就是現在流行的本子。“范注”博大精深，自成體系，它以一種綜合優勢，超過前人，堪稱《文心雕龍》研究史上的一座里程碑。范文瀾本人也由此成爲彦和隔世之知音，《文心雕龍》異代之功臣。梁啓超曾爲之序云：“其徵證詳核，考據精

李　平　安徽師範大學文學院、中國詩學研究中心

審,於訓詁義理,皆多所發明,薈萃通人之説,而折衷之,使義無不明,句無不達,是非特嘉惠於今世學子,而實有大勳勞於舍人也,爰樂而爲之序。”[②]

臺灣著名“龍學”家王更生在其《文心雕龍范注駁正》一書中説:“凡一部獨立成家的著述,欲傳遠流長,必須具有獨立的觀點,堅定的立場,統一的體例。不僅使其前後一致,始終不變,尤應設計周延,無懈可擊。始能讓讀者有首尾圓合,條貫統序的印象。”[③]並據此指出“范注”校勘時省稱“孫云”,乃“稱謂”與“行文”不一,“實在令人費解”:

> 兹以《原道篇》爲例:如“至於林籟結響,調如竽瑟”句下雙行細字,引“孫云《御覽》五八一引作竹琴,明抄本《御覽》作竽琴”。“幽贊神明”句下,引“孫云《御覽》五八五引太作泰,贊作讚”。“洛書蘊乎九疇”句的“洛”字下,引“黄云案馮本洛作雒”。“玉版金鏤之實”句下,引“鈴木云《御覽》作寶”。“唐虞文章,則焕乎始盛”的“始”字下,引“馮本作爲,鈴木云《御覽》亦作爲”。又“鼓天下之動者”句下,云:“者字從《御覽》增。”其中引“黄云”指的是“黄叔琳”,“鈴木云”,是指日人“鈴木虎雄”。“馮本”,指“明弘治甲子(西元一五〇四)吴中刊本的馮允中”。這些都是一望其姓,便馬上可以推知其人的。至於“孫云”,觀《文心雕龍》“范注”第三頁所附“元校姓氏”三十四位校勘家中,以孫爲姓的有二,即“孫汝澄字無撓”,“孫良蔚字文若”。此處所謂的“孫云”,究竟指的是孫汝澄呢?或孫良蔚?實在令人費解。[④]

其實,《文心雕龍》校注史上,以“孫”爲姓者,前有明代的孫汝澄和孫良蔚,後有清末的孫詒讓和近人孫蜀丞。“范注”在正文夾校時,省去校勘者全名,而僅謂“孫云”,既非“體例不當”,又不會導致王更生所言“令人費解”的結果。因此,補正“范注”者,除王更生外,從未有人提出過這樣的問題。[⑤]王氏發難前賢,實乃不明真相。一者,這裏所謂的“黄云”之“黄”指的絶不是“黄叔琳”;再者,此處所謂的“孫云”之“孫”,指的既不是孫汝澄,更不是孫良蔚。筆者擬詳加考述,以明范文瀾《文心雕龍注》“孫云”之“孫”孰謂。

“范注”所附“元校姓氏”,最初來源於梅慶生的《文心雕龍音注》。梅本卷首開列了一份參與《文心雕龍》校勘者的名單,其中"《文心雕龍》讎校姓氏"十人:楊慎(字用脩)、焦竑(字弱侯)、朱謀㙔(字鬱儀)、曹學佺(字能始)、王一言(字民法)、許天叙(字伯倫)、謝兆申(字耳伯)、孫汝澄(字無撓)、徐㶿(字興公)、沈天啓(字生予)。"《音注》校讎姓氏"二十二人:柳應芳(字陳父)、俞安期(字羨長)、王嘉弼(字青蓮)、王嘉丞(字性凝)、張振豪(字儁度)、葉遵(字循甫)、許延祖(字無念)、鍾惺(字伯敬)、商家梅(字孟和)、欽叔陽(字愚公)、龔方中(字仲和)、許延禩(字無射)、鄭胤驥(字閑孟)、陳陽和(字道育)、程嘉燧(字孟陽)、李漢烇(字孔章)、徐應魯(字宗孔)、曾光魯(字古狂)、孫良蔚(字文若)、來逢夏(字景禹)、王嘉賓(字仲觀)、后學儒(字醇季)。[⑥]至清代黄叔琳《文心雕龍輯注》,這份名單合併爲"《文心雕龍》元校姓氏",順序相同,僅是在名單最後多了梅慶生(字子庾)、王惟儉(字損仲)兩人,合計三十四人。據汪春泓考證,謝兆申不僅負責署名梅氏《文心雕龍音注》本的付梓,而且梅本卷首的校勘者名單也出自其手。這些人物,名聲大小不同,所處地域也南北不一,對於《文心雕龍》的校勘,有些人發覆良多,成績斐然,而有些人僅有數字之妙解,甚至無所創獲,衹是因爲各種原因,被謝氏裒輯於一書之中。[⑦]

"范注"以黄叔琳《文心雕龍輯注》爲底本,故無論是最初出版的《文心雕龍講疏》,還是後來修訂再版的《文心雕龍注》,都在卷首保留了這份"元校姓氏"。這份名單中,姓"孫"的有兩位,即孫汝澄和孫良蔚。就《文心雕龍》字句校勘而言,孫良蔚無校語,孫汝澄所校,汪春泓統計有十四條。[⑧]今檢梅本、黄本和"范注",再核以王利器《文心雕龍校證》,孫汝澄所校爲二十一條(見表一):

表一　梅本、黄本、"范注"孫汝澄所校條目表

篇　名	孫汝澄所校條目
徵聖	以多文(元作方,孫改)舉禮
宗經	旨遠辭文(元作高,孫改)
正緯	黄金紫玉之瑞(元作理,孫改)
辨騷	夷羿彃(元作蔽,孫改)日
銘箴	橋(元作僑,孫改)公之鉞
哀弔	賦憲(孫云當作議德)之謚

續　表

篇　名	孫汝澄所校條目
哀弔	及晉築虒(元作虎,孫改)臺
哀弔	史趙(元脱,孫補)蘇秦
諧隱	至魏文因俳説以著笑(元作茂,孫改)
史傳	古(元脱,孫補)者,左史記事者
史傳	元帝王(元作年二,孫改)後
論説	敬通之説(元脱,孫補)鮑鄧
詔策	衛覬(元作凱,孫改)禪誥
檄移	皦然露骨(元作固,孫改)矣
封禪	誦(元作請,孫改)德銘勳
奏啓	晁錯之兵事(元作卒,孫改)
聲律	氣力(孫云氣力上當復有字句二字)窮於和韵
章句	環情草(孫云當作節)調
指瑕	雖寧僭(元作降,孫改)無濫
養氣	叔(元作敬,孫無撓改)通懷筆以專業
總術	故知九變之貫匪窮(元作躬,孫改)

表一所謂"孫改"十五條、"孫補"三條、"孫云"三條,合計二十一條,俱爲孫汝澄所校。孫氏所校的二十一條保存在梅本中,黄叔琳自言承梅氏之後校注《文心雕龍》,故孫校也保存在黄本中。[⑨]同樣,"范注"以黄本爲底本,因此孫汝澄所校二十一條,自然也見於"范注"中。如《養氣》"叔(元作敬,孫無撓改)通懷筆以專業",這是孫校二十一條中唯一一條全稱者,梅本、黄本、"范注"於此亦一脈相承。而上引王更生例舉的"孫云"之内容,不僅與孫良蔚無關,而且也與孫汝澄校語無涉,之所以令王更生"費解",實爲"孫云"之"孫"另有所指。

如前所述,《文心雕龍》校注史上,以"孫"爲姓者,除"元校姓氏"中的二孫外,尚有孫詒讓和孫蜀丞兩位。這兩位校勘者,范文瀾在《文心雕龍注·例言》第一條中都曾明確提道:

《文心雕龍》以黄叔琳校本爲最善,今即依據黄本,再参以孫仲容先生手録顧(千里)黄(蕘圃)合校本、譚復堂先生校本、鈴木虎雄先生《校勘記》,及友人趙君萬里校唐人殘寫本,畏友孫君蜀丞尤助我宏多(孫君所校有唐人殘寫本、明抄本《太平御覽》及《太平御覽》三種),書此識感。[10]

孫詒讓字仲容,其手録顧黄合校本被李慈銘視爲《文心雕龍》“第一善本”。那麽,范文瀾是如何獲得這一善本的呢?陳準在《顧黄合斠文心雕龍跋》中給出了答案:

劉氏之書,自成一家,昭晰群言,發揮衆妙,海内學者所公認也。但校本絶少,注釋不詳,所以校讎者,非窮源討流,終難折衷。余於劉氏之書,頗有研究之志,苦無善本耳。但就所知者,惟弘治甲子吴門刊本(按顧黄合校引活字本即此本也)、嘉靖庚午(子)新安刊本(顧黄合校引汪一兀[元]即此本也)、辛丑建安刊本、癸卯新安刊本、萬曆乙(己)酉南昌刊本(天一閣書目爲萬曆七年張之象序即此本也)、《漢魏從(叢)書》本、《兩京遺編》本。《繡谷亭書録解顯(題)》云:錢功甫有阮華山宋刊本,秘不肯示人,所以傳於世者極少也。餘杭譚中義藏有顧黄合斠本十卷,至詳。吾邑孫仲容先生段(假)此本傳録。乃從孫先生所校本轉移書眉,以留其真,蓋抑劉氏之幸矣。顧黄合斠本,李慈銘《越縵堂日記》云:顧黄二氏據元刊、弘治活字本、嘉靖汪一兀(元)本,朱墨合校,足爲是書第一善本。《原道》《時序》篇紀氏云:此書實成於齊代,今題曰梁。按顧氏云:此所題非也。《時序》篇有“暨皇齊馭寶,運(集)休明”。是彦和此書,作于齊世。又“人文之先(元),肇自太極,幽贊神明,易象爲先”,顧氏所引舊本作“讚”,是也。“素王述訓,莫不原道心以敷章”,黄注云:“以敷”一作“裁文”,不明來歷。今此本注:元刊本“以敷章”作“裁文”,活、汪本同。足見是書之勝於各本也。近來,敦煌有唐人寫本艸書《文心雕龍》殘卷十篇,爲燕京趙萬里先生校記一卷,足以匡正各本之先(失)。余鑒唐人寫本雖不成帙,亦是瓌寶。爰附於後,羽翼而行。余友范君仲澐(文瀾)有《文心雕龍講疑(疏)》之作,以未見此本爲恨。乃轉告樸社,囑其集資刊行。余感良友之愛,亟付剞劂,俾此書流傳海内,學者有所共鑒焉。[11]

孫詒讓手録之顧黄合校本，所根據的原本有元刊本、弘治活字本、嘉靖汪一元本等重要版本，故被奉爲"第一善本"，陳準建議樸社集資刊行，可惜樸社未將這一珍貴的善本印出來。范文瀾著《文心雕龍講疏》時，曾"以未見此本爲恨"。正是通過陳準，范文瀾纔得以見到此本，並據以修訂其《文心雕龍講疏》。陳跋發表於1928年3月，經范文瀾修訂後於1929年出版的《文心雕龍注》，則吸收了顧黄合校本的成果，如全書開篇於著作人"梁劉勰撰"下便增一注釋：

> 顧千里云："此所題非也。《時序篇》有'皇齊御寶，運集休明'，是此書作於齊世。"紀昀評云："據《時序篇》此書實成於齊代，今題曰梁，蓋後人所追題；猶《玉臺新詠》成於梁而今本題陳徐陵耳。"案鍾嶸《詩品》所録諸人，時代多誤，亦其例也。[12]

既然范文瀾曾據孫詒讓手録之顧黄合校本來校注《文心雕龍》，那麼王更生所謂"孫云"之"孫"既與孫良蔚無關，也與孫汝澄無涉，是否就是指孫詒讓呢？有這樣的可能，但是學術研究當以無徵不信爲原則，切不可望文生義。經過認真比勘、仔細甄别，以上"孫云"之"孫"指孫詒讓的可能性幾乎爲零，相反，若排除孫詒讓則不乏證據！

首先，范文瀾雖然據孫詒讓手録之顧黄合校本來校勘《文心雕龍》，但是在具體的字句校讎中，"范注"引顧廣圻（字千里）校語往往作"顧校"，録黄丕烈（號蕘圃）校語通常作"黄云"，並未涉及孫詒讓。例如，《原道》"洛（黄云案馮本洛作雒）書蘊乎九疇"，"至（黄云案馮本至下有若字）夫子繼聖"，《體性》"故童子雕琢（黄云孫氏本作瑑）"等，這裏的"黄"均指黄丕烈。王更生認爲"黄"，"一望其姓，便馬上可以推知其人"爲黄叔琳，真乃望文生義！衹要翻檢一下黄叔琳《文心雕龍輯注》，就會發現黄本於此根本無校語，"范注"的校語來自孫詒讓手録之顧黄合校本。再説，黄叔琳也不會在自己的校語前加上"黄云"，如《宗經》"而大寶咸（一作啓）耀"，《正緯》"僞既倍（疑作掊）摘"，括弧内爲黄叔琳校語，"范注"以黄本爲據，也衹會照録這些校語，而不會在其校語前加上"黄云"，故"范注"之"黄"指黄丕烈。而《文心雕龍》"洛"作"雒"，顧廣圻與黄丕烈的觀點完全一致，如《正緯》"洛（顧校作雒）出書"，"滎河温洛（顧校作雒）"等，這裏所謂的"顧校"即顧廣圻校語。同篇"按經驗緯,其僞有四:蓋緯之成經,其猶織綜,絲麻不雜,布帛乃成;今經正緯奇,倍擿千里,其僞一矣(顧校作也)。經顯,聖訓也;緯隱,神教也。聖訓宜廣,神教宜約,而今緯多於經,神理更繁,其僞二矣(顧校作也)。有命自天,乃稱符讖,而八十一篇,皆託於孔子,則是堯造緑圖,昌制丹書,其僞三矣(顧校作也)。商周以前,圖籙頻見,春秋之末,群經方備,先緯後經,體乖織綜,其僞四矣(顧校作也)",四個"矣"字,顧校均作"也"字,這裏的顧也都是指顧廣圻。最典型的就是《事類》"陳政(黄云案馮本作正,顧校作正)典之訓","黄""顧"同條同校,前者指黄丕烈,後者指顧廣圻。[13]

其次,黄侃《文心雕龍札記》特重孫詒讓校語,其《題辭及略例》曰:"瑞安孫君《札迻》有校《文心》之語,並皆精美,兹悉取以入録。"[14]范文瀾《文心雕龍講疏・自序》曾轉録師語,足見其對孫詒讓校語亦十分重視。但"范注"却不在正文夾校中録孫詒讓之説,而是另以注出之。例如,《原道》"肇自太極,幽贊神明(孫云《御覽》五八五引太作泰,贊作讚)"[15],這裏的"孫"既不是令王更生費解的孫良蔚或孫汝澄,也不是孫詒讓。因爲范文瀾在注中又引顧千里和孫詒讓説,以明正文夾校之"孫云"不妄:"顧千里曰'幽贊神明,舊本作讚是也。《易・釋文》云"幽贊本或作讚"。《孔龢碑》幽讚神明。《白石神君碑》幽讚天地。漢人正用讚字'。孫詒讓《札迻》十二'彦和用經語多從别本,如幽讚神明,本《易・釋文》或本'。"[16]再如,《誄碑》"揚雄之誄元后,文實煩(趙云煩作繁)穢,沙麓撮其(孫云唐寫本無其字)要,而摯(孫云唐寫本作執)疑成篇(有脱誤。顧校云沙麓似脱誤),安有累(孫云明抄本《御覽》作誄)德述尊,而闊略四句乎?"[17]這裏,"有脱誤"係底本黄叔琳校語,"趙云"之"趙"指趙萬里,"顧校"之"顧"指顧廣圻,而"孫云"之"孫"則非指孫詒讓,因爲其後注引孫詒讓《札迻》卷一二云:"案此謂揚雄作《元后誄》,《漢書・元后傳》僅撮舉四句,非其全篇也。摯疑成篇,摯當即摯虞。蓋揚文全篇,虞偶未見,撰《文章流别》,遂疑全篇止此四句,故彦和難以累德述尊,必不如此闊略也。文無脱誤。"[18]又如,《諸子》"篇述者,蓋上古遺語,而戰伐(黄云案馮本代係校增,鈴木云嘉靖本梅本作代)所記者也"[18],"黄"謂黄丕烈,"鈴木"謂鈴木虎雄,而孫詒讓的校語,范文瀾依然以注出之:"《札迻》十二:戰伐元本作戰代(馮本、活字本並同)。案,元本是也。《銘箴》《養氣》《才略》三篇,並有戰代之文。”[20]

最後,以上“孫云《御覽》五八五引太作泰,贊作讚”,這是運用他校法,以《太平御覽》爲他本來校正《文心雕龍》。而孫詒讓亦曾據《太平御覽》校對《文心雕龍》,這就增加了“孫云”之“孫”係孫詒讓的可能性。然而,這也衹是理論上的可能性,實際情况是,“范注”即使引録孫詒讓據《太平御覽》的校語,仍然是以注出之。例如,《祝盟》“舜之祠田云:荷此長耜,耕彼南畝,四(孫云唐寫本四上有與字)海俱有。利民之志,頗形於言矣”[21],范文瀾另外在注中録孫詒讓《札迻》卷一二:“顧廣圻校云‘《困學紀聞》卷十引《尸子》曰,舜兼愛百姓,務利天下。其田也,荷彼耒耜,耕彼南畝,與四海俱有其利’。案《尸子》文見《御覽》八十一。其田也作其田歷山也,無祠田之文,今無可考。”[22]再如,《論説》“論也(孫云《御覽》無也字)者,彌綸群言,而研精(元脱,朱補。孫云《御覽》有精字)一理者也。是以莊周齊物,以論爲名;不韋春秋,六論昭列;至(孫云《御覽》有於字)石渠論藝,白虎通講(孫云明抄本《御覽》通講作講聚);聚述聖言通經(孫云《御覽》無聚言二字),論家之正體也”[23],范文瀾加注曰:“《後漢書·章帝紀》‘建初四年冬十一月,下太常將大夫博士議郎郎官及諸生諸儒會白虎觀,講議五經同異,使五官中郎將魏應承制問,侍中淳于恭奏,帝親稱制臨決,如孝宣甘露石渠故事,作《白虎議奏》。’《班固傳》‘天子會諸儒,講論五經,作《白虎通德論》。’《儒林傳》‘命史臣著爲《通議》。’孫詒讓《籀高述林》四有《白虎通義考》上下二篇,甚詳明。其下篇云‘今本《文心雕龍》述上衍聚字,聖下衍言字,應依《御覽》引删。’”[24]可見,正文夾校所謂“孫云”之“孫”絶非注文中的孫詒讓!

二

綜上所述,“范注”正文夾校所謂“孫云”之“孫”既不是指孫良蔚,也不是指孫汝澄,又與孫詒讓無關,那麽就衹能是孫蜀丞了。1920年左右,孫蜀丞在北京與黄侃、邵章、邵瑞彭、楊樹達、吴承仕、陳垣、尹炎武、洪澤臣、陳匪石、朱師轍、李泰棻、高步瀛、席魯思等成立“思辨社”。倫明撰寫的《辛亥以來藏書紀事詩》對其介紹如下:“孫人和(1896—1966)　字蜀丞。江蘇鹽城人。北京大學文學系畢業。1929 年後，任中國大學教授，兼任北平師範大學、女子師範等校講師。抗戰前後任中國大學國文系主任，輔仁大學教授，北京古學院文學研究會研究員。晚年任北京中華書局研究員。著有《論衡舉正》《吕氏春秋舉正》《抱朴子校補》《新書校本》《花外集校本》等，皆已行世。"[25]孫蜀丞擅長詞章和考據，精於校讎之學，也喜歡收藏古書和書畫，且不乏精品。故范文瀾在前引《文心雕龍注・例言》中特别强調："畏友孫君蜀丞尤助我宏多（孫君所校有唐人殘寫本、明抄本《太平御覽》及《太平御覽》三種），書此識感。"

范文瀾 1925 年於天津出版的《文心雕龍講疏》尚無《例言》，此《例言》首次出現在 1929 年於北平出版的《文心雕龍注》中。可以説，正是由於陳準和孫蜀丞等人將其收藏的善本及校勘成果無私地奉獻給范文瀾，纔使他有可能增補、修訂《文心雕龍講疏》，並最終完成"龍學"史上界碑式的著作——《文心雕龍注》。

《文心雕龍講疏》本是范文瀾任教於南開大學時所撰講義，其《自序》謂："予任南開學校教職，殆將兩載，見其生徒好學若饑渴，孜孜無怠意，心焉樂之。亟謀所以饜其欲望者。會諸生時持《文心雕龍》來問難，爲之講釋徵引，惟恐惑迷，口説不休，則筆之於書；一年以還，竟成巨帙。以類編輯，因而名之曰《文心雕龍講疏》。"[26]而這本書的出版又與當時中共地下黨的秘密活動有關，雖然范文瀾 1926 年纔加入共産黨，但是此前他已有秘密的地下革命活動，天津新懋印書局就是當時地下黨的秘密印刷機構。林甘泉等人回憶説："此書局（引者按：新懋印書局）是地下党天津地委的秘密印刷機構，由時任地委組織部長的彭真主持。范老曾對我談過此事，説：'書局要公開出版一些書作掩護，就把我的講義拿去印了。'出版前，曾由張伯苓校長送給時在南開任教的梁啓超看過。梁氏極爲贊賞並爲此書寫了序言。《講疏》是純學術著作，又有梁啓超的序言，出版此書，自足以掩人耳目了。但爲了不給南開添麻煩，版權頁的著者署名，加上了莫須有的'華北大學編輯員'頭銜。此書印數甚少，錯字很多，是可以理解的。"[27]

當時范文瀾正處於天津，因所見版本和校勘資料有限，加之印刷匆忙，故《文心雕龍講疏》在文字校勘等方面存在諸多缺憾。由於大革命失敗，天津共産黨的地下組織遭到破壞，范文瀾與共産黨失去聯繫。"他成爲一名地下黨員後，常在課堂上和平常接觸時講革命道理和進步理想，因而引起特務的注目。1927

年5月,天津警察廳要派人逮捕范文瀾。張伯苓校長事先得知消息,立即通知他:警察廳明天要抓你,快走吧! 范文瀾連夜離開天津到北京。"[28]到北京後,他先後在北京大學、北京師範大學、北京女子師範大學、中國大學、朝陽大學、中法大學、輔仁大學任教。因爲重新回到當時的文化學術中心,遇到孫蜀丞等人,這就爲他進一步修訂《文心雕龍講疏》提供了契機。高丕琨1925年考入北京師範大學文科預科,兩年後升入國文系,1931年6月畢業。他在《我的回憶》中説:

> 我在學期間,校長時有更迭。文科預科當時教國文的是黎錦熙教授,英文教師是美國留學生,講人生哲學的是當時附中主任林礪儒先生。國文系主任初爲吴承仕(號檢齋)先生,講《三禮名物》;後爲錢玄同先生,主講《音韻學》和《説文解字》。教師有:黎錦熙先生講《國語文法》及《修辭學》,沈兼士先生講《名著分析》,高步瀛先生講《古文辭類纂》,范文瀾先生講《文心雕龍》,孫人和先生講《莊子》,祖遞先生講《文學變遷史》,黄侃先生講《古詩》……余天休先生講《社會學》。[29]

可見,范文瀾與孫蜀丞一度爲北京師範大學的同事(二人也同爲北京大學學生),范文瀾吸納孫蜀丞的《文心雕龍》校勘成果就是"近水樓臺先得月"了。關於孫蜀丞的治學與爲人,倫明《辛亥以來藏書紀事詩》有詩一首,描摹甚精,頗令後學想見其人。其詩曰:

> 不辭夕纂與晨抄,七略遺文盡校讎。
> 讀罷一瓻常借得,笑君全是爲人謀。

詩後復綴數言加以補充説明:

> 鹽城孫蜀丞人和,喜校讎,經子要書,皆有精校之本。所收書,亦以涉於考據者爲凖。每得一未見書,必夸示人,踵門借者不少吝。盧抱經序《群書拾補》,有"益人益己"語。[30]

顯然,孫蜀丞喜好藏書與校讎,善聚稀見版本,這使得"踵門借者不少吝"。關於其藏書豐富,借者不少,我們還可以補充一些材料:

1. 胡適在《顔李學派的程廷祚》一文附注中特意提到孫蜀丞:

程廷祚的《青溪文集》十二卷有道光丁酉(1837)程兆恒刻本,有民國四年(1915)蔣國榜金陵叢書排印本。《續編》八卷,有道光戊戌(1838)程兆恒刻本;但傳世甚少,金陵叢書亦未收入。北京大學出版組現借得孫人和先生所藏《青溪文集》及《續編》,共二十卷,影印流通,並搜集程廷祚的集外文,及碑傳文字,附在全集之後,不久即可出版。[31]

2. 楊樹達《積微居日記》載:

〔一九二三年十二月〕一日,〔下午〕五時半思辨社集,孫蜀丞主人,集老半齋晚飯。飯後同檢齋、魯思、匪石同到蜀丞寓借書,檢齋示所校《論衡》數條極精當。[32](引者按:"檢齋"爲吴承仕,"魯思"爲席啓駉,"匪石"是陳世宜,皆一時名流。)

3. 俞平伯《〈清真詞釋〉序》曰:

民國五年六年間方肄業於北京大學,黄季剛師在正課以外忽然高興,講了一點詞……他又把一本鄭文焯校刊的《清真詞》借給我讀,即所謂"大鶴山人校本"也。這是我於《清真詞》的初見。黄先生平常散散漫漫的,但對於這書似頗珍重,不久就要了回去,當時我很有捨不得似的。直到民國廿八九年間,孫蜀丞先生又借給我這個本子,方有重讀的機會。[33]

以上陳述表明:孫蜀丞藏書之豐富在學界是出了名的,這正是他從事校勘工作的良好基礎,而性喜校讎則是其内在的興趣動力。内在動力與外在條件並具,使他在古籍校勘上取得了非凡的成就,其校讎成果,語皆徵實,光彩燦然,故范文瀾以"畏友"視之,與其交誼頗深。

現在,我們終於明白,范文瀾 1927 年回到北京,得以與孫蜀丞、趙萬里、陳準等人相聚相處,從而獲得《文心雕龍》諸多善本和最新的校勘資料,爲其著手修訂《文心雕龍講疏》提供了可能。而修訂後的《文心雕龍注》正文夾校内容,正是《例言》第一條提到的諸家校勘成果:一是黄叔琳校本及其所保留的明人校語,二是孫詒讓手録顧、黄合校本校語,三是譚獻、鈴木虎雄、趙萬里和孫蜀丞等人的校語。因爲《例言》第一條對所據版本及所録諸家校語已經做了明確的交代,所以正文夾校除依底本照録外,對於此次修訂新增録的諸家校語一律採用省稱的方式,這也是典籍校勘的慣例。再説,"世近易明,無勞甄序"。至於用到其他人的校語,如前説孫詒讓校語,范文瀾則於相關注釋中以全稱出之,採用校、注並行的方式,這就是"范注"的體例。而王更生因爲没有弄懂這樣的體例,纔説:"觀'范注'《文心》,他的校勘方式,'例言'中既没有明確的交代,我們便很難看出他行文的程序。所以他有時候隨文刊正,有時候又校附注中,有時校而不注,有時又别目單行,可謂五花八門,毫無體例可循。"㉞

《例言》第一條所提到的諸家校勘成果中,孫蜀丞所校"唐人殘寫本、明抄本《太平御覽》及《太平御覽》",對范文瀾此次修訂《文心雕龍講疏》幫助最大;"范注"正文夾校共録孫蜀丞校語六百四十二條,故其《例言》特予聲明,並致謝忱。"范注"録孫蜀丞校語具體條目分布情況見表二:

表二　"范注"録孫蜀丞校語條目分布表

篇名	原道	徵聖	宗經	正緯	辨騷	明詩	樂府	詮賦	頌讚
條數	9	23	36	25	25	43	24	38	32
篇名	祝盟	銘箴	誄碑	哀弔	雜文	史傳	論説	詔策	檄移
條數	28	28	40	33	35	37	17	27	29
篇名	章表	奏啓	議對	書記	風骨	定勢	事類	附會	物色
條數	32	26	17	26	4	1	5	1	1

這些校語涉及《文心雕龍》二十七篇,佔了一半以上的篇目,其中絶大部分又集中在上篇"文之樞紐"和"論文叙筆"部分,共有六百三十條,下篇"剖情析采"部分僅有十二條。除最後一條《物色》"然屈平所以能洞監(孫云吴曾《能改齋漫録》卷七引無能字監字)風騷之情者"外,其餘六百四十一條校語均以唐寫本和《太平御覽》爲依據。

"范注"正文夾校中的孫汝澄校語和孫蜀丞校語還是有明顯區别的,隨底本而來的孫汝澄校語,主要以"孫改"(十五條)或"孫補"(三條)"孫云"(三條)的形式出現,無校改依據,而新增的六百四十二條孫蜀丞校語,則均以"孫云"的形式出現,且"孫云"後基本上都接以《太平御覽》、明抄本《太平御覽》或唐寫本的

版本、文獻校改依據,以與孫汝澄校語相區别。例如:

《宗經》:旨遠辭文(元作高,孫改。孫云唐寫本作高)

《哀弔》:及晋築虒(元作虎,孫改。孫云《御覽》作虒)臺

《哀弔》:史趙(元脱,孫補。孫云《御覽》有趙字)蘇秦

《詔策》:衛覬(元作凱,孫改。顧校作覬。孫云《御覽》作覬)禪誥

《檄移》:皦然露骨(元作固,孫改。又一本作暴露。孫云《御覽》作曝露)矣

《奏啓》:晁錯之兵事(元作卒,孫改。孫云《御覽》作術)

以上校語,前面的"孫改"和"孫補"係孫汝澄校語,無校改依據;而後面的"孫云"係孫蜀丞校語,提供了版本和文獻依據。前之"孫改""孫補"與後之"孫云",所指各别,甚爲分明,無由致淆。即使有三條孫汝澄校語也以"孫云"的形式出現,如《哀弔》"賦憲(孫云當作議德)之謚"、《聲律》"氣力(孫云氣力上當復有字句二字)窮於和韵"、《章句》"環情草(孫云當作節)調",而由於其後無版本、文獻的校改依據,故與孫蜀丞校語的區别也是一看便知。

值得注意的是,"范注"正文夾校中的孫蜀丞校語,有九條雖然標明"孫云",但是不知什麽原因又省略了校改依據,以致容易與孫汝澄校語相混。這九條校語分别是:

《明詩》:則明(孫云則下有亦字)於圖讖

《頌讚》:容告神明謂之頌(孫云容上有雅字,明字無)

事(孫云事上有故字)兼變正

義(孫云義上有故字)必純美

非讌饗之常(孫云常作恒)詠也

《祝盟》:獲佑(孫云作祐)於筋骨之請

漢(孫云漢上有逮字)之群祀

《銘箴》:勒銘(孫云勒銘作詔勒)岷漢

《哀弔》:及(孫云及上有降字)後漢汝陽王亡

即便如此,要區别這九條校語非孫汝澄所爲,而仍係孫蜀丞校語,亦非難事!

首先,我們可以翻檢一下"范注"的底本黄叔琳《文心雕龍輯注》,若底本《文心雕龍輯注》有此九條校語,則係孫汝澄所爲;若底本《文心雕龍輯注》無此九條校語,則係此次修訂新增之孫蜀丞校語。事實是底本無此校語。其次,從此九條校語的校讎依據上,亦可看出其係孫蜀丞所校。這九條校語中的校讎依據雖然被省略了,但是衹要翻檢一下唐寫本《文心雕龍》殘卷、《太平御覽》或王利器、楊明照、詹鍈等人的《文心雕龍》校注著作,就會發現:《明詩》一條、《頌讚》四條中的前三條和《哀弔》一條的校讎依據爲唐寫本和《太平御覽》,《頌讚》末條校讎依據爲《太平御覽》,《祝盟》和《銘箴》三條的校讎依據爲唐寫本。這九條校語中的八條校讎依據均涉及唐寫本,由此可以斷定,其非孫蜀丞莫屬! 因爲,孫汝澄校讎《文心雕龍》時,唐寫本尚湮没不彰。而"范注"由於大量吸納孫蜀丞校語,紕繆疏漏,時或不免。這九條就是"范注"在採納孫蜀丞六百四十二條校語的過程中,因疏忽而遺漏了唐寫本和《太平御覽》校讎依據的個别現象。這種個别現象,稍加辨識便明瞭,因此不可謂"毫無體例可循"。

事實上,范文瀾在正文夾校中,録孫蜀丞校語而省稱"孫云",是爲了行文簡潔和版面清晰,是有意爲之,絶不是"稱謂"與"行文"不一,也不至於"令人費解"。因爲,"范注"在《文心雕龍》原文之後的注釋中,爲詳考語源,博稽典實,判是定非,共十四次引用孫蜀丞的校注成果,而此時因校、注並行,爲陳述方便,故其每引必以敬稱稱之"孫君蜀丞"。例如《原道》"日月疊璧,以垂麗天之象",范注[七]孫君蜀丞曰:"《尚書顧命釋文》引馬融云,太極上元十一月朔旦冬至,日月如疊璧,五星如連珠。"[35]

三

范文瀾自謂其《文心雕龍注》的修訂,"畏友孫君蜀丞尤助我宏多"。然而,范文瀾在仰仗孫蜀丞所校"唐人殘寫本、明抄本《太平御覽》及《太平御覽》三種"校勘成果,修訂《文心雕龍講疏》並將其擴充爲新的《文心雕龍注》時,也無意中爲保存孫蜀丞利用唐寫本和《太平御覽》校勘《文心雕龍》的成果做出了重要的貢獻。孫蜀丞精於校讎考據之學,又喜歡收藏古書善本,且其中不乏精品,經子要籍,皆有精校之本。惜其所藏之書未有編目,晚年藏書及相關校讎考據成果大多散佚,其中就包括范文瀾在《例言》第一條中提到的"孫君所校有唐人殘寫本、明抄本《太平御覽》及《太平御覽》三種"。而這三種校勘成果幸賴"范注"得以保存,使後人能够於"范注"中窺見其基本面貌,這是他們倆當初都没有想到的。

明代曹學佺在凌雲套印本《文心雕龍序》中不無感慨地説:"《雕龍》苦無善本,漶漫不可讀。"㊱"1899 年(清德宗光緒二十五年己亥),在中國甘肅省敦煌縣鳴沙山千佛洞,封閉達九百多年之久的第二百八十八窟被打開,發現了極爲豐富的中古文化寶藏。其中,唐寫本《文心雕龍》殘卷,也是一件稀世的瑰寶。"㊲作爲現存最早的《文心雕龍》版本,唐寫本之可靠性遠非他本所能比。日本户田浩曉教授論及"作爲校勘資料的文心雕龍燉煌本"時,詳細論證了唐寫本《文心雕龍》殘卷的六大校勘價值:①能正形似之訛;②能正音近之誤;③能正語序錯倒;④能補入脱文;⑤能删去衍文;⑥能訂正記事内容。㊳因此,唐寫本《文心雕龍》殘卷問世以來,許多學者對其進行了深入細緻的研究。1926 年,日本學者鈴木虎雄的《敦煌本文心雕龍校勘記》、中國學者趙萬里的《唐寫本文心雕龍殘卷校記》相繼發表;1970 年,中國臺灣學者潘重規出版了《唐寫文心雕龍殘本合校》;1991 年,林其錟、陳鳳金集校的《敦煌遺書文心雕龍殘卷集校》出版。㊴然而,非常遺憾的是,幾乎與鈴木虎雄、趙萬里等人同時對敦煌遺書《文心雕龍》殘卷進行校勘的還有孫蜀丞,衹是因爲他的校勘成果没有及時發表而被人遺忘。現代學者在總結和利用唐寫本校勘成果時,一般都不提孫蜀丞,甚至潘重規的合校本、林其錟的集校本,亦忽略孫蜀丞的校勘成果,衹有詹鍈《文心雕龍義證》在"版本叙録"中提道:"孫校見范文瀾《文心雕龍注》引録。"㊵

事實上,僅從"范注"徵録的情況來看,孫蜀丞所校唐寫本《文心雕龍》殘卷,不僅範圍廣泛,而且内容豐富:除僅存贊語後三句的《原道》和僅存篇題的《諧隱》二篇外,其他十三篇均有校讎;各篇校讎條目,最少的十七條,最多的二十九條,合計三百二十二條。其中,唐寫本配以《太平御覽》參校的有六十條。具體分布情況見表三(條數第二行數字爲《太平御覽》參校數):

表三　“范注”録孫蜀丞校唐寫本《文心雕龍》殘卷條數分布表

篇名	徵聖	宗經	正緯	辨騷	明詩	樂府	詮賦	頌讚	祝盟	銘箴	誄碑	哀弔	雜文
條數	23	28	25	25	28	24	29	22	28	24	26	17	23
		1			10		14	10		10	4	7	4

總之,孫蜀丞所校唐寫本《文心雕龍》殘卷,無論在品質上還是數量上,均與鈴木虎雄、趙萬里等人不相上下。我們以《徵聖》爲例,將三人的校讎情況列爲表四(異文統一加引號),以便觀覽:

表四　孫蜀丞、鈴木虎雄、趙萬里校唐寫本《文心雕龍》殘卷《徵聖》篇對照表

《徵聖》原文	鈴木虎雄校語	趙萬里校語	孫蜀丞校語	備　注
則聖人之情,見乎文辭矣	無“文”字	無“文”字。案今本有“文”字,蓋涉上下文而衍,當據删	無“文”字	趙萬里、孫蜀丞校語句首“唐寫本”略,下同
先王聖化,布在方册	“聖化”作“聲教”	“聖化”作“聲教”	“聖化”作“聲教”	
夫子風采,溢於格言	“風”作“文”	“風采”作“文章”	“風采”作“文章”	
鄭伯入陳,以文辭爲功	“文”作“立”			“范注”引鈴木云:案諸本作“立”,敦煌本亦作“立”
以多文(元作“方”,孫改)舉禮	“文”字同	“方”作“文”。案黄注本依孫校,改“方”作“文”,與唐本正合		“范注”引鈴木云:案諸本“文”作“方”,敦煌本作“文”
此事蹟貴文之徵也	“蹟”作“績”	“蹟”作“績”	“蹟”作“績”	
此修身貴文之徵也	“修”作“脩”			
然則志(元作“忠”,謝改)足而言文	“志”字同,“而”作“以”	“忠”作“志”,“而”作“以”。案黄本依謝校,改“忠”作“志”,與唐本正合	“而”作“以”	
迺含章之玉牒,秉文之金科矣		“迺”作“乃”		

續　表

《徵聖》原文	鈴木虎雄校語	趙萬里校語	孫蜀丞校語	備　注
妙極機（疑作"幾"）神	"機"字同			
思合符契	"符"作"苻"，下同			
喪服舉輕以包重	"包"作"苞"	"包"作"苞"	"包"作"苞"	
儒行縟説以繁辭	"辭"作"詞"，案"辭""詞"兩字，此本與黄本其用大抵相反		"辭"作"詞"	
書契斷決以象夬	"夬"誤作"史"	"斷決"作"決斷"，"夬"訛"史"	"斷決"作"決斷"	
文章昭晰以象離	"象"作"効"，案"効"即"傚"也	"象"作"効"	"象"作"効"	
五例微辭以婉晦	"以"作"而"	"以"作"而"		
故知繁略殊形	"形"作"制"	"形"作"制"	"形"作"制"	
變通會適	"會適"作"適會"	"會適"作"適會"。案上云"抑引隨時"，與此句相對成文，則以作"適會"爲是，當據唐本乙	"會適"作"適會"	
是以子（元脱，楊補）政論文，必徵於聖；稚圭勸學（四字元脱，楊補），必宗於經	無"子政稚圭"四字，"勸學"作"窺聖"	作"是以論文必徵於聖，窺聖必宗於經"。案唐本是也，黄本依楊校，"政"上補"子"字，"必宗於經"句下，補"稚圭勸學"四字，臆説非是	作"是以論文必徵於聖，窺聖必宗於經"	
斷辭則備			"辭"作"詞"	
弗惟好異	"弗惟"作"不唯"	"弗"作"不"，"惟"作"唯"	"弗"作"不"，"惟"作"唯"	
故知正言所以立辯	"辯"作"辨"，下同	"辯"作"辨"	"辯"作"辨"	
辭成無好異之尤	"成"下有"則"字	"成"下有"則"字。案"則"字當據補	"成"下有"則"字	

續　表

《徵聖》原文	鈴木虎雄校語	趙萬里校語	孫蜀丞校語	備　注
辯立有斷辭之義	“辯”作“辨”，“立”下有“則”字，“義”作“美”	“立”下有“則”字，“義”作“美”。案“則”字當據補	“辯”作“辨”，“立”下有“則”字，“義”作“美”	
無傷其正言	“無”作“无”			
飾羽而畫，徒(《莊子》作“從”)事華辭	“徒”字同，“辭”作“詞”		“辭”作“詞”	
雖欲訾(一作“此言”)聖	“訾”字同	“此言”作“訾”。案黄本改作“訾”，與唐本正同		
弗可得已	“弗”作“不”，“已”作“也”	“弗”作“不”，“已”作“也”	“弗”作“不”，“已”作“也”	
猶或鑽仰	“猶”作“且”	“猶”作“且”	“猶”作“且”	
胡寧勿思	“胡寧”作“寧曰”	“胡寧”作“寧曰”	“胡寧”作“寧曰”	
若徵聖立言	無“若”字	無“若”字	無“若”字	
贊曰	“贊”作“讚”，下同	“贊”作“讚”。此下各篇均同		
睿哲惟宰	“睿”作“叡”		“睿”作“叡”	
精理爲文	“理”誤作“精”			
百齡影徂	“百”作“白”，案此本“百”“白”二字通用			

如果我們考慮到孫蜀丞的校語還僅僅是從“范注”中輯録的，“范注”在正文夾校中必然捨棄其校讎按語而衹取其校勘結論的話，那麽孫氏校勘成就與鈴木虎雄、趙萬里等人不相上下也就是不争的事實，這一點衹要看看“范注”在正文之後的注釋中所引十四條孫氏校注也就足以令人信服了！

必須指出的是，林其錟的《敦煌遺書文心雕龍殘卷集校》作爲彙集十一種校勘成果的集大成之作，不僅完全無視較爲完整地保存於“范注”中的孫蜀丞所校唐寫本殘卷，而且對其做了不實的評價：“范文瀾《文心雕龍注》，所校唐寫本文字，均轉引自鈴木虎雄、趙萬里、孫蜀丞諸氏，脱漏訛誤者尤多，甚至如前引之唐寫本大段脱漏文字，也因未見原卷文字而失校，後來學者，因襲其誤者也不少。”[41]首先,“范注”正文夾校所引鈴木虎雄校語乃其《黄叔琳本文心雕龍校勘記》,而非其《敦煌本文心雕龍校勘記》,“范注”卷首《例言》後,接以《鈴木虎雄黄叔琳本文心雕龍校勘記》之第一部分“緒言”和第二部分“校勘所用書目”,而其具體校語則於正文夾校中採摭。鈴木虎雄本人在“校勘所用書目”中明確交代,其所校唐寫本係“文學博士内藤虎次郎君自巴里將來,余與黄叔琳本對比,大正十五年五月,既有校勘記之作,今之所引,止其若干條耳”[42]。其次,“范注”所據唐寫本校字,基本是吸納趙萬里和孫蜀丞的校勘成果。上引“大段脱漏文字”指北京圖書館藏唐寫本斯五四七八號影片,脱漏自《徵聖》篇“(此隱義)以藏用”起,迄《宗經》篇“重以八索,申以九丘”整一頁。林其錟謂鈴木虎雄、趙萬里、孫蜀丞諸氏,對藏片脱漏文字“因未見原卷文字而失校”,真乃不知從何説起!君不見,表四所列《徵聖》篇脱漏文字,三家校語赫然在列,何謂“失校”?至於“脱漏訛誤者尤多”“後來學者,因襲其誤者也不少”,亦屬不實之辭。

唐寫本《文心雕龍》殘卷長期湮没不彰,宋槧《文心雕龍》又均已亡佚,所幸宋代大型類書對《文心雕龍》多有採摭。其中,《太平御覽》採摭《文心雕龍》二十三篇四十三則内容,九千八百餘字,佔全書四分之一强,“幾乎可視作宋本《文心雕龍》”[43],“有此輯録,就填補了《文心雕龍》版本上所缺的環節,使之上承唐卷,下接元本”[44]。

《太平御覽》作爲宋代文獻,極具校勘價值,歷來備受學界關注。清阮元在《重刻宋本〈太平御覽〉叙》中説:“《太平御覽》一書,成於太平興國八年。北宋初古籍未亡,其所引秦、漢以來之書,多至一千六百九十餘種。考其書傳于今者,十不存二、三焉。然則存《御覽》一書即存秦、漢以來佚書千餘種矣,洵宇宙間不可少之古籍也。惜世所行者,自明人刻本外,鮮有善册。”[45]作爲明代《文心雕龍》校勘之功臣,朱鬱儀的突出貢獻在於利用《太平御覽》校正通行本《文心雕龍》文字之訛誤。他自謂:“往余弱冠,日手抄《雕龍》諷味,不舍晝夜。恒苦舊無善本,傳寫訛漏,遂注意校讎。往來三十餘年,參考《御覽》《玉海》諸籍,并據目力所及,補完改正,共三百二十餘字。”[46]受朱鬱儀影響,徐興公校字也很重視《太平御覽》,並特别强調以善本《太平御覽》校讀《文心雕龍》。他在《宗經》篇説:“此論《五經》似有訛,查善本《御覽》校正。”據汪春泓統計,朱鬱儀校出四十字、徐興公校出五十字,朱、徐二人的校勘成果,見於徐興公校汪一元私淑軒刻本,今藏北京大學圖書館。這一刻本"因爲集中了朱鬱儀、徐𤊹等人對照《太平御覽》的校勘成果,所以可看作是《文心雕龍》校勘史上一次較大面積的收穫"[47]。而"參校《御覽》,經朱、徐二氏之漁獵,創獲已豐,若要再大發前人之覆,僅僅依賴《御覽》《玉海》等文獻,在朱、徐之後,也談何容易"[48]。

事實誠然如此,清代學者,即使像顧廣圻、黄丕烈、孫詒讓這些著名的校勘學家,在利用《太平御覽》校讎《文心雕龍》方面,也没有取得顯著的成績。遠紹明人朱鬱儀、徐興公之遺緒,據多種《太平御覽》版本校讎《文心雕龍》字句,並取得卓越成就者是民國時期的孫蜀丞。衹可惜孫氏據《太平御覽》校讎《文心雕龍》的成果,今亦不復獨存,我們衹能憑藉"范注"窺其大致風貌。孫氏據明抄本和他本《太平御覽》校讎《文心雕龍》的篇目共有二十一篇,各篇校讎條目,最少的一條,最多的三十七條,合計三百七十九條,若除去配合唐寫本互校的六十條,尚有三百一十九條。具體分布情況見表五(條數首行斜杠後數字爲其中據明抄本《太平御覽》校勘數,二行數字爲其中配合唐寫本參校數):

表五　"范注"録孫蜀丞據《太平御覽》校《文心雕龍》條數分布表

篇名	原道	宗經	明詩	詮賦	頌讚	銘箴	誄碑	哀弔	雜文	史傳	論説
條數	9/2	9/1	25	23	20	14	18/3	23/7	16/1	37/7	17/6
		1	10	14	10	10	4	7	4		
篇名	詔策	檄移	章表	奏啓	議對	書記	風骨	定勢	事類	附會	
條數	27	29/6	32/5	26/1	17/2	26/8	4	1	5/3	1	

孫蜀丞之所以能繼朱鬱儀、徐興公之後,在運用《太平御覽》校讎《文心雕龍》方面取得重要成績,主要因爲他有多種《太平御覽》版本。當年徐興公隨朱鬱儀之後,以《太平御覽》校讎《文心雕龍》,而校出不少朱氏未校出之字,取得了突出的成績,個中原因,"恐怕除了識見相異之外,所用《御覽》版本不同也是其中一個緣故"[49]。從孫蜀丞校勘的具體内容來看,他所據《太平御覽》版本中還没有宋本,這從其《原道》"若迺(宋本作乃)河圖孕乎八卦"中"迺"字失校,以及

"寫天地之輝光(孫云《御覽》輝光作光輝,而宋本則作輝光,不作光輝)"中可以見出。我們知道,《太平御覽》現存南宋閩刊本(建本)和南宋蜀刊本殘片,這兩個版本因各種原因流落日本。"民國十七年戊辰(西元一九二八年),張元濟赴日本訪書,在帝國圖書寮,京都東福寺獲見宋蜀刊本,因借影印;又於静嘉堂文庫借攝所藏閩刊本(建本)。民國二十四年乙亥(西元一九三五年)上海涵芬樓將張元濟從日本借照携歸的宋閩刊本、宋蜀刊本《太平御覽》影印,編入商務印書館出版的《四部叢刊・三編・子部》,其宋蜀本、宋閩本所缺本、缺葉,則以日本活字本補足。"[50]故孫氏當時尚無緣見到宋本,不過他擁有多種明清《太平御覽》版本。首先,其所據《太平御覽》明代版本包括明抄本和銅活字本等,孫氏所校明抄本《太平御覽》是"范注"《例言》第一條中特别强調的孫氏三種校本之一,而明抄本又有三款,内容豐富且有獨到的校勘價值,故孫氏據其校勘多達四十九條,時有勝義,如《原道》"玄(一作元,孫云明抄本《御覽》作玄)聖創典"[51];除明抄本外,孫氏還有明第一版《太平御覽》倪炳刻本和銅活字本,如《原道》"調如竽瑟(孫云《御覽》五八一引作竹琴,明抄本《御覽》作竽琴)",宋本和明抄本《太平御覽》引"竽瑟"均作"竽琴",倪炳刻本和銅活字本誤作"竹琴"。[52]其次,《章表》"漢定禮儀(孫云鮑本《御覽》引同今本,明抄本作漢初定儀)"[53],據此可知,孫氏所據《太平御覽》還包括清代鮑崇城刻本。

有鑒於此,我們也就不難理解爲什麽孫蜀丞據《太平御覽》校讎《文心雕龍》能在朱鬱儀、徐興公之後取得傑出的成就。例如,《詔策》"衛覬(元作凱,孫改,顧校作覬,孫云《御覽》作覬)禪誥,符命(孫云《御覽》作采)炳耀,弗可加已(孫云《御覽》弗作不,已作也)"[54]。"符命",徐興公曰:"《御覽》作'符采',前《詮賦》篇有'符采相勝'之句,《原道》篇有'符采複隱'之句。"王利器案:"徐説是。"並補充:"《宗經》篇有'符采相濟'之句,《風骨》篇有'符采克炳'之句,今據改。"[55]這裏,徐氏運用他校、本校法,使其校勘結論幾成定讞;而孫氏據《太平御覽》前後連貫校讎,更具綜合優勢。再如,《原道》"發輝(疑作揮,孫云《御覽》作揮)事業",孫蜀丞以《太平御覽》之他證坐實黄叔琳之懷疑(係襲何焯説),並案"輝當作揮,《御覽》引正作揮,當據正"[56]。後來王利器《校證》又據《程器》篇"發揮事業"、《事類》篇"表裏發揮"之本證,將"輝"徑改爲"揮"。[57]可見,孫氏校語洵爲不刊之論。而同篇"旁通而無滯(一作涯,從《御覽》改),日用而不匱",黄叔琳謂從《太平御覽》將"涯"改作"滯",孫蜀丞則曰:"無涯與不匱義近,不當改作滯也。《御覽》引此文亦作涯,不作滯,未知所據。"[58]孫氏對黄本改字依據提出懷疑——未知其所據何本《太平御覽》? 王利器亦按:"今所見宋本、明鈔本、銅活字本、萬曆薛逢本、汪本、張本、鮑本、學海堂本、日本安政聚珍本《御覽》皆作'涯',不知(引者按:黄叔琳)所據何本。"[59]楊明照再按:"錢謙益藏趙氏鈔本御覽作'滯'(見馮舒校語),本爲誤字(所見宋本、鈔本、倪本、活字本、喜多本、鮑本御覽均作'涯'),黄氏據馮舒校語徑改爲'滯',非是。"[60]看來,孫氏聯繫上下文,又據《太平御覽》他證,博稽精考,度越前賢,糾正訛誤,所言極是。

孫蜀丞上紹明人朱鬱儀、徐興公之遺緒,下啓今人章錫琛、林其錟之新風,使得據《太平御覽》校《文心雕龍》這一學術傳統,綿延四百餘年而不衰,此其校讎之豐功以外,又一學術之偉績也。校勘如掃浮塵,隨掃隨生,即使同據《太平御覽》校讎《文心雕龍》,由於有新版本發現,也會取得突破性進展。1936 年,開明書店出版范文瀾《文心雕龍注》時,書店創辦人章錫琛便將其據日本静嘉堂文庫藏宋刊本《太平御覽》所校内容附之卷末。章氏《校記》曰:

> 《文心雕龍》一書,爲吾國文學批評之先河,其識見之卓越,文辭之瑰麗,自古莫不稱善。舊有黄崑圃注,蓋出其門客之手,紕繆疏漏,時或不免。余友范君仲澐,博綜群書,爲之疏證。取材之富,考訂之精,前無古人,詢彦和之功臣矣。黄氏嘗於諸本異同,親施校勘,范君更爲訂補,釐正已多。最近得涵芬樓影印日本帝室圖書寮京都東福寺東京岩崎氏静嘉堂文庫藏宋刊本《太平御覽》,偶加尋檢,其中所引《雕龍》文字,頗有同異。尤足珍者,如《哀弔》篇"汝陽王亡",注謂"汝陽王不知何帝子",今此本"王"作"主",則是崔瑗作《哀辭》者,乃公主,非帝子。《史傳》篇"左史記事者,右史記言者",注謂"彦和用《玉藻》説"。此本作"左史記言,右史書事",則用《漢志》説。《論説》篇"仰其經目",注謂"疑當作抑其經目",此本果作"抑"。又如《頌讚》篇"義兼"之爲"讚兼",《誄碑》篇"改盼"之爲"顧眄",《史傳》篇"同異"之爲"周曲","迍敗"之爲"屯貶",《章表》篇"蓋闕"之爲"然闕",《書記》篇"遺子反"之爲"責子反","激切"之爲"激昂",《神思》篇"綴慮"之爲

"綴翰",《指瑕》篇"頗疑"之爲"頗擬",義胥較長。他類是者尚衆,不遑舉縷。輒爲簽校,附之卷末,塵山露海,倘有稗乎。民國二十五年六月,章錫琛。[61]

章氏利用剛出版不久的宋本《太平御覽》所作之校勘,不僅解决了一些疑難問題,如"汝陽主"誤作"汝陽王"[62],而且彌補了原來許多失校之詞,僅《原道》篇就有十五處之多。此外還有不少與原校不同之處,如"聖因文而(孫云《御覽》而作明)明道",章校所據版本"'而'作'以',不作'明'"。章氏校改的文字與通行本相同,不僅文辭通順,而且句義愜當。可見,章氏繼孫蜀丞之後,在據《太平御覽》以校《文心雕龍》上邁進了一大步。

章氏之校看似緣於開明書店再版"范注",實則受"范注"所據孫蜀丞以《太平御覽》校《文心雕龍》之成果的影響。而其後繼者林其錟又受章氏《校記》之啓發,認爲宋本《太平御覽》極具校勘價值,遂著《宋本〈太平御覽〉引〈文心雕龍〉輯校》。他説:"宋槧《太平御覽》因其僅次唐寫本而近古,並且是刊印本,因而其校勘的價值,歷來爲學術界所肯定。"[63]他徵引開明書店編輯部章錫琛在1936年爲"范注"作校記時所説的一大段話,以證明宋本《太平御覽》的校勘價值。林氏以宋本《太平御覽》爲底本,用唐寫本、元至正本和清黄叔琳《文心雕龍輯注》本加以對校,並特編《宋本〈太平御覽〉引〈文心雕龍〉索引》附録於後,還在影印宋本《太平御覽》引文眉頭加"○"號以醒目,省去讀者翻檢之勞,甚便利用,真乃嘉惠士林、功德無量之舉,而林氏此舉正是從章氏《校記》而來。

總之,宋《太平御覽》因大量引用《文心雕龍》而成爲後世《文心雕龍》校勘的重要文獻資料,"范注"又因大量引録孫蜀丞"所校唐人殘寫本、明抄本《太平御覽》及《太平御覽》三種"校勘成果,而使孫氏利用唐寫本和《太平御覽》校勘《文心雕龍》的成果得以基本保存,從而爲後世學者利用這些校勘成果從事學術研究或續行校讎提供了極大的便利。學術薪火由此相傳不絶,"范注"的文獻校勘學價值亦由此而彰顯。

(本文爲國家社科基金一般項目"海峽兩岸'龍學'比較研究"[15BZW040]階段性研究成果。)

注　釋

① 范文瀾《文心雕龍講疏・自序》,《范文瀾全集》第三卷卷首,河北教育出版社 2002 年版,第 5 頁。

② 梁啓超《序》,同上書,第 4 頁。

③ 王更生《文心雕龍范注駁正》,臺北,華正書局 1979 年版,第 16 頁。

④ 同上書,第 19—20 頁。

⑤ 李笠早在范文瀾《文心雕龍講疏》出版的次年,就發表了《讀文心雕龍講疏》,提出增補、修改意見;楊明照也在范文瀾《文心雕龍注》出版的第二年,發表了《范文瀾文心雕龍注舉正》一文;日本學者斯波六郎,則於 1952 年發表了《文心雕龍范注補正》一文;牟世金又於 1984 年發表了《〈文心雕龍〉的"范注補正"》一文。李文見《圖書館學季刊》1926 年第 1 卷第 2 期,楊文載《文學年報》1937 年第 3 期,斯波文載黄錦鋐編譯《文心雕龍論文集》(臺北,學海出版社 1979 年版),牟文載《社會科學戰綫》1984 年第 6 期。

⑥ 中國文心雕龍學會、全國高校古籍整理委員會編《〈文心雕龍〉資料叢書》下册,學苑出版社 2004 年版,第 1297—1298 頁。

⑦ 參見汪春泓《〈文心雕龍〉的傳播和影響》,學苑出版社 2002 年版,第 75—86 頁。

⑧ 汪春泓《明代關於〈文心雕龍〉校勘注釋之成就以及某些焦點問題探討之總結》,中國《文心雕龍》學會編《文心雕龍研究》第 5 輯,河北大學出版社 2002 年版,第 316—325 頁。

⑨ 然黄本所據却並非明天啓二年(1622)刊刻的梅慶生第六次校訂本。如梅六次本《史傳》"元平二(元作帝王,孫改)后",黄本作"元帝王(元作年二,孫改)后"。王利器《文心雕龍校證》謂:"'元平二后',原作'元年二后',梅從孫汝澄改作'元帝王后',其六次本,又改作'元平二后'。"再如,梅六次本《檄移》"皦然露布(元作固,孫改)",黄本作"皦然露骨"。

⑩ 劉勰著,范文瀾注《文心雕龍注》,人民文學出版社 1958 年版,第 4 頁。

⑪ 陳準《顧黄合斠文心雕龍跋》,《圖書館學季刊》1928 年第 2 卷第 2 期,第 291 頁。

⑫ 范文瀾編述《文心雕龍注》中册,文化學社 1929 年版,第 1 頁。

⑬ 當然也有少數例外,如《宗經》"温柔在(顧云在作莊)誦",《誄碑》"雰霧(顧云《古文苑》作淮雨)杳冥",《論説》"而檢迹如(顧云當作知)妄",《檄移》"令(顧云令字衍)有文告之辭",這些"顧云"之"顧"也是指顧廣圻。而《序志》"亦不(黄校有可字)勝數矣"之"黄",則是指黄丕烈。

⑭ 黄侃《文心雕龍札記》,中華書局 1962 年版,第 2 頁。

⑮ 同注⑩,第 2 頁。

⑯ 同上書,第 8 頁。

⑰ 同上書,第 213 頁。

⑱ 同上書,第 217 頁。

⑲ 同上書,第 308 頁。

⑳ 同上書,第 311 頁。

㉑ 同上書,第 176 頁。

㉒ 同上書,第 180 頁。

㉓ 同上書,第 327 頁。

㉔ 同上書,第 333 頁。

㉕ 倫明等《辛亥以來藏書紀事詩》,楊琥點校,北京燕山出版社 1999 年版,第 123 頁。

㉖ 同注①。

㉗ 林甘泉、蔡美彪、張振鵾、潘汝暄《高山仰止　景行行止——〈范文瀾全集〉編餘瑣記》,《中國社會科學院院報》2004 年 1 月 13 日第 4 版。

㉘ 陳其泰《范文瀾學術思想評傳》,北京圖書館出版社 2000 年版,第 37 頁。

㉙ 徐春範主編《高丕琨回憶録》,"長春文史資料總第 66 輯",長春市政協文史資料委員會 2004 年版,第 6 頁。

㉚ 同注㉕。

㉛ 歐陽哲生編《胡適文集》(10),北京大學出版社 1998 年版,第 413 頁。

㉜ 轉引自莊華峰編纂《吴承仕研究資料集》,黄山書社 1990 年版,第 355 頁。

㉝ 孫玉蓉編《俞平伯研究資料》,知識産權出版社 2010 年版,第 168—169 頁。

㉞ 同注③,第 19 頁。

㉟ 同注⑩,第 6 頁。

㊱ 同注⑥,第 845 頁。

㊲ 劉勰著,林其錟、陳鳳金集校《敦煌遺書文心雕龍殘卷集校》,上海書店 1991 年版,第 1 頁。

㊳ 參見〔日〕户田浩曉《文心雕龍研究》,曹旭譯,上海古籍出版社 1992 年版,第 107—125 頁。

㊴ 參見趙萬里《唐寫本文心雕龍殘卷校記》,《清華學報》1926 年第 3 卷第 1 期;潘重規《唐寫文心雕龍殘本合校》,香港,新亞研究所 1970 年版。

㊵ 劉勰著,詹鍈義證《文心雕龍義證》,上海古籍出版社 1989 年版,第 35 頁。

㊶ 同注㊲,第 3 頁。

㊷ 同注⑩,第 8 頁。

㊸ 同注⑧,第 326 頁。

㊹ 王元化《〈文心雕龍〉集校合編序》,林其錟、陳鳳金編著《〈文心雕龍〉集校合編》,臺南,暨南出版社 2002 年版,第 2 頁。

㊺ 阮元《揅經室集》,鄧經元點校,中華書局 1993 年版,第 693 頁。

㊻ 劉勰著,黄叔琳注,李詳補注,楊明照校注拾遺《增訂文心雕龍校注》,中華書局 2012 年版,第 968—969 頁。

㊼ 同注⑧,第 326—327 頁。

㊽ 同上書,第 333 頁。

㊾ 同上書,第 330 頁。

㊿ 同注㊹,第 12—13 頁。

51 王利器校箋《文心雕龍校證》謂:"案作'玄聖'是。《莊子·天道》篇:'以此處下,玄聖素王之道也。'此彦和所本。《文選》班固《典引》:'故先命玄聖,使綴學立制。'李善注:'玄聖,孔子也。'《後漢書·班固傳》載其文,李賢注云:'玄聖,謂孔子也。'《春秋演孔圖》曰:'孔子母徵在,夢感黑帝而生,故曰玄聖。'"(上海古籍出版社 1980 年版,第 4 頁)

52 胡應麟《少室山房筆叢》曰:"《御覽》向行鈔本,十年來始有刻,而訛謬特甚,非老師宿儒,即一篇半簡莫能句讀。至姓名顛舛,世代魯魚,初學士讀之或取入詩文用,誤人不尠。"(上海書店出版社 2001 年版,第 356 頁)

53 同注⑩,第 406 頁。

54 同上書,第 359 頁。

55 同注51,第 139 頁。

56 同注⑩,第 11 頁。

57 參見上書,第 4—5 頁。

58 同上書,第 11 頁。

59 同注51,第 5 頁。

60 同注㊻,第 16 頁。

61 章錫琛《校記》,附於范文瀾《文心雕龍注》第七册末,開明書店 1936 年版,第 1 頁。

62 周振甫進一步考證説:"研究《文心雕龍》,首先要考慮版本和校勘。上海開明書店出版范文瀾先生《文心雕龍注》,《哀弔》篇'降及後漢,汝陽王亡',范注稱汝陽王無考。章錫琛先生據宋本《太平御覽》卷五九六引《文心雕龍》作'汝陽主',見《後漢書·后紀》,爲和帝女,名劉廣。"(周振甫主編《文心雕龍辭典·前言》,中華書局 1996 年版,第 2 頁)

63 同注㊹,第 13 頁。

元人整理與刊刻宋人别集的貢獻

羅　鷺

【提要】 元代雖然衹有不足百年的歷史，但刊刻的宋人别集不少於九十五種，包括家刻本三十一種、私刻本二十三種、坊刻本十一種、學校刻本十二種、寺院刻本三種，另有十五種刊刻者身份不明（其中九種可能是坊刻本）。宋代作者後裔及其門生、親友是宋人别集得以在元代刊刻出版的主要力量。從印刷文化的角度看，元人整理和刊刻宋人别集的貢獻，元人對宋代文學遺產的繼承與發展，都還有待重新認識和深入研究。

南宋滅亡後，宋代作者的後裔以及由宋入元的作家，雖然在政治上處於不利的地位，但在文化上仍然佔有絶對的優勢。面對豐富的宋代文學遺産，尤其是留存於世的大量詩文别集，元人竭盡所能地搜集、整理、刊行，爲宋代文學的傳播做出了巨大貢獻。有關元人整理和刊刻宋人别集的研究，除了針對某些元刻本宋集的個案研究外，衹有鞏本棟先生在《宋集傳播考論》一書中從整體方面有所論述，但該書並未設置專門章節，而是在"論明人整理宋人别集的成績"部分附帶提及"元人對宋集的收藏與傳刻"，且僅及《范文正公集》《增刊校正王狀元集注分類東坡先生詩集》《東坡尺牘》《元豐類稿》《王荆文公詩箋注》《止齋先生文集》《鄭所南先生文集》《豫章羅先生文集》等八種元刻本。① 此外，《中華再造善本總目提要》爲收入《中華再造善本》中的近二十種元刻宋人别集撰寫了提要。本文在這些研究的基礎上進一步調查和考證文獻，發現元代刊刻的宋人别集雖不能與宋代和明清比肩，但數量也相當可觀：從至元十三年（1276）至至正二十

羅鷺　四川大學中國俗文化研究所

八年(1368)的九十二年中,元人刊刻(含補修宋版)的宋人别集不少於九十五種,其中現存於世的有四十二種,亡佚或存佚不明的有五十三種。元人整理和刊刻的宋人别集,其主體部分是宋代作家子孫後裔的家刻本,其次是友人、弟子的私刻本,再次是名家詩文集的坊刻本、儒學和書院刻本等。現依次梳理如下。

一　元代家刻宋人别集

宋代家族文化發達,雖經朝代更替,不少家族仍然綿延數百年而人才輩出。宋亡後,宋代文獻遭到了極大的破壞,因此,宋代作者後裔搜集祖先遺著並使之刊刻傳世的使命感和緊迫感更爲强烈。在筆者調查所得九十五種元刻本宋人别集中,除去刊刻者身份不明的十五種外,家刻本多達三十一種,約佔三分之一的比重。現以刊刻時間先後爲序,考述如下。對於有元刻本存世的,參考《現存宋人别集版本目録》著録收藏情况[②],并根據最新資料適當加以補充;對於元刻本已經亡佚的,詳注其材料出處,并略加考證。

1.《西園康範詩集》一卷,汪晫(1162—1237)撰,元至元十五年三世孫汪夢斗績溪静觀堂刻本,佚。

明嘉靖二十年(1541)刻本《西園康範詩集》卷末有至元十五年戊寅三世孫夢斗跋:"夢斗又日益老大,無家可居,而移徙不常。此之存稿,恐後復輒散也,亟謀鋟梓,置之静觀堂,以傳不朽。"[③]按:《西園康範詩集》得以傳世,汪夢斗在宋元易代之際有搜集整理之功。此集僅收録詩詞七十首,屬於小集,在當時應當較易刊刻問世。

2.《雲壑先生文集》二十卷,王齊輿撰,元至元十六年前後曾孫王任刻本,佚。

宋舒岳祥《宗卿雲壑先生文集叙》:"雲壑王公先生……其曾孫任,手繕寫公詩文二十卷以授僕曰……聞任已刻之梓,將廣其傳。"[④]按:王齊輿,字之孟,登紹興三十年(1160)進士,官至宗正少卿,以直焕章閣致仕。舒岳祥作序時明言"已刻之梓",説明在當時確已刊刻,衹是後世未見流傳。舒岳祥又有《王任詩序》,云:"於其祖殘筆墮墨凡在者,皆振拔之以傳焉,將以其己作翼之以行也。"[⑤]此序作於至元十六年己卯十二月望日，則其刊刻曾祖之文集當在此年前後。

3.《玉泉詩集》，王君猷（？—1265？）撰，元至元十八年至至元二十四年間子王申孫豐城刊本，佚。

元王義山《猶子公信玉泉詩集跋》："吾猶子公信以《玉泉》名其詩稿，雪坡姚君序之……公信歿後二十餘年，子申孫以雪坡所序詩稿來拜，且泣曰：'申孫幼孤，不能收拾遺稿，使先君文采不揚於世，申孫之罪也。'求余一言，將鋟于梓。"⑥按：王君猷，字公信，江西豐城人，仕至南安令。其叔王義山於景定三年（1262）爲新喻尹，内舉於朝，將報而卒。據王義山《稼村類稿》卷七《重修舊居記》，他於咸淳元年（1265）調南安獄掾，故王君猷之卒，當在景定三年至咸淳元年之間。王君猷歿後二十年，在至元十八年至二十一年間，且王義山卒於至元二十四年，故王義山爲其詩集作跋當在此之前。至於詩集當時是否真正刊行，因别無佐證，姑存其目於此。又，姚勉《雪坡舍人集》卷三七有《玉泉詩集序》，作於景定元年。

4.《雙峰猥稿》九卷，舒邦佐（1137—1214）撰，元至元三十年五世孫舒森龍靖安刻本，佚。

元徐明善《舒雙峰文集（序）》："其五世孫森龍重刻梓傳之。"⑦按：道光刊本《雙峰猥稿》卷末有至元三十年癸巳章鑒序，亦云"公五世孫公道以文稿厄於兵燹，將補其闕而壽諸梓"⑧，可知文集約刻於此時。《雙峰猥稿》元刻本雖已亡佚，但洪武、永樂年間（1368—1424）舒邦佐七世孫舒泰亨、八世孫舒仲昂曾重刻其集，且道光刊本卷末汪泰亨序中明言書板毁於至正十二年壬辰之紅巾軍兵火，可證元代確曾刊板問世。

5.《分類秋崖先生詩稿》十八卷、《後集》九卷、《小稿别集》十一卷，方岳（1199—1262）撰，元初侄方貢孫竹溪書院刊本，佚。

明嘉靖六年李訊《秋崖小稿序》："《秋崖小稿》凡八十三卷，乃宋方秋崖先生所著者。嘗一刻於開化，再刻於建陽。迨先生之後咸淳進士曰貢孫、寶祐進士曰石者，又翻刻於竹溪書院，行於世久矣。至元季，板逸於兵。"⑨受李訊影響，後人普遍認爲《秋崖小稿》在宋代刊刻三次，認爲竹溪書院刻本刊刻於寶祐、咸淳年間（1253—1274），實際上這一年號是指刊刻者方石於寶祐間登進士第、方貢孫於咸淳間登進士第，並非《秋崖集》的刊刻時間。據《（弘治）徽州府志》，方貢孫,字去言,號竹溪,曾仕於元朝,至元十三年爲祁門縣尹,至元十五年離任,乃賦《歸閑》十闋,爲竹溪書院,延師訓子,尋又授撫州路府判,改興國路,在任七年,又改建德路,卒。[10]可知竹溪書院是方貢孫於至元十五年歸閑後所建家塾,爲元時所刻無疑。明嘉靖五年丙戌方岳八世族孫方謙序云:"《秋崖集》,宋臨安有刻本,勝國時竹溪書院有刻本,又有耐軒馬世和刻本。自元徂今二百年矣,斷簡殘篇,零落無幾。"[11]方謙明言竹溪書院刻本爲"勝國"即元朝所刻,顯然比李訊所言更爲可信。

6.《蒙川先生遺稿》十卷,劉黻(1217—1276)撰,元大德五年(1301)弟劉應奎樂清刊本,佚。

《皕宋樓藏書志》著録舊抄本《蒙川先生遺稿》四卷,卷首有大德五年辛丑弟劉應奎序,稱:"裒聚僅十卷,爲《蒙川先生遺稿》……姑鋟之梓,以示若子若孫,而《朝陽閣記》雖已刻於閣之楣矣,今併入十卷之首。"[12]可知元刻本爲其弟劉應奎所刊,是十卷本。《善本書室藏書志》著録明影元抄本《蒙川先生遺稿》十卷[13],即從元大德刻本傳抄。

7.《澗谷精選陸放翁詩集》十卷,陸游(1125—1210)撰,羅椅(1214—?)選,元大德五年羅椅族孫羅壽可刻本,佚。

明弘治刊本《澗谷精選陸放翁詩集》十卷、《須溪精選陸放翁詩集》八卷,卷首有大德辛丑羅椅嫡孫羅慤識語,云"族孫壽可以翁所選放翁陸先生詩刻本"[14],此序專爲羅椅選本而作,可見當時曾單獨刊行,後來,廬陵書坊將羅椅選本和劉辰翁選本合刻,單行本亡佚,而合刻本流傳於世。

8.《水竹先生摘稿》,陳□□撰,元大德六年以前子陳處久天台刊本,佚。

元張伯淳《跋水竹先生摘稿》:"吾弟提舉,顧能於群從離索之餘,就其所爲而未遂者特約擠浮,重使板行於世。"[15]按水竹先生爲張伯淳舅父,名字不可考。其表弟提舉,即陳處久,字德可,號雪澗,天台人,爲北宋狀元陳公輔後裔,宋景定中知南豐縣,入元後爲蕭山縣學教諭。張伯淳年幼時讀過《水竹先生摘稿》,此次重刻詩集,故欣然作跋。張伯淳卒於大德六年,詩稿之重刻當在本年以前。

9.《真山民詩集》一卷,真山民撰,元大德十年前後族子真伯源刻本,佚。

日本文化九年(1812)刊本《真山民詩集》卷首有大德丙午夏董師謙序:"括

蒼真山民善詩,其族子伯源出小稿授余……伯源,文忠公嫡玄孫,云文忠之先本括人,中徙建,與山民同祖,將勉其鋟梓以廣其傳,且徵余叙。"⑯據此序,《真山民詩集》源出真伯源之手,至於董師謙作序時是否確曾刊刻,今已不可考,姑存其目。

10.《孫静見文集》,孫子秀(1212—1266)撰,元至大二年(1309)以前子孫凝餘姚刻本,佚。

元任士林《書太常卿孫静見文集後》:"右孫太常詩文若干卷,其子凝出以示任士林,將授之梓以行世也。"⑰按:孫子秀,字元實,宋度宗即位後官太常少卿,尋兼知臨安府,事迹詳《宋史》卷四二四本傳。"静見"應當是其字或號,元王義山《瑞金知縣愚齋聶先生行狀》云:"静見孫公子秀尹京,於縉紳間稔其名,一見青眄。"⑱可以爲證。如果其集在當時確曾刊行,由任士林卒於至大二年可知當在此前。

11.《秀山小稿》,鄧德秀(1232—1278)撰,元至大年間嗣孫鄧繼昭南豐刻本,佚。

元吴澄《秀山小稿序》:"子既昭既以鋟諸木,孫允文又以授諸人,蓋欲永其傳、廣其傳也,孝子慈孫之心哉!"⑲劉壎《建寧推官鄧公墓誌銘》:"君葬九陂耆之楊梅,踰三十年,有孫繼昭,軒然振立,一日袖君所著《秀山小稿》蘄予詮次,將鋟梓,且丐銘。"⑳按:吴澄序云"既昭"爲其子,劉壎銘作"繼昭",且明確説是其次男之子,當以劉壎銘爲準。鄧德秀卒於至元十五年,至大元年爲其卒後三十年,集之刊,當在至大年間。吴澄作序時,集已刊行,並分贈友人。

12.《孫常州摘稿》,孫嘉撰,元至大三年以前餘姚孫氏家刻本,佚。

元戴表元《題孫常州摘稿》:"公既没,其子將版刻家集以傳。而所作極多,力未能及,遂先摘刊一二,以答求者,此稿是也。"㉑按:戴表元卒於至大三年,如果作序時《孫常州摘稿》確曾刊刻,則當在其去世之前。然此書未見流傳,姑存目俟考。孫嘉,餘姚人,子秀侄,宋嘉熙二年(1238)進士,累官至知常州。

13.《須溪先生集》一百卷,劉辰翁(1233—1297)撰,元皇慶元年(1312)婿項逢晋吉安路龍泉刊本,佚。

元劉將孫《須溪先生集序》:"於是先君子須溪先生棄人間世十六年矣!迺

皇慶壬子,泉江文集刻本成,遠徵爲序……婿項逢晋篤志願學,乃其父時楙審而授之。今刻爲詩八十卷,文又若干。"[22]按:將孫爲劉辰翁之子,既言"文集刻本成"而作序,則其婿刻集之舉當實有其事。

14.《覆瓿集》四卷,趙必𤩪(1245—1294)撰,元皇慶元年長子趙良麟刻本,佚。

元陳紀《故宋朝散郎簽書惠州軍事判官兼知録事秋曉趙公行狀》(下簡稱《行狀》):"有《覆瓿集》四卷,永嘉林資山資中郭頤堂爲序引。公詩文清逸,樂府風流動盪,得秦晏體,皆已板行。"[23]按:林永年《覆瓿集引》作於元貞二年(1296)[24],郭應木《覆瓿集序》作於皇慶元年五月十六日[25],《行狀》作於皇慶元年八月,其時《覆瓿集》已板行於世。

15.《佩韋齋文集》二十卷,俞德鄰(1232—1293)撰,元皇慶元年子俞庸編刻本,存。

臺北故宫博物院藏。

16.《黄四如先生文集》六卷,黄仲元(1231—1312)撰,元至治三年(1323)至泰定元年(1324)子汀州路總管府知事黄梓刊本,佚。

《四部叢刊三編》影印明嘉靖刊本《黄仲元四如先生文稿》卷首有至治三年癸亥男將仕郎、汀州路總管府知事黄梓題識,又有至治三年清源傅定保序、廬山曹志後跋,集當刻於此時。按:元刻本清代尚存,清人杭世駿於雍正十年(1732)九月購於福州市攤,爲福州藏書家徐𤊹舊藏,"有泰定改元小印","蓋跋於至治而刊於泰定也,校今明初刊本,特少宋濂一序,斷爲元刻无疑"[26]。惜今已亡佚。

17.《紫岩詩稿》七卷,于石(約1247—?)撰,元泰定三年以前蘭溪于氏家刻本,佚。

元吴師道《于介翁詩選後題》:"平生刊稿七卷,其子以板借人,爲所匿,餘篇或購以錢,久將妄爲己作,薄俗甚可嘆也。"[27]按:吴師道於泰定三年編《紫岩詩選》三卷,則其全稿之刊,必在此前。惜全稿已佚,惟選本獨存。

18.《徐侍郎文集》三十卷,徐卿孫(1226—1280)撰,元泰定四年前後孫徐鎰、徐鏞清江刻本,佚。

元吴澄《跋徐侍郎文集後》:"平生著述因兵亂散軼,公之子幼學百計蒐輯,十僅得其一二,予嘗序其篇。後十有七年,公之孫鎰持刻本過予曰:'先人鋟先人侍郎集未竟而卒,鎰曁弟九成重加訂定,成三十卷。'"[28]按:文中的"幼學"爲宋兵部侍郎徐卿孫之子,名必茂,字幼學,卒於至大三年,卒後十七年爲泰定四年,且泰定二年徐鎰曾請吴澄爲其父撰墓表[29],故其集當刻於泰定年間。

19.《范文正公集》二十卷、《别集》四卷、附刻十四種,范仲淹(989—1052)撰,元天曆元年(1328)至至正間范氏家塾歲寒堂刻本,存。

國家圖書館、北京市文物局、故宫博物院、北京師範大學圖書館、中華書局、上海圖書館、上海博物館、華東師範大學圖書館、山東博物館、甘肅省圖書館、吉林省圖書館、無錫市圖書館、天一閣博物館、鄭州大學、湖南省圖書館、湖北省圖書館、福建省圖書館、福建師範大學圖書館、香港大學圖書館、臺灣圖書館、臺北故宫博物院等藏。

20.《范忠宣公文集》二十卷,范純仁(1027—1101)撰,元天曆元年至至正間范氏家塾歲寒堂刻本,存。

國家圖書館、上海圖書館、南京圖書館、浙江省博物院、河南省圖書館、臺灣圖書館、臺北故宫博物院、日本静嘉堂等藏。

21.《耻堂存稿》七卷,高斯得(1201—?)撰,元至順二年(1331)以前嗣孫錢塘刻本,佚。

祝尚書《宋人别集叙録》:"文集乃其孫編刻,龔璛序稱其孫由錢塘來書求序,謂'若詩篇奏疏,已刊摹若干卷'云云。序未署年代,然已入元無疑。"[30]按:龔璛卒於至順二年,其集之刻在本年之前。

22.《陵陽先生集》二十四卷,牟巘(1227—1311)撰,元至順二年次子浙東道宣慰使司都元帥府(鄞縣)都事牟應復刊本,佚。

祝尚書《宋人别集叙録》:"是集乃作者次子牟應復編刊,時在元至順二年(辛未,一三三一),有跋,略曰:'……姑集其已得者類成二十四卷,敬鋟諸梓,俟有所得,尚續刊之。'"[31]惜元刊本已佚,僅有若干清抄本傳世。

23.《香溪先生范賢良文集》二十二卷,范浚(1102—1150)撰,元至順間族孫范元璹刻本,存。

北京大學圖書館、中國社會科學院文學研究所、臺灣"中研院"傅斯年圖書館、日本静嘉堂藏。

24.《劉大博文集》,劉堯夫(1146—1189)撰,元元統元年(1333)以前族曾孫劉立大金谿刻本,佚。

元吴澄《金谿劉大博文集序》:"其族曾孫立大收拾遺文及年譜、行狀等鋟之於木,故爲之題辭。"[32]按:吴澄卒於元統元年,此集若確曾刊刻,則當在本年之前。

25.《文山集》五十卷,文天祥(1236—1283)撰,元元統元年前後嗣孫文富刻本,佚。

清乾隆三十二年纂《文氏通譜》:"信公遺稿,在元時類集五十卷,公之孫富刻板傳世。"[33]按:《皕宋樓藏書志》卷九一著録元刊本《指南録》二卷、《吟嘯集》一卷、《附録》一卷、《指南後録》二卷、《傳》一卷,《傳》前有元統元年許有壬序,許序亦載於明刊本《文山先生全集》,略云:"孫富爲湖廣省檢校官,始出遼陽儒學副提舉廬陵劉岳申所爲傳,將刻之梓,俾有壬序之。"[34]可知元統元年前後文富曾刊刻文天祥著述,其時是否刊刻有五十卷本的《文山集》,存疑俟考。

26.《黄純宗遺詩》,黄炎(1236—1286)撰,元後至元三年(1337)前後孫黄介壽刻本,佚。

按:黄炎,字純宗,崇仁人,至元二十三年卒。與虞集爲世交。據虞集《黄純宗遺詩序》,黄炎卒後五十餘年,其諸孫介壽得其遺詩數十篇,將刻梓以傳,請集爲序。[35]從至元二十三年後推五十年爲後至元三年,爲虞集作序的時間。至於當時是否確曾刊行,今已難以考證。

27.《沆溪先生文集》四卷,黄得禮(1064—1102)撰,元至正四年以前七世孫黄璧刻本,佚。

元揭傒斯《沆溪先生文集序》:"紹興初,公之玄孫愿編其遺稿,得詩九十二,長短句五,史論十,雜著九,拾遺詩二,長短句一,及附録四首,離爲四卷。至淳祐中,其子脩紀始刻之,已而燬于兵。今公七世孫璧將復刻焉,而屬余爲之序。"[36]據此可知,黄得禮文集在宋代曾刊板。至於元代是否重刻,因祇有揭傒斯序言爲證,難以確考。揭傒斯卒於至正四年,暫繫於本年之前。

28.《史詠集》,徐鈞撰,元至正八年前後嗣子徐津蘭溪刻本,佚。

《宛委别藏》本《史詠集》有至順二年許謙序，至正六年黄溍後序、張樞後序，又有至正八年徐津跋，稱“津幼失所怙，汩於事爲，而未及鋟梓”[37]，揣其語意，大概鋟梓於此年前後，然無法實證，姑存目俟考。

29.《西園康範詩集》一卷，汪晫撰，元至正九年五世孫汪疇績溪刻本，佚。

明嘉靖二十年刻本《西園康範詩集》卷首至正九年己丑張純仁序：“余再來新安，校文郡庠，糾録趙君遇楷先生五世孫疇爲徵余文題其端，以鋟諸梓。”[38]按：汪晫《西園康範詩集》曾於至元十五年由其三世孫汪夢斗刊刻於績溪静觀堂，前已著録，其五世孫汪疇在至正九年又請張純仁作序，其時是重刊全集，還是僅僅增刻張純仁之序，難以考證，姑兩存之。

30.《古逸先生詩集》五卷，汪炎昶(1261—1338)撰，元至正十五年以前長子汪淮琛刻本，佚。

元趙汸《汪古逸先生行狀》：“詩文多散佚不存。淮琛嘗刻詩五卷于家。”[39]《古逸民先生集》卷首載明嘉靖二年汪玄錫跋：“先生别有詩集，其刻本尚書澤民公有詩題其端，近年燬於兵火，予欲重刻之，而未能也。”[40]按：元汪澤民《題汪古逸詩集後》載程敏政《新安文獻志》卷五三。汪澤民卒於至正十五年，則詩集之刻當在此年之前。趙汸《行狀》作於汪炎昶卒後十九年，即至正十七年，稱詩集已刻，亦可爲證。

31.《石屏詩集》八卷，戴復古(1167—?)撰，元至正十八年裔孫天台黄岩戴文瓚刻本，佚。

《皕宋樓藏書志》著録紅藥山房抄本《石屏詩集》八卷、《附録》二卷，卷首有至正十八年戊戌孟冬既望宣城貢師泰序：“先生之諸孫文瓚知所好尚，校舊本以圖新刻，益廣其傳，垂之永久，可謂能世其家者。”[41]其時是否確曾刊刻，今已無從考證。但戴文瓚有保存、整理戴復古詩集之功，這是毫無疑問的。

由於家刻本一般在家族内部流傳，印量不多，流通不廣，隨着時間的推移，亡佚的幾率遠遠高於其他版刻類型。上述三十一種詩文集的元刻本流傳至今的衹有四種：《佩韋齋文集》《范文正公集》《范忠宣公文集》和《香溪先生范賢良文集》。范文正與范忠宣兩種范氏文集流傳至今的數量較多，主要是其版片至明代尚存，屢經修補，當時的印量較多，後世藏書家也就容易得到；其次是由於范仲淹的名聲和影響力大,其詩文集的社會需求量也大。

南宋滅亡後,在江南地方社會中影響較大的除了當朝新貴外,一個非常重要的群體就是宋代的官紳世家後裔。作爲地方精英知識分子,他們除了影響到當地的政治、經濟外,在地域文化、家族文化上也頗多建樹。雖然政權更替,但他們的思想和精神命脈仍是宋型文化的延續,他們以搜集整理祖先著述來實現文化的認同與傳承。以"元詩四大家"之一的虞集爲例,其五世祖是南宋抗金名將虞允文,其外祖父楊文仲以工部侍郎、集英殿修撰在宋亡時投海殉國,至其父虞汲,雖家道中落,以教授爲生,但到了虞集這一輩,家族又重新恢復了生氣:不僅虞集官至從二品翰林侍講學士,其弟虞槃也考中進士。因此,仁壽虞氏是宋元之際非常典型的簪纓世家。[42]虞允文的文集,南宋末年曾在四川刻版,但很快就毁於兵火,因此,虞氏家族幾代人都念念不忘先世遺著的搜集與重刊。虞集曾叔祖在湖南寶慶通判任上曾想重刻文集,未果;虞集的父親虞汲"尤篤意於此,會故人眉州史孝祥守興化,聞黄伯固家實有之,求之不能得"[43],僅從親戚韓大則處得虞允文手書《誅蚊賦》稿於侯頤軒道士處;虞集本人也多次託人購募先世文集,如擔任奎章閣侍書學士時,曾託福建校官謝中訪求,卒不可得。至正十七八年前後,虞集從孫虞堪,從魯人賈景莊處聽聞其家曾藏有虞允文集,後流轉至松江俞子中、俞子俊家,虞堪雖然家貧,但也"將哀鳴伸訴,懇欵以言之,悉力以求之,庶幾歸之。堪俟時平定,復刊諸梓"[44]。虞堪前往松江訪求先世遺文這一事件,在元末文壇具有重要影響,吴中士大夫多以詩文爲其壯行,行卷作爲書法名迹完整地著録於《趙氏鐵網珊瑚》卷八,包括陳基《送虞勝伯序》、倪瓚《送虞勝伯之松江求先雍公遺文》、鄭元祐《贈虞勝伯序》等三篇序文,沈右、吕禎、周砥、鄒奕、俞詮、魏文彝、韓友直、陶澤、范成、張緯、王廓等十一首詩,詩題總名《虞君勝伯求先世遺書將鋟諸梓作詩以美之》。[45]當時是否成行不得而知,至少在至正二十五年正月,虞堪曾去過松江,海陵徐克在雲間寓舍有詩相贈,同時或稍後在松江贈詩的還有魏奎、吕敏、王碬、聶鏞、申屠衡、王謙、王立中等。遺憾的是,虞允文的文集在元代還若存若亡,此後就徹底湮没無聞了。雖然訪求自家先世遺文的心願没有實現,但虞集也留意其他宋賢著述,並勉勵其後裔整理刊刻。例如,元代江西九江隱士王茂實,有《清溪山房詩集》,通過虞集鄉人王道凝請虞集爲其詩集作序。王茂實的先人王阮與虞允文有交往,虞集重視世交之誼,欣然爲之作序,并將自己收藏的王阮《義豐集》十卷,託王道凝轉贈其子孫,使"刻而傳之,亦足以見前代志士之道也"[46]。虞集的這種做法,代表了宋元之際多數漢族知識分子對家族文化傳統的重視。

虞集在元代官位通顯,虞堪也是元末知名藏書家、詩人,二人對先世遺文的搜集與刊刻尚且如此大費周章、勞而無功,可以想見,在經歷了宋末元初的時代巨變之後,元人整理和刊刻宋人著述需要付出多麽艱辛的努力。元初,南宋著名江湖詩人戴復古之孫謀求祖父詩集的重刊,但財力不够,衹得請戴表元撰寫疏文,向友朋募集資金,疏文中有"今欲訪劫灰之殘燼,斲文梓之新編。風雅運開,定有聞名而樂助"[47]之語,但募捐結果如何,已不得而知。至正十八年孟冬,貢師泰經過天台,戴復古裔孫戴文璝,終於"校舊本以圖新刻,益廣其傳,垂之永久"[48],並請貢師泰作序。此本雖已亡佚,但成爲明代弘治年間十世孫戴鏞重刊本的祖本,也算是"垂之永久"了。

二　元代私刻宋人别集

除了依賴子孫後裔刊刻遺著,門人、友人、同鄉等社會群體,也是宋代特别是宋末元初作家的詩文别集在元代得以刊刻流傳的重要力量。根據調查,目前可知元代私刻本宋人别集有二十三種,依次考述如下。

1.《滕元秀詩集》三卷,滕岑(1137—1224)撰,宋德祐元年(1275)至元至元十八年間鄉人方回嚴州刻本,佚。

據方回《滕元秀詩集序》,詩集三卷爲方回所編,總計三百首,"間與趙君與東賓暘讀之,校正訛舛,行之永久"[49]。此集是方回在嚴州郡守任上所刻,時在德祐元年至至元十八年間。明初編纂的《文淵閣書目》卷二尚著録有《滕元秀詩》,或即方回所刊本,惜此後不見流傳。

2.《横塘小草一筆》《二筆》,徐元得(1220—1293)撰,元至元十九年至二十五年間友人祁門縣尹李庭梧刻本,佚。

元戴表元《徐耕道遷葬碣》:"會李制置弟宰祁門,於德興鄰邑也,復招游祁門，爲刊所爲詩詞，曰《横塘小草》一筆、二筆者若干篇。"[51] 按：李制置即李庭芝，家湖北隨州，徙居德興，曾任兩淮制置使，宋末守揚州而亡。其弟李庭(一作廷)梧，至元十九年任祁門縣尹，二十五年離任。[51] 李庭梧爲徐元得刊刻詩集當在此期間。

3.《蕭冰崖詩集》二十六卷，蕭立之(1203—?)撰，元至元二十年友人羅椅刻本，佚。

明弘治刻本《蕭冰崖詩集拾遺》卷末載至元二十年謝枋得《蕭冰崖先生詩卷跋》："冰崖乃澗谷所知詩家，因取其詩二十六卷刊以示余。"[52] 今詩集已佚，僅有《拾遺》傳世。

4.《横塘小草六筆》，徐元得撰，元至元三十年以前上饒明遠、香林詩社社友刻本，佚。

據戴表元《徐耕道遷葬碣》，徐元得在祁門任幕賓後，"三年不得已，遂歸黄塘，課子讀書……閒暇惟與宗族鄉黨相倡和，命詩社曰明遠，并主鄰社香林，社友又爲刊《小草六筆》者若干篇"[53]。按：徐元得有《横塘小草一筆》《二筆》，爲友人李庭梧刊於祁門，前已著録；徐元得卒於至元三十年，其《六筆》之刻當在任祁門幕賓三年之後、去世之前；此外當有《三筆》《四筆》《五筆》之刻，然不見於文獻記載，故付之闕如。

5.《艮巖餘稿》四卷，梅應發(1224—1301)撰，元初門生吴黼刻本，存。

此本現藏臺北故宫博物院，收入《原國立北平圖書館甲庫善本叢書》第679册。卷首吴黼《艮巖餘稿序》雖殘闕不全，但有"壽之梓"字樣，當即門生吴黼所刻。原著録爲宋末元初間刊元代修補本，王重民云："集中《琴序贈劉信古》作於至元二十年，《甘縣尹餞行詩序》作於至元二十二年，均入元以後所作。卷内宋諱雖抬頭，其付梓在元初，則無疑也。"[54]

6.《文山先生文集》三十二卷、《後集》七卷，文天祥撰，元元貞二年至大德元年間廬陵道體堂刊本，佚。

明景泰刻本《文山先生文集》卷首有元代刻書者題跋，末署"元貞二年太歲丙申冬至日道體堂謹書""大德元年丁酉中秋日道體堂謹書"[55]，當即文天祥鄉友所刊。

7.《文溪存稿》二十卷,李昴英(1201—1257)撰,元大德二年前後門人李春叟編刻本,佚。

祝尚書《宋人别集叙録》:"今存大德戊戌(二年,一二九八)門人陳大震序,稱作者孫憲文、以文携《存稿》見示,疑即刻成於此年。元槧爲後來各本之祖,完帙久無著録,乾隆間裔孫李履中稱其兒時尚見一卷,已煤爛不可讀。"[56]

8.《瞿梧集》二十八卷,熊瑞撰,元大德四年至七年間江西門人刻本,佚。

元劉將孫《瞿梧集序》:"冕山熊先生門人新刊《瞿梧集》成,以寄其承學劉某於臨汀郡泮。某别先生且三十年,得而讀之。"[57]按:劉將孫於大德四年庚子赴福建臨汀任教[58],此爲文集刊刻時間之上限;劉將孫於咸淳九年十七歲時因試藝受到熊瑞賞識,别後三十年爲大德七年,此爲文集刊刻時間之下限。

9.《王荆文公詩箋注》五十卷,王安石(1021—1086)撰,李壁注,劉辰翁批點,元大德五年劉辰翁門人王常刻本,存。

國家圖書館、臺灣圖書館、日本宫内廳藏。

10.《一百二十圖詩》一卷(附《錦殘餘笑》二十四首)、《鄭所南先生文集》一卷、首冠鄭起《清雋集》一卷,鄭思肖(1241—1318)撰,元大德五年平江路劉氏梅谿書院刻本,佚。

《知不足齋叢書》本《一百二十圖詩集》後有"大德辛丑吴中義梓""所南翁文附後"刊語二行,《鄭所南先生文集》後有"平江路天心橋南劉氏梅谿書院印行"一行,"辛丑"爲大德五年。[59]

11.《元豐類稿》五十卷、《續》一卷,曾鞏(1019—1083)撰,元大德八年南豐知州丁思敬刊本,存。

國家圖書館、臺北故宫博物院藏。

12.《象山先生文集》二十八卷、《外集》四卷,陸九淵(1139—1193)撰,元大德九年以前繆鳴陽刊本,佚。

元方回《送繆鳴陽六言》小序:"鳴陽重刊《象山集》,流布北方,所至作詩盛稱其學。"[60]按:方回卒於大德九年,爲此集刊刻時間之下限。

13.《九華詩集》一卷,陳巖(?—1299)撰,元至大元年鄉人方時發池州刻本,佚。

陳巖《九華詩集》卷首至大元年戊申方時發序："詩有舊板，兵燬不全。此二百一十篇，乃余掇拾於散佚之餘者也……特捐己帑而重梓之，俾詩與山相照耀於無窮云。"[61]按：方時發刻本原有九華山圖，今存崇禎刻本和清抄本皆佚圖而存詩，已非元刻本原貌。

14.《豫章先生遺稿》五卷，羅從彦(1072—1135)撰，元至大四年前後郡人許源南平刻本，佚。

元至正三年曹道振《羅豫章先生文集後序》："世所共見者，郡人許源所刊遺稿五卷而已。"[62]可見是集的元代通行本是許源刻本。又，揭祐民《豫章羅先生文集跋》："許源以儒學任南平教職，亟鋟諸梓。"[63]考揭祐民於至大四年前後任延平路儒學教授，許源任教職亦當在此時。

15.《方先生詩集》九卷，方鳳(1240—1322)撰，元至順間門人柳貫編，永嘉縣尹趙大訥刻本，佚。

元黄溍《方先生詩集序》："柳君道傳方官于太常，自以遊先生門最早，知其不朽者甚悉。既緘辭銘其墓，且探其家藏，摘五七言古律詩三百八十篇，釐爲九卷，屬永嘉尹趙敬叔刻寘縣齋。"[64]按：趙敬叔名大訥，浦江人。據《兩浙海塘通志》記載："至順三年二月，永嘉令趙大訥修築縣内大石隄，於本年十一月訖工。"[65]可知趙大訥任永嘉縣尹在至順間，詩集當刊刻於此時。

16.《孫少初文集》，孫素撰，元元統元年以前門人清江皮溍刊本，佚。

元吴澄《孫少初文集序》："清江皮潛(溍)嘗學於少初，并爲刻板以傳於世。板成，以畀其子。"[66]按：吴澄卒於元統元年，文集之刻當在此前。

17.《韋齋集》十二卷，朱松(1097—1143)撰，附《玉瀾集》一卷，朱槔撰，元後至元三年劉性江西刊本，存。

臺灣"中研院"傅斯年圖書館藏。

18.《松溪詩集》六卷，范浚(1089—1155)撰，元至正元年郡人番禺尹熊爟刻本，佚。

元至正元年虞集《范左司松溪詩集序》："郡人至順辛未進士熊爟宰番禺，令申如以《松溪集》來，爲刻梓而傳之。"[67]然此集自明代以後就不見流傳，在元時是否刻板，祇能存疑俟考。

19.《朱文公大同集》十卷,朱熹(1130—1200)撰,元至正十二年都璋同安刻本,存。

國家圖書館藏。

20.《百行冠冕詩》,錢時(1175—1244)撰,元至正十四年以前臨川危素刻本,佚。

元李存《百行冠冕詩序》:"臨川危素又板行之,聞者見者皆從而佽助之。"[68]按:李存卒於至正十四年,詩集之刻當在此前。

21.《羅鄂州小集》五卷,羅願(1136—1184)撰,元至正十四年以前郡人鄭玉徽州刻本,佚。

元鄭玉《羅鄂州小集序》:"惜其全集不傳,今行于世者,鄂州通守劉清之子澄之所刻……予嘗得之於藏書之家,讀而愛之,乃謀刻之梓,以廣傳布。從予遊者,洪氏之兄弟,曰斌,曰杰,曰宅,鮑氏之叔姪,曰元康,曰深,樂以其資共成之,而請予爲之序。"[69]按:鄭玉卒於至正十四年,小集之刻當在此前。

22.《五峰胡先生文集》五卷,胡宏(1106—1162)撰,元至正二十四年以前益陽劉用孚家塾刊本,佚。

元許有壬《五峰文集後序》:"五峰胡先生文集,凡五卷,南軒張先生序之矣。益陽劉用孚將刻諸家塾,且徵余題其端。"[70]按:許有壬卒於至正二十四年,文集之刻當在此前。然劉用孚家塾刻本不見於其他文獻記載,是否實有其事,姑存疑俟考。

23.《滄浪嚴先生吟卷》三卷,嚴羽撰,元郡人陳士元、再傳弟子黄清老編刻本,存。

臺灣圖書館藏。

上述二十三種詩文集,除劉氏梅谿書院刊刻鄭思肖詩文集的原因與動機不清楚外,出於友人、門人刊刻的有《横塘小草一筆》并《二筆》、《蕭冰崖詩集》《横塘小草六筆》《艮巖餘稿》《文溪存稿》《瞿梧集》《王荆文公詩箋注》《方先生詩集》《孫少初文集》《滄浪嚴先生吟卷》等十種,出於表彰鄉賢而刊刻的有《滕元秀詩集》、《文山先生文集》并《後集》、《元豐類稿》《九華詩集》《豫章先生遺稿》《松溪詩集》《朱文公大同集》《羅鄂州小集》等八種,出於講學需要、重視理學而刊刻的有《象山先生文集》《韋齋集》《百行冠冕詩》《五峰胡先生文集》等四種。與家刻本相似,私刻本宋人别集也流傳不廣,故元刻本存世的衹有五種:《艮巖餘稿》《王荆文公詩箋注》《元豐類稿》《朱文公大同集》和《滄浪嚴先生吟卷》。

對於宋元易代之際的作家而言,門人、友人出於私誼而刊刻師友詩文集,與上文提到的子孫後裔刊刻父祖詩文集有類似之處,暫且不論。古人普遍重視鄉誼,元人也不例外。例如,婺州蘭溪人吴師道,從小就對鄉賢范浚《香溪先生文集》念念不忘,多年訪求而不可得,"居其鄉,思其人,而不得誦其詩而讀其書,不能不致予恨焉"[71]。這種情懷,根源於古人濃厚的鄉土情結和孟子"尚友古人"的思想。至順二年,吴師道終於從親友應氏處得到范浚文集殘本七卷,爲其首編,雖距二十二卷全本不足三分之一,但也彌足珍貴。當范浚族孫來訪,稱家藏本恰好殘缺第一卷至五卷、無從配補時,吴師道慷慨轉贈,遂使該書内容完整無缺。在吴師道的協助下,其族孫范元譸决定舉全族之力重刻問世,這纔使得范浚文集流傳至今。又如池州青陽人方時發,酷愛九華山之奇秀,繪爲圖本繡梓,與遠方的朋友共同分享樂趣;又裒輯邑人陳巖吟詠九華之詩,與圖合爲一編,"特捐己帑而重梓之,俾詩與山相照耀於無窮云"[72]。雖然圖畫失傳,但陳巖的《九華詩集》却得以流傳後世。而且,此本在印刷史上也具有開創性意義,是目前所知最早的繪圖繡梓本詩歌别集。方時發不惜工本地刊印九華山圖與九華山詩,完全是基於他對家鄉山水的摯愛之情。於此可見,地域文化與家族文化對印刷文化的影響至關重要。

三　元代坊刻宋人别集

元代書坊刊刻的宋人别集不多,版本較可靠的衹有十一種,遠不如家刻本(三十一種)和私刻本(二十三種)數量之多。但從存世數量來看,現存坊刻本多達十一種,而存世的家刻本與私刻本共九種。這主要是因爲坊刻本出於牟利的需要,衹刊刻名家詩文集,印量多,發行量大,故存世的數量也就較多。現以作者時代爲序,羅列元代坊刻本宋集如下。

1.《增刊校正王狀元集注分類東坡先生詩》二十五卷,蘇軾(1037—1101)

撰,元建安虞平齋務本書堂刻十一行本,存。

國家圖書館、華東師範大學圖書館藏。

2.《王狀元集百家注分類東坡先生詩》二十五卷,蘇軾撰,劉辰翁批點,元建安熊氏刻十一行本,存。

國家圖書館藏。

3.《增刊校正王狀元集注分類東坡先生詩》二十五卷,蘇軾撰,劉辰翁批點,元廬陵坊刻十二行本,存。

國家圖書館、北京大學圖書館、臺灣圖書館、臺北故宫博物院、日本米澤市圖書館、御茶之水圖書館藏。

4.《選東坡詩注》二十卷,蘇軾撰,元刊巾箱本,存。

臺灣圖書館藏。

5.《山谷外集詩注》十四卷,黄庭堅(1045—1105)撰,元至元二十二年建安熊氏萬卷書堂重刻本,存。

日本宫内廳藏。

6.《澗谷精選陸放翁詩集》前集十卷、《須溪精選陸放翁詩集》後集八卷,陸游撰,羅椅、劉辰翁選評,元大德五年至元末刊本,存。

日本千葉縣國立歷史民俗博物館藏。[73]

7.《批點分類誠齋先生文膾》前集十二卷、後集十二卷,楊萬里(1127—1206)撰,元刻巾箱本,存。

國家圖書館、上海圖書館、臺灣圖書館、臺北故宫博物院藏。

8.《瓊琯白玉蟾武夷集》八卷,白玉蟾撰,元建安余覺華勤有堂刊本,存。

國家圖書館藏。

9.《白先生玉隆集》六卷,白玉蟾撰,元建安余覺華勤有堂刊本,存。

德國巴伐利亞邦立圖書館藏。

10.《瓊琯白玉蟾上清集》八卷,白玉蟾撰,元建安余氏静庵刻本,存。

上海圖書館藏。

11.《分類秋崖先生詩稿》十八卷、《後集》九卷、《小稿别集》十一卷,方岳撰,元大德二年建安馬世和編刻本,存。

日本御茶之水圖書館藏。[74]

綜上，元代書坊選刻的宋代名家詩文集主要涉及蘇軾、黄庭堅、陸游、楊萬里、方岳等數家，尤其是蘇軾詩集，至少刊刻了四次，最受圖書市場認可。此外，建安余氏書坊因地域原因刊刻了南宋武夷山著名道士白玉蟾的詩文集三種。

元代書坊刊刻蘇詩最初主要是翻刻宋代百家注本，次則迎合時代風氣增加劉辰翁評點。南宋書坊刊刻百家注蘇詩，除建安黄善夫家塾刻本的行款是十三行外，其他書坊如建安萬卷堂、建安魏仲卿家塾本、泉州市舶司東吴阿老書籍鋪本等皆爲十一行，因此，元初建安虞平齋務本書堂翻刻百家注蘇詩，首選十一行版式，與宋刻本很容易混淆。但虞本與宋本的區别，主要是書名加“增刊校正”四字而删除“百家”或“諸家”字樣[75]，其次是“將南宋刊本中‘前禮部尚書’云云改爲‘宋禮部尚書’云云，反證此書决非宋刻”[76]。稍後的元建安熊氏刻本仍然是十一行本，但增加了劉辰翁評點。而真正能够代表元刻本新貌的是廬陵坊刻本，此本既融合了虞本與熊本的内容，也創新了版式，改爲十二行本。廬陵刻本《姓氏》後有“廬陵□□□□書堂新刊”長方牌記，中間四字不知何故被人挖去，且今存所有印本皆是如此，無從得知究竟是哪家書堂所刻。廬陵刻本在中國臺灣藏有三部（臺北故宫博物院兩部、臺灣圖書館一部），在日本也藏有三部（御茶之水圖書館兩部、米澤市圖書館一部），過去一直以爲中國大陸没有收藏，但國家圖書館藏元刻十二行本《王狀元集百家注分類東坡詩》二十五卷（殘存十七卷：一、三至十五、二十三至二十五），正是廬陵刻本，且有“廬陵□□□□書堂新刊”牌記；北京大學圖書館藏李盛鐸舊藏本亦有“廬陵□氏□□書堂新刊”牌記，爲廬陵刻本無疑。此外，國家圖書館、上海圖書館、遼寧省圖書館、陝西省圖書館、山東博物館、四川省圖書館、天津圖書館、蘇州博物館、三蘇祠博物館等多家機構還著録有元刻十二行本十三部。其中有的可能是廬陵刻本，有的可能是元代或明代翻刻廬陵本，擬另撰文詳加考證。

坊刻本最大的問題是在牌記、刊語闕失的情况下，很難確定版刻的具體年代，衹能籠統地著録爲元刻本或元某某書堂刻本。而且，由於宋元明福建坊刻本的字體風格非常接近，有些元刻本可能是宋刻本或明刻本之訛，也還需要進一步研究。

四　元代學校、寺院刊刻宋人别集

元代各路儒學興盛,公私書院林立,學田錢粮富裕,因而能够大量刊刻書籍。而且,元代儒學或書院往往保存有很多宋代書板,修補後可以續印。例如,元代西湖書院接收了南宋國子監書板二十餘萬片[77],根據《西湖書院重整書目》,其中的宋人别集有《蘇東坡集》《張南軒文集》《擊壤詩集》《林和靖詩》《吕忠穆公集》《王魏公集》《伐檀集》《王校理集》《晦庵大全集》等九種[78],基本上是南宋浙江官刻本,除《晦庵大全集》明代中期尚存外,其餘八種書板皆亡於明初[79],在元代完全有可能繼續刷印或補板印行。又如,元代信州路儒學藏有宋淳熙九年(1182)錢象祖信州公使庫刊本《滆水集》書板,廣信士人舒彬曾摹印一本贈給危素,並從儒學假借舊藏本校補其闕。[80]在存世宋刻宋人别集中,有四種經過元代修補,分别是:

1.《節孝先生文集》三十卷、《節孝先生語》一卷、附《節孝集事實》一卷、《本朝名臣言行録》一卷、《皇朝東都事略卓行傳序》一卷、《諸君子帖》一卷,徐積(1028—1103)撰,元大德、皇慶間修補宋淳祐十年(1250)王夬亭、景定五年翁蒙正淮安州學本,存。

北京大學圖書館、北京師範大學圖書館、南開大學圖書館、重慶圖書館、泰州市圖書館藏。按:此書版本,收藏機構多著録爲元刻明修本,泰州市圖書館著録爲元刻明嘉靖四十四年劉祐修補刻本。祝尚書根據前人著録,認爲淳祐十年淮南東路提點刑獄公事兼轉運判官王夬亭重刊本、景定間翁蒙正本、元刻本、明嘉靖四十四年劉祐本是遞修關係[81],誠爲卓見。《中華再造善本》影印北京大學圖書館藏本有大德、皇慶間元人撰寫的《節孝徐先生像贊》四篇,元刻本的修補當在此時。

2.《趙清獻文公集》十六卷,趙抃(1008—1084)撰,元至治元年衢州路儒學修補宋景定元年陳仁玉刻本,存。

國家圖書館、上海圖書館藏。按:此本著録爲宋景定元年陳仁玉刻元明遞修本。據元至治元年蒙古晋人僧家奴鈞元卿跋"予忝臺檄,循察省治,覈實憲蹟,由浙歷閩海道，軺過太末郡……咨訪公文，得諸郡庠”[82]，可知元代補版當在至治元年前後，僧家奴身爲監察官員，有督促學校修補刊刻圖書之責。

3.《晦庵先生朱文公文集》一百卷，朱熹撰，元西湖書院修補宋寧宗時浙江刻本，存。

國家圖書館、首都圖書館、北京大學圖書館、人民大學圖書館、上海圖書館、山東博物館、日本天理圖書館藏。按：此本多著録爲宋寧宗時浙江刻本，間或著録爲宋刻元明遞修本。據明黄仲昭《書成化補修本晦庵朱先生文集後》："浙本洪武初取置南雍，不知輯於何人。"[83]"南雍"即南京國子監，明初詔令將杭州西湖書院書板調撥至南京國子監。考《元西湖書院重整書目》著録有《晦庵大全集》，《南雍志經籍考》卷下亦著録有《晦庵文集》，知宋代浙本已稱"大全集"，且先後經元西湖書院、明南京國子監遞修。

4.《晦庵先生朱文公文集》一百卷、《續集》十一卷、《别集》十卷，朱熹撰，元修補宋嘉熙三年至咸淳元年建安書院刻本，存。

國家圖書館、北京大學圖書館、國家博物館、公安部、上海圖書館、復旦大學圖書館、南開大學圖書館、遼寧省圖書館、青島博物館、天一閣博物館、湖南省圖書館、四川師範大學圖書館、日本静嘉堂藏。

由於有宋代舊板可用，元代儒學、書院新刻的宋人别集數量並不多，目前調查所得僅有八種：

1.《王荆文公詩箋注》五十卷，王安石撰，元大德十年毋逢辰建陽考亭書院刻本，佚。

元大德十年毋逢辰《王荆文公詩序》："方今詩道大昌，而建安兩書坊竟缺是集，予偶由臨川得善本，鋟梓於考亭。"[84]按：毋逢辰於至元中任建寧路判，倡修紫陽書院，大德間爲福清州知州。此集當是據大德五年王常刻本翻刻。

2.《伊川擊壤集》二十卷，邵雍（1011—1077）撰，元皇慶元年（1312）以前江西樂安夏友蘭鰲溪書院刻本，存佚不明。

元吴澄《邵子叙録》："其三《伊川擊壤集》二十卷……（夏）幼安命工刻版，以與世之學者共觀之。"[85]按：夏幼安名友蘭，樂安人，卒於皇慶元年，事迹詳見吴澄《元將仕佐郎贛州路同知會昌州事夏侯墓誌銘》。[86]據吴澄《鰲溪群賢詩選序》,夏友蘭曾捐建鰲溪書院,刊刻何君垚《鰲溪群賢詩選》[87],則《伊川擊壤集》也可能刻於鰲溪書院。《伊川擊壤集》元刊本今存三部,分别藏於國家圖書館、臺灣"中研院"傅斯年圖書館和日本静嘉堂,三種行款相同,皆爲十行十八字,不知是夏幼安刻本還是西湖書院修補宋刻本,亦或别爲一種不見於著録的版本。

3.《北溪先生大全文集》五十卷、《外集》一卷,陳淳(1159—1223)撰,元後至元元年漳州路儒學刻本,佚。

元後至元元年漳州路儒學教授王環翁《北溪大全集序》:"集五十卷,淳祐戊申郡倅薛公季良鋟梓龍江書院,歲久佚壞。乙亥暮冬,幕賓本齋高公念斯文之將墜,痛道統之無傳,遂乃文移有司,力請壽梓。于是太守張公是其説,推理烏古孫公贊其謀,遂以庠稟贏奇,委學録黄元淵之三山墨莊鏤刻。"[88]據此可知,文集爲漳州路儒學資助刊刻,但刊刻地點則在福州。

4.《屏山集》二十卷,劉子翬(1101—1147)撰,元至正元年至二十年間劉張屏山書院刻本,佚。

元張榘《重建屏山書院記》:"惟忠顯公八世孫子長……重建屏山書院……以所藏《屏山文集》《傳忠録》及《方是閑文集》重鋟諸梓,廣傳於世。"[89]按:屏山書院之重建,後至元五年被朝廷批准,至正元年幹玉倫徒等建成。《方是閑居士小稿》刻成於至正二十年,則《屏山文集》之刻當在至正元年之後、至正二十年之前。

5.《黄徽猷詩集》,黄友(1080—1126)撰,元至正十二年温州路儒學刻本,佚。

元至正十二年史伯璿《書黄徽猷詩集後序》:"皇元至正十二年,公裔孫九皋,出公所著詩章一帙示余……鋟梓郡庠,以壽其傳於明堂,豈少補哉?"[90]按:黄友在靖康元年(1126)的宋金戰争中爲國捐軀,其墓至今尚存。元時本地儒學爲其刊刻詩集,以表彰鄉賢,亦在情理之中。然明代以後不見流傳,姑存其目,以待考證。

6.《止齋先生文集》五十二卷,陳傅良(1137—1203)撰,元至正二十年屏山書院刻本,佚。

《鐵琴銅劍樓藏書目録》著録元刊本《止齋先生文集》五十二卷,"卷末有白文二行，云‘至正庚子仲冬/屏山書院重刊’”[91]。鐵琴銅劍樓本今藏國家圖書館，實爲明正德元年(1506)林長繁刻本的早期印本(按：國家圖書館藏其他正德刻本的後印本，牌記已磨滅，失去文字)。卷末確有屏山書院牌記，可知正德刻本是據元刻本翻刻。書目著録爲元刊本，蓋因卷首王瓚序、卷末林長繁跋皆有闕佚，書賈以之冒充元刻，故有此誤。後人抄補序跋，遂恢復其版本之真面目。

7.《方是閑居士小稿》二卷，劉學箕撰，元至正二十年從玄孫劉張屏山書院刻本，存。

上海圖書館、臺灣圖書館藏。

8.《豫章羅先生文集》十七卷、《年譜》一卷，羅從彦撰，元至正二十五年沙陽豫章書院刻本，存。

南京圖書館、臺灣“中研院”傅斯年圖書館藏。

上述八種宋人别集的元刻本，其中六種已經亡佚，存世的祇有屏山書院刻《方是閑居士小稿》和豫章書院刻《豫章羅先生文集》。通過這兩種詩文集，我們可以大致了解元代書院刻本的基本特徵。首先，元代很多書院是爲了紀念宋代理學名家而建立的，如考亭書院因朱熹而建立，屏山書院因劉子翬而建立，豫章書院因羅從彦而建立，因此，書院刊刻某一學派創始人及其學術繼承人的著述就是理所當然之事。其次，元代書院最初往往由理學家的後裔捐資建立，後來得到地方官府的支持，由朝廷下文批准進入官學體系。因此，理學家後裔在書院中祠祀祖先、刊刻先世著述，在一定程度上又具有家刻本性質。例如，劉子翬舊宅在崇安之五夫里，宋時有屏山書院，匾額爲其門人朱熹所題。宋末毁於戰亂，元至大年間，從子劉珙之五世孫請於建寧路官府，在劉珙故居的基址上重建書院，祠祀劉子翬，從祀者爲朱熹及劉珙，但没有立爲官學。元統初，經建寧路總管暗都剌、福建肅政廉訪副使李公端上奏朝廷，得到批准，後至元五年下發公文，至正元年在福建肅政廉訪副使斡玉倫徒、建寧路總管麻合馬、同知劉伯顔等的支持下正式建成書院。[92]至正二十年前後，劉韐之八世孫劉張“以所藏《屏山文集》《傳忠録》及《方是閑文集》重鋟諸梓，廣傳於世”[93]。《方是閑文集》應當就是《方是閑居士小稿》，元刻本今存兩部，分藏上海圖書館和臺灣圖書館，序後有“至正庚子仲冬”“屏山書院重刊”長方牌記，又有至正二十一年辛丑劉張跋語：“舊已鏤板，因燬于兵,遂失其本。近偶得於邑士家,捧誦欣喜,如獲重寶……遂復鋟諸梓,非敢必其行世,庶幾族之子弟得以諷詠想像,有所感發而興起,則世業不墜,書脈復續,是所望也,幸相與勉之。"[94]由此可見,屏山書院刊刻的劉氏家集,在很大程度上與家刻本有類似之處。而豫章書院的創建與刻書活動也和屏山書院非常相似。書院是羅從彦五世孫天澤所建,至正三年前後,請邑人曹道振編次《豫章羅先生文集》,並編撰年譜,至正二十五年乙巳秋刊刻於沙陽豫章書院,至正二十七年遣其子庭堅請福建儒學提舉卓説撰寫序文,在元末戰亂中尚不忘對先世文集加以整理刊行,不由得令人肅然起敬。

元代寺院刊刻的宋僧别集目前所知者僅有釋契嵩(1007—1072)《鐔津文集》二十卷。據《宋人别集叙録》,《鐔津文集》存世元刻本最早的是元至元十九年重修宋刻本,現藏日本米澤文庫;其次是至大二年吴城西幻住庵比丘永中刻本,現藏日本公文書館内閣文庫;其次是釋正傳、彌滿等刻本,現藏國家圖書館;又據元人吴澄《鐔津文集後題》及《跋》,疏山僧半山、雲住曾重刊是集,其本久無著録,可見"契嵩文集元代頗盛行,沙門屢爲之鋟板"。[95]《宋人别集叙録》中提到的釋正傳、彌滿等刻本即至大二年永中刻本,並非"翻刻至大本"。[96]今檢日本國立公文書館藏至大二年釋永中募刻本,卷一末題"儀真長蘆禪寺住持比丘正傳施財鋟梓",卷二末題"吴城西華四無量寺比丘彌滿助緣鋟梓",等等,卷末有至大二年己酉孟春比丘永中跋:"《鐔津集》諸方板行已久,惟傳之未廣,因細其字畫,重新鋟梓,工食之費,荷好事者助以成之,其名銜具題各卷之末。"[97]國家圖書館藏本殘存卷一至十七,闕卷末永中跋,故據卷一、卷二題名著録爲釋正傳、彌滿等刻本。實際上,釋正傳、彌滿衹是衆多助刊者中的一員。至於《宋人别集叙録》中所謂"半山、雲住",應當是"半間雲住"之誤。據吴澄《贈浮屠師了一片雲半間序》[98],"雲住師"法名了一,字片雲,號半間;又據程鉅夫《踈山白雲禪寺修造記》[99],雲住於大德六年任江西撫州踈山白雲禪寺住持,契嵩集之刊刻當在此年以後;吴澄卒於元統元年,這是刊刻時間的下限。由此可見,契嵩集在元代至少刊刻和修補了三次。

五　刊刻者身份不明的元刻宋人别集

在目前所知元刻本宋人别集中,有十五種書没有牌記和序跋表明其刊刻時間、地點以及刊刻者身份,祇能籠統地稱之爲元刻本。收藏機構在著録這些元刻本時,大多沿襲前人的文獻著録,或者通過觀察字體風格、版式特徵、紙張墨色等感官經驗做出版本鑒定。因此,我們在利用與研究這些元刻本時,不能不採取謹慎小心的態度,以免受到前人誤導。現羅列如下,以資進一步研究。

1.《勉齋先生黄文肅公文集》四十卷,宋黄榦(1152—1221)撰,《語録》一卷,宋林圓、蔡念成等輯,《年譜》一卷,宋鄭元肅撰,《附集》一卷,元刻延祐二年(1315)重修本,存。

國家圖書館、吉林省圖書館、日本静嘉堂藏。

2.《南海百詠》一卷,方信孺(1177—1222)撰,元大德間刊本,佚。

影印《宛委别藏》本《南海百詠》卷首清康熙己亥(1719)金杲題跋:"《南海百詠》,大德間鏤版行世,後未有重梓之者。"[100]按:金杲藏有抄本,並曾據錢謙益藏精抄本校勘,其所説大德間鏤板必有所據,然不知何人所刻,姑存目俟考。

3.《東坡先生往還尺牘》十卷,蘇軾撰,元刻本,存。

上海圖書館藏。

4.《東坡先生翰墨尺牘》八卷,蘇軾撰,元刻本,存。

國家圖書館藏。

5.《山谷老人刀筆》二十卷,黄庭堅撰,元刻本,存。

國家圖書館藏。

6.《新刊李學士新注孫尚書内簡尺牘》十卷,孫覿(1081—1169)撰,元刻本,存。

國家圖書館、天津圖書館藏。

7.《山谷黄先生大全詩注》二十卷,黄庭堅撰,元刻本,存。

國家圖書館、上海圖書館、日本國會圖書館藏。

8.《後山詩注》十二卷,陳師道(1053—1102)撰,元刻本,存。

國家圖書館、日本國立公文書館藏。

9.《增廣箋注簡齋詩集》三十卷、《無住詞》一卷、《胡學士續添簡齋詩箋正誤》一卷、《簡齋先生年譜》一卷,陳與義(1090—1138)撰,元刻本,存。

國家圖書館藏。

10.《須溪先生評點簡齋詩集》十五卷,陳與義撰,劉辰翁評,元刻本,存。

日本静嘉堂藏。

11.《湖山類稿》五卷,汪元量(1241—1317?)撰,劉辰翁評點,元刻本,佚。

清康熙二十六年汪森《湖山類稿後序》:"汪水雲《湖山類稿》五卷,爲劉辰翁批點,無叙引及鋟刻年月,卷首脱落四版,集中字句間有漫漶而不可讀者。"雍正癸卯吴焯《水雲集跋》:"余又得水雲《湖山類稿》一帙,係元刻劉須溪評本,與此編互有不同。"[101]據此可知元刻本清代尚存,惜今已亡佚。

12.《伊川擊壤集》二十卷,邵雍撰,元刻本,存。

國家圖書館、臺灣"中研院"傅斯年圖書館、日本静嘉堂藏。

13.《晦庵先生朱文公詩集》□□卷,朱熹撰,元刻本,存。

國家圖書館藏。

14.《西山真先生文集》□□卷,真德秀(1178—1235)撰,元刻本,存。

國家圖書館藏。

15.《後村居士集》五十卷,劉克莊(1187—1269)撰,元刻本,存。

國家圖書館、上海圖書館、中國社會科學院文學研究所、日本静嘉堂、早稻田大學圖書館藏。

在上述十五種元刻本宋人别集中,蘇軾《東坡先生往還尺牘》《東坡先生翰墨尺牘》、黄庭堅《山谷老人刀筆》《山谷黄先生大全詩注》、陳師道《後山詩注》、陳與義《增廣箋注簡齋詩集》《須溪先生評點簡齋詩集》、孫覿《新刊李學士新注孫尚書内簡尺牘》、劉辰翁批點汪元量《湖山類稿》等九種,從選題策劃看,主要涉及宋人尺牘和名家詩集批注本;從字體風格看,大多屬於建安坊刻本。但目前尚無充足的證據顯示其爲何時、何地、何家書坊所刻,衹能暫且列入刊刻者身份不明的行列。如果這九種元刻本確實是坊刻本,加上前面提及的十一種,元代坊刻宋人别集的數量就多達二十種,可與家刻本、私刻本三足鼎立。至於另外六種元刻本宋人别集,其爲家刻本、私刻本、坊刻本或學校刻本,不能確定,稍作考述如下。

黄榦《勉齋先生黄文肅公文集》四十卷,因版心有"延祐二年補刊"字樣,或著録爲宋刻元修本,或著録爲元刻元修本,應當是宋末三山黄友進刊本的遞修本或翻刻本,然其在元代究竟爲何人所刻或補刊,待考。

邵雍《伊川擊壤集》二十卷,前述三家圖書館均著録爲元刊本。根據上文考證,邵雍詩集在元代至少有兩種印本流通,一是西湖書院藏宋代板片,二是夏友蘭鰲溪書院刻本。存世元刊本可能是上述兩種印本中的一種,也可能是第三種版本,還需要進一步考證。

朱熹《晦庵先生朱文公詩集》□□卷(殘存卷一一至二二)、真德秀《西山真先生文集》□□卷(殘存卷一四、一五),因二書殘闕太甚,且爲海内外孤本,故其在元代的刊刻情况不明。方信儒《南海百詠》一卷,已如前所述,不知何人所刻。

劉克莊《後村居士集》,最早有宋淳祐九年林希逸莆田郡學刊五十卷本,又有林式之續刊六十卷本。[102]今存宋刻本《後村居士集》有兩個版本系統,一爲瞿氏鐵琴銅劍樓舊藏殘本三十八卷本,一爲五十卷本。程有慶、張麗娟認爲除瞿氏鐵琴銅劍樓舊藏殘本是真宋本外,其餘五十卷本都是元刻本,劉玉才認爲此説證據不充分,仍傾向於著録爲宋刻元修本。[103]程有慶、張麗娟認爲鐵琴銅劍樓舊藏殘本的完整卷數應當不少於六十卷,如果此説能够成立,則瞿氏本很可能是久已不見著録的林式之續刊六十卷本,而其他五十卷本則可能是宋淳祐九年林希逸莆田郡學刊本或其翻刻本,衹不過有初刻、修補之别。至於何時何地由何人修補,尚無明確的證據。

六　結語

元人在不足百年的歷史中,刊刻了近百種宋人别集,其中五十四種出自宋代作者後裔和門生親友之手,可見家族與親友是元人整理和刊刻宋人别集的主力軍。除了名家詩文集,一般的宋人别集在元代並没有太大的商業流通價值,無法被以牟利爲主的書坊所青睞。而書院刻本主要刊刻宋代理學名家或重要歷史人物的文集以資教化,也不會無端耗費學田錢粮來刊行普通宋集。因此,絶大多數宋人别集衹能依靠家族與親友的力量來刊刻和流布。然而,無論是家刻本還是私刻本,衹能代表宋代作者後裔和親朋好友的一己私議,並非天下之公論,因而也衹能在家族内部或親友之間流通,缺少廣泛的社會影響力和長久的生命力,難以流傳後世。在這五十四種家刻本或私刻本宋人别集中,亡佚的多達四十五種,約佔百分之八十三。相反,存世的四十二種元刻本宋人别集中,坊刻本多達十一種,加上可能是坊刻本的九種,總計近二十種,約佔存世元刻本宋集總量的一半。元代私人刊刻書籍,總是面臨經費短缺、文獻散佚等重重困難,付出艱辛的努力也不一定能令先人遺著傳之久遠,可見文獻之流傳與存佚,有時并非人力所及。

從縱向的角度比較,元代刊刻的宋人别集數量既不如宋代,也不如明清;但從横向的角度來看,經筆者調查考證,目前已知元人刊刻了漢魏六朝别集三種、唐人别集三十六種、宋人别集九十五種、金人别集十五種、元人别集一百六十三種,可見元刻宋人别集的數量僅次於元刻元人别集。元詩宗唐,但元人整理和刊刻唐人詩集的貢獻不如宋人,而且大多數元刻本唐人詩集都是對宋刻本的重編或翻刻。因此,元人整理和刊刻宋人别集的貢獻,元人對宋代文學遺産的繼承與發展,值得我們重新認識和深入研究。

(本文得到教育部人文社會科學研究一般項目“書棚本唐宋詩集編刻流傳研究”[編號 18YJA751024]、四川大學中國語言文學與中華文化全球傳播學科群建設專項經費“中青年學者成長基金”[編號 XKQZQN04]資助。)

注　釋

① 鞏本棟《宋集傳播考論》,中華書局 2009 年版,第 31—33 頁。

② 参見四川大學古籍所編《現存宋人别集版本目録》,巴蜀書社 1990 年版。

③ 祝尚書編《宋集序跋彙編》,中華書局 2010 年版,第 1863 頁。

④ 李修生主編《全元文》,第 3 册,鳳凰出版社 2004 年版,第 241 頁。

⑤ 同上書,第 234—235 頁。

⑥ 同上書,第 140—141 頁。

⑦ 同上書,第 17 册,第 244 頁。

⑧ 同注③,第 1630 頁。

⑨ 同上書,第 2056 頁。

⑩ 參見彭澤修,汪舜民纂《(弘治)徽州府志》卷四、卷八,明弘治刻本。

⑪ 同注③,第 2058 頁。

⑫ 陸心源《皕宋樓藏書志》卷九一,《續修四庫全書》第 929 册,上海古籍出版社 2004 年版,第 343 頁。

⑬ 丁丙《善本書室藏書志》卷三一,《續修四庫全書》第 927 册,第 532 頁。

⑭ 陸游撰,羅椅選《澗谷精選陸放翁詩集》卷首,《四部叢刊》影印明弘治刊本。

⑮ 同注④,第 11 册,第 204 頁。

⑯ 同注③,第 2216—2217 頁。

⑰ 同注④,第 18 册,第 363 頁。

⑱ 同上書,第 3 册,第 174 頁。

⑲ 同上書,第 14 册,第 380 頁。

⑳ 同上書,第 10 册,第 423 頁。

㉑ 同上書,第 12 册,第 179 頁。

㉒ 同上書,第 20 册,第 174—175 頁。

㉓ 同上書,第 22 册,第 494 頁。

㉔ 參見上書,第 376—377 頁。

㉕ 參見上書,第 38 册,第 556 頁。

㉖ 杭世駿《道古堂全集》文集卷二七《黄四如文集跋》,清乾隆四十一年(1776)刻,光緒十四年(1888)汪曾唯修本。

㉗ 同注④,第 34 册,第 149 頁。

㉘ 同上書,第 14 册,第 603 頁。

㉙ 吴澄《故安慶府同知徐府君墓表》,同注④,第 15 册,第 429 頁。

㉚ 祝尚書《宋人别集叙録》,中華書局 1999 年版,第 1341 頁。

㉛ 同上書,第 1392 頁。

㉜ 同注④,第 14 册,第 371 頁。

㉝ 參見鄧碧清《〈文山集〉版本考》,四川大學古籍整理研究所、四川大學宋代文化研究中心編《宋代文化研究》第 2 輯,四川大學出版社 1992 年版,第 195—216 頁。

㉞ 許有壬《文丞相傳序》,文天祥《文山先生全集》卷二〇,《四部叢刊》影印明刊本。

㉟ 參見虞集《虞集全集》,王頲整理,天津古籍出版社 2007 年版,第 508 頁。

㊱ 同注④,第 28 册,第 385 頁。

㊲ 同注③,第 2211 頁。

㊳ 同上書,第 1864 頁。

㊴ 同注④,第 54 册,第 386 頁。

㊵ 同注③,第 2465 頁。

㊶ 同注⑫卷八七,第 303 頁。

㊷ 有關仁壽虞氏家族詳情,可參見張邦煒《宋元時期仁壽——崇仁虞氏家族研究》,鄒重華、粟品孝主編《宋代四川家族與學術論集》,四川大學出版社 2005 年版,第 234—276 頁。

㊸ 陳基《送虞勝伯序》,同注④,第 50 册,第 274 頁。

㊹ 鄭元祐《贈虞勝伯序》,同上書,第 38 册,第 634 頁。

㊺ 參見朱存理撰,趙琦美編《趙氏鐵網珊瑚》,《景印文淵閣四庫全書》第 815 册,臺北,臺灣商務印書館 1986 年版,第 485—488 頁。

㊻ 虞集《王茂實清溪山房詩集序》,同注㉟,第 511 頁。

㊼ 戴表元《石屏戴式之孫求刊詩板疏》,同注④,第 12 册,第 274 頁。

㊽ 同注⑫卷八七,第 303 頁。

㊾ 同注④,第 7 册,第 75 頁。

㊿ 同上書,第 12 册,第 430—431 頁。

51 周溶修,汪韵珊纂《(同治)祁門縣志》卷二〇《職官志》,清同治十二(1873)年刊本。

52 同注③,第 2139 頁。

53 同注④,第 12 册,第 431 頁。

54 王重民《中國善本書提要》,上海古籍出版社 1983 年版,第 535 頁。

55 同注㉝。

56 同注㉚,第 1338 頁。

57 同注④,第 20 册,第 159 頁。

58 參見李璞《劉將孫年譜》,馬興榮主編《詞學》第 31 輯,華東師範大學出版社 2014 年版,第 302 頁。

59 鄭思肖《一百二十圖詩集》《鄭所南先生文集》卷末,清刻《知不足齋叢書》本。

60 方回《桐江續集》卷二二,《景印文淵閣四庫全書》第 1193 册,第 500 頁。

61 同注③,第 2316 頁。

62 同注④,第 56 册,第 189 頁。

63 羅從彦《豫章羅先生文集》卷一六附録,《中華再造善本》影印元至正二十五年豫章書院刻本。

(64) 同注④,第 29 册,第 66 頁。

(65) 查祥《兩浙海塘通志》卷三,清乾隆刻本。

(66) 同注④,第 14 册,第 258 頁。

(67) 同注㉟,第 576 頁。

(68) 同注④,第 33 册,第 366 頁。

(69) 同上書,第 46 册,第 325 頁。

(70) 同上書,第 38 册,第 115 頁。

(71) 吴師道《香溪先生文集後序》,同上書,第 34 册,第 87 頁。

(72) 方時發《九華山詩序》,顧元鏡《九華志》卷八文翰下,明崇禎二年(1629)刻本。

(73) 參見〔日〕甲斐雄一《關於日本所藏〈名公妙選陸放翁詩集〉》,《紹興文理學院學報》2015 年第 6 期。

(74) 參見金程宇《佚存東瀛的方岳詩文集及其價值》,張伯偉編《風起雲揚:首届南京大學域外漢籍國際學術研討會論文集》,中華書局 2009 年版,第 626—637 頁。

(75) 參見王友勝《蘇詩研究史稿》(修訂版),中華書局 2010 年版,第 53 頁。

(76) 參見劉尚榮《〈百家注分類東坡詩集〉現存版本調查記》,《中華文史論叢》1983 年第 3 輯(總第 27 輯),第 133 頁。

(77) 參見陳衮《西湖書院重整書目記》,同注④,第 45 册,第 57 頁。

(78) 參見佚名《西湖書院重整書目》,《叢書集成續編》第 67 册,上海書店出版社 1994 年版,第 759—760 頁。按:《中國古籍總目》著録作者爲黄裳,《叢書集成續編》目録署作者爲胡師安,書名卷端未署作者姓名。當時西湖書院的代山長是黄裳,教導是胡師安。

(79) 參見王國維《兩浙古刊本考》卷上壬《西湖書院書板考》,謝維揚、房鑫亮主編,路新生、黄愛梅分卷主編《王國維全集》第 7 卷,浙江教育出版社 2009 年版,第 82—85 頁。

(80) 參見危素《摹印本�水集序》,同注③,第 822 頁。

(81) 參見注㉚,第 369—372 頁。

(82) 趙抃《趙清獻文公集》卷首,國家圖書館藏明成化七年(1471)順天府尹閻鐸重刻本。

(83) 同注③,第 1486 頁。

(84) 同注④,第 31 册,第 414 頁。

(85) 同上書,第 14 册,第 449 頁。

(86) 參見上書,第 15 册,第 507—508 頁。

(87) 同上書,第 14 册,第 279—280 頁。

(88) 同注③,第 1813 頁。

⑱ 同注④,第 17 册,第 311 頁。

⑲ 同上書,第 46 册,第 460 頁。

⑳ 瞿鏞《鐵琴銅劍樓藏書目録》卷二一,《續修四庫全書》第 926 册,第 359 頁。

㉑ 參見虞集《屏山書院記》,同注④,第 26 册,第 507—508 頁。

㉒ 張椝《重建屏山書院記》,同上書,第 17 册,第 311 頁。

㉓ 劉學箕《方是閑居士小稿》卷末,臺灣圖書館藏元至正二十年屏山書院重刊本。

㉔ 參見注㉚,第 182—183 頁。

㉕ 參見邱小毛、林仲湘《〈鐔津文集〉的成書與國家圖書館藏元刊殘本考》,《古籍整理研究學刊》2012 年第 2 期。

㉖ 釋契嵩《鐔津文集》卷末,日本國立公文書館藏元至大二年刻本。

㉗ 參見注④,第 14 册,第 187 頁。

㉘ 參見上書,第 16 册,第 278—279 頁。

⑩ 同注③,第 1926 頁。

⑩ 同上書,第 2367—2369 頁。

⑩ 參見注㉚,第 1300—1302 頁。

⑩ 參見程有慶、張麗娟《宋刻本〈後村居士集〉考證》,《宋本》,江蘇古籍出版社 2002 年版,第 107—111 頁;劉玉才《〈後村居士集〉版本辨識雜談》,《藏書家》第 16 輯,齊魯書社 2009 年版,第 146 頁。

論趙翼的“唐宋變革”思想對内藤湖南之影響

單　磊

【提要】 清代乾嘉史家趙翼闡發的“唐宋變革”思想不僅在論域和識見上遠超鄭樵等中國古代史家,還直接而深刻地影響到日本史家内藤湖南,爲他建構“唐宋變革論”提供了豐富的思想資源。二人在學術境遇、治史理念、史學風格、學術見解和學術特質上深度契合,故而内藤湖南在學術見解、論據選取、思維進路、論證方法、謀篇命意、遣詞造句上都顯著地表露出承襲或模仿趙翼思想的痕迹。内藤湖南站在新的時代高度,運用現代概念工具將趙翼思想之幾微明晰化,並借來建構中國歷史的解釋體系,體現出繼承性和發展性的統一。

一　引論

中國社會在唐宋之際的滄桑巨變引起了海内外學人的高度關注,突出地表現在中外學界對“唐宋變革論”的熱議上。長期以來,日本學者内藤湖南以該學説首倡者的身份博得了諸多贊譽。[①]事實上,最早明確具有“唐宋變革”意識的並非内藤,而是南宋史家鄭樵,隨之而後的文天祥、陳邦瞻、顧炎武等人也都提出過此類見解[②],反映出中國古人歷史認識之深入和時代自覺之强烈。

不過,鄭樵等人多著眼於譜學、婚俗、取士的變遷對閥閲觀念的冲擊,雖然能

單磊　北京師範大學歷史學院

够在隻言片語之間隱約反映出唐宋之際的社會變遷,但是精神自覺十分不足,多主觀感受而少理性分析,騁高屋建瓴之宏論而無系統詳實之論證。就我寓目史料而言,對唐宋之際社會變遷論述得最明確、最精審、最系統、最具精神自覺的中國古代史家當推清代乾嘉學者趙翼。

趙翼闡發的"唐宋變革"思想不僅在論域和識見上遠超鄭樵等人,還直接而深刻地影響到内藤等日本史家。趙翼在日本史學界聲譽甚隆。早在明治維新前,其著作便以"益人良著"被引入日本,日本史壇"幾無人不讀",並尊奉他爲"史學千古一人"。[③]1910 年,東京帝國大學史學家以投票的方式選出十位"中國最偉大的史學家",趙翼赫然在列。[④]其史學澤被東瀛,其中對京都學派影響尤大。有學者指出:"真正對内藤史學和京都學派産生過巨大影響作用的是清代乾嘉學派的趙翼","研究趙翼和章學誠的史學著作成了東洋史學京都學派的學者們的看家本領",内藤的弟子們將精通趙翼的史學成果當作"看家法寶之一"。[⑤]這些論斷是可靠的,若能充分論證,當更具説服力。内藤對趙翼著作多有徵引,從中"獲得靈感的可能性非常大"[⑥]。僅就《中國史通論》節譯本、《中國史學史》《諸葛武侯》而言,内藤明確指出援自趙翼著作之處就不下六十處,直接或間接引據趙翼著作而未予注明之處當更多,某些著作可能是直接承襲趙翼著作而得。[⑦]

"唐宋變革論"以其强勁的學術生命力影響至今,流風所及,遍布東亞、歐美。學人多頌揚内藤之創見而鮮談趙翼之功績,國内一些研治該學説甚見功力的學者也絶少提及趙翼在該領域的建樹。一熱一冷之間,反映出當代中國史家對域外史學新風趨之若鶩而對本土傳統史學資源視若無睹的不良現象。

早在二十世紀前期西學東漸正盛之時,楊樹達就諄諄告誡民族史家:"販他國人所爲之吾國史以自足"終究洗脱不了"偷"之惡名,"取前哲之所辛勤積貯"而予以批判繼承方爲學統正道;"若舍先哲遺留之田土置之不耕,徒鹵莽滅裂,乞靈於外人,於學固無所得",更有愧於乾嘉諸賢殷殷稽考之功。[⑧]陳寅恪亦稱:"真能於思想上自成系統,有所創獲者,必須一方面吸收輸入外來之學説,一方面不忘本來民族之地位。"[⑨]二十世紀前後,中日皆處於民族存亡之秋,兩國史家面臨同中有異的困局,許多學説、命題、論斷、思想深深地打上兩個民族的烙印,既彼此交融，又激烈競勝。如何認識中國古代史學對近代中日史學的影響，關係到如何理解數百年來中國史學發展的基本脈絡和現代轉化。1990 年代初，嚴紹璗談及一個"宿願"："中華民族的文化弘揚於世界，當以傳入日本時間爲最早，規模爲最大，反響爲最巨。對於這樣輝煌的文化現象，中國學者理應依據自己民族的文化教養，作出屬於中國學者自身認識的主體性判斷。"[10]此種拳拳之心代表着民族史家的共同心聲。史學若僅僅作爲一門單純的學問，自然是無國界的，但若作爲一種蘊涵歷史文化傳統的承載體，則無可辯駁地打上民族的烙印。民族情感是史家主體意識的重要組成部分。研究民族史學的近代傳承和域外傳播，是植根於民族文化沃土的必然要求。在域外治史理念、範式、風格、方法被廣泛引入中國的學術背景下，彰顯本土傳統史學資源的現代價值，顯得尤爲必要和可貴。

我曾從史學史層面論及趙翼的"唐宋史學變革"思想對内藤産生的影響[11]，也曾運用文獻對照和邏輯推演的方法考證了内藤所著《中國中古的文化》《中國近世史》與趙翼所著《廿二史劄記》《陔餘叢考》之間的承襲關係[12]，猶覺言之不足。"唐宋變革論"論域之寬泛性、論題之複雜性、認識之争議性，遠非學力不逮如我者所能駕馭。唯於學習之中持久愚思而難解其惑，與其冥思苦想，不如落墨於此，冀望於博雅深識之士教誨。本稿撰寫旨趣並非在於對該學説進行理論探討，亦非在於對唐宋之交的社會變遷進行實證研究，而在於對趙翼的"唐宋變革"思想進行一番闡幽表微，並揭櫫其對内藤"唐宋變革論"直接而深刻的影響。

二　"近代"叙述反映出的"唐宋變革"

趙翼的歷史分期意識雖不甚明晰，但深入其歷史叙述語境，仍能隱約感受到唐宋之前與之後分屬於兩個迥然有異的時代。

通過對他提及達數十次之多的"近代"這一語彙進行一番語境分析，不難發現，"近代"稱謂所涵蓋的時域大約是自宋起始，到他所處的乾嘉時代這一較長歷史時期。

在叙述了五代和宋時李穀、汪藻關於起居注、時政記的奏疏後，他稱："此近代國史底本之大概也。"[13]在叙述了宋太祖更定權衡之式一事後，他稱："此近代兩錢分釐毫忽絲之所由起也。"[14]話中之意,五代、宋屬於他所劃分的"近代"的範疇。

他叙及火炮始用於南宋、金、元之間,還以《宋史》所記"采石之戰"爲例證來闡明"此近代用火具之始"[15]。他援引《金史》典故,明確指出金章宗明昌年間朝廷詔命避諱一事乃"近代避聖諱之始也"[16]。在其歷史叙述語境中,南宋、金、元被理所當然地視爲"近代"。

他還稱:"近代諸史,自歐陽公《五代史》外,《遼史》簡略,《宋史》繁蕪,《元史》草率,惟《金史》行文雅潔,叙事簡括,稍爲可觀,然未有如《明史》之完善者。""此《明史》一書實爲近代諸史所不及,非細心默觀,不知其精審也。"[17]他所舉諸史成書時間皆在宋到清之間,可知他將此期明白無誤地納入了"近代"的範疇。他還連續考述出"近代一甲三人先授職之制所由昉""近代狀元授修撰之始""近代狀元從六品之始""近代狀元賜冠服、進士賜袍緞之始""近代狀元等建坊之始""近代賜宴禮部之始"[18],所舉事例無一不發生在宋代及之後,亦可説明他將"近代"定位於宋代及之後。

既然宋及之後是"近代",那麽宋之前是什麽時代?趙翼並未給出明確稱謂,在歷史叙述中多以"古代""古時"等語彙冠之。遠且不論,六朝及唐時常以與"近代"對舉的角色存在於其"近代"叙述之中。他在考述"賣弄"一詞含義變化的源流時稱:"近代俗語賣弄二字,專指誇耀之意,六朝以前則謂招權攬勢也。"[19]他將六朝與"近代"對舉,反映出兩者是不同的時期。他還舉例説明六朝及唐時已有"丈人"稱謂,還以《宋史》所記史事爲例來論證"此又近代婦翁稱丈人之故事也"[20],將六朝和唐代視爲同一時期,都置於"近代"之外。他又稱:"唐李翺亦謂,行狀謚牒,皆故吏門生苟言虚美,願敕考功虚者勿受。按當時行狀有中正博士之處分,考功之校勘,尚不免多虚譽,何况近代之行狀,不必經太常考功,人人可以自譔,又何怪乎虚詞讕語連篇累牘也。"[21]他所謂的"當時"就是李翺所處的唐代,而與之對舉的"近代"顯然未將唐代涵蓋於時域内。

事實上,趙翼的歷史分期界綫是十分模糊的。如,他舉出唐、宋兩代的史事來論證"此又近代翰林侍讀侍講之始也"[22],將唐、宋都納入"近代"涵蓋的時域。他稱:"唐、宋時謚猶兼美惡也。近代有謚者,但於美謚之中,稍存輕重,而無復加以惡謚者。”[23]此處又將唐、宋都逐出“近代”涵蓋的時域。大略而言,他將唐、五代、宋視爲前後兩個歷史時期的過渡期。

前引史料並非趙翼刻意爲闡述歷史分期思想而留下的,都屬於無意史料,更能真切地反映其歷史變易觀。

歷史分期不獨是時間維度的區分,還能反映出思想維度的歷史觀,蘊涵着歷史認識。趙翼的“近代”叙述粗略地勾勒出唐宋之交歷史斷裂的綫條:以唐宋爲界,之前與之後分屬於兩個較爲穩定的“歷史板塊”,前後兩個時期的發展路徑表現出諸多不同;居於兩大“歷史板塊”銜接處的唐宋時期,是一處動態感較强的“斷裂帶”。

雖然趙翼是在考論歷代正史中劃分歷史段落的,但是其歷史叙述並未完全依循朝代更迭而展開。以朝代更迭爲標準劃分歷史時代固然有確定性和簡便性之優點,却因缺乏解釋力而失去意義。其卓越的歷史分期思想反映出其歷史認識水平已經達到相當高的程度。從某種意義上説,他考論史事的史學實踐已經超脱傳統歷史編纂學的窠臼,而上升至思辨性歷史哲學的高度。這在十八世紀中國的社會環境和學術環境下是難以想象的。

趙翼所謂的“近代”與内藤所謂的“近世”在概念的内涵和外延上有較大出入,但僅就時間維度而言,二人的歷史分期若合符節:趙翼歷史叙述語境中的兩大“歷史板塊”和一個“斷裂帶”與内藤劃分的“中世”“近世”“第二過渡期”暗合。這種新型的歷史分期法顯然具有更强的解釋力,突出地表現爲解構了“唐宋板塊論”,凸顯出唐宋之交劇烈的社會變遷。所不同者在於,内藤的歷史分期意識更强烈,表述得更明確,更系統,更具理論性。

三　閥閲觀念的變遷

擅長宏大叙事的趙翼並未將“唐宋變革”的時域局限於唐宋之交,而是自覺將之納入到更加廣闊的歷史視野中去考察。

漢唐之間尤其是南北朝隋唐是趙翼投入較多關注目光的時期,顯著地表現在對南北朝閥閲觀念變遷的闡釋上。内藤提出“唐宋變革論”很大程度上正是基於對這一時期社會變遷的把握來展開的。他在考察了南北朝至唐代閥閱觀念之後論述道:"在六朝時期,貴族成爲中心,這是中國中世紀一切事物的根本。在它未發生變化和解體之前,就是中國的中世紀社會。這一貴族社會在唐代末期至五代之間,完全解體了。"㉔

事實上,這一振聾發聵之論所依據的思想資源主要來自趙翼的考論成果。趙翼對六朝時濃鬱的閥閱觀念施以濃墨:

> 六朝最重氏族。蓋自魏以來,九品中正之法行,選舉多用世族,下品無高門,上品無寒士,當其入仕之始,高下已分……間有不恃門第,肯降心俯就卑秩,如羊欣、王筠之流,已傳爲盛德之事。而單門寒士,亦遂自視微陋,不敢與世家相頡頏……當時風尚,右豪宗而賤寒畯,南北皆然,牢不可破……習俗所趨,積重難返,雖帝王欲變易之而不能者……此風唐初猶未艾……唐中葉以後,民間猶仍此風……五代時猶有此風矣。㉕

六朝直至五代,主導政治、社會、文化活動的核心要素是門第,高門與寒門之間等級森嚴,政權多由士族把持,婚姻通常在相等門第之間進行。因閥閱觀念根深蒂固,士庶有别被視爲理所當然,無論士族還是庶族,都被裹挾其中,縱然貴爲天子也無力扭轉,偶有出身高門顯貴者肯禮賢下士就被譽以高風亮節,庶族受士族凌辱亦無可奈何,即使偶握權柄也擺脱不了門第所限,不敢以富貴驕人。引文省略部分是大量支撑論點的論據。内藤在論述六朝閥閱觀念時明確指出援據《陔餘叢考》卷一七"六朝重氏族"的内容,所述内容幾乎照搬了趙翼著作,所選事例完全没有超出趙翼所選事例的範圍,論證也不及趙翼所述有力。㉖趙翼點出閥閱觀念一直延續到五代,在對宋之後歷史的考論中鮮有述及於此,反映出宋以後閥閱觀念大爲淡薄。内藤則直接提出宋代脱離了中世階段而步入近世階段,論斷更爲明確,可視作在趙翼研究成果基礎上的變異和發展。

鄭樵等人主要從譜學、選官、婚俗三個方面闡述唐宋之交發生巨大變遷。趙翼也論及這些問題,見解更加深刻,論據更加充分,論證更加有力,許多思想被内藤承襲。

(一)譜學變遷

趙翼從譜學發展狀況來審視唐宋之交閥閱觀念的變遷,無疑是一種洞見。

他對漢唐間譜學發展展開了較爲精詳的論述：雖然譜牒之學古已有之，但南北朝時期最爲盛行，根源是士族借之炫耀高門顯第，表達身份優越感，並防範門閥制度遭破壞；庶族羞於出身寒微，試圖借之私抬門第從而躋身士族之列；譜牒是歷史形成的，皇族未必優於世家大族，其確立的門閥制度十分牢固，無論士庶都難以抗拒；由於譜牒成爲施行九品中正法的依據，因而政權多爲士族所支配，唐代偶有以軍功榮升顯位的庶族，也多遭非議。[27]南北朝以來譜學興盛的狀況延續了數百年，到了唐宋之交逐漸消歇。趙翼對比了前後兩個歷史階段的狀況並做出評析："鄭樵《通志》，譜系凡六種，一百七十部。至馬端臨《文獻通考》，所存者不過數家矣。蓋五代以後不崇門閥，故此學遂不復講，又可以見各朝風尚不同矣。"[28]譜學衰落是閥閱觀念受到撼動的表徵。内藤的叙述明確標示他援據了《陔餘叢考》卷一七"譜學"的内容，其見解、論據、思路、邏輯、用語幾乎完全承襲趙翼著作。[29]趙翼在考論史籍中得出結論，而内藤並未對史籍加以考述，而是徑直利用趙翼提供的思想資源來建構歷史解釋體系。其論述雖不及趙翼精詳，却具有比趙翼强烈的歷史解釋意識。

（二）選官制度變遷

選官制度由九品中正制到科舉制轉變，也能反映出唐宋時期閥閲觀念由濃重而淡薄的變遷。

趙翼考論了九品官人法的制度源流和運作程序，並分析其利弊得失：

> 法立弊生，而九品之升降尤易淆亂也……進退人才之權，寄之於下，豈能日久無弊……高門華閥有世及之榮，庶姓寒人無寸進之路，選舉之弊，至此而極。然魏晋及南北朝三四百年，莫有能改之者，蓋當時執權者即中正高品之人，各自顧其門户，固不肯變法，且習俗已久，自帝王以及士庶皆視爲固然，而無可如何也。[30]

作爲對漢代以來察舉制的矯正，九品中正制在施行之初表現出顯著的優勢；後來漸顯腐朽，以門第而非才幹爲準繩選拔官吏導致階層流動僵滯，行政效率低下；久習成風，積重難返，且士族操控選官權，竭力維護門閥制度，以致帝王士庶均無力抗拒。

唐末、五代以來,選官理念發生了變化,門第的因素急劇下降,才幹和功業的因素大大提升。科舉發達的宋代自不必論,即便是一些少數民族政權也自覺順應這一歷史大勢。如趙翼注意到遼代選官情況:"遼初功臣無世襲,而有世選之例。蓋世襲則聽其子孫自爲承襲,世選則於其子孫内量才授之……遼代世選官之制,功大者世選大官,功小者世選小官,褒功而兼量才也。"[31]金代也大略如此,清代則幾乎完全没有門第因素參與,唯元代有所倒退。

内藤在叙述"九品中正法的宗旨""清議的勢力""對九品中正法的反對意見"等章節時明確指出援據了《廿二史劄記》卷八"九品中正"的論述,觀點、論據、論證思路與之十分相近。[32]他還在"向舉薦門閥過渡"一節中稱:

> 九品中正法本來是爲了評判人的品行,可是,後來却變成了專門談論門閥的制度了。這有悖於陳群提出的創設九品中正法的本意……魏晋時期有"人才論"和"品行論"兩種觀點。後來,後者取得勝利,而"品行論"又向"門閥論"的方向轉變。[33]

這段話在意涵上與前引趙翼對該制度的評騭十分吻合,不同之處在於:趙翼側重對現象的描述和評析,内藤側重以概念統攝現象,嘗試以趙翼的思想爲基礎建構更具解釋力的理論體系。

作爲閥閱觀念變遷的表徵之一,選官制度的變遷不是偶然的。趙翼注意到"寒人掌機要"的現象,並將之與士庶力量消長結合起來分析:士族天生就身居高位,養尊處優,争勝心淡漠,執政能力弱化,而庶族爲改變劣勢命運積極向上,通過建功立業逐漸掌握政權;士族腐朽與庶族奮進的結果,具有進步性,但原本身處卑位的庶族掌權後也引發了招權納賄、拉幫結派等一系列弊端。[34]此外,"北齊以廝役爲縣令"[35]和"江左世族無功臣"[36]等現象同樣反映出士庶力量消長與選官制度變遷之間的内在聯繫。這些有違九品中正制的選官現象在南北朝均有出現,尤以南朝居多,實際上是庶族争奪話語權的行爲。趙翼通過對這些現象的考述透視出選官制度變遷的深層動因,是頗具洞見的。内藤敏鋭地捕捉到這些信息,明確指出援據趙翼著作並專立具有類似名目的"寒人掌握機要的弊端"一節來展開論述。[37]二者在見解、論據、思路上十分相似,不同之處有三點:第一,趙翼的論述散落各處,而内藤將其放置一起;第二,趙翼特别强調宋、齊、梁、陳創業帝王均爲寒門出身,而内藤未有充分論述;第三,趙翼叙述了現象並分析了緣由,而内藤不滿足於複述趙翼著作,還試圖利用趙翼提供的思想資源建構其貴族政治理論。

(三)婚姻習俗變遷

婚姻習俗的變遷也是閥閲觀念變遷的重要表徵。南北朝時期的婚配標準自然以門第爲首。趙翼在前述"六朝重氏族"條中已對婚姻習俗有所著墨,還在"高門士女"條叙述道:婚姻視閥閲的風習根深蒂固,庶族若能攀上士族的高枝,會被視爲無上的榮耀,哪怕士族再没落、庶族再得勢,也難以撼動這種格局。[38]

不過,這種現象並非一成不變,以"明變"爲旨趣的趙翼當然不會局限於對静態現象的描述,他還敏鋭地洞察到婚姻習俗的隱動。身份與財富聯姻催生了當時社會上大量出現的"財婚"現象:"魏、齊之時,婚嫁多以財幣相尚,蓋其始高門與卑族爲婚,利其所有財賄紛遺,其後遂成風俗,凡婚嫁無不以財幣爲事,争多競少,恬不爲怪也。"[39]隨後,他舉出幾例因財聘而致紛紜的史事。高門大族貪財嗜利,情願放下驕矜的身段與庶族結親,寒門卑户將與士族聯姻視爲晋升之階,各取所需,一拍即合。由是,頑固的身份體制、陳腐的等級意識、分明的士庶界綫、虚僞的驕矜之氣都被卑污不堪的銅臭擊打得七零八落。財富本位雖有腐朽的一面,但還是遠比身份本位更合理,更具人性化。財富取代身份成爲衡量人的價值、安排人的社會地位的準繩,是社會的巨大進步。趙翼意識到這一現象本身就反映出其歷史觀的進步性。

内藤捕捉到這些信息並借來展開論述,所論内容幾乎是對趙翼著作的複述。[40]内藤明確提及獲取歷史信息的來源是《廿二史劄記》,而非其他史籍,儘管《廿二史劄記》展開叙述時徵引了其他史籍。内藤引據的典故恰恰就是趙翼引據的典故,整個叙述的起承轉合皆與趙翼所述無異。可知内藤從事歷史認識的文本依據不是記載這些典故的原著,而是趙翼的著作。

四　君主權力的變遷

内藤認爲"中世"向"近世"過渡的顯著特徵之一是君主獨裁政治取代貴族政治,原本由貴族集團把持的統治權變爲由君主一人獨享,所有臣民都是這位絶對權力擁有者的統治對象。[41]事實上,這一論斷所依據的主要思想資源仍是趙翼著作。

"唐宋變革"所反映的君主權力變遷的表現是多方面的,其中君臣關係、宦官權勢、忠節觀念是趙翼論述較多的問題,也是内藤承襲較顯著的問題。

(一)君臣關係

趙翼注意到,"萬歲"稱謂原本"因殿陛之間用之,後乃遂爲至尊之專稱,而民間口語相沿未改,故唐末猶有以爲慶賀者,久之遂莫敢用也"[42]。直到唐末,"萬歲"一詞猶可泛用,之後臣民不敢輕易使用,反映出唐宋之交是君主專制强化的轉折期。

唐宋之交,君臣關係從較爲平等的同事關係變成地位懸殊的主僕關係,宰相權力的變遷是一個顯著表徵。趙翼注意到,唐中葉前,宰相位高權重,多出自名門貴第,可挾制百官與君主抗衡;唐中葉後,君主爲加强君權而削弱相權,設立作爲"出納詔旨之地"的樞密院,由宦官充任樞密使;昭宗末年,朱温誅除宦官,用心腹蔣玄暉爲樞密使,自此樞密權轉移到朝士手中;五代梁時宰相勢力大大衰落,決策權在崇政院(前身是樞密院),"凡承上之旨,皆宣之宰相,宰相有非見時而事當上決者,則因崇政使以聞,得旨則復宣而出之",儼然成爲跪受聖旨的奴僕;梁時崇政院"止參謀議於中,尚未專行事於外",之後内外朝要事皆決於崇政院;終於到後唐時,"樞密之任重於宰相,宰相自此失職";最後發展到"樞密之權,等於人主,不待詔敕而可以易置大臣"的地步。[43]

唐末、五代君主借設置樞密院之機將朝政大權收歸己有,宋代君主更進一步,在繼續緊握樞密權的同時,不惜以制造冗官冗費爲代價設置名目繁多的官職[44],目的就在於分割權力,進而加强君權。到了明代,君主索性廢置宰相,改設由多人任職的内閣,權歸大内,重要詔令通常由君主家奴草擬,内閣首輔亦要唯唯諾諾,仰其鼻息。趙翼在叙述這些現象後評析道:“究而論之,總由於人主不親政事,故事權下移,長君在御,尚以票擬歸内閣,至荒主童昏,則地近者權益專,而閣臣亦聽命矣。”[45]内臣與外臣權力升降取决於君主賢明與否,從一個側面反映出君主處於權力核心地位。

内藤援據了趙翼的思想並有所發展。他對樞密大權轉移的論述在論點、論據、論證上皆與趙翼所述無異。他同樣評述了君權與相權的升降沉浮:唐時宰相覺得自己與君主一樣都是貴族出身,是代替天子統領百官掌管天下的人,君主視宰相爲朋友而非奴僕;宋時爲防範臣下掣肘君主發號施令而採取分權策略,宰相和其他大臣都不享有全權,政務、軍務决斷權繫於君主一人之身。[46]他認爲“唐宋變革”前政治是貴族的協議體,君主不過是貴族的共有物;“唐宋變革”後,君權膨脹,全體臣民皆被君主奴役。兩個顯著例證是,六朝至五代間君主遭廢黜或弑殺者不勝其數,而宋代以後廢黜或弑殺君主的現象幾乎絶迹(唯元代因統治民族落後而猶存此現象);唐時君主批示奏章的語氣像對待貴賓一樣温婉,宋之後君主批示奏章的語氣像對待僕從一樣粗魯。[47]相較於趙翼,内藤下論斷更加明確:宋中葉是“天子與宰相的關係上發生重大變化的過渡時期”,宰相逐漸由唐代風格轉變爲宋代風格;從“以自己負有全部責任的態度履行宰相之職”的寇準到“不參與自己權限外的事務”“從不出過錯的兢兢業業風格”的王旦,正反映出這一變遷。[48]

趙翼注意到,唐宋之間選官制度中門第因素大爲降低。唐時大臣多自矜於門第,世代爲宰輔者較多,名臣之後多敗德[49];宋時雖有再世、三世爲相者,但都是文官制度健全的産物,鮮有漢至唐時那樣以門第自高者[50],出身寒微而憑才幹或功勞升任高官者往往更受褒獎。内藤捕捉到這些信息並沿其思路闡述道:宋代宰相等高官延續兩三代者極少,像唐代那樣持續數十年的情況幾乎没有[51];“唐代的宰相念念不忘自己出生在政治世家”,而宋代士人“不是從門第出發,而是從作爲個人的人格出發,與天下整體相處”[52]。宋代士風和仕風之新,就在於君主獨裁政治主導下的官員直接對君主負責,“朝廷命官”成爲官員對抗其他勢力的法理依據。除文臣外,内藤還舉出狄青的例子闡述宋代武將風格的新景象:狄青臉上刺有士卒標誌的墨字,當他從普通士卒成長爲大將時,拒絶天子消去墨字的恩典,表明自己不是因門第而是因軍功升任將軍的。[53]

(二)宦官權勢

作爲依附君權的一顆毒瘤,宦官勢力的消長也反映出唐宋之間君主權力的變化。

趙翼對比了唐代與明代宦官勢力的不同:唐時宦官之權"反在人主之上,立君、弑君、廢君,有同兒戲",至於誅除或廢黜宰相或其他大臣更是肆無忌憚,君主縱然知悉,亦祇能隱忍不發,甚至爲明哲保身而討好宦官[54];明時宦官爲禍雖烈,不過"竊主權以肆虐天下",原因在於唐時君主令宦官掌管禁軍和樞密是"倒持太阿而授之以柄"之敗筆,及其勢成,雖英君察相也無可奈何,祇能淪爲宦官的掌中玩物[55],而明代君權高度集中,朝臣分任職權,君主足以馭制臣下,雖有宦官竊權亂政,却不至顛覆國本。[56]

從這一視角審視"唐宋變革",獨具隻眼。内藤與趙翼在思路和見解上十分貼近。内藤認爲"唐宋變革"前後宦官勢力的變遷反映出貴族政治向君主獨裁政治的轉變,一個顯著例證是,唐代宦官掌握着君主廢立乃至生殺大權,而明代宦官勢力縱然根深蒂固,也抵不上君主一紙詔令。[57]在考實性認識層面,内藤所述不過是趙翼見解的一部分,但他將之上升至抽象性認識層面,在理論自覺上勝過趙翼。

(三)忠節觀念

忠節觀念由淡薄而濃重是"唐宋變革"的重要表徵之一,這一變遷與閥閱觀念由濃重而淡薄息息相關。

趙翼連篇累牘地論述南北朝至宋代忠節觀念的變遷,如:

> 衣冠世族積習相仍,其視高資膴仕,本屬分所應得,非關國家之簡付。毋怪乎易代之際,莫不傳舍其朝,而我之門户如故也。甚且以革易爲遷階之地,記傳所載,遂無一完節者,而一二捐軀殉國之士,轉出於寒人。世風至此,國誰與立?可爲浩嘆者也。[58]

> 自漢、魏易姓以來,勝國之臣即爲興朝佐命,久已習爲固然。其視國家禪代,一若無與於己,且轉藉爲遷官受賞之資。故偶有一二耆舊,不忍遽背

故君者,即已嘖嘖人口,不必其以身殉也。……即當時人主,亦以爲甚難希有,而未嘗以必死爲完人。……習俗相沿,已非一朝一夕之故。延及李唐,猶不以爲怪。……直至有宋,士大夫始以節義爲重,實由儒學昌明,人皆相維於禮義而不忍背,則詩書之有功於世教,匪淺鮮矣。[59]

自六朝以來,君臣之大義不明,其視貪生利己背國忘君已爲常事。有唐雖統一區宇已百餘年,而見聞習尚猶未盡改……至宋以後,始知以忠義爲重,雖力所不及者,猶勉以赴之,豈非正學昌明之效哉。[60]

趙翼將忠節觀念變遷與閥閱觀念變遷聯繫起來考察,可謂獨具隻眼。在閥閱觀念濃重的南北朝隋唐時,高門望族雖如雲煙,但王導、謝安這樣的“柱石國家者”寥若晨星,多數不過“雍容令僕,裙屐相高”罷了,等而下之者便是“與時推遷,爲興朝佐命,以自保其家世,雖朝市革易,而我之門第如故”之流。[61]士族認爲自己的特權地位來自高貴的門第,而非君主的授予,因而並不對君主感恩戴德,在鼎革之際也鮮有念及君恩而殉節者,偶有顧及忠節者即被大加褒獎;臣下拋棄舊主而投新主,照樣保其禄位,甚至還可利用政權革易提升地位;風習如此,難以抗拒,因而臣下不必以忠節贏得名望,君主也不以忠節要求臣下。這一分析是合乎情理的,也是符合歷史實際的。[62]

五代時期忠節觀念更加淡薄,除了門閥消融的因素之外,還有時局動蕩的因素。趙翼認爲馮道、張全義之流之所以能够“以朝秦暮楚之人”受時人稱賞,“至身後尚繫追思,外番亦知敬信”,主要在於他們能够在民命倒懸之際盡己所能悉心周旋,“至於歷事數姓,有玷臣節,則五代之仕宦者,皆習見以爲固然,無足怪”,“當時風氣,絶無有以更事數姓爲非者”,馮、張二人“獨能以救時拯物爲念”已經可圈可點,不應武斷地撻伐其大節有虧。[63]

趙翼指明直到唐代猶未扭轉忠節觀念淡薄的局面,又論及五代此風更甚,隨後筆鋒一轉,指出宋代完全是另一番景象,並將之歸因於宋代正學昌明、注重詩書禮義的教化功能,還叙述了宋朝因待士豐厚而贏得士大夫的忠節:“此宋一代制禄之大略也,其待士大夫可謂厚矣。惟其給賜優裕,故入仕者不復以身家爲慮,各自勉其治行,觀於真、仁、英諸朝,名臣輩出,吏治循良,及有事之秋,猶多慷慨報國,紹興之支撑半壁,德祐之畢命疆埸,歷代以來,捐軀徇國者,惟宋末獨多,雖無救於敗亡,要不可謂非養士之報也。”[64]

內藤明確指出援據《陔餘叢考》描述的現象,並做出評述:

(趙翼)指出,六朝的忠臣中没有殉節的人。在王朝更替時期,儘管有人對前朝表示同情,想要盡忠,可是幾乎没有人格守節義,而不仕於後來朝廷的。這是因爲,每個人都把自家的門第看得最爲重要……豪門總是豪門,他與天子和官位没有關係,因此,到任何時候也不會考慮爲天子盡忠節。當官是根據天子的命令,但某些官職是豪門的專職,其他門第是無法得到的。所以,高官是根據門第理所當然地得到的,因而不必對天子充滿感激之情。[65]

六朝至唐同處於門第觀念濃重的貴族政治時代,世家大族將維護門第看得比效忠君主更加重要,衡量節義的標準不是殉於國難,而是光耀門楣。內藤之論衹是對趙翼見解的一部分的複述,承襲關係昭如日星。

在馮道、張全義的評價問題上,內藤幾乎複述了趙翼著作中的內容,且表達出對其見解的高度認同。他首先鞭撻二人是“不知恥不要臉的人”,隨後筆鋒一轉稱:“在這個是非不分的時代……面對軍人或夷狄的粗暴,從長計議,可謂是一種緩和矛盾的天才。”[66]在觀點、論據、論證思路上均取自趙翼,承襲關係十分明顯。

五　中央與地方關係的變遷

唐宋之交中央與地方關係由內輕外重向內重外輕轉變。

迥異於唐前期,唐中葉之後中央對地方的控制力削弱,一個顯著表現是內官與外官權重發生變化。趙翼評述道:

有唐一代,內外官輕重先後不同,有迥相懸絶者……可見唐初以至開元、天寶內重外輕之風也。及肅、代以後,京師凋敝,俸料寡薄,則有大反是者……此距開元、天寶時不及三四十年,而外重內輕,相反一至於此,亦可以觀世變也。[67]

引文中第一處省略的内容是太宗、武后、玄宗時的奏疏和言論：朝廷重朝官而輕外職，尤輕邊吏，能員幹吏或受寵得勢之人充斥京輔，而凡庸失勢之人被分配到地方。第二處省略的内容也是奏疏和言論，不過所述内容與上一處截然相反：因仕進者樂京師而惡地方，爲激勵官員奔赴地方而制俸厚外官而薄京官，結果矯枉過正，京官不堪清貧，羨慕外官，導致内輕外重。前後不過三四十年光景，變遷如此急劇，難怪趙翼視之爲"世變"。内官與外官受歡迎度的變遷實際上反映出唐中葉前後中央與地方的關係，但趙翼僅從官員俸禄厚薄層面來分析，顯得不够深入。不過，他能意識到這一變遷本身就體現出其卓越史識。

唐末中央對地方的控制力更弱，内輕外重程度更爲嚴重，這在很大程度上是由藩鎮勢力過大引發的。趙翼論述道：藩鎮内各種勢力盤根錯節，潛滋暗長，儼然是獨立王國，朝廷難以制馭；節度使掌握地盤、兵力、財力和勞動力，尾大不掉，離心離德，最終顛覆了朝廷。[68]内藤在論述這些問題時幾乎照搬了趙翼的著作。[69]

藩鎮的離心傾向還表現在借平叛之機向朝廷索要財物上，由是朝廷財政日窘，藩鎮勢力愈强，中央對地方的控制力更弱。趙翼評述道：

> 諸方鎮各擅土地，賦税足以養軍，乃朝廷用之討叛，則一出本境，即須朝廷給以衣糧，此國力所以困於用兵也……諸帥每有小捷，輒張其數以邀賞，實欲困朝廷而緩賊也……伐叛討逆，國家固不可惜費，而如唐之驕藩鎮，則國力爲之弊，而賊勢亦益以張。[70]

引文省略内容包括朝廷運往藩鎮的財物被叛軍劫掠從而增强了叛軍的力量，不少藩帥爲獲得朝廷持續援助而縱容叛軍壯大的事例。朝廷負擔日益加重，政權維繫乏力。朝廷借藩鎮之力平叛致使中央與地方權力異化加劇，無異於飲鴆止渴，最終唐朝亡於藩鎮而非叛軍。

五代時期，藩鎮勢力更加强大，跋扈程度較唐時有過之而無不及，朝廷爲延續統治不得不採取姑息縱容的策略。趙翼評述道：

> 唐自失河北後，河朔三鎮，朝命不行，已同化外羈縻。至末季，天子益弱，諸侯益强，朝廷尤以姑息爲事，卒至尾大不掉，區宇分裂，鼎祚遽移。梁祖以梟桀之資，驅策群下，動以誅戮從事……未嘗稍事含忍也。及末帝即

位，漸不能制其下……曲事調停，略無威斷矣。莊宗登極，歷年未久。明宗嘗因諸侯邸吏驕恣，杖遣示懲，可謂能整飭紀綱者。然姑息之弊，實起於是時……是明宗之於强藩，已多所包容，不能制馭矣。至石晋尤甚，幾有冠履倒置之勢……朝廷之尊，反爲臣下所脅制。[71]

引文三處省略部分的内容是五代諸帝悉心安撫甚至曲意逢迎藩鎮將士的例證。唐因藩鎮而亡，五代欲擺脱藩鎮割據局面而終不能，衹得以籠絡藩鎮的方式苟延殘喘，中央對地方控制力之弱可窺一斑。

朝廷控制不了藩鎮，在藩鎮内部，藩帥也難以制約藩兵。趙翼叙述了唐末、五代藩兵驕横的現象，並評析道：

秦、漢六朝以來，有叛將，無叛兵。至唐中葉以後，則方鎮兵變，比比而是。蓋藩帥既不守臣節，毋怪乎其下從而效之，逐帥殺帥，視爲常事。爲之帥者，既慮其變而爲肘腋之患，又欲結其心以爲爪牙之助，遂不敢制以威令，而徒恃厚其恩施，此驕兵之所以益横也。[72]

唐中葉以後，河朔諸鎮，各自分據，每一節度使卒，朝廷必遣中使往察軍情，所欲立者即授以旄節。至五代，其風益甚，由是軍士擅廢立之權，往往害一帥，立一帥，有同兒戲……計諸鎮由朝命除拜者十之五六，由軍中推戴者十之三四。藩鎮既由兵士擁立，其勢遂及於帝王，亦風會所必至也。乃其所以好爲擁立者亦自有故。擁立藩鎮，則主帥德之畏之，旬犒月宴，若奉驕子，雖有犯法，亦不敢問，如魏博牙兵是也。擁立天子，則將校皆得超遷，軍士又得賞賜、剽掠……王政不綱，權反在下，下凌上替，禍亂相尋，藩鎮既蔑視朝廷，軍士亦脅制主帥，古來僭亂之極，未有如五代者，開闢以來一大劫運也。[73]

朝廷因仰仗藩鎮勢力維繫統治而姑息之，最終被玩弄於股掌之中。藩帥因表彰驕兵悍將擁立之功而縱容之，同樣被玩弄於股掌之中。二者都因控制力不足難以制馭而無可奈何，由是惡性循環，政權向心力更加弱化，舉國上下幾成一盤散沙。趙翼既叙述現象，又分析因由，還指出影響，最後以“劫運”總結之，反映出對該問題的認識具有較强的精神自覺。

内藤同樣叙及藩鎮内部的亂象,並評述道:

> 軍隊跋扈至極,成爲節度使後繼人者,不是由於其實際能力强於他人,而是由於他能維護軍隊的利益,受到軍隊的擁戴,所以,用威力壓服軍隊是做不到的。後任節度使如果與軍隊發生矛盾,輕者被趕走,重者遭殺害。唐朝末年,軍隊十分傲慢,甚至可以把文官出身的節度使視同玩物……如果掌管軍隊的人没有全權,難以保障對軍隊的控制;即使有全權,如果能力不强,下屬的勢力也會不斷膨脹。士兵不是來自貴族之家,貴族子弟不當兵,當兵的都是平民百姓家的人,造成平民得勢。也就是説,節度使制度使唐代貴族政治從内部開始瓦解,實權最終轉到士兵即平民出身的軍人手裏。[74]

他叙述的現象衹是趙翼所述現象的一部分,不同的是,内藤没有像趙翼一樣落脚於“開闢以來一大劫運”了事,而是將問題引向平民勢力抬頭,可以感受到他竭力借趙翼提供的思想資源建構中國歷史解釋體系的强烈冲動。

趙翼注意到漢至唐地方長官有權自設官職,自任官吏,朝廷的干預是有限的;官吏由長官任命而非由朝廷選派,因此對長官負責而不必對朝廷效忠;地方自置官吏導致長官與屬吏之關係形同君臣,容易對朝廷産生離心傾向。[75]他還注意到在尊崇名節的漢代,“郡吏之於太守,本有君臣名分,爲掾吏者,往往周旋於死生患難之間”[76];爲感長官的知遇之恩,還出現了不少屬吏爲長官服喪的現象[77];漢至唐地方官不必上奏朝廷即可隨意誅殺屬吏和百姓,“直至有宋,州郡不得專殺之例始嚴……諸州大辟皆上刑部審覆”[78]。内藤在《中國中古的文化》之“尊重名節”一節中多處明確指出援據趙翼著作。他指出,漢代官吏可以自設屬吏,屬吏受到家臣一般待遇,便“捨命而仕”,對長官採取以臣事君的態度,並以此爲忠義名節,長官死後還要爲之服喪三年,而宋代以後則無此種現象。[79]若對照文獻,更可清晰地看到二人所述内容幾乎完全相同。

確如趙翼所言,宋代開闢了中央與地方關係的新氣象。鑒於唐末、五代藩鎮割據的弊病,宋初統治者實施强幹弱枝策略,以加强中央集權,節度使權勢大爲削弱。趙翼評述了宋代節度使的情况:

> 節度使本唐藩鎮官名,宋初猶存此官,然無所職掌,專以待勳賢故老及

> 宰相罷政者。或宰相、樞密使出判大府,亦繫此銜,謂之使相。元豐新官制始改爲開府儀同三司,其後仍復此官,如文彦博以太師充護國軍山南西道節度使致仕是也。至徽宗時,則宰相在朝者亦兼此官,如左僕射蔡京兼安遠軍節度使是也。[80]

宋代節度使不像唐時那樣握有實權,衹是作爲一種虚銜來表示君主對臣下的恩典,對政治並無實質性影響,更不會造成對中央的離心傾向。

除了解除節度使大權外,宋初統治者還十分注重對地方官吏實施分權制衡策略,哪怕官吏之間相互掣肘導致行政效率低下亦在所不惜。趙翼肯定了這一舉措,並反駁了持異議者:

> 自宋以文臣知州事,歷代因之,遂無復弱幹强枝之患。宋太祖及趙普之計慮深矣,而議者徒謂宋之弱由此,是但知禦侮力薄,不足以自强,而不知消患於未萌。苟非外有强敵,内有流寇,則民得安耕牧,不至常罹兵革之苦,其隱然之功,何可輕議也。[81]

在他看來,宋朝統治者的英明政略從根本上消除了唐末、五代以來弱幹强枝的隱患。他之所以具此史識,正是基於對唐宋之間中央與地方權力變遷的清醒認識。

唐宋兩代封王之制的差異也能反映出中央與地方權力變遷。唐後期,功勳並不卓著甚至全無功勳者、叛賊歸降者、藩鎮跋扈者、朝廷倚重者,不計出身,不計官秩,皆有封王者,王爵泛濫致使“人皆不以爲貴,即身受者亦不以爲榮”,趙翼慨嘆:“古來王爵之濫,未有如唐中葉以後之甚者……爵賞馭人之柄,於是乎窮,此亦可以觀世變也。”[82]封王之濫反映出朝廷威勢衰弱,難以應對紛亂局勢,衹能以封王爲手段籠絡諸侯,以加强政權向心力。到了宋代,封王現象發生了變化:一是封賞審慎,數量極少;二是有名無權,“名器猥褻”。[83]這種變化反映出宋代中央集權加强,無須籠絡諸侯或臣下,王爵與節度使一樣衹不過是君主示寵的工具而已。

内藤沿着趙翼的思路論述了宋代加强中央集權的舉措:宋朝採取温和手段革除唐代弊政,節度使照舊存在,不過衹是虚銜,原本由節度使掌握的財政權、人事權均收歸朝廷;君主授予臣下王爵等名銜,而不肯授以實權;封疆大吏有職無權,臨時性官吏掌握實權,直接對朝廷負責。[84]通過文獻對照,可以很清晰地看到内藤所述内容是對趙翼所述内容的複述和解釋,承襲關係十分明朗。

六　施政風格的變遷

(一)由重武輕文到重文輕武

由重武輕文到重文輕武是趙翼闡發"唐宋變革"思想的重要路徑。這一變革大約以宋爲界,之前更重武功,之後更重文治。

武夫干政不僅在客觀上成爲門閥制度走向崩潰的動力之一,還是唐宋之間施政風格變遷的動力之一。唐末、五代的武夫干政現象十分顯著,結束唐、五代統治的皆爲赳赳武夫。趙翼論述道:

> 藩鎮皆武夫,恃權任氣,又往往凌蔑文人,或至非理戕害……是時藩郡凡奏刑殺,皆順其命,故當時從事,鮮賓客之禮,重足累跡事之,猶不能免禍……由是觀之,士之生於是時者,縶手絆足,動觸羅網,不知何以全生也。[85]

亂離之世往往是武夫的樂園和文士的地獄。在重武輕文的時代,軍政要職多被武夫把持,大小事務皆以武備爲核心[86],還出現許多例軍士爲求富貴而擁立帝王的現象[87]。武夫威福自用,囂張跋扈,文士動輒得咎,飽嘗欺凌之苦。趙翼對武夫干政下的文士命運抱以深切的同情。内藤同樣對武夫跋扈、文士受難展開了論述,其見解、思路與趙翼非常接近,而内容却不及趙翼所述飽滿。[88]所不同者在於二人的論述旨趣:趙翼哀憐文士的境遇之慘,而内藤力圖論證貴族政治在五代的崩潰。

到了宋代,文武輕重發生了逆轉。爲限制武夫權力,宋初統治者將武選之權由兵部移至吏部[89],還解除武夫的生殺大權和經濟特權,成效顯著:"唐中葉以後,爲將帥者皆授節度使之職,征斂生殺,皆在其手,其富侈固宜。宋以文臣知府事,賦税有經,稍革方鎮聚斂之弊矣。"[90]趙翼對由重武輕文到重文輕武的轉變及

其意義的認識都有較强的精神自覺。他還評述了五代多用武夫而宋代多用文士的現象:

> 五代諸鎮節度使,未有不用勳臣武將者,遍檢薛、歐二史,文臣爲節度使者,惟馮道暫鎮同州,桑維翰暫鎮相州及泰寧而已。兜鍪積功,恃勳驕恣,酷刑暴斂,荼毒生民,固已比比皆是。乃至不隸藩鎮之州郡,自朝廷除刺史者,亦多以武人爲之……自宋太祖易以文臣牧民,而後天下漸得甦息,歷代因之,皆享國久長,民不思亂。豈非設官立法之善,有以出水火而登之衽席哉。[91]

武夫施政粗暴導致民不聊生,宋初統治者以史爲鑒,轉變統治策略,爲後世開闢了文士治國的新天地。趙翼對此津津樂道,表明他對這一歷史變遷持肯定態度。

宋代的確高度重視文治,僅從真宗《勸學詩》“男兒若遂平生志,六經勤向窗前讀”和觀文殿大學士汪洙《神童詩》“萬般皆下品,唯有讀書高……滿朝朱紫貴,盡是讀書人”,即可窺其一斑。宋代的右文政策促進了文官制度發達,統治基礎穩固,君主權力難以撼動。趙翼注意到明代成化至天啓一百六七十年間“廉遠堂高,君門萬裏”的奇異現象,對君主怠政導致“上下否隔,朝政日非”而國家機器仍然可以有效運轉感到十分困惑:“而上不知主德如此,何以尚能延此百六七十年之天下而不遽失,誠不可解也。”[92]宋以後文官制度健全,施政重心由武功轉向文治,或許可爲他解開疑竇提供一條思路。

(二)由苛猛之政到寬仁之政

與唐末、五代施行苛猛之政不同,宋代施政較爲寬仁。

在對待敗降者的態度上,宋代之前動輒滅族,手段殘忍,而趙宋統治者明顯表現出寬仁品性。趙翼對此津津樂道:“角力而滅其國,角材而臣其人,未有不猜防疑忌而至於殺戮者,獨宋初不然……統計諸降王及諸降臣,無一不保全者”[93];“宋太祖以忠厚開國,未嘗戮一大將”[94];對勝朝後周宗室優待尤甚,“柴氏之賞延直與宋相終始,其待亡國之後可謂厚矣”[95]。與前代多凌辱士大夫不同,趙宋與士大夫共天下,在制禄、祠禄、恩蔭、恩賞等方面都爲士大夫提供了豐厚的待遇。[96]不同於唐末、五代統治者爲斂財不惜與民争利[97]，趙宋統治者力主藏富於民。關於這些問題，内藤做出了相似的論述：

五代時期一改朝换代，常有將前朝皇帝全家殺死的例子，而趙匡胤與軍人嚴格約定，决不允許對幼帝動一手指，决不虐待他們。由於趙匡胤這件事做的得人心，人説宋朝是以德建國。[98]

作爲軍人他（趙匡胤）是剽悍的猛將，但當天子却用的是極其温和的手段……這種温和可以説是其長處，太祖覺得在五代的戰亂中輕視百姓的生命是不好的，所以儘量不殺人。……宋朝優待前朝的遺族，更寬待功臣的後代……太祖的温和政策，對於安撫唐末以來受到摧殘的民心十分有效，宋朝第一代處處顯示出仁厚之風。[99]

引文中所述信息在趙翼著作中都有所反映，衹是趙翼所論散落於各處，而内藤則將之放置一處，同條共貫。

唐宋之交，法度由混亂而有序，刑罰由重典而輕刑，這與統治秩序由亂而治息息相關。趙翼抱着對民生疾苦的深切同情而痛斥五代法度無序、刑罰泛濫："五代之亂，朝廷威令不行，藩帥劫財之風，甚於盜賊，强奪枉殺，無復人理"[100]；"五代亂世，本無刑章，視人命如草芥，動以族誅爲事……不問罪之輕重，理之是非，但云有犯，即處極刑，枉濫之家莫敢上訴，軍吏因之爲奸，嫁禍脅人，不可勝數……民之生於是時，不知如何措手足也"[101]。鑒於五代法度失序帶來的種種弊病，宋初統治者竭力恢復秩序。首先，將重大刑案定罪權、量刑權由地方收歸中央，統一由刑部掌理，成效斐然。趙翼評論道："自有此制，天下重獄，皆須候部覆覈，宜無有擅殺者矣。"[102]之後雖仍有不循章法之舉，但在法理和制度的保障下，法度無序現象大大減少。除慎刑之外，宋代還減輕了刑罰力度。趙翼認識到，"宋以忠厚開國，凡罪罰悉從輕減"[103]，連對科考舞弊、抗拒軍法這種重大違法行爲的量刑都十分輕簡[104]。内藤對該問題的論述基本沿着趙翼的思路："（五代時）武官變成的節度使借戰争之機大肆掠奪，比强盗更有甚之……掠奪成爲軍人的正事，没有刑罰和法律觀念，造成衹要有本事可以隨便殺人的無政府狀態"[105]；"五代時期，節度使在地方是最高權力者，有判處罪人死刑的權力；宋太祖要求判處罪犯死刑時必須上報朝廷,在朝廷核查後纔能執行……司法權……收回到朝廷”[106]。所述内容與趙翼所述内容無異,對照文獻,能清晰地看出二者的承襲關係。

七　結語

趙翼的“唐宋變革”思想不是史籍中現成提供的,而是在考論史籍中抽繹出來的,體現出創造性思維。與一些醉心於煩瑣考據的乾嘉學者不同,博極群書而馭之在我的趙翼没有停留在對歷史現象的考實性認識層面,而是上升至對歷史發展内在理路的抽象性認識層面,敢於且善於將宏觀問題置於宏闊的歷史視野之中去考察,尤其對“古今風會之遞變,政事之屢更”[107]保持着濃烈的興趣。誠如梁啓超所説:“彼不喜專論一人之賢否、一事之是非,惟捉住一時代之特别重要問題,羅列其資料而比論之……能教吾儕以抽象的觀察史迹之法。”[108]這種獨特的治史理念和風格驅使他能够“很快找到歷史上富有關鍵性的大問題”[109],且能够“在衆多紛紜的史實中,攫取最關係歷史演進變遷者,予以排比綜合,以致近乎西方歷史解釋的新論叢出”[110],最終在考論歷代史事中闡發出“唐宋變革”思想。

内藤雖對趙翼著作多有承襲,但表述不甚準確,與原著多有出入。這種現象在内藤著作中是普遍存在的,一個重要原因是内藤闡發“唐宋變革論”的形式是在演講或授課中口頭表達,文字材料多爲他人事後整理而得。從文字材料來看,一般認爲,“唐宋變革論”是1909年内藤在“東洋史概論”課程中口頭闡發的(當然,這一概念的生成在此之後)。内藤對該學説的闡發集中於1922年發表的《概括的唐宋時代觀》[111]、1944年整理出版的《中國中古的文化》[112]、1947年整理出版的《中國近世史》[113]。而趙翼闡發“唐宋變革”思想發生在十八世紀,比内藤早了百餘年。趙翼的“唐宋變革”思想爲内藤建構“唐宋變革論”提供了豐富的思想資源是確鑿無疑的,絶非“閉門造車,出門合轍”之語所能敷衍過去。

内藤承襲趙翼的史學思想緣於對趙翼的欽慕和認同。二人在學術境遇、治史理念、史學風格、學術見解和學術特質上深度契合:都佇立於實證學風之中而偏重義理;都十分重視“會通”和“明變”;都表現出“高明”有餘而“沉潛”不足的特質,治學路徑往往"由大略而切求",而非"循度數而徐達"。[114]基於這些内在一致性,内藤在學術見解、論據選取、思維進路、論證方法、謀篇命意、遣詞造句上都顯著地表露出承襲或模仿趙翼的痕迹。

與趙翼佇立於乾嘉考據學風之中而實屬"别派"[115]相似,内藤湖南雖是以實證主義爲宗尚的京都學派的開創者之一,却可稱作"别派"。[116]這説明京都學派的學術基因本身就蘊涵着異質因素,這種異質因素不斷成長壯大,在條件成熟時足以發揮出革命性力量。

誠如前引劉正所言,真正對内藤産生重大學術影響的中國學者是趙翼、章學誠,而非時下學界普遍認爲的羅振玉、王國維。雖然内藤是世界上第一位親見甲骨文的外國文人[117],也的確表現出對甲骨文及上古史的興趣,還寫過一些甲骨文方面的文章,但綜觀其學術經歷及著作可以得知,甲骨文及上古史研究並非其主攻領域,也非其所擅長,更與其治學風格迥然有異。誠然,内藤推重樸學風格,曾賦詩句"平生樸學愧方聞"[118],感喟王國維的樸學成就,也與王國維有過並不十分投機的交談,還批評"主我之見太强"的日本學人將"偏頗的先入之見横亙在胸中,誤以爲這就是見識"[119],"無暇在前人的書中尋求神味,而急於伸張自己的獨斷之見"的惡劣現象[120],但是,他自己並未有多深的樸學造詣,其治史風格與他推重的質樸之學相左,而是更多地表現出獨斷之學的特徵。羅、王二人客居日本之際的確給日本史學界帶來活力,但對内藤及其弟子的影響不應過高估量。總而言之,内藤的治學風格更接近於重義理的趙、章,而非重實證的羅、王,儘管對後者表現得十分虔敬。

内藤對趙翼的"唐宋變革"思想既有承襲,又有發展。在政治、社會領域的一些具體問題上,趙翼比内藤見解更高明,論據更充分,論證更有力。不過,在文化、經濟領域及對朋黨政治、人民地位等問題的認識上,趙翼的論述明顯不及内藤透徹。内藤對趙翼史學思想的發展並不主要表現在具體的史學見解上,而是表現在理論建構上。趙翼闡發"唐宋變革"思想多就現象論現象,重歸納而輕演繹,多陳述而少論斷,理論自覺較弱。内藤則運用現代概念工具將趙翼史學思想之幾微明晰化,並借之建構中國歷史的解釋體系。這是"唐宋變革論"的發明權歸於内藤而非趙翼的主要原因。這種差異當與二人所處時代的迥異有關,生活於文化專制酷烈的時代、置身於考據學風中的趙翼自然不及生活於明治維新之後、置身於西學東漸浪潮的内藤。

經内藤闡釋,唐宋之間的歷史發展軌迹更爲清晰地展現出來。内藤選擇以趙翼思想爲建構中國歷史解釋體系最主要的思想資源不是盲目的,而是具有强烈的精神自覺的。他對趙翼著作的研讀及對其思想的抉發、借鑒、批判和利用,閃動着强烈的主體意識。他承襲趙翼思想並非爲承襲而承襲,而是取彼之思想資源爲我所用,借彼之歷史叙述而馭之在我。這些既體現出其不凡眼光,又體現出他對自我事業的全神貫注。

趙翼曾論:"無所因而特創者難爲功,有所本而求精者易爲力"[121];"著作之事,創者難,而踵而爲之者,必更精審也"[122]。實乃曠達的論。作爲"創者",趙翼爲内藤提供了"有所本"的思想資源。作爲"踵而爲之者",内藤對趙翼思想進行了創造性詮釋。他山之石,固然可以攻玉,却不是無條件的。内藤利用古代中國史家的成果建構具有異域風格的中國歷史解釋體系,反過來被當代中國史家引入,别有一番趣味。域外史家能在中國史學上有如此建樹,中國史家理應做得更好。事實上,嚴復、夏曾佑、陳寅恪、錢穆、蒙文通、雷海宗、吕思勉等中國近代史家多有"唐宋變革""唐中葉變革"之類認識。他們與趙翼的學脈關係如何,是一個值得探究的問題。中國傳統史學藴涵着豐富的思想資源,不通"前人遺藴"而妄談"過前人"[123]是很不明智的,通徹地吸收前賢的精妙思想方爲振興中國史學之正途。

内藤在研究中國史時使用所謂一手史料是十分有限的[124],衹需對其著作稍加考察即可一目瞭然。那種持内藤"根據原始材料所顯示的内在脈絡研究中國歷史和中國文化"[125]的觀點將之拔得過高,並非確論。然而"唐宋變革論"的確富有啓發意義。這既有趙翼示後學以軌則的貢獻,又有内藤借助優秀思想資源建構解釋體系的功績。

雖然趙翼的"唐宋變革"思想富於洞見,但時代局限和學風缺陷制約了其理論建樹,以至"史失而求之四夷"。内藤治史不以史料見長,而以史識取勝,其史學成果的扎實性雖有不足,但其學理意義和啓發性顯著。梁啓超曾謂:"凡啓蒙時代大學者,其造詣不必極精深,但常規定研究之範圍,創革研究之方法,而以新鋭之精神貫注之。"[126]内藤"唐宋變革論"可謂以舊錢充鑄而得良幣的典範,其閃光點並不在於其材料珍稀、詳實,也不在於其論證縝密、有力,更不在於其敘述精當、優美,而在於卓越的史識和强烈的理論自覺。

趙翼曾論:“古人著述,往往有先創者不得名,而集之者反出其上,遂因以擅名者。”[127]可謂早有先見之明。對前人做出的扎實的學術成果進行系統化、學理化的建構,是推進學術進步的重要路徑,應當引起當代中國史家的注意。時至今日,“回到乾嘉去”的思想依然暗流湧動,仍有不少學人無視中國史學發展的内在理路,武斷而固執地將理論探討視爲學風浮躁的表現。輕蔑理論、鄙夷抽象、漠視演繹,不僅會錯失建構富有中國特色、中國風格、中國氣派的史學話語體系的大好機遇,可能連祖先遺留下來的優秀成果都保不住。

(本文係中國博士後科學基金第六十四批面上資助項目“趙翼史學在二十世紀上半期的傳播與接受研究”[編號2018M641241]的階段性成果。)

注　釋

① 日本學者和歐美學者的推崇之情自不必論,中國學者對其首倡之功亦是極盡贊揚,較具代表性的評價是:“中國歷史棋局上的棋子無論擺置得多麽密密麻麻,因爲内藤提出這一創見,棋子覆蓋之下的棋路犁然分明。”張廣達《内藤湖南的唐宋變革説及其影響》,榮新江主編《唐研究》第11卷,北京大學出版社2005年版,第8頁;後收入張廣達《史家、史學與現代學術》,廣西師範大學出版社2008年版,第61頁。

② 這一見解已成學界共識,近些年較具代表性的成果如張邦煒《“唐宋變革論”的首倡者及其他》(《中國史研究》2010年第1期)、李華瑞《“唐宋變革”論的由來與發展(上)》(《河北學刊》2010年第4期)等都持此種觀點。

③ 參見陳智超編注《陳垣史源學雜文》,生活·讀書·新知三聯書店2007年版,第121—122頁。

④ 參見杜維運《中國史學史》,商務印書館2010年版,第918頁及第940頁下注釋36。

⑤ 劉正《京都學派漢學史稿》,學苑出版社2011年版,第72、75、82頁。

⑥ 〔日〕葭森健介《内藤湖南與京都文化史學》,張學鋒譯,日本内藤湖南研究會編著《内藤湖南的世界》,三秦出版社2005年版,第255—256頁下注釋45。

⑦ 杜維運稱:“日本史學家寫中國歷史,取趙翼《廿二史劄記》之説最多。我曾將内藤虎次郎撰寫的《中國近世史》,與《廿二史劄記》相對照,其間完全相同之處甚多,無怪西方漢學界懷疑内藤抄襲《劄記》了。”參見注④,第918頁及第940頁下注釋37。

⑧ 參見楊樹達《積微居小學金石論叢》卷五《李悉伯先生諸史札記序》,上海古籍出版社 2014 年版,第 259 頁。

⑨ 陳寅恪《金明館叢稿二編》,生活・讀書・新知三聯書店 2001 年版,第 284 頁。

⑩ 嚴紹璗《我和日本中國學》,《日本中國學史》第 1 卷,江西人民出版社 1991 年版,第 1 頁。

⑪ 參見單磊《内藤湖南"唐宋史學變革"説闡微》,《史學月刊》2015 年第 3 期,第 15 頁;單磊《趙翼的"唐宋史學變革"思想及其對内藤湖南的影響》,《史學史研究》2017 年第 3 期。

⑫ 參見單磊《内藤湖南〈中國中古的文化〉承襲趙翼著作略考》,《國際漢學》2017 年第 1 期;單磊《内藤湖南〈中國近世史〉承襲趙翼〈廿二史劄記〉略考》,張伯偉編《域外漢籍研究集刊》第 15 輯,中華書局 2017 年版。

⑬ 趙翼著,王樹民校證《廿二史劄記校證》卷二三"宋史事最詳",中華書局 2013 年第 2 版,第 521 頁。

⑭ 趙翼《陔餘叢考》卷三〇"忽絲毫釐分錢",曹光甫校點,上海古籍出版社 2011 年版,第 567 頁。

⑮ 同上書卷三〇"火砲火槍",第 574 頁。

⑯ 同注⑬卷二八"避孔聖諱",第 673 頁。

⑰ 同上書卷三一"明史",第 753、755 頁。

⑱ 同注⑭卷二八"狀元榜眼探花",第 533—534 頁。

⑲ 同上書卷四三"賣弄",第 881 頁。

⑳ 同上書卷三七"丈人",第 742 頁。

㉑ 同上書卷三二"行狀",第 623 頁。

㉒ 同上書卷二六"侍讀侍講學士修撰編檢",第 478—479 頁。

㉓ 同上書卷一六"兩漢六朝謚法",第 281 頁。

㉔ 〔日〕内藤湖南《中國史通論——内藤湖南博士中國史學著作選譯》上册,夏應元選編并監譯,夏應元、劉文柱、徐世虹等譯,社會科學文獻出版社 2004 年版,第 311 頁。

㉕ 同注⑭卷一七"六朝重氏族",第 287—291 頁。

㉖ 參見注㉔,第 305—307 頁。

㉗ 參見注⑭卷一七"譜學",第 292—293 頁;卷一七"六朝重氏族",第 290 頁。

㉘ 同上書卷一七"譜學",第 293 頁。

㉙ 參見注㉔,第 268、306—308 頁。

㉚ 同注⑬卷八"九品中正",第 173—174 頁。

㉛ 同上書卷二七"遼官世選之例",第 618—619 頁。

㉜ 參見注㉔,第 298—300 頁。

㉝ 同上書,第 301 頁。

㉞ 參見注⑬卷八“南朝多以寒人掌機要”,第 180—181 頁。

㉟ 參見上書卷一五“北齊以廝役爲縣令”,第 338 頁。

㊱ 參見上書卷一二“江左世族無功臣”,第 267—268 頁。

㊲ 參見注㉔,第 308—309 頁。

㊳ 參見注⑬卷一五“高門士女”,第 335 頁。

㊴ 同上書“財婚”,第 335 頁。

㊵ 參見注㉔,第 306、310 頁。

㊶ 參見上書,第 323—326 頁。

㊷ 同注⑭卷二一“萬歲”,第 372 頁。

㊸ 參見注⑬卷二二“五代樞密使之權最重”,第 496—497 頁。

㊹ 參見上書卷二五“宋冗官冗費”,第 564—565 頁。

㊺ 同上書卷三三“明内閣首輔之權最重”,第 800—801 頁。

㊻ 參見注㉔,第 376—377 頁。

㊼ 參見上書,第 325—327 頁。

㊽ 參見上書,第 377—379 頁。

㊾ 參見注⑬卷二〇“名父之子多敗德”,第 462 頁。

㊿ 參見上書卷二六“繼世爲相”,第 584 頁。

51 參見注㉔,第 397 頁。

52 同上書,第 379 頁。

53 參見上書,第 385 頁。

54 參見注⑬卷二〇“盗殺宰相有二事”,第 457—458 頁。

55 參見上書“唐代宦官之禍”,第 449 頁。

56 參見上書卷三五“明代宦官”,第 839—841 頁。

57 參見注㉔,第 327 頁。

58 同注⑭卷一七“六朝重氏族”,第 290 頁。

59 同上書“六朝忠臣無殉節者”,第 294—295 頁。

60 同注⑬卷二〇“六等定罪三日除服之論”,第 459—460 頁。

61 同上書卷一二“江左世族無功臣”,第 268 頁。

62 能爲趙翼的見解提供佐證的事例甚多,最著名者莫過於三國時魯肅面對曹操逼降東吴而勸諫孫權的思路:“向察衆人之議,專欲誤將軍,不足與圖大事。今肅可迎操耳,如將軍,不可也。何以言之？今肅迎操，操當以肅還付鄉黨，品其名位，猶不失下曹從事，乘犢車，從吏卒，交游士林，累官故不失州郡也。將軍迎操，欲安所歸？"《三國志·吴書》卷五四《魯肅傳》，中華書局1959年版，第1270頁。

63 同注⑬卷二二"張全義馮道"，第511—512頁。

64 同上書卷二五"宋制禄之厚"，第560頁。

65 同注㉔，第308頁。

66 同上書，第352—353頁。

67 同注⑭卷一七"唐制内外官輕重先後不同"，第299—300頁。

68 参見注⑬卷二〇"唐節度使之禍"，第455頁。

69 参見注㉔，第337—338頁。

70 同注⑬卷二〇"方鎮兵出境即仰度支供餽"，第455—456頁。

71 同上書卷二二"五代姑息藩鎮"，第497—498頁。

72 同上書卷二〇"方鎮驕兵"，第456頁。

73 同上書卷二一"五代諸帝多由軍士擁立"，第491—493頁。

74 同注㉔，第338頁。

75 参見注⑭卷一六"郡國守相得自置吏"，第269—272頁。

76 同注⑬卷五"東漢尚名節"，第104頁。

77 参見上書卷三"長官喪服"，第71頁。

78 同注⑭卷一六"刺史守令殺人不待奏"，第277頁。

79 参見注㉔，第258—260頁。

80 同注⑬卷二六"宋節度使"，第583—584頁。

81 同上書卷二〇"唐節度使之禍"，第455頁。

82 同注⑭卷一七"唐時王爵之濫"，第307—309頁。

83 参見注⑬卷二五"宋封王之制"，第556頁。

84 参見注㉔，第368頁。

85 同注⑬卷二二"五代幕僚之禍"，第501—502頁。

86 参見上書"五代諸侯貢奉多用鞍馬器械"，第504頁。

87 参見上書卷二一"五代諸帝多由軍士擁立"，第490頁。

88 参見注㉔，第352、349—350頁。

89 同注⑭卷一八"宋制武選歸吏部"，第311頁。

90 同上書"南宋將帥之豪富"，第314頁。

⑨ 同注⑬卷二二"五代藩郡皆用武人",第498—499頁。

⑨ 同注⑭卷一八"有明中葉天子不見群臣",第330頁。

⑨ 同注⑬卷二四"宋初降王子弟布滿中外",第546—547頁。

⑨ 同上書卷二五"宋軍律之弛",第567頁。

⑨ 同上書"宋待周後之厚",第558頁。

⑨ 參見上書卷二五"宋制禄之厚",第559—560頁;"宋祠禄之制",第560—561頁;"宋恩蔭之濫",第561—563頁;"宋恩賞之厚",第563頁。

⑨ 參見上書卷二二"五代鹽麴之禁",第502—503頁。

⑨ 同注㉔,第364頁。

⑨ 同上書,第368—369頁。

⑩ 同注⑬卷二二"五代藩帥劫財之習",第499頁。

⑩ 同上書"五代濫刑",第503—504頁。

⑩ 同上書卷二五"定罪歸刑部",第570頁。

⑩ 同上書卷二四"宋初嚴懲贓吏",第551頁。

⑩ 同上書卷二五"宋科場處分之輕",第568—569頁;"宋軍律之弛",第567—568頁。

⑩ 同注㉔,第350頁。

⑩ 同上書,第368頁。

⑩ 趙翼《廿二史劄記小引》,同注⑬卷首,第1頁。

⑩ 梁啓超《中國近三百年學術史》,上海三聯書店2006年版,第259頁。

⑩ 杜維運《序》,《趙翼傳》卷首,臺北,時報出版公司1983年版,第8頁。

⑩ 同上書,第297頁。

⑪ 發表於《歷史與地理》1922年第9卷第5號,後收入《内藤湖南全集》(東京,筑摩書房1997年版)第8卷。1992年譯作傳入中國大陸,收入劉俊文主編《日本學者研究中國史論著選譯》第1卷《通論》,黄約瑟譯,中華書局1992年版,第10—18頁。

⑪ 收入《内藤湖南全集》第10卷,是根據他於1926年講授的"中國中古的文化"課程的筆記整理而得。

⑪ 收入《内藤湖南全集》第10卷,是根據他於1925年講授的"中國近世史"課程的筆記整理而得。

⑪ 參見章學誠著,葉瑛校注《文史通義校注》卷二《博約下》,中華書局1985年版,第165頁。

⑪ 梁啓超認爲趙翼所屬派别與浙東學派相近,處在乾嘉間學統之正派之外(梁啓超《梁啓超論中國文化史》,商務印書館2012年版,第310—311頁)。杜維運將趙翼置於"立於乾嘉學風以外

的史學家"之列(同注④,第917—943頁)。白興華將趙翼定位爲乾嘉學派的"别派"(白興華《乾嘉考據史學的别派:趙翼史學的新定位》,《高校理論戰綫》2012年第12期)。目前學界普遍認識到趙翼與以惠棟、錢大昕、王鳴盛爲代表的乾嘉主流派别治學風格迥異:主流學派著意於文字訓詁、輯校訂補,而趙翼胸懷史學經世的志向,善於從宏觀角度探求歷史發展大勢進而抽繹歷史通則。

⑯ 學界對内藤湖南置身實證之風而偏重義理的治史風格探究頗多。連清吉的認識較具代表性。他稱:"東洋的學問未以邏輯論理的思考與論述見長,然内藤湖南則是少數的例外。如以螺旋史觀考察東亞文化的發展,以歷史加上説探究中國古史傳説形成的軌迹,以通變史觀説明中國文化史的變遷等,皆爲其體系化架構學問的表現。"又稱:"一般而言,京都的中國學是以清朝考據學爲基底的科學實證之學。其實京都學派的學問性格,特别是内藤湖南的學問,不純然衹是考證而已;内藤湖南是遠紹章學誠、錢大昕的學問宗尚,以史學的角度綜觀中國的學術發展。其學問是在目録學的基礎上進行旁徵博引、精詳考證,而建立通貫宏觀的歷史識見。"(連清吉《日本近代的文化史學家——内藤湖南》,臺北,臺灣學生書局2004年版,"自序"第1頁,第64頁)

⑰ 嚴紹璗《日本中國學史稿》,學苑出版社2009年版,第174頁。

⑱ 内藤湖南《内藤湖南致王國維》,馬奔騰輯注《王國維未刊來往書信集》,清華大學出版社2010年版,第69頁。

⑲ 内藤湖南《燕山楚水》,吴衛峰譯,中華書局2007年版,第212頁。

⑳ 同上書,第215頁。

㉑ 同注⑬卷一"各史例目異同",第3頁。

㉒ 同注⑭卷五"漢書",第92頁。

㉓ 同注⑯卷三"朱陸",第265頁。

㉔ 内藤治史不以史料見長,而以史識取勝,其史學成果的扎實性、學理性雖有不足,但其啓發性顯著。梁啓超曾謂:"凡啓蒙時代大學者,其造詣不必極精深,但常規定研究之範圍,創革研究之方法,而以新鋭之精神貫注之。"(梁啓超《清代學術概論》,中華書局2010年版,第15頁)此論本用於顧炎武,倘移之於内藤,亦恰如其分。

㉕ 同注①,《内藤湖南的唐宋變革説及其影響》,第53—54頁;《史家、史學與現代學術》,第112頁。

㉖ 梁啓超《清代學術概論》,第15頁。

㉗ 同注⑭卷五"班書顔注皆有所本",第98頁。

北京大學國學研究院大事記

（2018 年 7—12 月）

7 月 2 日

國學研究院在大雅堂召開院務工作會議，主要討論三個問題：1. 關於國學研究院體制問題。國學研究院能否向學校申請半實體機構，招聘一到兩位帶編制人員，負責辦公室行政事務和《國學研究》《版本目録學》的編輯出版事宜。但强調國學研究院依然掛靠學校社科部，自 1992 年國學研究院成立以來，國學研究院一直掛靠社科部，虛體辦實事，得到社科部歷任領導的關心和支持，希望以後繼續保持這種體制。2. 關於經費的問題。國學研究院擁有九名博士生導師，在校生三十餘名，每學期開兩門課程，還有近二十名《國學研究》編委，每年出版兩卷《國學研究》和《版本目録學》研究，還有兩個重大項目尚未完成，因此感覺工作量較大而經費緊張，需要多渠道進行籌措。3. 擬招收博雅博士後問題。出席會議的有國學研究院院長袁行霈教授、常務副院長吴同瑞教授、副院長李四龍教授和耿琴秘書長。

院務工作會議結束後，國學研究院又召開《國學研究》編委會，討論第四十二卷用稿情况。主編袁行霈先生主持會議，《國學研究》編委樓宇烈、吴同瑞、鄧小南、閻步克、王小甫、劉玉才、高崇文、王邦維出席會議。特約編委許逸民做編務報告，向編委會介紹了第四十二卷用稿的總體情况和各篇特色。本卷共編入論文十五篇，作者十六人。涉及古代文獻、敦煌文獻、文學、藝術、哲學、佛教，内容豐富，編次合理。針對一些文章的題目、内容，編委會的各位老師進行了認真討論，並提出了具體的修改意見。參加會議的還有國學研究院秘書長耿琴及北京大學出版社編輯徐邁、國學研究院博士生吴繼忠。

9 月 12 日

北京大學國學研究院在大雅堂舉行《中華文明史》教材編寫工作會議。北京大學副校長王博教授,國學研究院院長袁行霈教授,教育部教材局副局長陳茅,國學研究院常務副院長吴同瑞,《中華文明史》作者張帆、劉勇强、王錦民、韓巍等出席了會議。出席會議的還有教育部教材局馬工程教材編寫處副處長降瑞峰、高等教育出版社文科出版事業部主任遲寶東、高等教育出版社文科出版事業部編輯張林、國學研究院秘書長耿琴等。

《中華文明史》教材是教育部馬工程項目之一,由北京大學國學研究院承擔,參與該教材編寫的十位教授都是《中華文明史》的作者。其中袁行霈、鄧小南、閻步克、劉勇强、王錦民等教授已完成初稿,尚有部分學者未完成。

教育部教材局副局長陳茅首先發言。她説,馬工程是教育部的一項重大工程,教材局是中央爲加强大中小學教材編寫而成立的專門委員會,説明該工程的重要性和緊迫性。多年來,高校人文社科、教材與學科範式還是沿用西方體系,因此我們要建立一系列以馬克思主義爲指導,反映中國歷史實踐科學的教材體系。十多年來,我們先後在全國立項九十四項,原計劃 2017 年底全部完成的工程,現在還有大概百分之五尚未完成。今天在北京大學召開會議,一是看望袁先生和各位作者,一是督促作者儘快完稿,看看有什麽困難可以共同解決。《中華文明史》教材是尚未完成的幾種之一。今年是北京大學成立一百二十週年,习近平總書記視察北京大學,指名《中華文明史》四卷本作爲國禮。所以我們的教材應該儘快編出來,讓我們一代代學生享受到中華文明史的成果。

袁先生提到,今天教材局、高等教育出版社的領導都來了,我們承擔的編寫任務是僅有的未完成的。在中央重視、學生期待的情況下,我們没有理由再拖下去了。我們要堅持以馬克思主義爲指導,從文明史角度進行分期,這一學術觀點經過幾十次的論證,得到學術界的肯定。《中華文明史》四卷本我們編寫了六年,三十六位作者現在都是文史哲的著名學者。編寫教材是一項光榮的工作,我們的教材不僅對高校文科,也對理工科學生負責,對出版社、教育部和中央負責。當年我的申請也是很認真的,請領導放心,我們争取儘快完成。從今天起,這個項目快馬加鞭,大家齊心協力,争取每個月召開一次會議,匯報進展情況。

王博副校長代表校方表示了對教材局領導的歡迎,他説:自己也是承擔《中華文明史》教材編寫的作者之一,出席今天的會議有兩個身份,一個是作者,一個是分管文科的校長。編寫《中華文明史》教材意義重大,也是國家的行動,承擔此任務是光榮的。下一步就是要落實行動計劃:第一,體制上明確以袁先生爲統帥,張帆老師爲副統帥,待作者全部完稿,下一步統稿要紮實認真。第二,趕日期,2018年12月之前交稿,統稿也同時進行。王博副校長還表示願意負責協調,將全力支持并一定做好該項工作。

出席會議的學者張帆教授、劉勇强教授、王錦民教授、韓巍教授等都一一做了發言,表示認真撰寫教材,不忘初心,争取儘快完成任務。吴同瑞常務副院長表示,北京大學編寫的《中華文明史》自出版以來,受到學術界的好評,經受了歷史的考驗,現在作爲國禮,得到國家的肯定,我們更要負責任地編寫好教材,向國家和後代有一個完滿的交代。

教育部教材局馬工程教材編寫處副處長降瑞峰表示,教育部教材局已經把《中華文明史》列爲全國高校的通史課,涵蓋文科、理科、醫學等學科,因此質量是保證,我們還要儘快把北京大學的這一套成果傳輸給學生。教材局確定教材編定後,還有一系列的培訓工作,以培訓使用教材的高校老師,因此要聘請各位作者擔任培訓老師。

高等教育出版社文科出版事業部主任遲寶東表示,高等教育出版社把《中華文明史》教材列爲高校完整的傳統文化教材,因爲這套教材打通了中國思想文化、藝術、科技等領域,是我們著力推廣的優秀教材之一。統稿時我們的編輯可以早參與,和教授們多溝通,也同時配套做好教材的輔導材料。

9月28日

北京大學國學研究院在大雅堂舉行張傳璽先生捐贈儀式暨北京大學國學研究院博士班2018級開學典禮。參加活動的有國學研究院博士生導師嚴文明教授、樓宇烈教授、袁行霈教授、蔣紹愚教授、葛曉音教授、鄧小南教授、張學智教授、閻步克教授等,國學研究院常務副院長吴同瑞及博士班全體學生參加活動。翦伯贊珍貴書稿及信札捐贈人張傳璽先生應邀參加活動。活動由國學研究院副院長李四龍主持。

國學研究院院長袁行霈首先向大家介紹了張傳璽先生。張傳璽是北京大學歷史學系著名教授,作爲《中華文明史》第二卷主編,也是主編當中最年長的一位。讀書期間,張傳璽是歷史系主任翦伯贊先生的研究生,後來又一直擔任翦先生的助理、秘書。五十年來,張傳璽一直保存着翦先生的一些書稿和信札等珍貴遺物。從民國時期到新中國,這些資料有翦先生的著作稿本,也有翦先生與張元濟、柳亞子、郭沫若、周建人、胡繩等人的書信往還,直接反映了翦先生的治學之路以及與學界和政界的交流情況,已成爲北京大學乃至中國史學界的重要文物史料,具有很高的收藏價值。張傳璽介紹了此次捐贈的種類、内容和來歷,回顧了翦先生的生平和治學,以及當時人物的一些情況,表示將這些書信、手稿捐贈給大雅堂圖書館,能發揮更大的學術價值。袁行霈代表國學研究院和國際漢學家研修基地,向捐贈者表達了真誠的謝意,並爲張傳璽頒發了捐贈證書。

國學研究院博士班2018級開學典禮隨後舉行。國學研究院各位導師在聽取各位新生的發言後,對新同學加入國學研究院表示歡迎,希望同學們充分利用國學研究院優越的學習條件,珍惜時間,深入研究傳統文化,爲傳統文化的繼承和創新開闢道路。常務副院長吴同瑞做總結致辭,向同學們介紹了國學研究院獨特的學術優勢。國學研究院聘請了文、史、哲、考古各學科學養深厚、德高望重的優秀學者作爲博士生導師,爲博士生培養提供了最優秀的師資隊伍。國學研究院是一個高端跨學科的研究平臺,爲學生提供了廣闊的學術視野,在學術交流融合方面是得天獨厚的。國學研究院這麽多年取得了不少成績,靠的是國學研究院一直秉承的實事求是的科學精神和誠信親和的人文精神。他希望同學們儘快融入國學研究院的學術環境,認真學習,刻苦鑽研,使自己成爲傳統文化領域優秀的綜合性人才,爲國家和社會貢獻智慧和力量。

10月18日

國學研究院召開"新編新注十三經"和《中華文明史》教材工作會議。國學研究院院長袁行霈教授、常務副院長吴同瑞教授出席了會議。"新編新注十三經"和《中華文明史》教材作者孫欽善教授、邵永海教授、張帆教授、章啓群教授、韓巍教授、程蘇東副教授出席了會議,中華書局張繼海應邀與會。

國學研究院院長袁行霈先生首先祝賀"新編新注十三經"第一部分成果《詩經國風新注》《論語新注》《莊子新注》《孫子新注》四部書的出版。他説:十年來,項目組各位學者做了大量的研究和撰寫工作,凝結了太多心血,今天能拿到這麽精美的新書,對於各位辛苦耕耘的作者來説,是最美好的收穫;我仔細地讀了每一部書,都有許多創新,吸收了外來的研究,能代表北京大學人文學科的質量和水平,在此向各位作者和中華書局表示感謝。

《莊子新注》作者章啓群教授非常感慨,他説:國學研究院爲文史哲學科的學者搭建了一個很高的學術平台,能參與到這個項目中來,是一個學習的機會;在做新注的過程中,參考了學界最新的研究成果,並在中西學術的融會對比中,深入發現了中國古代典籍是一座巨大的智慧寶庫和永恒的思想文化源頭,奥妙深邃,作爲一位中國學者,非常驕傲,也爲我們的祖先感到自豪,因此"新編新注十三經"對於弘揚中國文化具有十分重要的意義。

袁先生與各位老師對此次出版的版式提出了一些建議,認爲開本似乎偏小,一些本子過厚,閲讀不方便,天頭、地脚、訂口、翻口都較窄,不便做批注。爲了便於翻檢,希望在正文的每一頁上添加書眉,標明章節等内容。另外在勒口上添加"新編新注十三經"的介紹和書目,並建議中華書局出版一批精裝本。中華書局古籍編輯部主任張繼海表示,一定會認真考慮各位老師的建議,改進完善今後的設計出版工作,中華書局希望計劃明年出版的四部書的作者能在 2018 年 12 月初交稿,争取能够申請明年國家的相關資助。

參與《中華文明史》教材編寫組的幾位作者出席了會議,張帆教授通報了近期各位學者的進展,表示大家正在努力,争取儘早完成教材的編寫任務。

常務副院長吴同瑞表示,現在組織大型的學術項目,難度是很大的,"新編新注十三經"項目已經進行了很多年,國學研究院、袁先生投入了大量的精力,從項目的設計到籌措經費,學術論證不下幾十次,大家共同交流、互相啓發,保證了新注的質量。希望能將這個項目做好,這將是國學研究院繼《中華文明史》之後的又一重大項目,也將是北京大學文科的重要成果。關於《中華文明史》教材,吴同瑞先生强調了該項目的重要意義和北京大學學者的擔當精神,希望大家抽時間投入到教材的編寫中,早日完成教育部賦予我們的光榮任務。

袁先生最後强調了三點:一是希望 2019 年能够出版《尚書》(何晋)、《韓非子》(邵永海)、《周易》(王錦民)、《孟子》(王耐剛)這四部書的新注,承擔這四部書的作者能够繼續努力,争取在 2018 年 12 月初將初稿拿出來,交給中華書局。

二是建議中華書局將"新編新注十三經"的每一部改成大開本,類似二十四史一樣的開本,還要出精裝本。三是邀請參與"新編新注十三經"的作者陸續爲國學研究院博士班開專書課。

徵稿啓事

一、本刊由北京大學國學研究院中國傳統文化研究中心主辦。

二、本刊爲綜合性學術刊物,旨在弘揚中華民族優秀的傳統文化,倡導實事求是的學風,鼓勵在學術問題上大膽探索,努力創新。

三、本刊登載有關中國傳統文化的學術論文,跨學科的綜合研究與各學科的專題研究並重。内容涉及以下學科:古代文學、近代文學、古代文論、文字學、音韻學、訓詁學、目録學、版本學、校勘學、古代史、近代史、史學史、敦煌吐魯番學、思想史、哲學史、宗教史、法律思想史、政治思想史、經濟思想史、軍事思想史、科技史、美學史、倫理學史、文化史、考古學、中外文化比較研究、中外文化交流史等。

四、來稿請按本刊所登"書寫格式"的要求一律用中文繁體書寫,務請認真核對引文及參考文獻,并請附中文提要一份,提要限二百字以内。引文及參考文獻差錯若超過五處,則一律退稿。

五、本刊熱誠歡迎國内外學者賜稿。

六、來稿均由編委會送呈校内外至少兩位具有權威性的學者審閲,審稿人寫出審稿意見書,編委會逐一討論决定是否採用。撰稿人與審閲人之姓名互不透露。

七、編委會對準備採用之稿件有删改權,或提出修改意見,退作者自行修改,或徑作必要的編輯加工。如作者不願删改,請事先説明。

八、稿件如涉及版權問題由作者負責。

九、來稿如被採用,將及時通知作者。若半年後仍未收到採用通知,作者可自行處理。

十、來稿請注明姓名、工作單位、通信地址、電話及傳真號碼,以便聯繫。

十一、請勿一稿多投。

十二、本刊自 2002 年起,每年出版兩卷,每卷約四十萬字。

十三、來稿刊出後,贈刊物一册、抽印本二十册。稿酬從優。

十四、來稿請寄:

郵編 100871

北京市海淀區頤和園路 5 號北京大學大雅堂(原化學北樓)

《國學研究》編輯部　收

電話:010－62758984

E-mail:skbgq@ pku. edu. cn

《國學研究》編輯委員會

來稿書寫格式

一、繁體書寫,字體規範。

二、作者姓名置於論文題目下,居中書寫。作者姓名、單位(具體到院系)寫在文章首頁下端。

三、各章節或内容層次的序號,一般依一、(一)、1、(1)……順序表示;個别專業可依該專業的習慣排列。

四、一律使用新式標點符號。

(一)除破折號、省略號各佔兩格外,其他標點符號各佔一格;

(二)書籍、文件、報刊、文章等名稱,均用書名號《　》;

(三)書名和篇名連用時,中間加間隔號,例如:《史記·趙世家》;

(四)書名或篇名之中又含有書名或篇名的,後者加單角括號〈　〉,例如:《從水滸戲看〈水滸傳〉》;

(五)正文中的引文用雙引號"　";如果引文中又有引文,後者用單引號'　'。

五、正文每段第一行起首空二格;文中獨立段落的引文,首行另起空四格,回行空二格排齊。獨立段落的引文首尾不必加引號。

六、第一次提及帝王年號,須附加公元紀年,不必出"公元"二字,例如:漢武帝元狩二年(前121),宋仁宗皇祐五年(1053)。以後再次出現本年號,不必附加公元紀年。

七、所有圖表必須清晰,并標明編號,例如:圖一,圖二……或表一,表二……;同時須在正文第一次提及時,隨即列出,或注明圖表編號,如:(見圖一),(見圖二)……或(見表一),(見表二)……圖内文字請用繁體。

八、注釋採取篇末注形式,注釋號碼用阿拉伯數字表示,如:①、②……

九、注釋號碼位置規定如下:注各句者,注釋號碼置於各句標點符號後;注引文者,如引文爲完整段落,則注釋號碼置於句號、引號之後。

十、注釋應採用下列格式:

(一)引用古籍,應標明著者、書名、版本、卷數,例如:

王勃、楊炯、卢照鄰、駱宾王《初唐四子集》卷四〇,明崇禎十三年(1640)張燮輯,曹荃刻本。

王夫之《唐詩評選》卷二,民國間《船山遺書》本。

(二)引用專書及新版古籍,應標明著者、書名、章節或卷數、出版社及出版年、頁碼,例如:

朱自清《詩言志辨·賦詩言志》,《朱自清全集》第6册,江蘇教育出版社1990年版,第144頁。

任繼愈主編《中國佛教史》第3卷,中國社會科學出版社1988年版,第22—25頁。

王叔岷《古籍虛字廣義》,臺北,華正書局1990年版,第430頁。

胡震亨《唐音癸籤》卷四,上海古籍出版社 1981 年版,第 29 頁。

Joseph Needhan, *Science and Clvilisation in China* Volume Ⅱ, Cambridge University Press, 1956, pp. 10-13.

(三)引用期刊論文,應標明期刊名、年代卷次,例如:

聞一多《東皇太一考》,《文學遺産》1980 年第 1 期。

張岱年《中國古代哲學中關於德力、剛柔的論争》,《國學研究》第 1 卷,北京大學出版社 1993 年。

(四)引用報章論文,應標明報章名稱、發行日期和版面,例如:

錢仲聯《清詩簡論》,《光明日報》1983 年 12 月 27 日第 3 版。

(五)爲避免繁複,再次徵引時可用下列方式表示:

1. 用簡化方式處理,例如:

①〔日〕弘法大師原撰,王利器校注《文鏡秘府論校注》,中國社會科學出版社 1983 年,第 10 頁。

② 同上。(書名、卷數、頁碼完全相同。)

③ 同上書,第 9 頁。(書名、卷數相同,頁碼不同。)

2. 如果再次徵引的注不接續,可作:

④ 同注①,第 11 頁。(與注①書名、卷數相同,頁碼不同。)